Zu diesem Buch

Die Ablösung Jugendlicher von Elternhaus und Familie ist immer ein kritischer Augenblick für alle Betroffenen. Oft treten jetzt latente psychische und familiendynamische Probleme an den Tag und verhindern den Übergang des jungen Menschen und seiner Familie in ein neues Lebensstadium.

Die damit verbundenen Störungen beim Jugendlichen und seiner Familie nimmt sich Jay Haley in seinem neuesten Buch vor. Er vertritt die Ansicht, daß auffälliges Verhalten von Jugendlichen an der Schwelle zum Erwachsenen ein Versuch ist, das bedrohte Gleichgewicht in der Familie zu stabilisieren. Die Therapie hat deshalb die Aufgabe, den Jugendlichen zu entlasten, das Familiensystem zu stabilisieren und dann die Ablösung des Jugendlichen von Familie und Elternhaus einzuleiten.

Dem Therapeuten bietet Haley eine überzeugende Theorie und konkrete Hilfe an bei Problemen, die von kleineren Anpassungsschwierigkeiten bis zu Drogensucht und auffälligem oder kriminellem Verhalten reichen. Das therapeutische Vorgehen wird anhand ausführlich kommentierter Falldarstellungen und Sitzungsprotokolle erläutert. Eingehend bespricht der Autor die Notwendigkeit sorgfältiger Supervision des Therapeuten und zeigt, wie diese praktisch gehandhabt werden kann.

Jay Haley ist Direktor des Family Therapy Institute of Washington, D. C., USA. Von seinen zahlreichen Veröffentlichungen sind bisher in deutsch erschienen: »Direktive Familientherapie« (1977); »Gemeinsamer Nenner Interaktion« (1978); »Die Psychotherapie Milton H. Ericksons« (1978).

Jay Haley

Ablösungsprobleme Jugendlicher

Familientherapie – Beispiele – Lösungen

Verlag J. Pfeiffer · München

Die amerikanische Originalausgabe ist unter dem Titel »Leaving Home.
The Therapy of Disturbed Young People« erschienen bei McGraw-Hill
Book Company, New York.

© 1980 by Jay Haley

Aus dem Amerikanischen übersetzt von Annerose Hechler

CIP-Kurztitelaufnahme der Deutschen Bibliothek

Haley, Jay:
Ablösungsprobleme Jugendlicher: Familientherapie – Beispiele – Lösun-
gen/Jay Haley. [Aus d. Amerikan. übers. von Annerose Hechler]. –
München: Pfeiffer, 1981.
   (Reihe Leben lernen Nr. 50)
   Einheitssacht.: Leaving home [dt.]
   ISBN 3-7904-0340-7
NE: GT Nr. 50

Reihe »Leben lernen«
Herausgegeben von Gabriele Sievering und Karl Herbert Mandel

Alle Rechte vorbehalten!
Printed in Germany
Druck: G. J. Manz, Dillingen/Donau
Umschlagentwurf: Hermann Wernhard
© Verlag J. Pfeiffer, München 1981
ISBN 3-7904-0340-7

Inhaltsübersicht

Einleitung

Dieses Buch zeigt einen Weg, Therapie mit Familien zu machen, deren Kinder in dem Alter sind, wo sie das Elternhaus verlassen. Hier wird kein Therapieansatz vorgestellt, der durch wissenschaftliche Erfolgskontrollen abgesichert ist, wenn auch weiter unten in dieser Einleitung einiges zu den Therapieergebnissen gesagt werden wird. Dies ist ein Buch über eine bestimmte Zeit im Leben einer Familie, aber es werden keine Forschungsergebnisse über diese Lebensphase angeboten. Es ist auch kein Selbsthilfebuch für Familien, die in einer Krise stecken, wie sie hier diskutiert wird. Es ist eine Arbeit, welche einen Problembereich absteckt, die sozialen Kräfte beschreibt, die daran beteiligt sind, und einen Therapieansatz anbietet, der einen Wandel zum Guten ermöglicht und das Risiko einer Schädigung möglichst niedrig hält.

Ich verzichte in dieser Arbeit auf die gängigen psychiatrischen Klassifikationen, wenn ich von Jugendlichen spreche, die Probleme haben und in irgendeiner Weise auffällig werden. Vielmehr fasse ich sie alle in einer Gruppe zusammen ungeachtet der unterschiedlichen Verhaltensweisen, die sie an den Tag legen.

Psychologie und Psychiatrie haben viel Mühe darauf verwandt, zwischen verschiedenen Typen von Individuen zu unterscheiden. Endlose Tests und Forschungen und stundenlange Fallkonferenzen wurden aufgewendet, um zu entscheiden, ob jemand nun schizophren sei oder delinquent, an einer psychosomatischen Störung oder an einer Depression leide. Solche Unterscheidungen sind wichtig, wenn es um eine konkrete Diagnose oder um Ergebnisse klinischer Forschung geht. Für den Praktiker aber sind diese Unterscheidungen weitgehend bedeutungslos, es sei denn, die Diagnose ist ausschlaggebend für die Wahl einer bestimmten Therapie. Dies aber war in der Vergangenheit mit Sicherheit nicht der Fall.

Manche Kliniker mag es verwirren, wenn ein junger Schizophrener, ein Heroinsüchtiger, ein jugendlicher Herumtreiber, ein magersüchtiges Mädchen, ein Straffälliger, ein geistig Behinderter und jemand, der immer wieder gewalttätig geworden ist, in einer Gruppe zusammengefaßt werden. Entscheidend jedoch ist, ob alle auf dasselbe therapeutische Vorgehen ansprechen. Ich vertrete hier die Ansicht, daß die spezifische Lebensphase einer Familie wichtiger ist als die Symptomkategorie des Jugendlichen, wenn es um die Therapie geht. Doch wenn sich auch in jedem Fall dieselbe allgemeine Strategie anbietet, wird sich natürlich das spezifische therapeutische Vorgehen sowohl nach dem individuellen Fall als auch nach der Klasse des Verhaltens richten müssen. Wenn es auch immer darum geht, Eltern und Jugendliche voneinander zu lösen, wird der Therapeut doch in je verschiedener Weise mit der Familie eines jugendlichen Gewalttäters, eines geistig Behinderten oder eines magersüchtigen Mädchens umgehen.

Therapieerfolg

Der Therapieerfolg unseres Ansatzes ist nicht systematisch untersucht worden. Die diesbezüglichen Angaben stützen sich aber auf eine zwanzigjährige Erfahrung. So lange arbeite ich jetzt mit solchen Familien, bilde andere Therapeuten aus und kann Erfolg und Mißerfolg meiner Methode beobachten. Es spricht also einiges für diesen Ansatz. Davon soll jetzt die Rede sein. Ein Plan, den Therapieerfolg an einer größeren Anzahl von Familien samt Kontrollgruppe zu testen, scheiterte an den fehlenden finanziellen Mitteln. So konnten Daten über Erfolg oder Mißerfolg der Therapie immer nur nebenher und nicht im Rahmen einer streng wissenschaftlichen Untersuchung erhoben werden.

Vor einigen Jahren begann ich mit der Supervision von Therapeuten in Ausbildung, die außerhalb des regulären Ausbildungsprogramms freiwillig mit schizophrenen Jugendlichen und deren Familien arbeiteten. Dieses »Schizophrenie-Pojekt« folgte bestimmten Kriterien: Ein Jugendlicher wurde nur in die Stichprobe aufgenommen, wenn jemand, der nicht am Projekt beteiligt war, die Diagnose »Schizophrenie« gestellt hatte; wenn es sich um die erste Hospitalisierung des jungen Patienten handelte; und wenn beide Elternteile verfügbar waren. Zwölf Therapeuten behandelten insgesamt vierzehn Familien über einen Zeitraum von vier Jahren. Das Therapeutenteam bestand aus neun in der psychiatrischen Facharztausbildung stehenden Ärzten, zwei Psychologen in der klinischen Ausbildung und einem Sozialarbeiter (*Charles Billing*, M. D., *Charles Fishman*, M. D., *Paul Gross*, M. D., *David Heard*, Ph. D., *David D. Hunt*, M. D., *Gary Lande*, M. D., *Lawrence Miller*, M. D., *David Mowatt*, Ph. D., *Lee Petty*, M. D., *Alberto Rish*, M. D., und *Fran Ziegler*, M. S. W.). Eine Nachuntersuchung über einen Zeitraum von zwei bis vier Jahren – je nach Zeitpunkt der Beendigung der Therapie – ist hier und in *Tabelle 1* kurz zusammengefaßt.

Die vorrangigen Ziele der Therapie waren, eine künftige Hospitalisierung zu vermeiden und den Jugendlichen davor zu bewahren, daß er ein Versager wurde. Auch wenn es manchmal schwierig ist zu sagen, was ein Versagen ist und was nicht, ist doch eine Hospitalisierung ein klarer Akt (auch wenn die Motive, die dazu führen, komplex sein mögen; etwa wenn ein Jugendlicher es darauf anlegt, hospitalisiert zu werden, weil er dann eine Behindertenrente bekommt). Mit anderen Worten: Es mag schwierig sein, den Erfolg zu definieren, der Mißerfolg liegt meistens klar auf der Hand.

Von den vierzehn hier angeführten Familien waren vier klare Mißerfolge, was eine Mißerfolgsrate von 29% ausmacht. Darunter war ein tragischer Selbstmord, der gegen Ende der Therapie stattfand; bei den anderen drei Fällen handelte es sich um Rehospitalisierungen; die Betreffenden kamen nach Beendigung der Therapie nicht oder nur periodisch für den eigenen Unterhalt auf. In zwei Fällen kam es während der Therapie zu Rehospitalisierungen, danach aber nicht mehr. In den restlichen acht Fällen kam es in der zwei- bis vierjährigen Nachuntersuchungsperiode zu keinen Rehospitalisierungen.

Will man die Validität dieses Ergebnisses unter methodischen Gesichtspunkten beurteilen, so ergeben sich zahlreiche Probleme: Es gab keine unbehandelte Kontrollgruppe; die Nachuntersuchung wurde von den Therapeuten und nicht durch Forscher durchgeführt; die Reliabilität der Daten und die Zeitspanne seit der Therapie sind so geartet, daß sie nur Hinweise zulassen. Erfolg wie Mißerfolg bei diesen Störungen können durch so viele therapieinterne und -externe Faktoren beeinflußt werden, daß man eine große Stichprobe benötigt, um sagen zu können, welche Veränderungen auf die Therapie und welche auf andere Faktoren zurückzuführen sind. In vielen Fällen ist der Therapeut nicht nur von der Kooperation der Polizei und Ärzteschaft abhängig, sondern auch von der wirtschaftlichen Situation der Familie. Manche Familien in dieser Gruppe haben ein niedriges Einkommen und sind schwarz; Arbeit zu finden und damit eines der Therapieziele zu erreichen kann ein Problem sein.

Es gibt zwei weitere Stichproben, die zugunsten dieses Therapieansatzes ausfallen, aber sie sind in ihrer Methode noch unwissenschaftlicher und können daher nur Hinweise geben. Bei den Ausbildungsprogrammen am Department of Psychiatry der University of Maryland wie auch am Family Therapy Institute in Washington, D. C., werden die Therapeuten aufgefordert, über ihre Ergebnisse zu berichten. Sie haben unterschiedliche Fälle, dabei auch einige langfristig hospitalisierte Patienten. Gegen Ende der Therapie soll der Therapeut ein Formular über seinen Therapieerfolg bzw. -mißerfolg ausfüllen. Bei diesem Verfahren handelt es sich eher um ein Ausbildungs-, als um ein Forschungsvorhaben. Auf diese Weise können die Supervisoren Erfolge und Defizite bei der Ausbildung von Therapeuten verfolgen, die für den Umgang mit bestimmten Problemen geschult werden; ihnen wird so eine Orientierung am Erfolg vermittelt. Es wird bei diesen Fällen keine routinemäßige, langfristige Nachuntersuchung durchgeführt, aber bei denjenigen, die sich leicht ausfindig machen ließen, wurden für diese Zusammenfassung Nachuntersuchungen angestellt. Das Ergebnis bei der Stichprobe des Psychiatry Departments – wie in *Tabelle 1* gezeigt – waren zwei Rehospitalisierungen nach der Therapie bei einer Gesamtzahl von neun bzw. einer Mißerfolgsrate von 22%. Das Ergebnis des Family Therapy Institutes waren vier von neunzehn, bzw. 19% rehospitalisierte Patienten. Faßt man die 42 Fälle aller drei Stichproben zusammen, so erhält man eine Mißerfolgsrate von 24%. Die durchschnittliche Anzahl der Therapiesitzungen betrug elf. Die Zeit seit Beendigung der Therapie ist in der Spalte »Nachuntersuchungszeitraum« in der Tabelle angegeben. Die Variationsbreite hierbei erstreckt sich von einem drei- bis sechsmonatigen Zeitraum (d. h. im Jahre der Therapieausbildung wurden Nachuntersuchungen angestellt) bis zu zwei Jahren danach in den Fällen, wo die Familien (und die Therapeuten) erst kürzlich ausfindig gemacht wurden.

	Familie	Deklariertes Problem	Anzahl der Therapiesitz.	Vorherige Hosp.	Hospit. während Therapie	Hospit. seit Therapie	Nachuntersuchungszeitraum
Schizo-	1	Diag. Schiz.	16	1	0	0	2 Jahre
phrenie-	2	Diag. Schiz.	2	1	0	0	2 Jahre
Projekt	3	Diag. Schiz.	4	1	0	0	2 Jahre
	4	Diag. Schiz.	20	1	1	0	2 Jahre
	5	Diag. Schiz.	12	1	1	0	2 Jahre
	6	Diag. Schiz.	20	1	0	0	3 Jahre
	7	Diag. Schiz.	30	1	0	0	3 Jahre
	8	Diag. Schiz.	21	1	0	1	3 Jahre
	9	Diag. Schiz.	6	1	0	1	3 Jahre
	10	Diag. Schiz.	6	1	0	Suizid	3 Jahre
	11	Diag. Schiz.	7	1	0	0	4 Jahre
	12	Diag. Schiz.	1	1	0	0	4 Jahre
	13	Diag. Schiz.	27	1	0	0	4 Jahre
	14	Diag. Schiz.	20	1	0	2	4 Jahre
		Durchschnitt	4			4	

Familie		Deklariertes Problem	Anzahl der Therapiesitz.	Vorherige Hosp.	Hospit. während Therapie	Hospit. seit Therapie	Nachuntersuchungszeitraum
Psychiatry	1	Gewalttätig	10	1	0	0	3–6 Mon.
Department	2	Depr. Suizid	7	1	0	0	3–6 Mon.
	3	Drogen, Weglauf.	2	1	0	0	3–6 Mon.
	4	Alkoholiker	13	1	0	3	1½ Jahre
	5	Drogenpsychose	12	1	0	0	1½ Jahre
	6	Psychotisch	4	1	0	0	1½ Jahre
	7	Psychot. Alkoh.	15	4	0	1	1½ Jahre
	8	Psychot. Gewaltt.	15	3	0	0	1½ Jahre
	9	Suizid, Alkoh.	9	8	1	0	1½ Jahre
		Durchschnitt	10			2	
Family	1	Psychotisch	3	5	0	0	6 Monate
Therapy	2	Suizidal	20	1	0	0	6 Monate
Institute	3	Suizidal	1	1	0	0	6 Monate
	4	Psychotisch	16	1	0	0	6 Monate
	5	Psychotisch	15	1	0	1	6 Monate
	6	Anorektisch	15	0*	0	0	1 Jahr
	7	Anorektisch	12	0*	0	0	1 Jahr
	8	Anorektisch		0*	0	0	1 Jahr
	9	Psychot., gewaltt.	7	1	0	1	1½ Jahre
	10	Psychosomatisch	7	3	0	0	1½ Jahre
	11	Suizidal	9	1	0	0	1½ Jahre
	12	Psychotisch	12	2	0	1	1½ Jahre
	13	Psychotisch	7	1	0	0	1½ Jahre
	14	Suizid, psychot.	5	3	0	0	2½ Jahre
	15	Phobie, Zwang	11	3	0	0	2½ Jahre
	16	Gewalttätig	4	1	0	0	2½ Jahre
	17	Drogensüchtiger	7	1	0	1	2½ Jahre
	18	Depr. Suizid	7	2	0	0	2½ Jahre
	19	Exhibitionismus	16	1	0	0	2½ Jahre
		Durchschnitt	10			4	
		Gesamtdurchschn.	11				

---

* Die Anorektikerinnen, die alle achtzehn und älter waren, hatten medizinische Behandlung erhalten, waren aber nicht in einer psychiatrischen Klinik hospitalisiert worden. Keine von ihnen war seit der Therapie in irgendeiner Art von Klinik.

Die Stichproben aus dem Psychiatry Department und dem Family Institute sind breiter gefächert als die des Schizophrenie-Projekts. Bei der Patientenselektion wurden verschiedene Diagnosen aufgenommen, nicht bloß Schizophrenie (in der Tabelle bedeutet die Diagnose »psychotisch« meistens »schizophren«). In allen Fällen war der Jugendliche hospitalisiert gewesen (außer bei den anorektischen Fällen – wie in der Tabelle vermerkt); einige Fälle waren chronisch mit mehreren Hospitalisierungen. Bei einigen war nur ein Elternteil oder ein anderer Verwandter für die Therapie verfügbar. Die Altersgruppe ist die gleiche, da die hier berichtete Stichprobe nur eine Altersskala von Spätteenagern bis zu den Spätzwanzigern umfaßt, das Alter also, in dem man von zu Hause auszieht.

Die bei dieser speziellen Stichprobe beteiligten Therapeuten am Psychiatry Department waren: *Barbara Cephas*, M. S. W., *Kay Donahoe*, M. S. W., *Gerald Hunt*, Ph. D., *James Hill*, M. D., *Sheldon Starr*, M. D. und *Stanley Weinstein*, Ph. D. Die Teilnehmer in der Institutsgruppe waren: *George Brown*, M. D., *Lila Caffery*, M. Da., *Jean Driggers*, M. S. W., *Phillip Hill*, M. D., *Joan Hoffman*, M. S. W., *Judy Lansing*, M. S. W., *Betsy Lawrence*, Ph. D., *Marcha Ortiz*, R. N., *Kathy Reuter*, Ph. D., *Ralph Scoville*, M. D., *Jane Terry*, M. D., *Stuart Tiegel*, M. S. W., *Jerry Waletzky*, M. D., *Gene Waterman*, M. D. und *Melvin Williams*, M. D.

Therapeuten mit unterschiedlichem Erfahrungshintergrund aus verschiedenen Berufen wandten diesen Therapieansatz erfolgreich an; die Supervisoren für die Gruppe des Psychiatry Departments und die des Familientherapieinstituts waren ebenfalls verschieden. Der andere Supervisor war *Cloe Madanes*, meine Frau. Wir haben nicht nur an der University of Maryland und am Family Institute zusammen Supervisionen durchgeführt, sondern auch am Psychiatrischen Institut der Howard University, wo wir mit besonders schwierigen Unterschichtfamilien arbeiteten, von denen jede ein hospitalisiertes Mitglied hatte.

Cloe Madanes steuerte zu diesem Buch und zum Therapieansatz über die Jahre unserer Zusammenarbeit viele Ideen bei[1]. Sie hat ein seltenes Geschick, Therapeuten zu vermitteln, wie man mit den Familien gestörter Jugendlicher Therapie betreibt[2].

Bestätigung für diesen Ansatz gibt es auch in zwei weiteren Projekten, bei denen die therapeutischen Vorgehensweisen in vielerlei Hinsicht

---

1 *C. Madanes & J. Haley*, »Dimensions of Family Therapy«, J. Nerv. Ment. Dis., 1977, 165, 88-98.

2 *C. Madanes*, »The Prevention of Rehospitalization of Adolescents and Young Adults« (erscheint demnächst).

ähnlich waren. Bei dem einen handelt es sich um ein Forschungsprojekt über den Erfolg von Familientherapie bei schweren Fällen von Heroinsucht. Es war eine sorgfältig kontrollierte Studie an vierundzwanzig Familien, wobei eine langfristige Nachuntersuchung geplant war. Die Erfolgsrate – Erfolg war dabei definiert als Wegbleiben vom Heroin – lag bei 80%[3]. Ich war als Supervisor bei der Planung der Therapiestrategie an diesem Programm beteiligt, und der Ansatz ähnelte im wesentlichen dem hier dargestellten. Einige der Therapeuten gehörten beiden Projekten an, und einer der Fälle aus diesem Heroinprojekt wird in *Kapitel 9* besprochen.

Ein weiteres Forschungsprojekt mit einem ähnlichen Therapieansatz und einer Erfolgsrate von 86% wurde von *Salvador Minuchin*, M. D., initiiert[4]. Obwohl er mit einer Population arbeitete, die sich von der unsrigen sowohl hinsichtlich der Störungen als auch der Lebensphase der Familie unterschied, war die familientherapeutische Ausrichtung die gleiche. Die Ähnlichkeit bestand in der Betonung der Familienhierarchie, bei der die Eltern die Erziehungsgewalt innehaben und die Verantwortung für die Veränderung der Problemkinder übernehmen sollen. Bei den Fällen von Anorexia Nervosa bestand auch eine strikte Konzentration auf das deklarierte Problem, da man es hier mit einer lebensbedrohenden Situation zu tun hatte. Bei beiden Therapien interveniert der Therapeut, um eine Generationslinie zwischen Eltern und Kindern zu ziehen, und veranlaßt die Eltern, zusammenzuarbeiten, um das Problem des Kindes zu lösen.

Es ist nicht überraschend, daß es Ähnlichkeiten zwischen *Dr. Minuchins* Arbeit und dem Therapieansatz dieses Buches hier gibt, da wir an der gleichen Stelle zehn Jahre lang zusammengearbeitet haben. Mit *Braulio Montalvo* kämpften wir darum, Fragen der Therapie und Möglichkeiten der Therapeutenausbildung zu klären[5]. *Minuchin* und *Montalvo* hatten einen strukturellen Ansatz entwickelt, während sie mit gestörten Familien aus der Unterschicht arbeiteten[6], und *Dr. Minuchin* wandte diesen Ansatz

---

3 Hierbei handelte es sich um ein vom National Institute of Drug Abuse unterstütztes Projekt, das von *M. D. Stanton* mit *T. C. Todd* als Gutachter und klinischem Supervisor geleitet wurde. Sie sind die Autoren eines Berichts über ein »Structural Family Therapy« genanntes Projekt, veröffentlicht in *E. Kaufman* & *P. Kaufman* (eds.), The Family Therapy of Drug and Alcohol Abusers, New York: Halsted, 1979.

4 *S. Minuchin, B. L. Rosman* & *L. Baker*, Psychosomatische Krankheiten in der Familie, Stuttgart: Klett-Cotta, 1981.

5 *B. Montalvo*, »Aspects of Live Supervision«, Fam. Proc., 1973, 12, 343-359.

6 *S. Minuchin, B. Montalvo, B. Guerney, B. L. Rosman* & *F. Schumer*, Families of the Slums, New York: Basic Books, 1967.

mit seinen Kollegen bei psychosomatischen Familien wie auch bei anderen an. Meine eigene Arbeit entstammte dem Forschungsprojekt *Gregory Batesons*, wo wir – besonders mit *Don Jackson* – einen strukturellen Ansatz aufgrund der Arbeit mit gestörten Familien von Schizophrenen entwickelten. In dem Jahrzehnt, in dem *Montalvo, Minuchin* und ich zusammenarbeiteten, teilten wir viele Probleme und arbeiteten viele Neuerungen aus. Trotz mancher Unterschiede gibt es offenkundige Ähnlichkeiten zwischen dem Vorgehen, bei dem man von den Eltern verlangt, ein hungerndes Kind zum Essen zu zwingen, und dem Vorgehen, bei dem man von den Eltern verlangt, einen gestörten jungen Menschen von Wahnvorstellungen abzubringen und zur Arbeit zu zwingen.

Wenn ich hier die Einflüsse auf diese Arbeit aufzeige, möchte ich auch *John Rosen*, M. D., erwähnen[7]. 1954 studierten wir vom *Bateson*-Projekt *Rosen*, und sein Werk wurde zum Bestandteil unseres Denkens über das Wesen der Therapie. Zu jener Zeit war er einer von einem halben Dutzend Therapeuten, die sich auf die Therapie von Schizophrenen spezialisierten und die uns alle, die wir mit den »Verrückten« arbeiten, beeinflußten. Unter diesen Männern waren *Murray Bowen, Don Jackson, Thomas Malone, Ed Taylor, John Warkentin* und *Carl Whitaker*. Eine von *Rosens* Leistungen bestand darin, von State Hospital zu State Hospital zu reisen und mit Patienten in Gegenwart des Personals zu sprechen. Er zeigte, daß sogenannte Schizophrene auch Menschen sind und auf menschliche Unterhaltung ansprechen. Das war zu jener Zeit ein revolutionärer Gedanke. Ich glaube, die Möglichkeit, wenn nicht sogar die Notwendigkeit, mit Schizophrenen außerhalb des Klinikmilieus therapeutisch zu arbeiten, wurde von *Rosen* in die Diskussion gebracht.

Ein weiterer wesentlicher Einfluß auf diesen Therapieansatz ging von *Milton H. Erickson* aus[8]. Er besaß ein besonderes Geschick im Umgang mit Jugendlichen, und er arbeitete familienorientiert zu einer Zeit, als dies noch wenige Therapeuten taten. Dabei galt sein implizites Interesse bei der Arbeit mit auffälligen Jugendlichen immer der Hierarchie in der Familie. Schon 1958 erklärte er mir einen Unterschied, dessen Bedeutung sich damals schwer abschätzen ließ. Das *Bateson*-Projekt hatte gezeigt, daß es unmöglich war, einen jungen Schizophrenen einfach von seiner Familie zu lösen. Wir taten das genaue Gegenteil, indem wir versuchten, einen

---

7 *J. N. Rosen*, Direct Analysis, New York: Grune & Sratton, 1951
8 Vgl. *J. Haley* (ed.), Advanced Techniques of Hypnosis and Therapy: Selected Papers of Milton H. Erickson, M. D., New York: Grune & Stratton, 1967; und *J Haley*, die Psychotherapie Milton H. Ericksons. München: Pfeiffer, 1978.

Zusammenhalt in der Familie zu schaffen. Wir arbeiteten mit Interpretationen, klärten die Kommunikation und erforschten die Ursprünge des Verhaltens in der Vergangenheit. *Erickson* betonte demgegenüber, daß in dieser Phase des Familienlebens die entwicklungsspezifische Aufgabe nicht darin bestand, Zusammenhalt zu schaffen, sondern eine Ablösung zu ermöglichen. Obwohl wir diese Ansicht nicht gleich akzeptierten, bestand mit der Zeit unser Ziel doch darin, einen jungen Menschen und seine Eltern zusammenzubringen, um ihnen die gegenseitige Ablösung zu erleichtern.

Einen großen Einfluß übte auf mich – wie wohl auf jeden mit einem familientherapeutischen Ansatz – *Harry Stack Sullivan* aus[9]. Indirekt beeinflußte er mich am meisten über *Don D. Jackson,* meinen ersten Supervisor bei meiner Arbeit mit Schizophrenen; er wiederum war von *Sullivan* persönlich supervisiert worden. In den fünfziger Jahren arbeiteten die Mitglieder des *Bateson*-Projekts mit Schizophrenen in Einzeltherapie und wurden von *Jackson* supervisiert, und später begannen wir mit der Familientherapie. *Jackson* war, was den Umgang mit Familien psychotischer Jugendlicher betrifft, der innovativste unter uns, und trotz seiner rein medizinischen Ausbildung war er irgendwie zu dem Bewußtsein gelangt, daß außer der sozialen Situation nichts an einem Schizophrenen gestört ist.

Ich bin vielen anderen auf diesem Gebiet zu Dank verpflichtet, die über die zwanzig Jahre, in denen die Geheimnisse der Therapie von Psychotikern erforscht wurden, mit mir verbunden waren. Während der zehn Jahre des *Bateson*-Projekts[10] war *John Weakland* mein Kollege und Freund in dem abenteuerlichen Unternehmen der Schizophrenie-Behandlung. Er schrieb auch zusammen mit *Don D. Jackson* einen der ersten Berichte über den Therapieerfolg bei Familien von Schizophrenen[11].

Braulio Montalvo verdanke ich viele Ideen für meinen Therapieansatz. Wir verbrachten zusammen über die Jahre unzählige Stunden mit der

---

9 Einmal habe ich erwogen, als Anhang zu diesem Buch eine Wiederauflage einer Laudatio für *Sullivan* zu bringen, die ich als Kommentar zu einer Buchrezension im Jahre 1967 geschrieben hatte. Sie wurde als »The Doctor as Part of the Schizophrenic Interchange«, Internat. J. Psychiat., 1967, 4, 531-542, veröffentlicht.

10 Zur Geschichte der Gedanken des *Bateson*-Projekts siehe *J. Haley,* »Development of a Theorie: A History of a Research Project,« in *C. E. Sluki & C. C. Ransom (eds.), Double Bind, New York: Grune & Stratton, 1976.*

11 *D. D. Jackson & J. Weakland,* »Conjoint Family Therapy: Some Considerations on Theory, Technique and Results,« Psychiatry, 1961, 24, 30-45.

Diskussion von Therapieproblemen. Ich bin ihm besonders dafür zu Dank verpflichtet, daß er sich die Zeit genommen hat, dieses Manuskript zu lesen, und daß er viele hilfreiche Anregungen für die Überarbeitung beigesteuert hat.

Viele andere Kollegen und Studenten steuerten Ideen zu diesem Therapieansatz bei. Nur wenige werden im Text genannt, wenn ich ihre Therapiesitzungen zitiere. Viele Familien trugen ebenfalls zu unserer Lernerfahrung bei, indem sie durch ihren Erfolg oder Mißerfolg zeigten, was man gegen das jeweilige Problem tun sollte. Die Familien bleiben anonym, und bei allen in diesem Buch genannten wurden Namen und Lebensverhältnisse geändert, um ihre Identität zu schützen.

Die auf diesen Seiten aufgezeichneten Therapiesitzungen sind wörtlich wiedergegeben bis auf redaktionelle Korrekturen, um Redundanzen zu vermeiden.

Wichtige Anmerkung

Es gibt einen Punkt, der klargestellt werden muß, um Mißverständnisse zu vermeiden. Bei manchen Therapieansätzen wird angenommen, daß die Philosophie des Therapeuten und sein Verhalten gegenüber dem Klienten für das normale Leben direkt relevant seien. Der hier beschriebene Ansatz folgt nicht dieser Auffassung. Was in der Therapie gemacht wird und wie man normal lebt, steht in keiner direkten Beziehung. Die hier dargestellte Therapie beabsichtigt, die Macht und die Autorität der Eltern gegenüber der jungen Problemperson zu vergrößern. Das heißt aber nicht, daß »normale« Familien autoritär sein oder daß Eltern extreme Macht und Autorität bei der Erziehung der Kinder haben sollten. Wie ich schon an anderer Stelle sagte: daß man ein gebrochenes Bein in Gips legt, um es zu heilen, bedeutet nicht, daß Kinder mit Gipsverbänden an den Beinen aufgezogen werden sollten. Dieses Buch handelt nicht davon, wie man Kinder richtig erzieht; vielmehr handelt es davon, wie man etwas für sie tut, wenn sie in psychische Schwierigkeiten geraten sind.

Kapitel 1
Überzeugungen, die sich als Nachteil für Therapeuten erwiesen haben

Die Therapietechniken für gestörte Jugendliche sind mit der Zeit besser geworden. Viele Überzeugungen, die ständig Mißerfolge verursachten, hat man aufgegeben, und neue Strategien haben zu mehr Erfolg geführt. Vorstellungen und Theorien abzulegen, die man von geachteten Lehrern übernommen hat, ist nie ganz einfach. Es scheint so, als wäre es dem/der Therapeuten/in nur dann möglich, Ideologie und Verhalten zu ändern, wenn sich auch sein/ihr soziales Milieu ändert[1]. Die Illusion, daß sich das Individuum seine Überzeugung und Theorien selber wählt, ganz gleich welchem sozialen Netz es angehört, gibt man nur ungern auf. Hier wird ein Überblick gegeben über die Überzeugungen, die sich als Nachteil für die Therapeuten Jugendlicher, besonders der als schizophren definierten, erwiesen und die über die letzten zwanzig Jahre aufgegeben wurden – zumindest von denjenigen Therapeuten, die aus Erfahrung lernen.

Ob eine Überzeugung für eine Theorie der Therapie nützlich ist, läßt sich aufgrund gewisser Kriterien bestimmen. Die naheliegendsten Kriterien sind wohl die folgenden:

1. Die Überzeugungen sollten relevant sein für eine Theorie, die zum Therapieerfolg führt. Die Theorie sollte nicht nur zu besseren Ergebnissen führen als eine andere Theorie, sondern sie sollte den Therapeuten auch nicht zu Handlungen verleiten, die Leuten Schaden zufügen.

2. Die Theorie sollte so einfach sein, daß sie der Durchschnittstherapeut versteht. Wenn die wichtigen Tatsachen klar sind, wird der Therapeut nicht

Dieses Kapitel war – in einer etwas anderen Form – ursprünglich ein Referat, das bei der »Beyond the Double Bind« genannten Tagung von 1977 gehalten wurde. Es wurde als Teil des Protokolls zu diesem Treffen veröffentlicht in: *M. M. Berger* (ed.) Beyond the Double Bind, New York: Brunner/Mazel, 1978.

1 Es ist unangemessen, nur das Pronomen *er* zu verwenden, wenn man von einem Therapeuten oder einem Klienten (einer Therapeutin oder Klientin) spricht, da hier beide Geschlechter vertreten sind. Der Autor verwendet routinemäßig der Einfachheit halber das Pronomen *er*, erkennt aber an, daß der traditionelle Gebrauch des maskulinen Pronomens ungerecht ist.

von Klienten, die Experten in Sachen Komplexität und Vernebelung sind, aus dem Konzept gebracht.

3. Die Theorie sollte halbwegs umfassend sein. Sie muß nicht alle möglichen Eventualitäten abklären, aber sie sollte den Therapeuten auf die meisten davon vorbereiten.

4. Die Theorie sollte einen Therapeuten weniger zur Reflexion als vielmehr zum *Handeln* anleiten. Sie sollte Hinweise dafür geben, was man tun kann.

5. Die Theorie sollte bei Therapeut, Klienten und der Familie Hoffnung und Erwartungen auf Genesung und Normalität wecken.

6. Die Theorie sollte definieren, was als Mißerfolg zu werten ist.

Vorausgesetzt, der vernünftige Therapeut kennt diese naheliegendsten Kriterien für eine klinische Theorie, so sollte er gegenteilige vermeiden. Ein Therapeut sollte keine Theorie akzeptieren, die keine Definition eines Zieles ermöglicht, zu geringem Therapieerfolg führt oder Schaden anrichtet. Er oder sie sollte jede Theorie vermeiden, die so komplex ist, daß sie handlungsunfähig macht, oder die alles zu erklären sucht oder mehr zu philosophischer Spekulation als zum Handeln anregt, oder keine Hoffnungen zu wecken vermag oder jeden im Ungewissen darüber beläßt, ob er nun Erfolg oder Mißerfolg hatte.

Unglückselige Überzeugungen

Einige Überzeugungen, die sich als Nachteil für Therapeuten erwiesen haben, die mit Jugendlichen arbeiten, lassen sich kurz zusammenfassen.

Die organische Theorie

Aus der europäischen Psychiatrie des neunzehnten Jahrhunderts stammt die Überlieferung, daß auffällige Jugendliche – besonders solche mit der Diagnose Schizophrenie – an einem organischen oder genetischen Defekt leiden. Obwohl es unter Psychiatern und Therapeuten Leute gibt, die diese Ansicht nicht mehr ernst nehmen, bleibt sie doch in der Psychiatrie vorherrschend. In der Literatur und in der psychiatrischen Facharztausbildung wird der Eindruck vermittelt, als ob es ausreichende Belege für eine genetische oder physiologische Ursache von Psychosen gebe. Das ist ganz einfach nicht wahr. In der Literatur findet man nämlich immer nur Aussagen, wie es gäbe »Hinweise«, »Anhaltspunkte«, »vielversprechende Trends«, mögliche Wege für die Forschung und »hoffnungsvolle Möglichkeiten« in dieser Richtung. Weder gibt es Tests, die zwischen einem Menschen, der als schizophren diagnostiziert wurde, und einem normalen irgendeinen physiologischen Unterschied zeigen, noch gibt es einen einzigen belegten genetischen Befund. Ein Kliniker, der an dieser Tatsache zweifelt, soll doch verlangen, daß man seinen Patienten einer physiologischen Untersuchung unterwirft, um festzustellen, ob er oder sie schizophren ist oder nicht. Das Ergebnis wird eine Diskussion vager Hoffnungen für die Zukunft sein.

Millionen-Summen wurden für Forschungen ausgegeben, die den Nachweis einer organischen Basis psychotischer Störungen erbringen sollten. Diese Forschungen waren richtig und wichtig. Aber unglücklicherweise hat die Öffentlichkeitsarbeit zur Beschaffung der dafür notwendigen Gelder viele Fachleute und Laien davon überzeugt, daß mit Menschen, die als psychotisch diagnostiziert wurden, physisch etwas nicht in Ordnung sein kann. Wahrscheinlich wurde noch nie eine Gruppe von Menschen aufgrund so dürftiger Hinweise abgestempelt. Es vergeht kein Monat, in dem nicht angekündigt wird, daß der seit hundert Jahren erwartete Durchbruch unmittelbar bevorstehe. Die Diskussionen über biochemische und biologische Aspekte werden immer komplexer und geheimnisvoller. Nennenswerte Ergebnisse können nach wie vor nicht genannt werden.(Es gibt mehr Hinweise dafür, daß jemand aufgrund genetischer Ursachen Psychiater und vor allem Arzt ist, als für die genetische Verursachung der Schizophrenie.)

Heutzutage tobt ein heftiger Streit zwischen den Anhängern der organischen Theorie und jenen, die einer sozialen Verursachung psychotischer Störungen das Wort reden. Die Konsequenzen sind erheblich, die sich aus der physiologischen Theorie der Psychosen ergeben.

1. Diese Theorie hat dazu geführt, daß viele gestörte Jugendliche interniert wurden. Man belegte sie mit dem Etikett »krank« und versorgte sie in Kliniken, wo sie unter die Obhut von Ärzten, Schwestern und Pflegern kamen, obwohl kein physischer Defekt festzustellen war.

2. Da man eine physische Störung annahm, gab man massive Dosen von Medikamenten. Hätte man mit anderen Randgruppen – etwa mit Kriminellen – auf diese Art umgehen wollen, man hätte den Widerstand von Bürgerrechtlern hervorgerufen. Diese Behandlung mit Medikamenten wirkt sich wegen ihrer Nebenwirkungen erwiesenermaßen nicht nur in vielerlei Hinsicht nachteilig aus, sie ist auch ausgesprochen gefährlich. Bei

Tausenden von Patienten wurden irreversible neurologische Schäden – wie etwa die Spätdyskinesie – festgestellt, die durch unverantwortlichen wie verantwortlichen Gebrauch dieser Medikamente hervorgerufen wurden. Viele Mediziner stopfen ihre Patienten weiterhin mit Medikamenten voll, auch wenn sie es lieber nicht täten, denn ihre Ausbildung war so stark auf die Chemotherapie ausgerichtet, daß ihnen keine anderen Möglichkeiten offenstehen. Nichtmediziner unter den Therapeuten haben nicht die Möglichkeit, die Anwendung von Medikamenten zu verhindern, weil die Macht der Mediziner in der Psychiatrie zu groß ist und weil sie selbst nicht sicher sind, ob die organische Theorie ein Mythos ist oder nicht.

3. Die organische Theorie zwang den familienorientierten Therapeuten zur Annahme, das seltsame Verhalten eines Schizophrenen sei sowohl die Folge einer mysteriösen Krankheit wie eine Reaktion auf seine Familie. D. h., nach dem medizinischen Modell reagierte der Patient unangemessen und unangepaßt, weil er an einem inneren Defekt litt. Nach dem familienorientierten Modell war das sonderbare Verhalten des Patienten seiner sozialen Situation angemessen und angepaßt. Die Kombination beider Annahmen führte zu Mystifizierungen und Verwirrungen bei Therapeuten und Klienten. Auf der einen Seite brachte man dem Therapeuten bei, daß Psychotiker an einem unheilbaren biologischen Defekt litten, auf der andern Seite verlangte man von ihm, daß er sie behandeln und heilen sollte. So stand nun der Klient jemand gegenüber, der ihn mit einer Theorie heilen sollte, nach der er unheilbar war. Damit war eine klassische Doppelbindungs-Situation geschaffen, die bizarres Verhalten geradezu herausforderte.

4. Als Anhänger der organischen Theorie war es der Therapeut gewohnt, im Schizophrenen einen minderwertigen Menschen zu sehen, der geistig oder in seinen Fähigkeiten beschränkt war. Da solche Jugendliche typische Versager waren, erschien die organische Theorie für junge Psychiater vernünftig zu sein, die glaubten, daß mit einem Menschen, der nicht nach Erfolg strebt, etwas nicht in Ordnung sein müsse. Wenn man sich jedoch bewußt macht, daß es die soziale Funktion von jungen Psychotikern ist, zu versagen, obwohl ihnen nichts fehlt, was ihnen eine Entschuldigung für das Versagen verschaffen könnte, verdienen ihre Fähigkeiten mehr Respekt. Solche Heranwachsende sind im zwischenmenschlichen Bereich geschickter als der Durchschnittstherapeut, und daher sind sie imstande, erfolgreicher zu versagen, als der Therapeut sie zum Erfolg bringen kann. Eine Theorie, nach der sie Defizite haben, würde den Therapeuten dazu führen, ihr zwischenmenschliches Geschick zu unterschätzen und damit den Kampf mit ihnen zu verlieren. Anzunehmen, einem auffälligen

Jugendlichen mangle es an etwas, und dann zu versuchen, den Wettkampf mit ihm zu gewinnen, ist das gleiche, wie wenn man bei Schachmeisterschaften eine Partie mit der Überzeugung antreten würde, der Gegner sei geistig zurückgeblieben.

Diese Einwände gegen Befunde, die nach wie vor auf einem Mythos beruhen, implizieren in keiner Weise, daß ein jugendlicher Klient nicht eine sorgfältige körperliche Untersuchung erhalten sollte. Auch sollte man die kompliziertesten neurologischen Untersuchungen durchführen, wann immer sie indiziert erscheinen. Einer der Einwände gegen psychiatrische Abteilungen besteht heute darin, daß sie so schnell ein chemisches Ungleichgewicht als kausalen Faktor annehmen, ohne die naheliegenden neurologischen Untersuchungen durchzuführen.

Abschließend sei noch das Argument angebracht, daß die medizinischen Theorien und die sich daraus ergebenden Medikationen das Problem nicht gelöst haben, und Tausende und aber Tausende von jungen Leuten versagen weiterhin im Leben und zeigen seltsame und bizarre Verhaltensweisen. Die klügste Strategie für den Therapeuten ist, davon auszugehen, daß es keine organische Basis für auffälliges Verhalten gibt, und so zu verfahren, als handle es sich um ein soziales Problem. So wird er größeren Erfolg haben.

Den Kriterien einer klinischen Theorie zufolge war die organische Theorie eine Katastrophe und wurde zu einer schweren Belastung für die Psychiatrie. Da der Ansatz soziale Kontrolle und Therapie vermischte, führte er nicht zum Erfolg und verhinderte sogar Spontanremissionen bei Klienten, die sich geändert hätten, wenn sie nur vom Fachmann hätten loskommen können. Behandlung durch Verwahrung, Medikation und Pessimismus aufgrund der Unterstellung, es gebe einen physischen Defekt, verstärkte das Bedürfnis nach Verwahrung, Medikation und Pessimismus. Die biologischen Theorien waren nicht einfach, und selbst medizinische Forscher schienen sie nicht zu verstehen. Bei Klient und Familie ließ man keine Hoffnung aufkommen, und die Theorie konnte Erfolge nicht erklären. Wurde ein sogenannter Schizophrener normal, so sagte man, er befände sich vorübergehend in einer Remission oder sei falsch diagnostiziert worden.

Die Psychodynamische Theorie

Eine weitere Theorie, die sich als unglückselig erwies, beruhte wie die organische Theorie auf der Vorstellung, daß im Individuum selbst etwas nicht stimme – unabhängig von seiner sozialen Situation. Dies war die psychodynamische Theorie der Verdrängung und die aus ihr hervorgehende Therapie. Obwohl es schwierig ist, diese Theorie in einfachen Worten zu beschreiben, ohne sie scheinbar zu parodieren, können doch die für die Therapie Jugendlicher relevanten Punkte genannt werden. Nach dieser Theorie war das Verhalten eines Menschen in erster Linie durch vergangene Vorstellungen und Erfahrungen bestimmt, die aus dem bewußten Erleben verdrängt wurden. Sekundär war er von seiner gegenwärtigen sozialen Situation beeinflußt. Der Akzent jedoch lag weitgehend darauf, wie er diese Situation durch das Prisma der von der Vergangenheit eingegrabenen Konzepte sah. Das Verdienst dieser Theorie bestand darin, daß sie Forschern interessante Erklärungen für verschiedene Arten seltsamen Verhaltens anbot. Als man diese Gedanken auf die Therapiesituation übertrug, waren sie der Therapie hinderlich. Für einen Therapeuten, der der Theorie der Verdrängung folgte, war es schwierig, eine wechselseitige Beziehung im Verhalten der Familienmitglieder zu sehen. Die Therapieeinheit war das Individuum und keine Dyade oder Triade. Man betrachtete jede Person als unterdrücktes Individuum, das auf Projektionen und Fehlwahrnehmungen reagierte. Die Symptome einer Person wurden nicht als angemessene Reaktionen auf ihr soziales Milieu gesehen, sondern als fehlangepaßt und irrational. Sie wurden nicht als Reaktion auf gegenwärtige Umstände, sondern vielmehr auf frühere Erfahrungen betrachtet. Daher konzentrierte man sich nicht auf die Gegenwart (nur diese kann man ja verändern) als zu verändernden Bereich. Wie extrem diese Auffassung sein kann, wird durch Therapeuten verdeutlicht, die ich kenne: Sie arbeiteten in Kliniken und führten Einzeltherapien durch, und sie konzentrierten sich so sehr auf die Vergangenheit, daß sie nicht wußten, ob der Patient verheiratet war.

Es ist schwierig, bei der Therapie auf der Grundlage einer psychodynamischen Theorie einen positiven Ansatz zu verfolgen, weil diese an den negativen Aspekten des Menschen orientiert ist. Gerade die dunkle Seite ist verdrängt, wie Angst, Feindseligkeit, Haß, inzestuöse Leidenschaft und dergleichen. Besteht die Therapietechnik, die man primär zur Verfügung hat, darin, Interpretationen vorzunehmen, um das verdrängte Material ins Bewußtsein zu fördern, ergibt sich zwangsläufig, daß das Hauptaugenmerk auf feindseligen und unerfreulichen Aspekten des Klienten liegt. (Ich erinnere mich an ein familientherapeutisches Team, das einen Schizophrenen vorstellte. Es berichtete stolz, daß nach drei Jahren Therapie die Mutter endlich zugegeben habe, daß sie *ihre* Mutter hasse. Mir erschien dies irrelevant für die Aufgabe, den Sohn und die

Familie in ein normales Leben zurückzuführen, aber für diese Leute war es ein Triumph, weil sie von der Theorie der Verdrängung ausgingen.)

Die psychodynamische Theorie fördert beim Therapeuten die Tendenz, eher ein explorierender Berater der Familie zu sein als jemand, der Direktiven gibt und Veränderungen herbeiführt. Die Tendenz seitens des Therapeuten, die Vergangenheit zu erkunden, führt dazu, daß den Eltern die Schuld zugeschoben wird, da die Vergangenheit ja ihrer Verantwortung unterlag. Wenn man sich vornehmlich mit früheren Handlungen beschäftigt, klagt man die Eltern implizit an, das Problem des jungen Menschen verursacht zu haben. Der Therapeut, der einer entwicklungs-geschichtlichen Theorie anhängt, sieht sich oft als Erlöser des Patienten von seinen Eltern, die einen schädlichen Einfluß ausübten, und so rufen seine erkundenden Interpretationen leicht den Widerstand der Eltern auf den Plan und erschweren es, ihre Kooperation zu gewinnen. Beobachtet der Therapeut diesen Mangel an Kooperation, so bestätigt dies seine Überzeugung, das frühere Verhalten der schwierigen Eltern habe die Störung verursacht, und er meint, er müsse den jungen Menschen vor ihnen retten.

Ein weiteres – logisch aus der Theorie der Verdrängung hervorgehendes – Verfahren war die Vorstellung, daß man sich ändert, wenn man seine Gefühle ausdrückt. Wenn nur jeder – so wurde angenommen – gegenüber seinen Mitmenschen seinen heftigen Gefühlen Ausdruck verliehe und seinen Zorn herausließe – etwa durch Herausschreien –, dann wäre er von seinen verdrängten Gefühlen befreit: und der Schizophrene würde pfeifend die Straße entlang gehen.

Der freie Ausdruck von Gefühlen mag vielleicht in manchen Situationen von Vorteil sein, wie etwa bei einer religiösen Erweckungsbewegung, aber in der Familientherapie bedeutet er ein Unglück, das Veränderungen in der Organisation der Familie verhindern kann. Der am Erleben orientierte Therapeut, der dafür ausgebildet war, in künstlichen Gruppen Emotionen hervorzurufen, hatte keine Theorie über Organisationen und wußte deshalb nicht, wie man eine Familie umstrukturiert. Ein Familienmitglied konnte zu jeder beliebigen Zeit ein Thema vermeiden oder eine Sitzung sprengen, indem es mit Ermunterung durch den Therapeuten emotional wurde. Jeder hatte seine Katharsis und brauchte weder einen therapeutischen Plan zu verfolgen noch ein Ziel zu erreichen. Der junge Mensch, der seine Aufgabe darin sah, das Aufkommen von Konflikten zwischen den Eltern zu verhindern, konnte dem Selbstausdruck nachgeben und aus der Fassung geraten, wann immer es nötig war, und so die Lösung der elterlichen Konflikte verhindern. Auf Bewußtmachung basierende

Sitzungen wurden leicht undurchschaubar und desorganisiert, befaßten sich mit Abwehr und Unschuldsbeweisen, schliffen sich ab und nahmen kein Ende. Sie förderten auch das Zustandekommen einer Kommunikationstheorie für die Familien von Schizophrenen, da solche Sitzungen absonderliche Kommunikation erzeugten.

Die Theorie der Verdrängung führte zu keinem guten Erfolg, war nicht einfach, regte den Therapeuten nicht zum Handeln an (sondern vielmehr zur Reflexion) und erweckte keinerlei Hoffnungen, da ja die Ursachen in unveränderbaren Kindheitserlebnissen verwurzelt waren. Sie definierte Mißerfolge nicht und erklärte sie nicht, wenn sie eintraten.

Die Systemtheorie

Die organische und die psychodynamische Theorie wurden aus der Vergangenheit übernommen, während die sozialen Theorien sich in der Mitte dieses Jahrhunderts entwickelten. Die Vorstellung von Familiensystemen gründete auf der Kybernetik, die Ende der vierziger Jahre entwickelt wurde [2]. Mit dieser Theorie war es erstmals möglich, Menschen nicht als voneinander getrennte Individuen zu betrachten, sondern als Mitglieder einer fortlaufenden Gruppe, die nach dem Prinzip der Homöostase aufeinander reagierten. Die Ursachen für ein Verhalten lagen damit in der *Gegenwart*. Es wurde angenommen, daß das Familiensystem sich durch selbst-regulierende Prozesse steuere, die als Reaktion auf eine versuchte Veränderung aktiviert wurden. Die Vorstellung, daß eine Familie oder jede andere Gruppe ein System sei, das durch Rückkopplungs-Prozesse aufrechterhalten wird, verlieh den Erklärungen, warum Menschen sich so und nicht anders verhalten, eine ganz neue Dimension. Man kam zu der erschreckenden Erkenntnis, daß Menschen das, was sie taten, offenbar aufgrund dessen taten, was andere taten. Die Frage der Willensfreiheit stellte sich neu. Man sah, wie Familien hilflos einem Teufelskreis von Aktion und Reaktion ausgeliefert waren, dem die einzelnen Mitglieder trotz guten Willens und ihrer Anstrengung nicht entkommen konnten. Dasselbe galt für die Therapeuten, sowohl in der

---

2 Siehe *N. Wiener*, Cybernetics, New York: Wiley, 1948. Die systemische Idee wurde von einer Vielzahl von Quellen aus in Umlauf gebracht, eine der wichtigeren waren die von der *Josiah Macy Jr. Foundation* unterstützten Konferenzen Ende der vierziger und Anfang der fünfziger Jahre.

Therapie wie in den endlosen Konflikten mit ihren Kollegen in öffentlichen Einrichtungen und Kliniken.

Das Hauptverdienst einer Systemtheorie besteht darin, daß sie bestimmte Geschehnisse voraussagbar macht. Der Hauptnachteil der Theorie, für die Zwecke einer Therapie, besteht darin, daß sie keine Theorie der Veränderung, sondern eine Theorie der Stabilität ist. Die Familientherapie – der Versuch, Familien zu ändern – entwickelte sich innerhalb einer Theorie, die erklärte, wie in einer Familie alles beim alten blieb. So interessant diese Theorie für die Erklärung tierischen und menschlichen Verhaltens auch sein mochte, sie eignete sich schlecht als Leitfaden dafür, was man in der Therapie machen konnte. Sie behinderte sogar den Therapeuten, indem sie ihn glauben ließ, sein Interventionsversuch aktiviere Widerstand, weil in der Familie Prozesse am Werk waren, die sich einer Veränderung widersetzten. Dies führte zum gleichen Pessimismus, zu dem Vorstellungen über den Widerstand in der psychodynamischen Theorie geführt hatten. Diese Theorie legte auch nahe, daß es, wenn man eine Veränderung in einem Teil der Familie bewirkte, zu einer Reaktion in einem anderen Teil käme. Bei manchen Therapeuten aktivierte das den alten Mythos der Symptomverschiebung und ließ sie zögern, als es zu handeln und Veränderungen zu bewirken galt.

Die Anwendung der Systemtheorie auf die Familie hatte die Tendenz, alle Teilnehmer als Ebenbürtige zu sehen. Dies machte es schwierig, die Theorie anzuwenden, wenn man die Umstrukturierung und Neuorganisation der Familie plante. Die Macht einer Großmutter zu berücksichtigen oder die Eltern in ihrer Autorität gegenüber dem Kind zu unterstützen war schwierig innerhalb einer Theorie, die dazu tendierte, alle zu gleichwertigen Reaktionseinheiten zu machen.

Ein vorrangiges Problem für den Therapeuten ist die Art und Weise, wie die Systemtheorie den Teilnehmern in einem System die individuelle Verantwortung abnimmt. Jede Person wird dazu getrieben, das zu tun, was sie tut, weil jemand anderer etwas tut. So interessant diese Theorie auch für einen Philosophen sein mag, der sich mit dem freien Willen befaßt, so sehr scheinen Familientherapeuten in der Praxis die individuelle Initiative betonen zu müssen. So ergibt sich für den Therapeuten die Situation, daß er innerhalb einer Theorie, nach der Menschen nichts an ihrem Handeln ändern können, Familienmitgliedern vorschlägt, anders zu handeln.

Die Systemtheorie schien in der Familientherapie nicht zu guten Erfolgen zu führen. Auch zeigte sich, wenn man an einer Theoriediskussion teilnahm, daß sie keineswegs einfach war. Oft hatte man keine Ahnung, wovon ein Redner sprach, obwohl seine Worte recht tiefsinnig klangen. Weil die Systemtheorie sich auf einem sehr hohen Abstraktions-niveau bewegte, war auf ihrer Grundlage die Frage nicht mehr zu klären, ob eine Therapie nun eine Veränderung bewirkt hatte oder nicht.

Die Doppelbindung

Schließlich war da noch die Doppelbindungs-Theorie – in Veröffentlichun-gen erstmals genannt 1956. Sie war zwar keine Theorie der Familientherapie, wurde aber von ihr übernommen. Diese Theorie ging davon aus, Kommunikation in Form von Ebenen zu beschreiben. Zwischen diesen Ebenen konnte es zu einem Konflikt kommen, der zu einer paradoxen Situation oder Bindung führte, in der es keine akzeptable Lösung mehr gab. Die Theorie war ein Versuch, einige der Lernprozesse eines Schizophrenen zu beschreiben. Zuerst wurde sie als eine Bindung beschrieben, die dem Kind von seinen Eltern aufgezwungen wurde; später wurde sie als eine wechselseitige Bindung gesehen, in die Menschen sich gegenseitig verstricken. Es wurde auch angeregt, eine paradoxe Bindung therapeutisch auszunutzen, indem der Klient in eine Situation gebracht wurde, die ihn dazu zwang, sich normal zu verhalten[3].

So interessant diese Theorie war, und so wertvoll das Konzept der Ebenen bei der Beschreibung von Verhalten, so glaube ich doch nicht, daß sie für Therapeuten, die mit Familien von Schizophrenen arbeiteten, hilfreich war. Sie erklärte lediglich, was gerade ablief, bot aber keine Vorschläge, wie dieses Geschehen zu verändern sei; außerdem förderte sie die Neigung, einzelne Mitglieder einer Familie als Opfer zu definieren.

---

3 *G. Bateson, D. D. Jackson, J. Haley & J. H. Weakland,* »Towards a Theory of Schizophrenia«, Behav. Sci., 1956, 1, 251-264. Zur Geschichte der Ideen dieses Projekts siehe *J. Haley,* »Development of a Theory: A History of a Research Projekt«, in *C. E. Sluki & D. C. Ransom* (eds.), Double Bind, New York: Grune & Stratton, 1976. Der an den Kommunikationsvorstellungen des *Bateson-*Projekts interessierte Leser sollte die Schriften der Projektmitglieder lesen, welche waren: *Gregory Bateson, Jay Haley, John Weakland* und die Teil-Zeit-Berater *Don D. Jackson* und *William F. Fry* Sie veröffentlichten ausgiebig von 1956 an, als sie den Artikel über die Doppelbindung schrieben, bis zum Ende des Projekts im Jahre 1962. Ihre siebzig Artikel und Bücher sind in »A Note on the Double Bind, 1962«, in Family Process, 1963, 2, 154-161, aufgeführt. *Batesons* Grundideen sind in Steps to an Ecology of the Mind, New York: Ballantine, 1972, und Mind and Nature, New York: Dutton, 1979, dargestellt.

Hilfsbereite Therapeuten stellten fest, wie sie sich mit dem Opfer gegen die Eltern verbündeten.

Da Therapie die Kunst ist, Koalitionen einzugehen, ist es schwierig, sorgfältig zu planen, wie man sich in einen familiären Parteienkonflikt einbringt, wenn es darum geht, jemanden in der Familie zu retten. Genauso wie die Vorstellung vom »Sündenbock« ein Unglück für die Therapie war, so war dies auch die Vorstellung vom »Opfer« einer Doppelbindung. Heute kennen wir die Beschaffenheit und die Bedeutung der Hierarchie und wissen daher, daß es die Situation einer Familie eher verschlimmert als verbessert, wenn ein Experte sich mit einem in der Hierarchie untenstehenden »Opfer« gegen einen Höhergestellten verbündet[4].

Die in der Theorie der Opfer implizit enthaltene Auffassung von der Familie war die Überzeugung, daß Menschen einander Schlimmes zufügen. Diese Orientierung machte es einem Therapeuten schwer, sein Denken in positiver Weise zu strukturieren und die Kooperation der Familie zu gewinnen, um Veränderungen zu bewirken.

Was immer nun die Probleme des Gebrauchs der »Doppelbindung« bei der Beschreibung von Familien waren, sie steigerten sich, wenn sie sich mit der Vorstellung verbanden, Veränderungen könnten erzielt werden, indem man Klienten durch Interpretationen hilft, ihr Verhalten zu verstehen. Familienmitglieder waren gezwungen, hilfsbereiten Therapeuten zuzuhören, wie diese darlegten, was für fürchterliche Doppelbindungen sie einander aufbürdeten. Die Reaktion war abwehrendes und zorniges Verhalten der Familienmitglieder, die sich mißverstanden fühlten. Dies interpretierte man als Widerstand gegen die Therapeuten, und daher verurteilten die Therapeuten das Verhalten, das sie hervorriefen, was wieder auf eine Doppelbindung hinauslief.

Mit der Doppelbindungs-Theorie und dem Konzept der Ebenen wurden die Kommunikationsprozesse vom Forschungsstandpunkt aus interessanter. Körperbewegungen, stimmliche Intonationen und vieldeutige Wörter zeigten eine erstaunliche Komplexität. Es gab Metaphern über Metaphern über Metaphern. Ein Therapeut, der diese Bedeutungen in Therapiesitzungen erkundete, entdeckte, daß er unwissentlich grundlegende Probleme verschleierte. Es gab faszinierende und endlose Diskussionen mit einer Mutter, die von ihrem Kind verlangte, daß es spontan das tut, was sie ihm befahl. Einem Vater wurde aufgezeigt, wie er seinen Sohn dafür verurteilte,

---

4 Zu einer Beschreibung der Hierarchie in diesem Sinne siehe *J. Haley*, Direktive Familientherapie. Strategien für die Lösung von Problemen, München: Pfeiffer, 1977.

daß dieser so dachte wie er selbst. Die Familie schien solche Diskussionen irgendwelchen Vorstößen in Richtung Veränderung vorzuziehen.

Forscher und Kliniker

Ich habe einige der theoretischen und methodischen Überlegungen der Vergangenheit zusammengefaßt, aber noch eine weitere Überzeugung erscheint heute seltsam. Man hat es als selbstverständlich betrachtet, daß Therapeut und Forscher derselben Gattung angehören (obwohl der Therapeut einen eher zweitklassigen Status hatte). Man dachte sogar, daß eine Ausbildung in den Methoden der Forschung ein Weg sei, Therapeuten zu schulen, und viele Studenten verbrachten Jahre mit einem Postgraduiertenstudium, in dem sie Forschung betrieben, um damit eine Qualifikation als Therapeut zu erhalten. Heute erscheint es offensichtlich, daß der Standpunkt eines Forschers und der eines Therapeuten einander fast entgegengesetzt sind. Der Forscher muß sich von seinen Daten distanzieren, objektiv sein und darf das, was er untersucht, nicht beeinflussen und sich selbst darin nicht einbringen. Er muß auch alle komplexen Variablen jedes Problems erkunden und erklären, da er nach der Wahrheit sucht. Die Haltung des Therapeuten ist ganz anders. Er muß persönlich beteiligt und menschlich sein, nicht distanziert und objektiv. Er muß aktiv auf die Daten einwirken, um Leute zu beeinflussen, so daß das, was bisher vorgegangen ist, sich verändert. Er muß auch einfache Ideen einsetzen, die ihn seinen Zielen näherbringen, und darf sich durch Erforschungen interessanter Aspekte des Lebens und des menschlichen Geistes nicht ablenken lassen.

Es erscheint offenkundig, daß die Heranbildung eines Forschers und die Heranbildung eines Therapeuten zwei verschiedene Unternehmungen sind. Doch in der Vergangenheit waren diese Unternehmungen vermengt. Wenn man sich ein Interview ansah, konnte man nicht sagen, ob hier jemand Forschung über eine Familie betrieb oder sich anschickte, diese zu verändern.

Die aus diesen Ideologien hervorgegangenen Familientherapien

Welche Therapie für die Familie eines Schizophrenen folgte nun logisch aus diesen Theorien?

Normalerweise brachte man die Familie herein, und die Eltern rechneten damit, daß man ihnen vorwerfen würde, ihren Sprößling in den Wahnsinn getrieben zu haben. Andernfalls hätte der Therapeut ja nur mit dem Kind gearbeitet. Also verhielten sich die Eltern distanziert und defensiv. Manchmal fragten sie: »Meinen Sie, es ist unsere Schuld, daß unser Sohn verrückt ist?« Dann antwortete der Therapeut wahrscheinlich, daß die Ursache komplex sei. Wenn die Eltern sagten: »Wir haben unser Kind nicht verrückt gemacht«, dann sagte der Therapeut »So?«, und zwar in einem Ton, der ihnen vermittelte, daß sie Schuld hätten. Die Szene erinnerte an *Kafkas* Prozeß: Eltern begannen, sich gegen Beschuldigungen zu verteidigen, die gar nicht erhoben worden waren. Da der Ansatz psychodynamisch und nondirektiv war, übernahm der Therapeut nicht die Führung und strukturierte nicht vor, was geschehen sollte. Er tat nichts und wartete darauf, daß die Familie handelte. Die Familie wußte nicht, was sie tun sollte, und wartete daher darauf, daß der Experte etwas täte. Es kam zu langen bedeutungsvollen Pausen. Manchmal sagte der Therapeut: »Ist es nicht interessant, was für eine schweigsame Familie das ist?«, oder »Wie ist es, wenn man so still ist?« Um das Schweigen ohne offenkundige Anzeichen von Schuldgefühlen zu füllen, versuchte ein Vater, über etwas zu sprechen, vielleicht über die Kälte in der Antarktis. Daraufhin erklärte ihm der Therapeut, daß er oberflächlich sei und die wahren Probleme vermeide. Wenn der Vater den Experten fragte: »Was sind die wahren Probleme?«, dann antwortete der Therapeut: »Was meinen Sie, sind die wahren Probleme?« Wenn die Familie anfing, aus der Fassung zu geraten und wütend zu werden, fragte der Therapeut: »Haben Sie bemerkt, daß Sie fassungslos und wütend sind?« Das machte die Familie noch wütender, was dem Therapeuten behagte, da er die Vorstellung hatte, daß es der Familie helfe, die unterdrückten Emotionen herauszulassen, wenn sie wütend würde. Falls die Eltern zu sehr aus der Fassung gerieten, erfüllte das schizophrene Kind seine Aufgabe, indem es unverschämt wurde oder verrückt spielte, um klarzustellen, daß das Problem nicht bei den Eltern, sondern bei ihm liege. Mit Erleichterung sprachen dann Eltern und Therapeut über die irrationalen Vorstellungen des Patienten. Manchmal, wenn dem Therapeuten nichts anderes einfiel, interpretierte er die Körperbewegungen der Familienmitglieder und erklärte deren wahre Bedeutung. Bald wußten die Familienmitglieder nicht mehr, wie sie sich hinsetzen sollten, um zu vermeiden, daß der Therapeut Bemerkungen über ihre verborgenen negativen Impulse machte.

Die Aufgabe des Therapeuten bestand darin, dafür zu sorgen, daß die Familie weiter zu den Sitzungen kam, und sie zum Reden zu bringen – in der Hoffnung, daß sich etwas verändern würde. Die Aufgabe der Familie bestand darin, herauszufinden, was sie gefälligst in den Sitzungen sagen und tun sollte und warum sie da war. Der Therapeut konnte die Familie nicht auffordern, irgend etwas zu tun, denn das wäre manipulativ gewesen und hätte in den fünfziger Jahren gegen die Regeln der Therapie verstoßen. Er konnte die Eltern nicht auffordern, die Erziehungsgewalt über das Kind zu übernehmen und ihm Benimm beizubringen (dadurch hätte der Therapeut eine Hierarchie strukturiert), denn der Therapeut operierte von der Theorie aus, daß die Eltern einen schädlichen Einfluß darstellten, sie hatten das Kind in der Vergangenheit geschädigt und durften deshalb in der Gegenwart nicht die Erziehungsgewalt über das Kind haben. Ein weiterer Grund dafür, daß der Therapeut niemandem die Verantwortung übertragen konnte, war der, daß er selbst keine Verantwortung tragen konnte. Er konnte nur als Berater auf die Familie reagieren – mit der Vorstellung, daß sie sich irgendwie selbst helfen solle; seine Aufgabe bestand nur darin, ihre Bewußtheit zu fördern und aufs Beste zu hoffen. Seine einzige Therapietechnik war die Interpretation, der Kommentar zur Bedeutung einer Sache, so trivial sie auch sein mochte. Wenn die Familie aufgab herauszufinden, was sie tun sollte, und bloß dasaß, gab der Therapeut zu verstehen, wieviel Widerstand sie dagegen hätte, sich ihrem Widerstand zu stellen – dem Widerstand gegen die Beschäftigung mit dem Familiensystem.

Typischerweise vermittelte der Therapeut eine verdeckte Apathie – trotz einer gezwungenen Fröhlichkeit –, weil seine Theorie besagte, daß das Problem des Patienten eigentlich ein biologisches und genetisches sei; oder daß er aufgrund frühkindlicher, von den Eltern verursachter Traumen schwach und gebrechlich sei und daß er sich von diesen Traumen nie erholen werde.

Wenn der Patient normal wurde und die Familie sich zu reorganisieren begann, wurde dem Therapeuten oft von einem Kollegen ins Handwerk gepfuscht, der den Patienten mit Medikamenten bombardierte oder ihn hospitalisierte, weil er lästig geworden war. Dann mußte der Therapeut von neuem anfangen und darauf warten, daß bei der Familie etwas in Gang kam, damit er mit einer Interpretation reagieren konnte; und er hoffte, daß sich irgendwie alle »bessern« würden, was auch immer man darunter verstehen konnte.

Neue Entwicklungen

Wie erholten sich die Therapeuten von diesen Theorien? Man konnte nicht einfach alte Theorien beiseite legen und eine neue übernehmen, denn es gab keine neue, die befriedigend war. Jeder Therapeut sah sich der schwierigen Aufgabe gegenüber, diejenigen Ideen auszuwählen, welche er ablegen und welche er beibehalten wollte.

Ich habe in meinem Denken eine Entwicklung erlebt, die parallel zu der in der Arbeit vieler Therapeuten ersichtlichen Veränderung verlief. Durch den jahrzehntelangen Umgang mit psychotischen Jugendlichen wurde für mich immer offensichtlicher, daß abweichendes Verhalten Ausdruck einer in ihrem Funktionieren gestörten Organisation ist. Was mir immer klarer wurde, war die Tatsache, daß alle lernenden Tiere sich organisieren und nicht umhin können, dies zu tun. Die Organisationen haben hierarchische Form, wobei einige Mitglieder mehr Autorität und Status haben als andere. Diese naheliegende Erkenntnis setzt sich nur langsam auf familientherapeutischem Gebiet durch. Familien wurden als Gruppen von Individuen beschrieben, als Koalitionssysteme oder als Kommunikationssysteme, aber nur langsam wurde man sich bewußt, daß sie Organisationen waren – mit einer Hierarchie, die beachtet zu werden verdiente. Ein Therapeut, der eine mächtige Großmutter ignorierte oder sich gegen die Eltern mit dem Kind verbündete, war schlichtweg naiv. In seiner Theorie wurde der Tatsache nicht Rechnung getragen, daß die Machtebenen in einer Organisation von einem Außenseiter, der in diese Organisation eintritt, anerkannt werden müssen. Manchmal waren Therapeuten sehr um Status und Macht in ihren Kliniken bemüht, aber ignorierten solche Fragen, wenn sie sich mit Patienten und deren Familienorganisationen beschäftigten. So ermutigte man beispielsweise in einer Therapiesitzung ein Kind, seiner Feindseligkeit durch einen Angriff auf die Eltern freien Lauf zu lassen, aber kümmerte sich nicht um die Wirkung, die es auf eine Organisation hat, wenn ein von den Eltern beigezogener Experte ein Problemkind ermuntert, sie anzugreifen.

Über die Jahre, da ich mehr Familien beobachtete, trat immer offener zutage, daß in der Klinik wie im Elternhaus ein psychotischer Heranwachsender auf eine besondere Art der Organisation reagierte. Die

Hierarchie war nicht die übliche, bei der die Eltern die Erziehungsgewalt innehatten und gegenüber den Kindern Autorität ausübten und bei der die Großeltern die Eltern berieten. Es kam zu generationsübergreifenden Koalitionen, indem z. B. ein Elternteil mit einem Kind gegen den anderen Elternteil paktierte oder die Großmutter sich gegen die Eltern mit dem Kind verbündete, oder der Experte einer Fraktion der Familie beitrat und sich gegen die andere wandte. Dies führte zu Verwirrung in diesen Familien und auch in den psychiatrischen Kliniken, wo nicht klar war, ob nun der Arzt, die Krankenschwester oder ein Pfleger die Autorität über die gesamte Station innehatte. Ebenso blieb die Macht eines Klinik-Sozialarbeiters oder Psychologen über andere Mitglieder des Personals undefiniert.

Als klarer wurde, daß psychopathologische Erscheinungen das Resultat einer gestört funktionierenden Organisation sind, wurde von selbst offensichtlich, daß die Aufgabe des Therapeuten darin bestand, die Organisation zu verändern. Es war auch offensichtlich, daß althergebrachte Theorien diese Aufgabe schwierig, wenn nicht unmöglich machten. Ermunterte man beispielsweise in einer Sitzung die freie Assoziation bei allen Familienmitgliedern, so war dies weniger ein Weg zur Restrukturierung einer Organisation, sondern führte vielmehr zu wahllosem Verhalten.

Die Schritte in meinem Denken und im Denken vieler anderer Therapeuten waren die folgenden: In den vierziger Jahren glaubte man, ein Verrückter leide an verwirrten Denkprozessen, die *verursachten*, daß er seltsam kommunizierte und abweichende Beziehungen herstellte. Die Aufgabe des Therapeuten bestand darin, die gestörten Gedanken und Fehlwahrnehmungen der Person zu korrigieren, ausgehend von der Annahme, sie würde nach dieser Korrektur ihrer Gedanken anders kommunizieren und andere Beziehungen aufbauen. In den fünfziger Jahren beobachtete man dann die Familien auffälliger Jugendlicher und man bemerkte, daß die engsten Verwandten auf abweichende Weise kommunizierten. Man begann anzunehmen, daß der junge Mensch abweichende und gestörte Gedanken hätte, weil er in einem Kommunikationssystem lebte, in dem solche Gedanken angemessen waren. Wenn eine Mutter ihrem Kind übermittelte, es solle ihr spontan gehorchen, hielt man diese vielsschichtige paradoxe Kommunikation für die Ursache der Denkstörung des Kindes. Die Aufgabe des Therapeuten bestand darin, sich auf die Veränderung des Kommunikationssystems durch erzieherische und andere Interventionen zu konzentrieren: dann würden sich die verrückten Gedanken des jungen Menschen verändern.

In den sechziger Jahren schließlich kam die Erkenntnis, daß Leute auf abweichende Art und Weise kommunizieren, wenn sie in einer Weise organisiert sind, die eine solche Kommunikation erfordert. Der gestörte Denkprozeß war deshalb Produkt gestörter Kommunikation, und diese wiederum wurde von einer gestört funktionierenden Organisation produziert. Wenn etwa eine Mutter einem Kind übermittelte, es solle ihr spontan gehorchen, so befand sich die Mutter in einer Organisation, wo sie nicht genug Vollzugsautorität über das Kind ausübte, um ihm Gehorsam *abzuverlangen*. Ein anderer, gleichgestellter Erwachsener verbündete sich mit dem Kind gegen sie und gab damit dem Kind mehr Macht als ihr. Oder eine Autorität auf einer anderen Ebene, beispielsweise die Großmutter oder ein Fachmann, koalierte mit dem Kind gegen sie. Daher übernahm die Mutter nicht die Erziehungsgewalt über das Kind, weil die Organisation so beschaffen war, daß das Kind mehr Macht als sie hatte und sich Konsequenzen für die Organisation ergeben hätten, wenn sie Autorität ausgeübt hätte. Aufgabe der Therapie war es dann, die Struktur dieser derartig wirren Organisation zu reorganisieren, und zwar so, daß die Erwachsenen, besonders Vater und Mutter, Autorität in der Familie hatten. Wäre die Familie reorganisiert, würde sich auch das Kommunikationssystem verändern und damit die Denkprozesse des auffälligen Sprößlings.

Indem sich diese Denkweise ausbreitete, wurde offenkundig, daß andere Theorien die therapeutische Aufgabe erschwerten und sicherlich nicht den Jugendlichen zu verändern vermochten. Wenn beispielsweise der Therapeut das Kind als Opfer der Eltern betrachtete, die einen schädigenden Einfluß dargestellt hatten, versuchte der Therapeut, diesen »Sündenbock« zu retten. Dieser Ansatz bedeutete eine Koalition mit dem Kind gegen die Eltern, und dadurch funktionierte die Organisation noch schlechter, die Hierarchie wurde noch weiter verwirrt, statt daß sie restrukturiert wurde.

Von diesem Standpunkt aus gesehen, können frühere Theorien daraufhin überprüft werden, inwieweit sie ein Handikap für den Therapeuten darstellen.

Die organische Theorie

Das Problem mit der biologischen bzw. genetischen Theorie der Schizophrenie besteht nicht nur darin, daß es keine Nachweise dafür gibt, sondern auch darin, daß das Problem des jungen Menschen so definiert wird, als falle es nicht in die elterliche, sondern vielmehr in die medizinische

Domäne, und daher hat der Therapeut keinen Einfluß, um die Familienhierarchie umzustrukturieren. Er kann die Eltern nur bemitleiden, daß sie ein unheilbares Kind haben. Die Probleme wurden so schwerwiegend, daß ich den Terminus »Schizophrenie« weitgehend aufgab. Ein Therapeut wird durch diesen Terminus handlungsunfähig gemacht und kann das Problem nicht hoffnungsvoll angehen, besonders wenn er sich in der Ausbildung zum Facharzt für Psychiatrie befindet.

Ich habe den Terminus nur widerstrebend aufgegeben, aber es erwies sich als unmöglich, bei Verwendung von »Schizophrenie« den Fokus auf die Therapie zu legen. Man konnte den Schwerpunkt nie von diagnostischen Fragen und von endlosen Dikussionen über den Einsatz des richtigen Medikaments auf die Therapietechnik hin verlagern. Sollten gewisse Psychopharmaka einmal verboten werden, weil sie gefährliche Nebenwirkungen haben und zu irreversiblen neurologischen Schäden führen, dann wird diese Psychiater-Generation in Fallbesprechungen wahrscheinlich verstummen.

Der Hauptgrund, warum ich den Terminus »Schizophrenie« fallen ließ, war der, daß damit die Ausbildung von Therapeuten sehr behindert wurde. Ich empfand es als fast unmöglich, Ärzte in der psychiatrischen Facharztausbildung – oder Sozialarbeiter, da diese sich den Psychiatern anschließen – davon zu überzeugen, daß ein Schizophrener normal werden könne. Sie zögerten, wenn sie auf normales Verhalten hätten drängen sollen, und die Familie zögerte, weil der Experte zögerte. Bald behandelte jeder den »Patienten« wie einen Behinderten, und die Therapie scheiterte.

Ich habe nie verstanden, warum manche Therapeuten sich von der biologischen Auffassung zu lösen vermochten und andere nicht. Ich wurde in meiner Arbeit mit Familien stark von *Don D. Jackson* beeinflußt. Er glaubte, daß einer als schizophren diagnostizierten Person nichts fehle. Es war inspirierend, ihm bei der Arbeit mit einer Familie zuzusehen, deren gestörtes Kind Experte im Versagen war. Ich erinnere mich an eines, das einfach nicht sprach. Das Mädchen saß da und zog an seinen Haaren wie eine Idiotin. Doch Jackson behandelte sie so, als sei sie durchaus fähig, normal zu sein – vorausgesetzt, es käme zu einer Veränderung in ihrer Familien- und Therapiesituation. Die Familie war gezwungen, ihre Normalität zu akzeptieren, und zwar zum Teil wegen *Jacksons* Bestimmtheit.

Als Lehrtherapeut probiere ich verschiedene Möglichkeiten für den Umgang mit diesem Problem aus. Bei manchen Schülern empfand ich es als wirkungsvoll zu sagen, die Person sei fehldiagnostiziert worden – trotz der Halluzinationen und Wahnvorstellungen. Der Therapeut konnte dann die Person wie ein menschliches Wesen behandeln , weil sie eigentlich nicht schizophren war.

Aus Verzweiflung schuf ich eine neue Kategorie, um das Problem zu lösen. Ich sagte, die Person sei ein »Pseudoschizophrener«, d. h. eine Person, die alle Symptome der Schizophrenie hat, aber eigentlich nicht schizophren ist. Diese Bemühung wurde auch zunichte gemacht, und schließlich ließ ich die Kategorie »Schizophrenie« einfach fallen. Ich vermied es, irgend jemanden so zu benennen, und suchte nach anderen Bezeichnungen: »verrückt«, »wahnsinnig«, »exzentrisch« und »Problempersonen«.

Einige Psychiater können sich dieses Problems entledigen, indem sie innerhalb der medizinischen Politik bleiben, sich aber mehr an die Fortschritte der modernen Medizin halten. Die Vorstellung, daß Schizophrenie genetisch oder irreversibel biologisch bedingt sei, gehört der medizinischen Ideologie des neunzehnten Jahrhunderts an. In unserem Jahrhundert ist die Medizin flexibler in der Diagnose, beschäftigt sich mehr mit den Phasen einer Krankheit, zweifelt mehr an der Irreversibilität jedweden Leidens und ist innovativer im zeitweiligen Einsatz von Medikamenten.

Die psychodynamische Theorie

Die psychodynamische Theorie beruht auf der Vorstellung, daß die Psyche des Individuums das Problem sei und nicht die Situation, in der es lebt. Es ist daher schwierig, wenn nicht unmöglich, diese Theorie wirkungsvoll anzuwenden, wenn man eine Organisation verändern will. Der psychodynamisch orientierte Therapeut konzentriert sich auf die Art und Weise, wie diese Organisation von der Person verzerrt wahrgenommen wird. Im wesentlichen führt diese Theorie den Therapeuten dazu, den gestörten jungen Menschen zum Selbstausdruck zu ermutigen, und führt Autoritäten dazu, permissiv zu sein und diesen Ausdruck zuzulassen. Von dieser Haltung her ist es für einen Therapeuten fast unmöglich, von den Eltern zu verlangen, Autorität auszuüben und vom Kind Respekt zu erwarten. Will er eine Organisation umstrukturieren, so muß das Gespräch von einem Therapeuten direktiv geführt und strukturiert werden und darf nicht frei fließen und expressiv sein. Ein permissiver, passiver Therapeut und die Korrektur der Hierarchie sind unvereinbar.

Oft kritisieren Kliniker mit psychodynamischer Orientierung die aktivere Therapie und erheben Einwände gegen den Einsatz jedweder

Gewalt. Diese Ansicht ist insofern heuchlerisch, als solche Kliniker es oft vermeiden, psychotische Klienten zu behandeln, und daher kritisieren sie, ohne eine Alternative anzubieten. Was noch wichtiger ist – sie tendieren dazu, andere Leute für den Einsatz dieser Gewalt anzustellen. Ich kann mich an permissive und wohlwollende Therapeuten erinnern, die in Nervenkliniken, insbesondere in privaten, psychodynamische Therapie betrieben. Sie pflegten zu sagen, der Therapeut solle nur freundlich sein und den Selbstausdruck fördern, und sie erhoben Einwände gegen jeden Therapeuten, der die Eltern aufforderte, ihr Kind gewaltsam im Zaum zu halten, falls dieses gewalttätig würde. Doch diese selben Therapeuten arbeiteten in einem Milieu, wo Angestellte die Gewalt handhaben, während die Therapeuten vorgaben, sich jedweder Gewalt zu enthalten. Muskulöse Pfleger brachten den Patienten mit brutaler Gewalt bei, wie sie sich auf der Station zu benehmen hätten, während der psychodynamische Therapeut in seinem Büro mit dem Patienten plauderte und den Pfleger rief, wenn es Ärger gab. Die Institution wandte auch Elektroschocks, Medikamente, Wannen, Packungen und Isolierzellen an, so daß der psychodynamische Therapeut einen gefügigen Patienten hatte, bei dem er freundlich und gewährend sein konnte. Indem der Therapeut die soziale Situation ignorierte und sich auf die Psyche konzentrierte, konnte er es vermeiden, über das soziale System nachzudenken, dessen Teil er war.

Ein letzter wichtiger Aspekt der psychodynamischen Theorie ist die Annahme, das Handeln von Menschen beruhe auf Aggression, Feindseligkeit und Selbstverteidigung. Solch eine Auffassung ist der in diesem Buch vertretenen diametral entgegengesetzt. Für einen Therapeuten ist es das beste anzunehmen, daß das, was Menschen tun, wie destruktiv es auch anscheinend sein mag, grundsätzlich dem Schutz dient. Es ist das Wohlwollen von Menschen, was Probleme bereitet. Setzen bei einer Ehefrau plötzlich Angstanfälle ein, die große Anforderungen an ihren Ehemann stellen, so nimmt man am besten an, daß sie ihn durch dieses Problem schützt. Ob ängstlich oder wütend, man sollte stets annehmen, daß ein Ehepartner von einer wohlmeinenden Sorge für den anderen motiviert ist. Ebenso nimmt man am besten an, daß ein verrückter Jugendlicher durch sein gestörtes und gewalttätiges Verhalten nicht sich selbst verteidigt oder feindselig zu seiner Familie ist. Die Frage ist, was geschähe mit seiner Familie, wenn er sich nicht so verhielte? Für therapeutische Zwecke sollte man annehmen, daß sich gestörte Jugendliche opfern, um ihre Familien zu stabilisieren. Stabilität in einem System zu erhalten ist die motivierende Kraft, die die Mitglieder antreibt. Hat der

Therapeut diese Auffassung, so wird er zu einem positiveren Zugang zu allen im Unglück Verstrickten tendieren.

Will man mit psychotischen Jugendlichen wirkungsvoll Therapie betreiben, so ist es das beste, die psychodynamische Theorie einfach aufzugeben. Der Therapeut nämlich, der flexibel zu sein versucht und den psychodynamischen mit einem auf der Umstrukturierung der Familie beruhenden Ansatz verbinden will, wird am meisten Schwierigkeiten haben.

Die Systemtheorie

Die Systemtheorie stellt ein schwieriges Problem dar, weil sie viele Vor- und Nachteile hat. Ich empfand es als notwendig, die Fragen der Homöostase und Stabilität weniger stark zu betonen und mich mehr auf die Aspekte der Veränderung zu konzentrieren. Wenn man eine systemische Denkweise verfolgt, kann man eine Therapie planen, in der in der Familie eine Krise herbeigeführt wird und die Familie sich reorganisieren muß, um sie zu bewältigen. Alternativ dazu kann man eine kleine Veränderung einleiten und diese ständig ausweiten, bis sich das sich daran anpassende System reorganisieren muß[5].

Das Hauptverdienst der Systemtheorie besteht darin, daß sie dem Therapeuten erlaubt, sich wiederholende Sequenzen zu erkennen und so Vorhersagen zu machen. Er kann dann seine Therapie planen, indem er voraussieht, was geschehen wird. Es bleiben die Probleme, wie man die Sequenzen vereinfacht, so daß man sie erkennen und nutzen kann, und wie man das Konzept der Hierarchie und jenes der Sequenzen in einem System vereint. Die frühere Tendenz, die Elemente in einem System zu egalisieren, macht alle Familienmitglieder gleich mächtig, und die verschiedenen Status- und Machtstufen in einer Hierarchie zu erfassen ist dementsprechend schwierig.

---

5 *M. Maruyama*, »The Second Cybernetics: Deviation-Amplifying Mutual Causal Processes«, in W. *Buckley* (ed.), Modern Systems Research for the Behavioral Scientist, Chicago: Aldine, 1968.

Doppelbindung

Ich habe die Bezeichnung »Doppelbindung« weitgehend aufgegeben und bin zu *Gregory Batesons* ursprünglichem Terminus »Paradox« zurückgekehrt. Ich entdeckte, daß ich nicht mehr wußte, was eine Doppelbindung ist, weil der Begriff so unterschiedlich verwendet wurde. Paradox ist ein klarerer und präziserer Ausdruck zur Beschreibung konfligierender Kommunikationsebenen. Der Ausdruck »paradoxe Intervention« hat außerdem eine weniger negative Konnotation als »den Klienten in eine Doppelbindung bringen«.

Die Vorstellungen über Kommunikation, die aus dem *Bateson*-Projekt hervorgingen, sind eine wertvolle Möglichkeit, Menschen im Umgang miteinander zu beschreiben. Die Idee, daß eine Botschaft auf einer Ebene paradoxerweise mit einer Botschaft auf einer anderen Ebene in Konflikt gerät, kann auf eine Beschreibung von Organisationen übertragen werden. Schließlich ist eine Organisation nichts anderes als ein System sich wiederholender Kommunikations-Sequenzen. Indem Menschen miteinander in systematischer Weise kommunizieren, bildet sich aus dieser Kommunikation eine Organisation. Wenn eine Person einer anderen sagt, was sie tun soll, und die andere diesen Befehl ausführt, dann wird durch diesen Prozeß eine Hierarchie definiert. Befiehlt eine Person einer anderen »Gehorche mir nicht«, so ist die Kommunikation paradox, und die Organisation ist wahrscheinlich ein System, das in seinem Funktionieren gestört ist.

Aus den Kämpfen mit schwierigen Jugendlichen und ihren Familien ist eine Reihe von Ideen hervorgegangen. Aus der System- und Kommunikationstheorie ist etwas Wertvolles entwickelt worden, während sich gleichzeitig eine neue Auffassung von Macht in Organisationen entwickelt hat. Aus dem Mißerfolg wie auch aus dem Erfolg ging die Auffassung hervor, daß man jugendliche Verrücktheit am besten als Produkt einer Lebensphase der Familie versteht, in der eine Reorganisation stattfindet, und daß das Verhalten des Jugendlichen diesem sozialen Kontext angepaßt ist. Nur im Zuge einer Veränderung im sozialen Kontext kann auch normales Verhalten angemessen werden. Eine soziale Organisation zu verändern, der sie angehören, ist die Aufgabe von Familientherapeuten, und Theorien, die sie dabei leiten, wenn sie diese Veränderung herbeiführen, sind für eine wirkungsvolle Therapie notwendig.

Kapitel 2
Orientierung an der Familie

Es gibt eine Gruppe junger Menschen, die ungewöhnliche und bizarre Verhaltensweisen an den Tag legen. Sie erschrecken die Öffentlichkeit durch unberechenbares und unsoziales Verhalten. Sie führen Gespräche mit imaginären Personen, sie verhalten sich aufgeregt oder ziellos, sie vagabundieren durch die Welt oder verpfuschen ihr Leben, indem sie Drogen und Alkohol konsumieren, oder sie sind so unvernünftig und stehlen Dinge, die sie nicht brauchen. Es ist typisch für diese Menschen, daß sie einem von zwei Verhaltensextremen zuneigen. Entweder stiften sie Unruhe, oder sie sind apathisch und hilflos und tun nichts für ihren Lebensunterhalt. In beiden Fällen bekommen es die Familien dieser Jugendlichen mit Vertretern der öffentlichen Ordnung zu tun. Das Auffälligste an diesen Jugendlichen ist die Tatsache, daß sie Versager sind. Sie sorgen nicht selbst für ihren Lebensunterhalt; sie unterziehen sich nicht erfolgreich einer Berufsausbildung; sie bauen keine engen Beziehungen mit Altersgenossen auf und entwickeln so keine soziale Basis außerhalb der Familie. Ob sie nun zurückgezogen und teilnahmslos sind oder frech und aufsässig, allen ist gemeinsam, daß sie außerstande sind, ein normales Leben zu führen.

Meist ist klar, wer zu dieser Klasse junger Versager gehört und wer nicht. Sie weichen nicht bloß von irgendeiner allgemeinen Norm ab und folgen einer etwas exzentrischen, aber legitimen Mode. Es gibt junge Menschen, die ohne Geld und ohne von der öffentlichen Meinung akzeptiert zu werden leben, weil sie einer politischen Splittergruppe angehören oder weil sie exzentrische Künstler oder in einer anderen Weise Rebellen sind, aber sie sind deswegen noch keine Versager. Erst wenn ein Jugendlicher sich bei allem, was er tut, inkompetent verhält, wie vielversprechend seine Entwicklungsmöglichkeiten auch sind, gehört er zu dieser Klasse. Ein solcher Jugendlicher ist ein professioneller Versager im Leben, und seine Familie kommt nicht los von ihm, und wäre es auch nur, um ihn dauernd abzulehnen.

Die Wahl einer Bezeichnung für diese Problemjugendlichen ist wichtig. Die Wahl des Etiketts kann entscheidend sein für die Definition des

Problems und die Handlungsstrategie. In den letzten Jahren haben sich medizinische oder psychiatrische Bezeichnungen eingebürgert. Will man das medizinische Modell aufgeben, und sucht man nach einer stärker sozial orientierten Bezeichnung, stößt man auf Schwierigkeiten. Von »abweichendem Sozialverhalten« zu sprechen ist zu unpräzise und zu harmlos und würde einem Jugendlichen nicht gerecht werden, der sein Leben in der geschlossenen Abteilung eines Nervenkrankenhauses zubringt. Solche Jugendliche als »gestört« oder als »Problempersonen« zu bezeichnen, bagatellisiert das extreme Verhalten ebenfalls, das diese Menschen an den Tag legen.

Der Begriff »verrückt«* bietet sich zur Kennzeichnung dieser Jugendlichen an, obwohl er eine unglückselige Geschichte und einige schlechte Konnotationen hat. Der größte Nachteil besteht darin, daß es als erniedrigend angesehen werden kann, jemand »verrückt« zu nennen. In diesem Buch wird eine »verrückte« Handlung definiert als Möglichkeit, anderen einen Dienst zu erweisen – oft verbunden mit großen persönlichen Opfern; daher ist die Bezeichnung nicht erniedrigend gemeint. Ein anderer Ausdruck, den man verwenden könnte, ist »exzentrisch«. Jugendliche können sicherlich exzentrisch in ihrem von der Norm abweichenden Verhalten sein. Zuweilen sind sie sogar brutal. Selbst wenn »exzentrisch« zu harmlos klingt für jemand, der in einer Irrenanstalt dahinsiecht, wirkt es doch wenigstens nicht herabsetzend und führt nicht dazu, einen solchen Menschen als hoffnungslosen Fall aufzugeben, wie dies ehedem geschah.

Wer für diese Therapie nicht in Frage kommt

Dieses Buch ist keine wissenschaftliche Untersuchung über exzentrische Jugendliche und deren Eigenart und Geschichte. Der Schwerpunkt beschränkt sich auf die praktische Frage möglicher therapeutischer Veränderungen. Das Buch beschränkt sich auf eine festumrissene Gruppe von Klienten. Es handelt nicht von gestörten Kindern oder gestörten alten Menschen. Ich beschränke mich auf Jugendliche und junge Erwachsene im Alter zwischen etwa siebzehn und Ende zwanzig. Das ist das Alter, in

---

* *mad* im amer. Orig.: Die deutsche Übersetzung »verrückt« scheint uns negativere Konnotationen zu haben als das amerikanische »mad«, weshalb wir gelegentlich auf »gestört«, »auffällig« und selbst auf psychiatrische Bezeichnungen wie »psychotisch« zurückgreifen.

dem ein junger Mensch von zu Hause auszieht. Von Menschen, die in dieser Phase des Familienlebens sind, ist hier die Rede.

Die Rede ist von Jugendlichen, deren Schwierigkeiten mit einer Instabilität ihrer Familie zusammenhängen. Um Einwänden zuvorzukommen, sei gleich eingeräumt, daß es Jugendliche gibt, deren Schwierigkeiten nichts mit ihrer Familie zu tun haben. Dazu gehören solche mit unerkannten Gehirntumoren, solche, die durch Drogen oder Medikamente irreparable Schäden erlitten haben, oder solche, deren auffälliges Verhalten durch irgendeine geistige Behinderung oder durch unerkannte physiologische Schäden verursacht ist. Bei anderen wiederum haben Armut, Mißhandlung, häufiger Wechsel der Bezugspersonen, häufige Klinikaufenthalte oder Waisenheime tiefe Wunden geschlagen. Der hier beschriebene Ansatz ist bei solchen Jugendlichen nur teilweise erfolgreich. In diesem Buch geht es um den durchschnittlich jugendlichen Gestörten, um jene jungen Menschen, die psychiatrische Stationen, Heime und Drogenrehabilitationszentren bevölkern und die in der Öffentlichkeit wegen ihrer auffälligen und exzentrischen Art Unruhe stiften.

Ein Therapeut, der sich einem gestörten jungen Menschen gegenübersieht, sollte zuerst annehmen, daß er oder sie sich reaktiv einer gestörten sozialen Situation anpaßt. Der Therapeut sollte bei dem jungen Menschen mit einer möglichen Entwicklung zum Normalen rechnen. Gelegentlich trifft er vielleicht auf einen außergewöhnlichen Fall, wie zum Beispiel einer Klientin mit einer organischen Störung, für die es keine Heilung gibt, aber das ist so ungewöhnlich, daß man zuallerletzt daran denken sollte. Oft kann der Therapeut dem Irrtum aufsitzen, die Störung eines Jugendlichen sei nicht Ausdruck eines familiären Problems. Zum Geschick eines exzentrischen Jugendlichen gehört die Fähigkeit, die Fachleute davon zu überzeugen, daß er an einer körperlichen Behinderung leide oder sogar von Geburt an hirngeschädigt sei. Man sollte außerdem nicht vergessen, daß es Ziel der Therapie ist, die Möglichkeiten einer Person maximal zu entwickeln; sogar der physiologisch Behinderte kann von dieser an Familien orientierten Therapie profitieren. Es gibt viele geistig behinderte Jugendliche, deren Behinderung aber nicht so weit geht, daß die Eltern ihnen das Hemd zuknöpfen oder sie im Haus behalten müssen. Extrem behindertes Verhalten hat eine Familienfunktion, ob nun physiologische Probleme da sind oder nicht.

Wieso es zu keiner Loslösung von der Familie kommt

Einstmals stellte man die Theorie auf, daß ein junger Mensch im Augenblick des Erfolgs auffälliges Verhalten an den Tag lege, weil er zu schwach und unfähig sei, Verantwortung zu übernehmen. Man vermutete auch, daß eine innere Furcht – vielleicht noch aus der Kindheit stammend – den Jugendlichen ergreife, wenn er mit der Forderung nach Selbsterhaltung und Autonomie konfrontiert werde. Versagen – so nahm man an – werde durch innere Furcht verursacht. Dies war die einzig verfügbare Erklärung, solange man die Ursachen für ungewöhnliches Verhalten im Individuum und nicht in der Umwelt, die man übersah, vermutete. Als man dann in den fünfziger Jahren Familien im Rahmen eines systemischen Konzepts beobachtete, stellte man fest, daß sich das auffällige Verhalten eines Jugendlichen als Anpassung an die absonderliche Kommunikation in seiner Familie erklären ließ. Zum ersten Mal wurde die Ansicht vertreten, die Denkprozesse und die innere Angst eines Menschen seien Reaktionen auf die Art des Kommunikationssystems, in dem er eingebettet sei. Wenn Menschen abweichendes Kommunikationsverhalten zeigen, dann ist auch ihr Denken gestört.

Weitere Beobachtungen von Familien zeigten, daß gestörte Kommunikationsmuster eine Reaktion auf eine gestörte familiäre Organisationsstruktur waren. Eine spezifische Art der Organisation führt zu einem spezifischen Kommunikationsverhalten, dieses wiederum zu seltsamen und gestörten inneren Denkprozessen.

Heute gibt es unter Praktikern und Wissenschaftlern unterschiedliche Konzepte, mit denen auffälliges Verhalten Jugendlicher erklärt wird:
1. Manche Kliniker nehmen an, das Problem seien die gestörten Denkprozesse. Das Denken führt zu einem entsprechenden gestörten Kommunikationsverhalten, dies wieder läßt den Betreffenden Beziehungen eingehen, die zu gestörten Organisationsformen führen. Die Therapie konzentriert sich darauf, das gestörte Denken und die Fehlwahrnehmungen zu korrigieren.
2. Andere Kliniker nehmen an, das gestörte, abweichende kommunikative Verhalten der engsten Bezugspersonen verursachten das auffällige Verhalten und die seltsamen Denkprozesse. Ihr therapeutisches Bemühen dreht sich daher darum, die Kommunikation unter den Bezugspersonen in der Familie zu klären und zu verändern.
3. Wieder andere Kliniker nehmen an, das Problem sei eine gestört

funktionierende und abweichende Organisation. Diese Organisation erfordert absonderliches kommunikatives Verhalten und deshalb absonderliche Denkprozesse.

In diesem Buch wird die Ansicht vertreten, daß die Intervention am wirkungsvollsten ist, die sich auf die grundlegende Organisationsstruktur richtet. Wenn sich diese verändert, so passiert das auch mit den anderen Faktoren. Eigentlich kann ein Therapeut – wenn man einer organisationsorientierten Denkweise folgt – nicht umhin, sich als Teil des Familiensystems zu begreifen. Wenn ein Therapeut mit einem jungen Menschen über dessen Denkprozesse spricht, ist er ein Außenseiter, der mit einem Familienmitglied verkehrt, und die Organisation hat Regeln für den Verkehr mit Außenseitern. Wenn er die Familienkommunikation klärt, dann ist er durch diese Handlung zu einer Autorität in der Familienhierarchie geworden. Übersieht man, wie sich die Situation in bezug auf die Organisation gestaltet, so kann das zu naiven Interventionen führen, die Veränderungen verhindern oder die Sache noch verschlimmern. Ja, die Familien werden einen naiven Therapeuten sogar benutzen, um sich zu stabilisieren und Veränderungen zu vermeiden.

Wie wichtig die soziale Situation ist – das wurde auf klinischem Gebiet aus einer Reihe von Gründen übersehen. Jahrhundertelang hat man Individualität und Persönlichkeit betont; die Aufgabe der Wissenschaft bestand darin, Individuen und nicht soziale Situationen zu Typen zu klassifizieren. Außerdem beruhen kulturelle Institutionen auf der Vorstellung vom Individuum als Einheit der Verantwortlichkeit. Gäbe man zu, daß die soziale Situation ursächlich an einem Verhalten beteiligt ist, dann würde das dazu führen, daß Familien und Freunde anstelle von Individuen ins Gefängnis oder ins Krankenhaus kämen. Viele Aspekte der Kultur hängen von der Tatsache – oder dem Mythos – ab, daß das Individuum die Grundeinheit sei.

Bis zum Konzept der Systeme gab es keine adäquate Theorie der sozialen Situationen. Verhalten zu beschreiben, das sich ständig wiederholt und so eine Organisationsstruktur gewohnheitsmäßiger Reaktionen bildet, ist eine neue Möglichkeit, sich Menschen vorzustellen. Das Konzept eines selbst-regulatorischen Systems von Beziehungen ist für viele Leute schwer zu begreifen und noch viel weniger selbstverständlich. Es ist viel leichter zu sagen, eine bestimmte Person verursache eine Schwierigkeit, als die Schwierigkeit als einen Schritt in einem sich wiederholenden Zyklus zu begreifen, an dem jeder teilnimmt.

Soll die soziale Situation als Grundeinheit akzeptiert werden, dann ergibt sich ein weiteres Problem: nämlich die einfache Vorstellung, daß Menschen in sozialen Situationen leben und sie von daher als selbstverständlich hinnehmen. Gewöhnliche Situationen – wie die Lebensphasen einer Familie – erschienen so offensichtlich, daß man sie nicht als Gegenstand wissenschaftlicher Bemühungen betrachtete. Jeder wußte, daß es eine Phase im Leben einer Familie gibt, in der junge Menschen das Elternhaus verlassen, aber man hielt dies nicht für wichtig, und daher bemerkte niemand die Verbindung zwischen in ihrem Funktionieren gestörten Menschen und jenem Lebensabschnitt. Jetzt stellt sich heraus, daß gerade dann in jeder Organisation die Zeit der größten Veränderungen ist, wenn jemand in die Organisation eintritt oder sie verläßt.

Hat ein junger Mensch außer Haus Erfolg, so hat man es hier nicht nur mit individuellem Erfolg zu tun. Er löst sich gleichzeitig von einer Familie ab, was zu Konsequenzen in der gesamten Organisation führen kann. Erfolg oder Mißerfolg eines jungen Menschen sind unlösbar mit der Reorganisierung einer Familie verbunden, während der neue hierarchische Arrangements erfolgen und sich neue Kommunikationswege entwickeln.

Nimmt das Familienleben seinen normalen Lauf, so machen Jugendliche ihren Schulabschluß und beginnen zu arbeiten und sich selbst zu unterhalten, während sie noch zu Hause wohnen. Manchmal ziehen sie auch von zu Hause aus, wenn sie zu arbeiten anfangen. Wenn sie selbst für ihren Unterhalt sorgen können, sind sie auch in der Lage, zu heiraten und selbst einen Haushalt zu gründen. Meistens interessieren sich die Eltern dafür, wer der Ehepartner des Kindes wird, und helfen ihren Kindern bei der Einrichtung ihres eigenen Zuhause. Wenn die jungen Erwachsenen Kinder bekommen, werden aus den Eltern Großeltern, und diese sind weiter Teil der Familie, während die Familie über die Jahre ihre Organisation verändert. In vielen Familien verursacht das Weggehen der Kinder lediglich leichte Störungen. Manche Eltern empfinden es sogar als Erleichterung, wenn sie der Sorge um die Kinder ledig sind und sich für Dinge Zeit nehmen können, die sie gerne zusammen machen würden.

Wenn jemand, der auf die Zwanzig zugeht oder in den frühen Zwanzigern ist, sich seltsam oder wie ein Versager zu verhalten beginnt, dann ist anzunehmen, daß es in der Phase der Ablösung vom Elternhaus Schwierigkeiten gibt und mit der Organisation etwas nicht stimmt. Die Schwierigkeiten werden je nach Struktur der Organisation verschiedene Formen annehmen. In Familien mit alleinerziehendem Elternteil lebt die Mutter oft bei der eigenen Mutter und zieht ihre Kinder auf. Wenn sich die Kinder loslösen, bleiben Mutter und Großmutter lediglich als Dyade zurück und sehen sich einer Reorganisierung gegenüber. Manchmal ist die

Mutter alleinstehend und einsam, und wenn die einzigen Mitglieder der Organisation sie und das Kind sind, dann stellt es einen größeren Einbruch dar, wenn das Kind das Haus verläßt.

In Familien mit beiden Elternteilen stehen sich die Eltern nun alleine gegenüber, nachdem sie viele Jahre als Teil einer Mehrpersonen-Organisation funktioniert haben. Manchmal haben die Eltern vorwiegend über ein bestimmtes Kind miteinander kommuniziert und haben große Schwierigkeiten, direkter miteinander zu verkehren. Wenn das Kind das Haus verläßt, sind die Eltern außerstande, als lebensfähige Organisation zu funktionieren. Manchmal drohen sie mit Scheidung oder Trennung. In diesem Buch geht es schwerpunktmäßig um Probleme bei den Kindern, aber in dieser Phase des Familienlebens können auch Probleme bei einem oder beiden Elternteilen auftreten. Wenn es zur Scheidung kommt oder ein Elternteil mittleren Alters eine Depression oder ein anderes Symptom entwickelt, dann fällt das oft mit dem Weggehen des Kindes zusammen, und das Symptom ist eine Reaktion auf eine Veränderung in der Organisation.

Manchmal werden die Schwierigkeiten in der Familie extrem, wenn das erste Kind auszieht; manchmal erst, wenn das letzte geht; und es kommt auch vor, daß ein mittleres Kind für die Eltern irgendwie etwas Besonderes ist. Das Problem besteht in einer Dreiecksbeziehung zwischen den Eltern und einem bestimmten Kind, das als Brücke zwischen ihnen fungiert; wenn dieses Kind sich anschickt, das Haus zu verlassen, wird die Familie instabil. Die Fragen, mit denen sich die Eltern wegen der Kinder nicht beschäftigt hatten, müssen nun angegangen werden. Alle ehelichen Themen, über die man nur durch das Kind kommunizierte, müssen nun anders behandelt werden, wenn das Kind an dem Dreieck nicht mehr aktiv beteiligt ist.

Wenn eine Familie wirklich Probleme hat, weil ein Kind aus dem Haus geht, dann gibt es eine Möglichkeit, wie die Probleme gelöst und die Familie stabilisiert werden können: das Kind kann zu Hause bleiben. Doch sobald junge Leute auf die Zwanzig zugehen oder knapp über zwanzig sind, üben die sozialen Kräfte der Öffentlichkeit wie auch physiologische Veränderungen Druck auf die Familie aus: der junge Mensch soll sich loslösen. Man erwartet, daß er ein Studium oder eine Arbeit aufnimmt und soziale Kontakte außerhalb der Familie aufbaut. Der junge Mensch bleibt vielleicht noch monate- oder gar jahrelang daheim, doch es steigert sich die Erwartung, daß das Kind ein Leben außerhalb der Familie führen wird und die Eltern sich selbst überlassen bleiben.

Eine Lösung

Eine Möglichkeit, wie ein junger Mensch eine Familie stabilisieren kann, besteht darin, ein Problem zu entwickeln, das ihn stark behindert und zum Versager macht, so daß er weiterhin die Eltern braucht. Die Funktion des Versagens ist die, daß die Eltern weiterhin durch und über den jungen Menschen kommunizieren, wobei die Organisation unverändert bleibt. Vermögen Kind und Eltern sich nicht zu lösen, dann kann die Dreiecksstabilität viele Jahre erhalten bleiben, unabhängig vom Alter des Kindes, obwohl das Problem in dem Alter, in dem man normalerweise das Haus verläßt, seinen Anfang nahm. Das »Kind« kann vierzig Jahre alt sein und die Eltern über siebzig: und immer noch bringen sie den Sohn oder die Tochter von einem Krankenhaus zum anderen, von einem Arzt zum nächsten.

Es gibt zwei Möglichkeiten, wie sich die Familie stabilisieren kann. Die Eltern können die Hilfe einer offiziellen Institution in Anspruch nehmen, um ihr Kind einzusperren, so daß es nicht unabhängig und selbständig wird. Indem die Eltern den jungen Menschen einer psychiatrischen Klinik oder anderen Instanz der öffentlichen Ordnung übergeben oder indem sie dafür sorgen, daß ein Arzt ihn mit starken Medikamenten behandelt, erhalten sie die Familie stabil. Die Vertreter medizinischer oder sozialer Berufe können zum verlängerten Arm der Familie werden, wenn es darum geht, das Kind im Zaum zu halten und es in einem behinderten Zustand zu belassen. So erinnere ich mich beispielsweise, daß vor Jahren, als Elektroschocks noch populär waren, eine Mutter ihrer Tochter damit zu drohen pflegte, daß man sie zur Schockbehandlung zum Arzt bringen würde, wenn sie sich nicht benähme. Bei reichen Familien ist das Kind manchmal jahrelang in einer privaten Institution untergebracht, und die Familie ist so lange stabil, wie das Kind eingesperrt bleibt. Der naive Therapeut, der in einer Institution mit dem jungen Menschen spricht, kann glauben, daß er für die Veränderung da ist, obschon er eigentlich von einer Familie angestellt wurde, damit er die Organisation stabilisiert, so daß es zu keiner Veränderung kommt. Die Eltern können die Institution regelmäßig besuchen und mit dem Kind in Berührung bleiben, ohne die Unannehmlichkeit, mit ihm zu leben und sich um es zu kümmern, auf sich nehmen zu müssen.

Die andere Möglichkeit, wie sich die Familie mittels eines scheiternden Kindes stabilisieren kann, sieht so aus, daß der junge Mensch ein verpfuschtes Leben führt. Er kann als Landstreicher herumziehen und so als stabilisierender Faktor der Familie dienen. Er läßt die Eltern regelmäßig wissen, daß er die Rolle des Versagers spielt, er schreibt ihnen regelmäßig und bittet sie um Geld, oder er teilt ihnen mit, daß er im Gefängnis sitzt – oder er sorgt durch irgendeinen anderen unglücklichen Umstand dafür, daß die Eltern sich nun um ihn kümmern müssen.

Es gibt Grenzfälle, bei denen der junge Mensch in dem einen Sinne versagt, in einem anderen jedoch nicht. Er kann als Außenseiter in einer Kommune leben und in den Augen der Eltern ein Versager sein. Oder er kann – was heutzutage üblicher ist – sich einer obskuren religiösen Sekte anschließen. Innerhalb dieser Sekte mag er wohl im Betteln oder bei der Anwerbung neuer Mitglieder ein großer Erfolg sein, aber was die Eltern betrifft, wird er ein Versager bleiben. Oft bemitleiden sie sich nicht nur gegenseitig wegen ihres mißratenen Sprößlings, sondern sie beauftragen auch Leute, ihn aus den Fängen der Sekte zu befreien und wieder umzuprogrammieren. Die Aufmerksamkeit konzentriert sich weiterhin auf das Kind.

Ob der Jugendliche nun auf eine von der Familie oder der Öffentlichkeit bestimmte Institution angewiesen ist oder sich seine Institution selbst ausgesucht hat, er wird von den Eltern als Versager definiert, und sie kommunizieren über ihn, solange er das Haus noch nicht verlassen hat. So können die Eltern etwa einander die Schuld am Problem geben oder sich darüber streiten, was noch getan werden könnte. Das Kind kann nicht aus ihren Plänen herausgelassen werden, wie das bei einem erfolgreichen Kind, das sich seinen Lebensunterhalt verdient, der Fall wäre. Die Eltern verändern nichts an ihrer Beziehung zueinander; diese bleibt beim Status quo, als ob sie genausowenig zur nächsten Phase des Familienlebens übergehen könnten wie ihr abhängiges Kind. Ihre Schwierigkeiten miteinander werden nicht gelöst, denn sobald ein Problem zwischen ihnen aufkommt, wird das Kind darin so eingeflochten, als stünde es im Zimmer. So kann sich etwa ein Vater beklagen, daß seine Frau etwas getan habe, was ihn gestört hat, und er es ihr gegenüber aber nicht ausgesprochen habe. Fragt man ihn, warum er denn nichts unternommen habe, so wird er sagen: »Nun ja, ich weiß, meine Frau macht sich Sorgen um unseren Sohn.« Die tiefe Sorge um den jungen Menschen verhindert eine strukturelle Veränderung, weil das Dreieck unverändert weiterbesteht.

Obwohl die Familienkrise und das Versagen des jungen Menschen meistens wenige Jahre vor oder nach dessen zwanzigstem Lebensjahr eintreten, kann es auch später dazu kommen. Manchmal bricht ein Kind zusammen, wenn sein jüngstes Geschwister das Elternhaus verläßt. So hatte z. B. eine Frau in den späten Dreißigern schon mehrere Jahre außer

Haus gelebt. Sie begann sich sonderbar zu verhalten, und die Eltern wollten ihr dadurch helfen, daß sie sie hospitalisierten und ihre Rückkehr ins Elternhaus vorbereiteten. Dieses Ereignis fiel damit zusammen, daß das jüngste Kind von zu Hause weg und aufs College ging. Aufgrund des Versagens und der Heimkehr der älteren Tochter blieb die Familie weiterhin eine Organisation mit einem Kind im Haus.

Wenn man die Therapie mit einem verrückten Jugendlichen beginnt mit dem Ziel, auf eine Änderung der Familienstruktur hinzuarbeiten, dann erreicht man diese Veränderung nicht dadurch, daß man den Jungen oder das Mädchen in eine Institution einweist. Man muß vielmehr dafür sorgen, daß der oder die Jugendliche am normalen Leben teilnimmt. Eine therapeutische Veränderung kommt deshalb dann am schnellsten in Gang, wenn man die Eltern dazu bringen kann, ihr Kind gleich zu normalen Aktivitäten zu drängen. Dies ist der Augenblick, wo in der Familie etwas in Bewegung gerät.

Der Teufelskreis

Man kann die Situation unter anderem als wiederkehrenden Zyklus beschreiben. Wenn der junge Mensch in das Alter kommt, in dem man von zu Hause weggeht, dann beginnt er, in Arbeit und Studium Erfolg zu haben, und es gelingt ihm, enge Beziehungen außerhalb der Familie aufzubauen. Von da an wird die Familie instabil, und der Jugendliche beginnt seltsames und störendes Verhalten zu zeigen. Alle Familienmitglieder scheinen verstört und verhalten sich offenkundig ungewöhnlich, aber wenn das Kind als Problem definiert wird, erscheint sein Verhalten extremer und das der anderen Familienmitglieder stabilisiert sich und erscheint als Reaktion auf das des Jugendlichen. Die Eltern, die über viele Fragen zerstritten sind, sind sich jetzt so uneins, daß sie mit dem jungen Menschen nicht mehr fertig werden; dieser beginnt nun die Verantwortung zu übernehmen und Macht über die Familie auszuüben. Wenn die Eltern sich zusammentun, um mit ihrem Kind fertig zu werden, dann geschieht es nicht selten, daß dieses von entfernteren Verwandten Unterstützung gegen die Eltern erhält, wie etwa von der Mutter des Vaters. Indem die weitere Verwandtschaft mit den Eltern über den jungen Menschen in Konflikt gerät, werden die Eltern noch unfähiger, ihn unter Kontrolle zu halten, und das Verhalten eskaliert. Man sucht bei Fachleuten um Hilfe nach, und normalerweise benutzen die Eltern den Experten, damit er das

Kind durch Medikamente und Verwahrung im Zaum hält; die Familie stabilisiert sich durch solche Maßnahmen. Der Konflikt steigert sich jedoch oft, wenn die Familienmitglieder einander für das Geschehene verantwortlich machen. Dann rettet der Experte typischerweise den jungen Menschen vor den Eltern und schließt mit ihm eine generationsübergreifende Koalition gegen die Eltern und untergräbt dadurch deren Autoritätsposition. Diese verrückte Situation wird zyklisch, wenn der junge Mensch aus der Verwahrung entlassen wird und draußen wieder zu funktionieren beginnt. Wenn er oder sie vorläufig Schritte unternimmt, die sich auf Erfolge in Arbeit oder Studium oder im Aufbau enger Beziehungen außerhalb der Familie richten, dann treten wieder Konflikte und Instabilität zutage. Der junge Mensch beginnt sich exzentrisch zu verhalten, und die Familie sagt, sie könne mit ihm nicht fertig werden, und Fachleute werden beigezogen. Der junge Mensch wird an den Ort zurückgeschickt, an den man ihn schon einmal geschickt hatte. Beim zweiten Mal wissen alle, wo er hingehört – dahin, wo er beim ersten Mal war. Wieder einmal in der Institution angelangt, wird er eine Weile behandelt und dann wieder heimgeschickt. Die Situation ist stabil, bis sich in Arbeit oder Studium Erfolg einstellt, die Eltern mit Trennung drohen, die Familie instabil wird und der Zyklus sich wiederholt. Ziel der hier vorgeschlagenen Therapie ist es, diesen Zyklus zu beenden, den jungen Menschen über die exzentrische Episode hinweg und zu erfolgreichem Funktionieren außerhalb der Familie zu bringen, wobei die Familie reorganisiert werden muß, damit sie den Wechsel überlebt.

Wenn außerhalb der Familie keine engen Beziehungen zustande kommen

Gewöhnlich baut ein Jugendlicher oder ein junger Erwachsener außerhalb der Familie enge Beziehungen auf, die mit der Zeit wichtiger werden als die Beziehungen innerhalb der Familie. Es kommt zu einem Übergang von der eigenen Stammfamilie zu einer neuen, die nun geschaffen wird. Meistens ist die Familie eine Basis, von der aus man verschiedene Beziehungen ausprobiert, bis man schließlich einen Partner wählt und eine neue Familie gründet.

Wenn es für einen jungen Menschen notwendig ist, mit dem Elternhaus verbunden zu bleiben, werden Verfahren entwickelt, die sich auf die Verhinderung und Vermeidung enger Beziehungen außerhalb der Familie richten. Die Grenze um die Stammfamilie wird undurchdringlich, und der junge Mensch verbleibt darin. Versuche, außerhalb Beziehungen einzugehen, werden zunichte gemacht, und schließlich besteht die einzige Bindung innerhalb der Familie.

Typischerweise ist in diesen Situationen ein Jugendlicher außerstande, sich außerhalb der Familie Freunde zu schaffen. Er ist scheu und zurückgezogen, vermeidet alle Gleichaltrigen und schließt sich nur labilen und entwurzelten Altersgenossen in kurzen Freundschaften an.

Manchmal heiratet ein junger Mensch in dieser Situation, aber solch eine Ehe ist oft von besonderer Art. Statt daß mit der Heirat eine neue Familie entsteht, wird der Ehepartner für die Stammfamilie vereinnahmt. Das bedeutet, daß manche Eltern einer Heirat zustimmen, wenn klar ist, daß der Partner ihnen nicht das Kind wegnimmt, sondern nur ein gefügiges Anhängsel zur Familie ist. Dann hat sich das Kind immer noch nicht von zu Hause losgelöst.

Wenn es der Familie nicht gelingt, exzentrisches Verhalten zu ändern

Vertreter der öffentlichen Ordnung oder sozialer Dienste werden auf den Plan gerufen, damit sie sich mit einer jungen Problemperson befassen, wenn die Familie nicht mehr mit ihren internen Schwierigkeiten fertig werden kann. Wenn die Eltern im Begriff sind, sich zu trennen oder einander Schaden zuzufügen, wird das Kind in der Öffentlichkeit Unruhe stiften, und zwar so, daß die Eltern gezwungen sind, sich mit dem Eindringen der Öffentlichkeit auseinanderzusetzen. Dies kann sie stabilisieren, indem es sie gegen die Öffentlichkeit vereint. Es ist wie mit einem Land, das mit einem anderen Land Krieg anfängt, wenn durch innere Zwietracht der totale Zusammenbruch droht.

Der Jugendliche mit Problemen stiftet entweder Unruhe oder wird einfach apathisch und unbeweglich; für die Eltern ergibt sich daher die Notwendigkeit, zusammenzubleiben und für ihn zu sorgen. Wenn Geschwister oder andere Verwandte darauf bestehen, daß die Eltern etwas mit dem dahinvegetierenden Wesen unternehmen, wird die Situation instabil. Vielleicht machen auch Außenstehende Bemerkungen, die die Eltern so peinlich berühren, daß sie für Therapie sorgen; so können sie sagen, sie hätten alles unternommen, was unternommen werden konnte. Wenn die Therapie nur aus Verwahrung, Medikation oder langfristiger

Einsichtstherapie besteht, kann sich die Familie stabilisieren, und die Eltern können mit Fug und Recht behaupten, daß sie alles ihnen Mögliche tun; doch sie sind nicht von Veränderungen bedroht. Therapeuten sind oft überrascht darüber, wie tolerant Eltern gegenüber abweichendem und exzentrischem Verhalten sind. So verbrannte sich beispielsweise ein junger Mann die Handflächen mit Zigaretten und hielt sich für Christus. Seine Eltern taten dies lediglich als böswilliges Verhalten ab. Zwischen dem Schock der Öffentlichkeit über exzentrisches Verhalten und der Hinnahme dieses Verhaltens durch die Eltern kann eine weite Spalte klaffen. Das liegt daran, daß das seltsame Verhalten sich langsam entwickelte, wobei jedes Stadium akzeptiert wurde, so daß das nächste nicht extrem auffällig erschien. Manchmal ist die Familie tatsächlich schockiert darüber, was gerade geschieht, aber gesteht es einfach nicht ein, weil sie kein Problem zugeben will, wenn sie glaubt, man könne nichts dagegen tun. Wenn die Familie die Aufmerksamkeit der Öffentlichkeit auf sich zieht, dann heißt dies, daß diese Gemeinschaft aufgefordert ist, dem extremen Verhalten des jungen Menschen Einhalt zu gebieten. Es heißt auch, daß die Familie in eine sich verselbständigende Veränderung verstrickt ist, welche die frühere Stabilität zunichte macht.

Eine Beschreibung dieser Gruppe junger Leute in Kommunikationskategorien ist im nachstehenden Schema dargeboten.

1. Grundlegende soziale Probleme (in jedem Fall vorhanden)
   a) Der junge Mensch vermag sich nicht von der Familie loszulösen oder die Familie vermag sich nicht von ihm loszulösen. Daher wird keine soziale Basis außerhalb der Familie entwickelt, denn der junge Mensch baut keine dauerhaften engen Beziehungen auf.
   b) Der Jugendliche hat keinen Erfolg in Arbeit oder Studium, und daher ist laufend Unterstützung durch andere nötig.
   c) Die Familie vermag exzentrisches Verhalten nicht einzudämmen oder zu verändern, und daher werden Vertreter der Öffentlichkeit aktiviert.

2. Spezielle Kommunikationsprobleme (können zu einer bestimmten Zeit bei einer bestimmten Person vorliegen oder nicht vorliegen)
   a) Störende und unhöfliche Kommunikation.
      (1) Droht, sich selbst zu verletzen, oder ist gewalttätig gegen andere Leute.
      (2) Handelt verwirrt und launenhaft und verlangt, daß die normale

Unterhaltung abgebrochen und etwas unternommen wird, macht es aber schwierig oder unmöglich, etwas zu unternehmen.

(3) Unvorhersagbare Ausbrüche schlechter Laune aus unklaren Gründen, was zu Unsicherheit und sozialer Verwirrung führt.

(4) Trinkt übermäßig oder nimmt Drogen und verhält sich dann hilflos und körperlich unfähig oder zeigt rüdes und aggressives Verhalten.

(5) Verletzt ganz allgemein die Regeln sozialer Höflichkeit in entweder subtiler oder grober Art und Weise. Unterbricht etwa eine Unterhaltung oder stört einen Haushalt, indem er die ganze Nacht auf- und abgeht und den ganzen Tag schläft.

(6) Ist gegenüber Autoritäten, ob nun Eltern oder Autoritäten der Öffentlichkeit, ungehorsam. Er ist oft in einer Weise ungehorsam, die unwillentlich erscheint; deshalb zögern die Autoritäten, die üblichen Sanktionen gegen Ungehorsam anzuwenden.

b) Abweichende Kommunikation: Handlungen

(1) Kriminelle Handlungen, wie Stehlen und anderes delinquentes Verhalten, werden ohne offenkundigen persönlichen Gewinn und in scheinbar wahlloser Weise ausgeführt.

(2) In der körperlichen Erscheinung kann er/sie ausgehungert sein und wie ein Skelett aussehen oder übermäßig dick sein.

(3) Trägt seltsame Kleider, erscheint unsauber oder zu sauber und zieht durch Kleidung und Verhalten die Aufmerksamkeit in einer Weise auf sich, die andere Leute abschreckt oder unfreundlich stimmt.

(4) Geht und bewegt sich in gestelzter und seltsamer Art und Weise, die andere Leute unangenehm berührt.

(5) Weigert sich, zu sprechen oder sich zu bewegen.

c) Abweichende Kommunikation: Worte

(1) Spricht in seltsamem sprachlichen Mannierismus und manchmal in seltsamen Sprachen mit erfundenen Wörtern.

(2) Schreibt in absonderlicher Weise: Dies betrifft sowohl den Inhalt der Aussagen als auch die unangemessene Art und Weise, wie das Geschriebene zu Papier gebracht wird.

(3) Spricht mit imaginären Personen oder hört ihnen zu.

(4) Gestaltet Situationen auf sonderbare Art und Weise. Sagt etwa,

in dieser sozialen Situation seien Zeit, Ort, Zweck oder die beteiligten Leute eigentlich nicht das, als was andere Leute sie bezeichnen.

(5) Kommuniziert über körperliche Leiden, wenn keine Anzeichen dafür vorliegen oder sie bizarr erscheinen.

Professionelle Versager

Man kann sich durch den bizarren Charakter des Verhaltens oder der Verstöße auffälliger Jugendlicher ablenken lassen und das Hauptthema übersehen, das sich durch ihr Leben zieht – das Versagen. Wenn sie sich Erfolgen nähern, tun sie etwas, das sie zunichte macht. Erfolg und Mißerfolg variieren wohl in der Definition einer bestimmten Familie, aber Erfolg ist hier allgemein definiert als kompetentes Verhalten in Arbeit bzw. Studium und erfolgreicher Aufbau enger Beziehungen außerhalb der Familie. Im wesentlichen wird Erfolg definiert als Fähigkeit, sich selbst zu erhalten und eine eigene Familie zu gründen. Dies bedeutet nicht, daß eine Person ein Versager ist, wenn sie nicht heiratet und keine Kinder hat, aber es bedeutet, daß man zu engen Beziehungen außerhalb der Stammfamilie imstande sein sollte.

Es ist für diese jungen Menschen typisch, daß sie gerade dann versagen, wenn Erfolge sich ankündigen. Eine typische Zeit, in der sie sich seltsam zu verhalten beginnen, liegt kurz vor Schulabschluß. Für viele Menschen ist der Schulabschluß ein Symbol des Erfolgs und ein erster Schritt zur Emanzipation von der Familie. Oft geht der junge Mensch ein paar Wochen vor dem Abschluß von der Schule ab, begeht irgendeine seltsame kriminelle Handlung oder zeigt außergewöhnliches Verhalten, das zur Hospitalisierung führt und einen Schulabschluß unmöglich macht.

In vielen Familien ist der Abschluß der High School von geringer Bedeutung; dagegen ist der College-Abschluß der Augenblick des Erfolgs. In solchen Familien beginnt der junge Exzentriker erst dann »unangemessenes« Verhalten zu zeigen, wenn der College-Abschluß kurz bevorsteht. Oft versäumt er oder sie einen Kurs, der für den Abschluß erforderlich ist, geht einfach während des letzten Semesters ab (und sagt, das College sei irrelevant), oder macht einen Selbstmordversuch, bevor er oder sie ein für den Abschluß notwendiges Examen ablegen sollte.

Man sollte betonen, daß Erfolg von jeder Familie anders definiert wird. In manchen Familien wird es schon als Erfolg definiert, wenn man weg aufs College geht: und die jungen Leute brechen im ersten Semester zusammen. Der Zusammenbruch bringt sie nach Hause zurück, und sie haben damit im College versagt. In anderen Familien ist sogar der College-Abschluß noch kein Zeichen von Erfolg, weil man ein weiterführendes Studium erwartet. Der junge Mensch ist daher kein Versager, bevor er nicht vorzeitig die Universität verläßt, wo er kurz vor Erwerb eines Titels steht. Versagen wird definiert als Mißerfolg zu der Zeit, wenn die Ausbildung abgeschlossen werden soll und der junge Mensch in den Augen der Familie autark wird.

Ist statt des Studiums die Arbeit das Feld des Mißerfolgs, so findet der junge Mensch, der eine Karriere als Exzentriker einschlägt, einfach keine Arbeit. Oft verhält er sich bei Einstellungsgespächen in irgendeiner Weise absonderlich, so daß man ihn nicht einstellt. Wenn er allerdings Arbeit bekommt, ist diese deutlich unter seinem Niveau: wenn etwa ein intelligenter junger Mensch eine niedrige Hilfsarbeit annimmt. Er oder sie kann durchaus weiterhin arbeiten und Geld verdienen, aber die Familie definiert die Arbeit als Zeichen von Mißerfolg, und daher hat der junge Mensch versagt.

Manchmal arbeitet der junge Mensch für den Vater oder einen anderen Verwandten, und dies besagt implizit, daß er zu keiner Arbeit imstande ist, bei der wirklich Befähigung erwartet wird. In solchen Fällen kommt es zu exzentrischem Verhalten und Versagen, nachdem man es als Erfolg anerkannt hat, daß der junge Erwachsene von einer Arbeit bei einem Verwandten zu einer Arbeit außerhalb der Familie übergegangen ist.

In manchen Familien definiert man die Ausführung jedweder bezahlter Arbeit als Erfolg, während in anderen Familien erst das Verrichten einer bestimmten Art von Arbeit auf einem gewissen Gehaltsniveau als Erfolg bewertet wird. Oft schafft der exzentrische junge Mensch eine recht gute Arbeit und droht erfolgreich zu sein, aber dann verliert er sie (nur um später eine andere zu bekommen), und man definiert ihn als Versager, weil es ihm nicht gelingt, dauerbeschäftigt zu bleiben.

Ein kommunikationstheoretischer Standpunkt

Das Verhalten, das ein junger Mensch, der seine Familie durch sein Versagen stabilisiert, an den Tag legt, kann vielerlei Formen annehmen und dennoch einzig die Funktion haben, die Auflösung der Familie zu verhindern. Wichtig für die Therapie ist, eine Denkweise in bezug auf das

Problem zu entwickeln, die klärt, wie man etwas verändern kann. Ein organisationsstruktureller Ansatz und eine Kommunikationsbeschreibung richten sich mehr auf dieses Ziel als andere theoretische Ansätze. Die erste Forderung an eine Kommunikationsbeschreibung besteht darin, daß sie zumindest dyadisch oder besser nicht triadisch ist – d. h., jedes kommunikative Verhalten einer Person richtet sich auf eine oder mehrere andere Leute. So übermittelt ein junger Mensch, der durch das Tragen seltsamer Kleider kommuniziert, eine Botschaft mit einer sozialen Funktion. Es handelt sich hierbei nicht bloß um den Selbstausdruck einer Person oder eine Information über deren Denkprozesse, sondern sowohl um eine Botschaft *an* als auch um eine Reaktion *auf* andere. Um ein Beispiel für unterschiedliche Standpunkte anzuführen: Ich erinnere mich an einen Psychiater, der Therapie machte mit einem jungen Mann, der einfach nicht sprach oder auf die Toilette ging. Er näßte ein und beschmutzte seine Hose und war so ein Zweiundzwanzigjähriger in Windeln. Der Therapeut gab dem jungen Mann einen Nachttopf, und der junge Mann begann den Nachttopf als Hut zu tragen und spazierte damit herum. Der Psychiater nahm das als zufällige sinnlose Handlung, die die Verwirrung des jungen Mannes ausdrückte, aber vom Kommunikationsstandpunkt her würde man annehmen, daß das Tragen des Nachttopfes als Hut eine Botschaft an andere in dieser sozialen Situation war. Charakteristisch an solchen jungen Exzentrikern ist, daß es ihnen gelingt, sich zu weigern, das zu tun, was man ihnen sagt, aber sie machen es so, daß andere Leute darüber rätseln, ob es sich dabei wirklich um Ungehorsam handelt.

Schutz der Organisation als Grundmotivation

Ungehorsam ist ein Problem bei exzentrischen jungen Leuten, aber bevor der Therapeut sich damit auseinandersetzt, sollte er zuerst die grundlegende Prämisse akzeptieren, daß exzentrisches und verrücktes Verhalten grundsätzlich schützende Funktion[1] hat. Wie seltsam, gewalttätig und extrem das Verhalten auch sein mag, seine Funktion richtet sich auf die Stabilisierung der Organisation. Ungehorsam zu sein ist schon

---

1 Den Gedanken, daß sich ein verrückter junger Mensch dem Schutz der Familie verpflichte, verdanke ich *Cloe Madanes*. Siehe *C. Madanes*, »The Prevention of Rehospitalization of Adolescents and Young Adults« (wird demnächst veröffentlicht).

an sich eine Methode, eine Gruppe zu zwingen, sich stabiler zu organisieren.

Ein Beispiel mag diese Perspektive veranschaulichen. Einmal sollte ich dem Personal einer psychiatrischen Station einen Vortrag halten; die Leute, die sich im Tagesraum versammelten, waren eine Mischung aus Schwestern, Pflegern, Psychiatern, Sozialarbeitern und Psychologen. Sie gehörten unterschiedlichen Geschlechtern, Altersgruppen und Rassen an. Ich stand da und wartete, bis die Gruppe Platz genommen hatte. An diesem Punkt kam ein junger Patient in den Raum hinein und sah verwirrt und unsicher aus. Er trug einen gestreiften Schlafanzug und einen zerknitterten Bademantel. Ein bärtiges Mitglied des Personals sagte zu ihm: »Du kannst jetzt nicht hereinkommen, Peter, wir haben hier jetzt ein Treffen nur für das Personal.« Er nahm den jungen Mann beim Arm und führte ihn aus dem Raum. Als er zurückkam, gab das Personal einen kleinen Lacher von sich, und alle waren über das Eindringen peinlich berührt.

Ich wartete, bis sich alle wieder beruhigt hatten, bevor ich zu sprechen begann, und an dieser Stelle kam Peter in den Raum zurück. Der Mann von vorhin stand wieder auf und sagte: »Peter, das Gruppentherapie-Treffen ist erst um ein Uhr. Das hier ist ein Treffen nur fürs Personal.« Er nahm den jungen Mann beim Arm und führte ihn aus dem Zimmer. Als er zurückkam, lächelte er, und die Leute in der Gruppe glucksten. Als sie sich alle erwartungsvoll mir zuwandten, tauchte Peter wieder auf. Alle lachten lauthals. Jemand, der in leitender Position zu sein schien, sagte zu einem Pfleger: »Bringen Sie ihn hinaus.« Ein großer Pfleger begleitete Peter hinaus und kam dann zurück und setzte sich. Der junge Mann kam nicht noch einmal herein.

Als ich diese Gruppe überblickte und darüber nachdachte, was geschehen war, war ich sicher, daß ich eine andere Erklärung für das Verhalten von Peter hatte als das Personal. Natürlich ist eine ganze Reihe von Erklärungen möglich. Die innerhalb des medizinischen Rahmens üblichste sähe so aus, daß Peter in bezug auf Zeit und Ort desorientiert und daß er fast zufällig gerade in diesen Raum gekommen ist. Eine andere Erklärung wäre die, daß die Auftritte des jungen Mannes teilweise zufällig, aber zumindest teilweise auch Ausdruck von Feindseligkeit gegenüber Autorität sind und damit gegenüber dem Personal, das ja die Autorität symbolisierte. Das seltsame Kostüm, das man dem jungen Mann angelegt hatte, wie auch seine verwirrte und ziemlich idiotische Art würden die meisten Leute veranlassen, gönnerhaft und amüsiert auf ihn herabzublicken.

Lassen Sie mich beschreiben, was meiner Meinung nach der junge Mann für mich und das Personal tat. Während ich beobachtete, wie sich das Personal an jenem Tag zum Treffen versammelte, spürte ich eine intensive Mißstimmung unter den Leuten dort. Meistens gibt es Spannungen und verdeckte Konflikte bei Leuten, die in einer Nervenklinik arbeiten, aber die schienen damals auf dieser Station besonders schwerwiegend zu sein. Das Personal versammelte sich widerwillig, und seine ganze Art drückte eine Abneigung gegen mich und gegeneinander aus. Offenkundig gab es zwischen ihnen persönliche und Gruppen-Konflikte, wie aus ihrem mürrischen Verhalten ersichtlich war.

Ich spürte die Mißstimmung der Gruppe und entwickelte immer mehr Widerwillen gegen meine Aufgabe. Ich fragte mich, was ich nur sagen könnte, um die grimmige Stimmung aufzuhellen oder die Verzweiflung zu lösen. Ich wußte, daß es nichts gab, was ich tun konnte.

Da begann Peter mit seinen Auftritten und Abgängen. Als er das dritte Mal erschien und wieder ging, lachten alle, und die Gruppe war verwandelt. Sie war amüsiert darüber, daß ihr Gastvortragender wegen Peter erst später anfangen konnte. Alle wurden durch seine Handlungen zu einer stabilen und liebenswürdigen Gruppe zusammengeschmiedet. Die Zwistigkeiten waren nicht mehr ersichtlich; alle waren freundlich zu mir und zueinander, als wir miteinander plauderten. Ich fühlte mich erleichtert, mit einer so angenehmen Gruppe zu sprechen. Peter hatte seine Aufgabe erfüllt und brauchte nicht zurückzukommen. Er hatte getan, was weder ich noch irgend jemand aus dem Personal hätte tun können. Der exzentrische junge Mann hatte Ordnung und eine gewisse Harmonie in eine Organisation gebracht, wo es wenig oder nichts davon gegeben hatte. In diesem Buch soll die Ansicht vertreten werden, daß die Gestörtheit junger Menschen in psychiatrischen Kliniken und Familien diese Funktion hat.

Am besten nimmt man an, daß exzentrische junge Leute, die eine Gruppe stabilisieren, indem sie sich opfern, dies bewußt und willentlich tun. Diese Annahme verhindert den sinnlosen Versuch, dem exzentrischen jungen Menschen Einsicht in sein Handeln zu vermitteln. Er weiß, was er tut und wie er es tut, und zwar besser als der Therapeut, der es ihm vielleicht erklärt. Wir haben es mit dem Opfer eines jungen Menschen zu tun, der gewillt ist, den Narren abzugeben, sich Schaden zuzufügen oder alles Erdenkliche zu tun, was für seine Aufgabe notwendig ist. Versucht man, einen solchen jungen Exzentriker zu überreden, seine Opfer-Karriere aufzugeben, dann schlägt dieser Versuch mit Sicherheit fehl. In seltenen Fällen gelingt es einem Therapeuten, solch einen Menschen davon zu überzeugen, daß der Therapeut die ernste Situation der Familie kennt und kompetent damit umgehen kann. Der Jugendliche wird dann normal und überläßt seine Eltern dem Therapeuten. Allerdings führt nur kompetentes Handeln zu solcher Überzeugung, nicht Reden oder das Versprechen, das Beste zu tun.

Abweichendes Kommunikations-Verhalten

Man kann sich allmählich von den seltsamen Bewegungen, Worten und Verhaltensweisen junger Exzentriker so faszinieren oder provozieren lassen, daß man ihre Funktion übersieht und es versäumt, sich auf Veränderungen zu konzentrieren. Man sollte im Auge behalten, daß es einer der Zwecke solch seltsamen Verhaltens ist, von den Familienkonflikten abzulenken. Damit eine Gruppe von einem auffälligen Jugendlichen stabilisiert wird, muß dieser sich so aufführen, daß sein auffälliges Verhalten zum Zentrum der Aufmerksamkeit wird. Falls leicht exzentrisches Verhalten nicht ausreicht, kann der Jugendliche mit Selbstmord drohen oder Benzin um das Haus herum verteilen und mit Zündhölzern spielen, so daß die Gruppe sich zu einem funktionierenden Gebilde organisieren muß, um mit ihm fertig werden zu können.

Es sollte offensichtlich sein, daß eine Gruppe mit einem jungen Exzentriker nicht funktioniert; sonst wäre dessen Bemühen nicht notwendig. Oft ist dies jedoch nicht sofort offenkundig. So kann sich etwa eine Tochter selbst fast zu Tode hungern, und die Familie kommt mit einem wandelnden Skelett zum Therapeuten und stellt die Tochter als Problem vor. Eltern und Geschwister scheinen vernünftige Leute zu sein, die Zeit und Mühe für ihre hungernde Tochter opfern. Dennoch kann man als Grundprämisse annehmen, daß die Organisation der Familie in ihrem Funktionieren gestört ist, sonst würde die Tochter normal essen. Eine Art und Weise, wie man dieses gestörte Funktionieren deutlich sichtbar machen kann, besteht darin, daß man die Eltern veranlaßt, die Tochter zum Essen aufzufordern. Die Situation wechselt dann von freundlichen Eltern und gefügiger Tochter zur totalen Verwirrung, wo niemand außer einem schreienden Skelett die Zügel in der Hand hat. Wie die Schwierigkeiten der Organisation aussehen, tritt manchmal nur dann zutage, wenn der junge Exzentriker normaler wird; im vorliegenden Fall, wenn das junge Skelett zu essen und zuzunehmen beginnt.

Obwohl eine wissenschaftliche Beschreibung des abweichenden Verhaltens eines Jugendlichen in der Familie unglaublich komplex ist, kommt man für die Therapie mit einer einfacheren Beschreibung aus. Für therapeutische Zwecke läßt sich das Verhalten auf zwei Hauptfunktionen reduzieren: (1) Die soziale Funktion: Der junge Mensch stabilisiert eine Gruppe enger Bezugspersonen durch sein exzentrisches Verhalten. Gerade diese Funktion ist der Hauptangriffspunkt für therapeutische Interventionen. (2) Die metaphorische Funktion: Jede abweichende Handlung ist auch eine Botschaft an die Mitglieder der Gruppe und an Außenstehende. Man kann die Handlung als Metapher – oft als Parodie – eines für die Gruppe wichtigen Themas sehen. Meistens rührt der Konflikt von einem Gruppenproblem her.

Ein junger Mann, der sich mit Zigaretten Löcher in die Hände brennt, sagt damit etwas über Religion in seiner Familie aus. Ein junger Mann, der sich einen Nachttopf, den man ihm zum Urinieren gegeben hat, auf den Kopf stülpt, sagt etwas über einen Clown aus. Die roboterhafte Gehweise eines Exzentrikers kann anzeigen, daß die Gruppe in ihren Regeln zu rigide ist. Ein gewalttätiger junger Mensch signalisiert das Thema der Gewalt in der engen Bezugsgruppe, in der er lebt.

Die metaphorische Funktion exzentrischen Verhaltens ist komplex und oft schwer zu verstehen. Jede Handlung hat vielerlei Bedeutungen, und man kann eine bedeutsame Botschaft übersehen, während man die andere betont. Festzustellen, worum es bei den Botschaften geht, kann sehr schwierig sein, weil die Familie oder das Personal es nicht gerne sehen, wenn man die Bedeutung ausgiebig erkundet. Es ist typisch für exzentrisches Verhalten, daß es ein Thema ausdrückt, das die Gruppe lieber leugnen oder verbergen würde. Mittels eines Gruppenkonsenses die Bedeutung einer Botschaft festzustellen ist daher nicht praktikabel. Die Gruppe antwortet meistens auf eine Nachforschung mit einer Metapher, was zu einer neuen Metapher führt, und so fort.

Ebenso wie die Familie es nicht gerne sieht, wenn die durch das exzentrische Verhalten ausgedrückte Botschaft übersetzt wird, so wenig stößt man damit beim Klinikpersonal oder dem Therapeuten auf Gegenliebe. So gehört z. B. ein Exzentriker, der wahllos stiehlt, wahrscheinlich einer Familie an, wo verdeckte Unehrlichkeit herrscht; die Familienmitglieder wissen, was die Handlungen des jungen Menschen bedeuten, selbst wenn sie behaupten, sie wüßten es nicht. Normalerweise definieren Familie und Personal exzentrisches Verhalten lieber als bedeutungsfrei und organisch verursacht, weil seine Bedeutung der Gruppe nicht willkommen ist.

Einstmals hielt man es für wichtig, die Bedeutung des metaphorischen Verhaltens in der Familie zu erkunden. Es erscheint jetzt klüger, es zu unterlassen. Die metaphorische Kommunikation kann für den Therapeuten ein Problem sein, da man sich die Familie (oder das Personal) zum Gegner macht, wenn man die Bedeutungen herausarbeitet; man braucht aber die Kooperation dieser Gruppen, wenn man Veränderungen herbeiführen will. Es ist daher wichtig, daß der Therapeut nicht offenlegt, was er für die Bedeutung des Verhaltenes hält: dies weiß ohnehin jeder, so daß es nicht viel Sinn hat, das alles zu explizieren. Der kluge Therapeut wird die Bedeutungen wahrnehmen und sie höflich für sich behalten – als Anhaltspunkte dafür, was gerade vor sich geht. Wenn der Therapeut sich so verhält, werden der Exzentriker und die Familie deutlichere Signale geben, um den Therapeuten zu leiten.

Die Metaphern sind für den Therapeuten auch Warnungen vor bestimmten Ereignissen, zu denen es kommen könnte, wenn sich Veränderungen anbahnen. Unternimmt etwa ein Jugendlicher einen erfolglosen Selbstmordversuch, den man dann als »Geste« bezeichnet, so sollte der Therapeut diese Geste so auffassen, daß Selbstmordtendenzen bei den Mitgliedern dieser Familie eine Rolle spielen. Wenn der junge Mensch droht, das Haus anzuzünden, dann gibt es in jener Familie explosive Themen.

Obwohl solche Anhaltspunkte hilfreich sein können, sollte das primäre Anliegen des Therapeuten nicht diese metaphorischen Themen sein, wie es der Fall wäre, wenn er Forschung betriebe. Denn selbst schon die Erforschung metaphorischer Bedeutungen zur Stützung einer Vermutung erzeugt wahrscheinlich einen Widerstand, der zum therapeutischen Mißerfolg führen kann. (Deshalb können einsichtsvolle Interpretationen oder Konfrontationen mit der »Realität« für die Therapie fatal sein.) Noch einmal: Nur weil eine Botschaft in Form eines auffälligen Verhaltens einer Gruppe zu Stabilität verhilft, braucht die Gruppe noch lange nicht zu wünschen, daß man diese Botschaft explizit ausdrückt. Wenn eine Mutter eine Affäre hat, die ihre Ehe bedroht, wird ihre Tochter dieses Thema vielleicht durch verführerische Worte und Handlungen zum Ausdruck bringen. Den Eltern wird es aber kaum recht sein, wenn sie darauf hingewiesen werden, daß das Verhalten ihrer Tochter etwas mit dem Benehmen der Mutter zu tun hat. Oder wenn eine junge Frau in die Klinik eingewiesen wird und Wahnvorstellungen von einer Abtreibung hat, kann das damit zu tun haben, daß sie aus einer katholischen Familie stammt und ihrer Mutter eine große Kinderschar zu schaffen macht. Man kann davon ausgehen, daß sich die Familie über die Bedeutung des Verhaltens der jungen Frau im klaren ist und nicht möchte, daß der Therapeut ihr klarmacht, was wirklich durch das Verhalten der Patientin ausgesagt wird. Exzentrisches Verhalten ist immer sowohl nützlich wie bedrohlich, wie es auch oft eine ernsthafte Verzweiflung auf komische Weise zum Ausdruck bringt.

Man hat schon behauptet, Wahnsinn und Verrücktheit gäben Anlaß zur Bewunderung und daß verrückte und exzentrische Menschen kreativer und lebendiger wären als andere. Man nannte Verrückte und Exzentriker Rebellen gegen eine repressive Gesellschaft. Ja, man hat gar behauptet, sie wüßten mehr über das Geheimnis des Lebens als andere Menschen. Diese Bewunderung wird mit dem hier vorgestellten therapeutischen Ansatz nicht impliziert. Verrückte sind Versager, und zu versagen ist nichts Bewundernswertes. Verrücktheit zu unterstützen, wie das einige Enthusiasten tun, heißt Versagen zu fördern. Einen Freiraum zu schaffen, wo Exzentriker exzentrisch sein können, führt nicht in die Normalität.

Auch wenn man einräumt, daß am Wahnsinn nichts Bewundernswertes ist, so kann man doch das zwischenmenschliche Geschick vieler verrückter junger Menschen anerkennen. Ihr Geschick sollte vom Therapeuten besser respektiert werden, sonst wird er von ihnen zum Narren gehalten. Man nimmt auch als Vorteil an, daß die verrückte Handlung eines jungen Exzentrikers positiv ist, und zwar in dem Sinne, als sie ein Versuch ist, etwas zu verbessern. Sie ist ein Kampf darum, aus einer unmöglichen Situation herauszukommen und einen Schritt nach vorne zu machen. Das Ergebnis kann wegen der Reaktion der Gemeinschaft eine Katastrophe sein, aber man sollte es dem gestörten jungen Menschen hoch anrechnen, daß er sein Los und das Los seiner Familie zu bessern sucht.

Die Frage der Verantwortlichkeit

Psychische Störungen (engl. madness) ziehen stets unverantwortliches Handeln nach sich. Wer solcherart gestört ist, tut nicht, was er tun sollte, oder er tut, was er nach den akzeptierten Regeln sozialen Verhaltens nicht tun sollte. Was gestörtes und exzentrisches Verhalten von anderem Verhalten abhebt, ist nicht nur seine extreme Form, sondern auch der Hinweis, daß die Person sich nicht selbst helfen kann und nicht für ihre Handlungen verantwortlich ist. Die Unfähigkeit, sich selbst zu helfen, wird auch durch die Art und Weise vermittelt, wie dieselben Handlungen immer wieder zu Scheitern und Elend führen. Es ist charakteristisch für gestörte Jugendliche, daß sie etwas tun, was soziale Regeln verletzt, und dann die

Handlung mit dem Hinweis qualifizieren, daß sie keine Schuld daran trifft. Der Drogenabhängige führt ein abweichendes Leben und verweist darauf, daß er unter dem psychischen Zwang steht, diese Handlungen zu begehen. Sie unterliegen nicht seiner Verantwortung, weil er sich nicht selbst helfen kann. In ähnlicher Weise sagt das anorektische Mädchen, sie sei nicht verantwortlich, weil sie keinen Appetit habe oder Nahrung ihren Widerwillen errege. Wer zwanghaft stiehlt, was er nicht braucht, verweist darauf, daß er einfach nicht aufhören kann.

Die wahrhaft Verrückten sind die größten Experten darin, etwas zu tun und es dann so zu qualifizieren, als seien sie für die Handlung nicht verantwortlich. Manchmal verweisen sie darauf, daß sie eigentlich nicht sie selbst seien, sondern jemand anders, oder daß Ort und Zeit nicht das sind, was sie nach Aussage anderer Leute sind, und daher entspringe die Handlung nicht ihrem Tun[2]. Ein junger Mensch kann sich weigern zu arbeiten und sagen, er tue dies deshalb, weil er Millionen von Dollars auf einem verborgenen Konto habe. Auf diese Weise zeigt er an, daß er nicht weiß, was er tut.

Für den Therapeuten ist wichtig, sich bewußt zu sein, daß ein auffälliger Jugendlicher sich verantwortungslos verhält und daß man Verantwortung für seine Handlungen von ihm verlangen muß. Ebenso wichtig ist es, zu registrieren, daß die Menschen um den Gestörten sich verantwortungslos verhalten. Wenn es zu verrücktem Verhalten kommt, wird der Exzentriker sagen, ihn treffe daran keine Schuld, weil eine Stimme von einem anderen Planeten ihm dies zu tun anbefohlen hat. Die Eltern werden sagen, sie seien nicht verantwortlich, weil es die Schuld des anderen Elternteils ist oder der Einfluß von schlechter Gesellschaft, Drogen oder Erbanlagen. Die Experten, die man beruft, geben oft den Eltern oder der »Krankheit« oder der Genetik die Schuld. Sie geben nicht zu, daß ihre Interventionen das Problem noch potenzieren. Wenn ein junger Mensch eingesperrt wird, wird der Psychiater die Verantwortung für die Einweisung ablehnen und sagen, der Richter habe diese veranlaßt. Der Richter wird sagen, er sei nicht verantwortlich dafür, daß er eine Person zu unbegrenzter Haft verurteilt hat, weil er sich, was die Geisteskrankheit betrifft, nach dem Rat des Experten richten müsse.

Wenn niemand die Verantwortung übernimmt, bedeutet das, daß eine Organisation sich in Verwirrung befindet und es keine Hierarchie gibt, die klare Autoritätsbeziehungen absteckt. Wenn sich die Hierarchie einer

---

2 Zu einer Beschreibung der Schizophrenie aus dieser Sicht siehe J. *Haley*, Gemeinsamer Nenner Interaktion, München: Pfeiffer, 1978.

Organisation in Verwirrung befindet, kommt es zu verrücktem und exzentrischem Verhalten, und dieses ist der Situation angepaßt. Das verrückte Verhalten wird die Tendenz haben, die Organisation zu stabilisieren und die Hierarchie zu klären. Wenn die Normalität wiederkehrt, tritt die Organisation wieder in einen Zustand der Verwirrung ein. Um das verrückte Verhalten zu korrigieren, ist es notwendig, die Hierarchie der Organisation zu korrigieren, damit das verrückte Verhalten nicht notwendig oder angemessen ist.

Phasen der Therapie

Folgt man dieser Sichtweise des Problems, so läßt sich die Therapie junger Exzentriker in Form folgender Phasen beschreiben:

(1) Wenn der junge Mensch öffentlich auffällig wird, müssen sich die Experten so organisieren, daß ein einzelner Therapeut die Verantwortung für den Fall übernimmt. Man sollte lieber nicht vielerlei Therapeuten und Therapieverfahren haben. Der Therapeut *muß* die Verantwortung für die Dosierung der Medikamente und – wenn möglich – für die Einweisung in eine Klinik innehaben.

(2) Der Therapeut muß die Familie zu einem ersten Treffen um sich sammeln. Wenn der junge Mensch allein oder auch mit einem Partner lebt, sollte er mit der Stammfamilie zusammengebracht werden. Es sollten keine Vorwürfe gegen die Eltern erhoben werden. Statt dessen sollte man den Eltern (oder der Mutter, der Großmutter oder wer immer es ist) die Verantwortung für die Lösung des Problems des jungen Menschen übertragen. Sie müssen davon überzeugt werden, daß sie die besten Therapeuten für das Problemkind sind. Man nimmt an, daß die Mitglieder der Familie in Konflikt stehen und das Kind dies ausdrückt. Indem von den Familienmitgliedern verlangt wird, für den jungen Menschen die Erziehungsgewalt zu übernehmen und die Regeln aufzustellen, kommunizieren sie wie üblich über den jungen Menschen, doch diesmal in positiver Weise. Bestimmte Punkte müssen klar sein:
(a) Man sollte sich schwerpunktmäßig auf die Problemperson und ihr Verhalten konzentrieren und nicht auf eine Diskussion der Familienbe-

ziehungen. Wenn das Kind süchtig ist, sollte sich die Familie darauf konzentrieren, was geschehen soll, wenn es jemals wieder Drogen nimmt; falls es verrückt ist und sich danebenbenimmt: Was wird sie unternehmen, wenn es sich wieder in der Weise danebenbenimmt, die schon einmal in die Nervenklinik führte?

(b) Die Vergangenheit und vergangene Ursachen des Problems werden ignoriert und nicht exploriert. Man konzentriert sich auf das, was man jetzt tun kann.

(c) Man geht davon aus, daß die Hierarchie in der Familie in Verwirrung ist. Wenn also der Therapeut mit seinem Experten-Status die Generationslinie überschreitet und mit dem jungen Menschen gegen die Eltern paktiert, verschlimmert er nur das Problem. Der Therapeut sollte mit den Eltern gegen die junge Problemperson koalieren, selbst wenn es den Anschein hat, als enthebe man sie damit ihrer individuellen Möglichkeiten und Rechte, und selbst wenn sie zu alt erscheint, um derartig abhängig gemacht zu werden. Wenn dem Jugendlichen oder jungen Erwachsenen diese Situation nicht gefällt, kann er ausziehen und autonom werden. Wenn er oder sie sich normal verhält, kann man seine/ihre Rechte berücksichtigen.

(d) Konflikte zwischen den Eltern oder zwischen anderen Familienmitgliedern werden ignoriert und bagatellisiert – selbst wenn die Beteiligten sie zur Sprache bringen –, bis der junge Mensch auf dem Weg zum Normalen ist. Falls die Eltern äußern, daß auch sie Hilfe bräuchten, sollte der Therapeut sagen, daß man sich damit beschäftigen könne, nachdem der Sohn oder die Tochter wieder normal geworden ist.

(e) Jeder sollte erwarten, daß die Problemperson normal wird, und Versagen nicht entschuldigen. Die Experten sollten den Eltern bedeuten, daß dem Kind nichts fehlt und daß es sich wie andere seines Alters verhalten sollte. Medikationen sollten so schnell wie möglich abgesetzt werden. Man sollte erwarten, daß der junge Mensch unverzüglich wieder in die Arbeit oder Schule geht, und zwar ohne sich von Tagesklinik-Besuchen oder langfristiger Therapie aufhalten zu lassen. Erst die Rückkehr zum Normalen bewirkt Familienkrisen und Veränderungen. Gerade die Fortsetzung einer abnormen Situation ist es, was die Familie in ihrem Elend stabilisiert.

(f) Es ist zu erwarten, daß die Familie instabil wird, wenn der junge Mensch allmählich normal wird und erfolgreich einer Arbeit oder einem Studium nachgeht oder Freunde gewinnt. Die Eltern drohen vielleicht mit Trennung oder Scheidung, und einer oder beide entwickeln vielleicht eine Störung. Einer der Gründe, warum der Therapeut in der ersten Phase der

Therapie sich vollkommen mit den Eltern verbündet, selbst wenn er dabei so weit geht, daß er sie gegen das Kind zusammenschmiedet, liegt darin, daß er dann in der Lage ist, ihnen in diesem Stadium zu helfen. Kann der Therapeut den Eltern nicht helfen, so wird die junge Problemperson irgendeine verrückte Handlung begehen, und die Familie wird sich wieder einmal an der jungen Person und ihrer Exzentrizität stabilisieren.

Die Institutionalisierung muß an diesem Punkt verhindert werden, um den Zyklus, der ständig vom Zuhause zur Institution und wieder zurück verläuft, zu unterbrechen. Eine Möglichkeit, wie man das anstellen kann, besteht darin, daß der Therapeut die Stelle des jungen Exzentrikers in der Familie einnimmt. Der junge Mensch kann dann ungehindert normal werden und seinen Angelegenheiten nachgehen. Der Therapeut muß dann entweder den Familienkonflikt lösen oder den jungen Menschen aus dem Konflikt herausbefördern, damit dieser direkter und nicht über das Kind ausgetragen wird. Dann kann der junge Mensch weiter normal sein.

(3) Die Therapie sollte lieber aus einem intensiven Engagement und einer raschen Loslösung bestehen und weniger aus jahrelangen Therapiesitzungen. Sobald Veränderungen eintreten, kann der Therapeut beginnen, sich zurückzuziehen und die Beendigung zu planen. Die Aufgabe besteht nicht darin, alle Familienprobleme zu beheben; sie besteht darin, die durch die gestörte Organisation bedingten Probleme in bezug auf die junge Problemperson zu lösen. Es sei denn, die Familie will für andere Probleme einen neuen Therapievertrag schließen.

(4) Der Therapeut sollte bei den Familien gelegentlich Nachuntersuchungen durchführen, um zu verfolgen, was passiert ist, und um sicherzustellen, daß die positiven Veränderungen anhalten.

Im Grunde ist der Therapieansatz wie ein Initiationsritus. Das Verfahren verhilft Eltern und Kind zur Loslösung voneinander, damit die Familie den jungen Menschen nicht als Kommunikations-Vehikel braucht und sich der junge Mensch sein eigenes Leben einrichtet. Zwei Extreme haben oft zu einem Mißerfolg geführt. Den Eltern als schädigendem Einfluß die Schuld zu geben und den jungen Menschen von der Familie wegzuschicken – dieses Vorgehen verfehlt bezeichnenderweise seinen Zweck. Der junge Mensch erleidet einen Zusammenbruch und kommt nach Hause zurück. Das entgegengesetzte Extrem – den jungen Menschen zu Hause zu halten und zu versuchen, Harmonie zwischen Kind und Eltern zu schaffen – schlägt auch fehl. Es ist jetzt nicht die Zeit zusammenzukommen, sondern es ist Zeit auseinanderzugehen. Die Kunst der Therapie besteht darin, den jungen Menschen zur Familie zurückzubringen, um ihn dann für ein unabhängiges Leben loszulösen.

Ein Therapeut kann das hier umrissene einfache Ziel definieren, wenn er in einfachen organisationstheoretischen Begriffen zu denken imstande ist. Das Ziel zu erreichen kann ein komplexes Vorhaben sein und erfordert alles, was ein Therapeut an Geschick und Beistand zu entwickeln vermag.

Kapitel 3
Soziale Kontrolle und Therapie

Wenn junge Menschen in Institutionen gesteckt werden, dann ist ihnen gemein, daß sie Versager sind. Sie haben in Arbeit und Studium keinen Erfolg und müssen unterhalten werden. Jedoch ist das Problem, das sie darbieten, wenn sie öffentlich auffällig werden, nicht das ihres Versagens. Man sperrt sie ein, weil sie die Öffentlichkeit mit Verhalten stören, das auf Halluzinationen oder Wahnideen schließen läßt, weil sie Heroin oder andere illegale Drogen nehmen, stehlen oder anderweitig Gesetze brechen oder weil ihre Eltern sagen, daß sie sie nicht unter Kontrolle halten könnten. Manche drohen, sich selbst oder anderen Schaden zuzufügen, andere wieder wirken in ihren Verhaltensweisen verloren, vernachlässigt oder hilflos. Bei allen ist nötig, daß die Öffentlichkeit etwas mit ihnen unternimmt. Die Instanzen, die diese Maßnahmen ergreifen, sind Vertreter der öffentlichen Ordnung, wie etwa die Polizei oder Personen, die in medizinischen und psychiatrischen Institutionen arbeiten.

Wenn ein Therapeut sich eines schwer gestörten jungen Patienten annimmt, so findet er meistens Vertreter der öffentlichen Ordnung vor, denen die Verantwortung obliegt. Therapie von gestörten Jugendlichen bedeutet, daß man ständig mit Problemen von Verwahrung, Freiheitsentzug und medikamentöser Behandlung konfrontiert ist. Ein Hauptaspekt der Therapie besteht darin, daß man mit Kollegen verhandelt, die Institutionen sozialer Kontrolle angehören, wie psychiatrischen Kliniken, Drogenrehabilitationszentren, Übergangsheimen, Gefängnissen und Jugendheimen. Probleme können sich ergeben zwischen dem Therapeuten, der Leute verändern will, und den Vertretern sozialer Kontrolle, deren Aufgabe es ist, diejenigen, die den Anstoß der Gesellschaft erregen, ruhigzustellen, zu bessern, zu verwahren oder auszuschalten.

Junge Leute beweisen großen Erfindungsreichtum, wenn es gilt, Möglichkeiten für abweichendes Verhalten und für das Leben als Randexistenzen zu finden, aber relativ wenige von ihnen machen genug Schwierigkeiten, daß sich Vertreter sozialer Kontrolle und Therapeuten mit ihnen befassen müßten. Man weist diese Jugendlichen allgemein einer von zwei juristischen Kategorien zu: man definiert sie entweder als

Kriminelle oder etikettiert sie als »psychisch krank«. Die kriminellen Delinquenten haben ein Gesetz übertreten und werden zum Besten der Gesellschaft eingesperrt, obwohl manchmal auch behauptet wird, die Verwahrung habe einen rehabilitierenden Zweck. Die ‹psychisch krank› genannten medizinischen Delinquenten gehören zwei Typen an: sie sind entweder Störenfriede, deren Familien mit ihnen nicht zurechtkommen, oder sie tun nichts, um sich selbst zu unterhalten, und ihre Familien geben es auf, für sie zu sorgen. Meistens gibt man Menschen nicht in Nervenkliniken, weil sie Symptome wie Halluzinationen und Wahnideen haben, sondern weil sie stören oder apathisch sind und nicht für sich selbst sorgen. In den letzten Jahren ist die Diagnose »manisch-depressiv« in Mode gekommen, möglicherweise weil es nun eine Behandlung gibt – Lithium –, die bei manchen Depressiven teilweise erfolgreich ist. Jungen Leuten, die in diese Kategorie fallen, gelingt es, beiden Extremen anzugehören: wenn sie manisch sind, sind sie Störenfriede, wenn sie depressiv sind, sind sie apathisch.

Der juristische Gesetzesbrecher und der medizinische Gesetzesbrecher unterscheiden sich nicht durch unterschiedliches Verhalten voneinander. Manchmal ist das Verhalten so ähnlich, daß es ein Geheimnis bleibt, warum die eine Karriere statt der anderen gewählt wurde. Oft scheint es eher die soziale Situation als die Handlung eines Menschen zu sein, die bestimmt, ob man ihn einen Kriminellen oder Verrückten nennt. Ein Polizist kann entscheiden, in welche Kategorie eine Person fällt, indem er sie der einen oder der anderen Institution übergibt, und manchmal arbeiten Familie und Polizei zusammen. Oft beruht die Wahl auf der sozialen Klasse; die Wohlhabenden werden wohl eher der psychiatrischen Domäne zugewiesen, wohingegen die Armen Teil des Kriminalsystems werden. Wenn ein junger Mensch ein Auto stiehlt, so kann das je nach Wohlstand der Familie entweder eine kriminelle Handlung oder ein Symptom »unzureichender Impulskontrolle« sein. Es gibt auch Grenzfälle, wo nicht klar zu entscheiden ist, ob das Problem kriminell oder medizinisch ist, wie etwa im Fall von Drogen- und Alkoholmißbrauch.

Einer der kuriosen Unterschiede zwischen den Diagnosen »kriminell« und »verrückt« ist die Vorstellung, daß ein Krimineller für sein Tun verantwortlich ist und sein Vergehen einer freien Entscheidung entspringt. Selbst wenn er sein Leben damit vertut, immer wieder ins Gefängnis zu wandern, muß dies als überlegte Entscheidung betrachtet werden; sonst hätte ein Rechtssystem keinen Sinn, das annimmt, er habe das Verbrechen *gewählt*. Er begeht seine kriminellen Handlungen absichtlich; daher ist seine Strafe verdient. Das Personal eines Gefängnisses kann leichteren

Gewissens streng mit Gefangenen umgehen als das Personal einer psychiatrischen Klinik. Die »psychisch Kranken« – so sagt man – können nichts für ihr Handeln. Wenn sich ein Patient in einem Nervenkrankenhaus daneben benimmt, können die Klinikangehörigen ihn nur widerstrebend bestrafen, und zwar unter dem Deckmantel der Hilfe, da sie sich als Heiler wie auch als Schützer der Gesellschaft verstehen. Drogen, Elektroschocks, Gehirnsonden und Lobotomien werden immer als medizinische Behandlungen aufgefaßt, und man streitet ab, daß sie disziplinarischen Zwecken dienen.

Aufgrund der Theorie, daß der Kriminelle sich bewußt für sein Handeln entschieden habe, sind den im Strafvollzug Tätigen die traditionellen Therapeuten nicht gerade willkommen. Eine mit »unbewußten« Prozessen befaßte Therapie scheint von den Wärtern der Kriminellen nicht begrüßt zu werden. Sie betrachten es als ihre Aufgabe, den Straftäter vom Fehlverhalten abzubringen; daher richten sie ihn auf Arbeit oder Studium aus. Es widerstrebt ihnen meistens, die Familie des Kriminellen in sinnvoller Weise einzubeziehen. Sie glauben lieber, daß er seine eigene Entscheidung getroffen habe, als daß sein Verbrechen von Schwierigkeiten in der Familie herrühre.

Dem kriminellen Gesetzesbrecher wird in Gerichtshöfen meistens unter Regeln der Prozeß gemacht, welche die Gesellschaft zum Schutz sowohl der Öffentlichkeit als auch des Gesetzesbrechers entwickelt hat. Wenn jemand als krank oder verrückt definiert wird, dann ist die Aufgabe der Öffentlichkeit komplizierter. Wie bei Kriminellen arbeitet man mit Verwahrung, aber es gibt auch chemische Einschränkungen in Form von Medikamenten. Das Dilemma besteht darin, daß man etwas unternehmen muß mit jemandem, der die Art von Schwierigkeiten macht, die keinen Prozeß oder Urteilsspruch gestatten. Die Regeln des Rechts lassen sich nur schwer anwenden, wenn nicht klar ist, daß ein Verbrechen begangen wurde, oder wenn Sanktionen wie die gegen Kriminelle nicht angemessen erscheinen. Wenn ein junger Mensch, unsinnige Reime singend, nackt durch die Gegend bummelt, dann wird man die Polizei rufen, und diese wird ihn wahrscheinlich in ein psychiatrisches Krankenhaus bringen. Der junge Mensch kann solange im Krankenhaus behalten werden, daß es einer Verurteilung auf unbegrenzte Zeit gleichkommt, und er könnte den Rest seines Lebens in der Anstalt verbringen, und zwar im Grunde nur wegen Erregung öffentlichen Ärgernisses. Ein Therapeut, der dem jungen Menschen und seiner Familie zu helfen versucht, muß sich mit den Vertretern der öffentlichen Ordnung auseinandersetzen, denen es obliegt, dafür zu sorgen, daß er oder sie die Öffentlichkeit nicht wieder belästigt.

Die Psychiater, Schwestern, Pfleger und Sozialarbeiter in der Institution haben ihre Methoden, mit dem gestörten oder auffälligen Jugendlichen umzugehen; ein an der Familie orientierter Therapeut hat eine ganz andere Methode. Oft führt die Vermengung von sozialer Kontrolle und therapeutischen Handlungen zu Konflikten bei den Heilberufen, wenn sie miteinander zu tun haben. Ebenso wie Familienmitglieder sich miteinander darüber streiten, wer richtig oder wer falsch mit dem verrückten Kind umgeht, so streiten sich auch die Fachleute, wenn sie sich des Problems annehmen. Erfolg in der Therapie kann zumindest genausoviel dadurch bestimmt werden, was unter den Fachkollegen passiert, wie dadurch, was in der Familie passiert.

Die Probleme, denen sich Therapeuten in dieser Situation gegenübersehen, lassen sich sowohl in bezug auf die Institutionen beschreiben, mit denen sie es zu tun haben, als auch in bezug auf die Prämissen und Theorien, die bei der Kontrolle durch die Gemeinschaft zutage treten.

Institutionen sozialer Kontrolle

Therapeuten haben mit verschiedenen Institutionen verschiedene Probleme. Als allgemeine Regel gilt, daß die therapeutische Aufgabe um so schwieriger ist, je weiter die Institution von der Öffentlichkeit entfernt ist.

Der unmöglichste Ort für Therapie ist in der totalen Institution, wo der Gesetzesbrecher völlig abseits von der Gesellschaft ist. Außer in großen Städten sind diese Orte isoliert und weitab von Familie und Freunden des Insassen. Eine sozial orientierte Therapie ist in der abnormen Situation totaler Verwahrung nicht praktikabel. Sie kann erst dann beginnen, wenn der Gesetzesbrecher entlassen wird.

Genauso wie Strafanstalten sind auch psychiatrische Krankenhäuser weitab von der Öffentlichkeit. Die Krankenhäuser sind meistens große Anstalten, wo man die von der Gesellschaft Ungewollten verwahrt. Moderne Ideen dringen nur unter Schwierigkeiten ein, weil das viele Personal unbeweglich und rigide ist. Die Institution hat die Tendenz, personell mit Fachleuten besetzt zu sein, die für die Arbeit im Krankenhaus ausgebildet sind und den Sinn einer gemeindenahen Therapie nicht verstehen. Man verlegt sich schwerpunktmäßig darauf, den Patienten zum Eintritt in die Kultur des Krankenhauses zu überreden. Solch ein Ziel kann irrelevant für die Art und Weise sein, wie sich die Person im täglichen

Leben verhalten muß. Ein Mitglied des Personals kann vergessen oder nie klar verstehen, daß es die Person dort zu verändern gilt, wo ihr Problem liegt, nämlich in der Gemeinschaft. Viele von uns saßen mehrmals die Woche in psychiatrischen Kliniken und sprachen mit den Patienten, und das jahrelang, und hatten die Vorstellung, daß das Gespräch sie irgendwie instandsetzen würde, außerhalb des Krankenhauses in der Gemeinschaft zu leben. Wenn wir nur das Richtige (das, was Einsicht vermittelte und zu korrigiertem emotionalen Erleben führte) sagten – so war unsere Vorstellung –, dann würde dieser Mensch davongehen und ein normales Leben führen.

Noch ein weiteres Beispiel, das illustrieren mag, wie sich das Personal in psychiatrischen Kliniken aus der Realität zurückzieht: Ich erinnere mich an zwei Stationspsychiater, die in einer Personalversammlung lang darüber berichteten, wie sie auf einer Station eine therapeutische Gemeinschaft eingerichtet hatten. Sie sprachen darüber, was sie taten, wie das Personal reagierte, wie die demokratischen Prozesse verliefen und so weiter. In der Diskussion fragte sie jemand, ob seit Einrichtung der therapeutischen Gemeinschaft mehr Patienten aus der Station entlassen worden seien. Es entstand Schweigen, und die beiden jungen Männer sahen verblüfft drein. Sie hatten nicht bloß keine Zahlen über Entlassungen; dieser Gedanke war ihnen einfach nie gekommen. Ihre Aktionen auf der Station vollzogen sich nicht innerhalb eines Rahmens, in dem die Klinik ein Ort für die Veränderung des Lebens war, das die Insassen draußen in der Öffentlichkeit führten.

Obwohl psychiatrische Krankenhäuser mutige Versuche unternehmen, zu reformieren und neue Ansätze zu entwickeln, werden sie durch die gewaltige Trägheit behindert, welche jedwede große Bürokratie charakterisiert. Einige Jahre lang haben fortschrittliche Psychiater versucht, bei der Aufnahme und Entlassung psychiatrischer Patienten die Familien miteinzubeziehen, so daß die Lebenssituation der Patienten in die Krankenhäuser eingebracht wird [1]. Man kann beobachten, wie solch ein Versuch beginnt und dann wieder versandet, wenn seine Verfechter die Institution verlassen. Die Station kehrt oft zu einer traditionellen Behandlungsweise zurück, die schon seit hundert Jahren praktiziert wird.

In den letzten Jahren reduzierte man die Patientenzahlen der State Hospitals, als sich in den Gemeinden psychosoziale Zentren entwickelten und chemische Mittel stärker angewandt wurden. Zuweilen war der

---

1 *Henry Harbin,* »A Family-Oriented Psychiatric In-patient Unit,« Fam. Proc., 1979, 18, 281-291.

Versuch, die Krankenhäuser zu leeren, ein Unglück. Leute, die chronische Fälle waren, weil man sie jahrelang eingesperrt hatte, wurden plötzlich in die Gemeinschaft geworfen. Sie wurden oft ausgebeutet, und einige waren unfähig, für sich selbst zu sorgen, besonders wenn sie unter stark dosierten Medikamenten standen. Wenn die Kliniker speziell dafür ausgebildet wären, die Patienten nach Jahren der Hospitalisierung in die Gemeinschaft zurückzuführen, wäre die Aufgabe immer noch schwierig genug; diese ausgebildeten Kliniker nicht zu haben und die Patienten dennoch herauszusetzen – das ist unentschuldbar. Ich erinnere mich an Therapien, die ich mit Klienten durchführte, die zehn Jahre oder mehr eingesperrt gewesen waren. Ihre soziale Unerfahrenheit trat sofort zutage, als sie aus dem Krankenhaus herauskamen. So hatte z. B. ein Mann seit zehn Jahren kein Essen von der Speisekarte in einem Restaurant bestellt und ging die Aufgabe mit Unsicherheit, wenn nicht Panik an.

Die Unfähigkeit, in der Gemeinschaft zu funktionieren, nachdem man eingesperrt war, ist nicht notwendigerweise mit »psychischer Krankheit« verbunden. Ein nach zwanzig Jahren aus dem Gefängnis entlassener Häftling ist oft eine verlorene Seele in der Gemeinschaft, ohne Familie oder Freunde. Es ist durchaus möglich, daß er in die Institution zurückzukehren sucht.

Das psychiatrische Großkrankenhaus ist eine kaum vertretbare Form der Therapie [2], aber es ist auch unvertretbar, chronisch psychisch Kranke ohne Betreuung in die Gesellschaft zu entlassen. Ein Hauptziel bei der Therapie junger Leute ist es, erfolgreich zu vermeiden, daß man sie einsperren muß, damit sie zwanzig Jahre später keine sozialen Randexistenzen sind, außerstande, in der Gesellschaft zu leben.

Ein wichtiger Unterschied zwischen dem kriminellen und dem medizinischen Gesetzesbrecher besteht für Therapeuten darin, daß Kriminelle sich nicht freiwillig in Gewahrsam begeben (es sei denn, man definiert ein stümperhaftes Verbrechen als Suche nach Verwahrung). Sie werden vom Gericht verurteilt. Medizinische Gesetzesbrecher werden in zwei Kategorien klassifiziert: die Unfreiwilligen und die Freiwilligen. Die Klasse der Unfreiwilligen umfaßt Menschen, die von Staats wegen auf Rat eines Psychiaters eingewiesen wurden. Die Linie zwischen unfreiwilligen und freiwilligen Patienten, wie auch die zwischen offenen und geschlossenen Stationen, ist nicht immer klar, aber die Unterscheidung ist

---

2 Assembly Interim Committee on Ways and Means, California Legislature, *The Dilemma of Mental Commitments in California: A Background Document,*Subcommittee on Mental Health Services, California, 1967.

wichtig für einen Therapeuten, der mit einem Krankenhaus zu kooperieren sucht. Verwahrung hinter Schloß und Riegel bringt Psychiater leicht in Verlegenheit; daher täuscht man oft vor, daß es so etwas nicht gäbe. Der Therapeut, der in einer Klinik mit einem Patienten umzugehen versucht, muß auch mit dieser Vortäuschung umgehen können.

Sowohl das Rechts- als auch das Gesundheitssystem haben mit Teilzeitverwahrung experimentiert – als Mittel, eine bessere Beziehung zwischen Institution und Gemeinde zu schaffen. Strafgefangene verbringen die Nacht im Gefängnis und arbeiten untertags in der Gemeinschaft. Psychiatrische Institutionen machen das Gegenteil: Personen werden tagsüber im Krankenhaus behalten und abends nach Hause geschickt. Dadurch sind sie tagsüber mit etwas beschäftigt, was nicht ihrem eigenen Unterhalt dient. Dagegen fügt das Gefängnis-Programm die Gefangenen in normale Arbeit oder Schule ein.

Eine weitere Alternative zu totaler Verwahrung sind die Übergangsheime, die sowohl im Straf- als auch im psychiatrischen System eingesetzt werden. Dies sind Orte, an denen sich jemand vom Aufenthalt in der totalen Institution erholen und sich langsam wieder in ein normales Leben integrieren kann. Manchmal vergißt man, daß diese Häuser Zwischenstationen sein sollen, und sie werden zu Sackgassen für manche der Insassen, die Teil der Kultur werden und nie ganz zum normalen Leben in der Gemeinschaft zurückkehren.

Manchmal wird der kriminelle Gesetzesbrecher ohne Verwahrung oder nach der Entlassung auf Bewährung auf freien Fuß gesetzt. Man beobachtet ihn eine Zeitlang, und wenn er keinen Ärger macht, bekommt er seine volle Freiheit. Medizinische Gesetzesbrecher sind vor der Freilassung »auf Bewährung« zu Hause oder unternehmen Versuchsbesuche bei ihren Familien. Wenn das Fehlverhalten sich wiederholt, wird die Person in Vollzeitverwahrung gegeben.

Private Nervenkliniken

Für die Kategorie medizinischer Gesetzesbrecher gibt es eine spezielle Institution privater Natur. Die kriminelle Klasse kommt nicht in den Genuß privater Gefängnisse, aber der medizinische Gesetzesbrecher kann in einer Privatklinik untergebracht werden. Diese Orte sind wohl eher für die Reichen da, die hohe Gebühren bezahlen können, oder für Leute mit einer geeigneten Krankenversicherung. Familien fühlen sich weniger schuldig, wenn sie ihr Kind in eine Privatklinik, als wenn sie es in eine öffentliche Institution geben, weil sie meinen, daß er oder sie besser versorgt wird, oder weil sie mehr Einfluß haben, wenn sie die Rechnung bezahlen. Eine typische Art und Weise, wie sich eine Familie stabilisiert, sieht so aus, daß jemand anders für den Umgang mit der jungen Problemperson bezahlt wird, vorzugsweise weitab im Lande.

Psychiatrische Abteilungen von Universitätskliniken

Man hat den kriminologischen Instituten von Universitäten nicht gestattet, Privatgefangene zu haben, um die Mitarbeiter für die Arbeit mit Strafgefangenen in privatem Rahmen zu schulen. Den psychiatrischen Universitätsinstituten wurde es jedoch gestattet, zu Ausbildungszwecken eine Stätte für Anstaltsinsassen einzurichten. Man hat es hier mit privaten Institutionen zu tun*. Doch sie sind insofern öffentlich, als die Ausbildung von der Regierung finanziell unterstützt oder die Universitäten vom Staat mitgetragen werden. Meistens hält sich das Personal Patienten, die sich auf freiwilliger Basis behandeln lassen, aber es kann auch auf Verfahren legaler Verwahrung zurückgreifen. Wenn die Patienten in solchen Ausbildungs-Institutionen versagen, kommen sie in State Hospitals.

Unglücklicherweise ist manchmal die Funktion als Ausbildungsstätte dafür ausschlaggebend, ob es zur Verwahrung kommt oder nicht. Universitäts-Institute, Privatkliniken und Großkrankenhäuser brauchen eine gewisse Anzahl von Insassen für ihre Ausbildungsprogramme und um ihrem Etat gerecht zu werden. Wenn nicht genug Patienten da sind, kann man beschließen, daß die zur Zeit Verfügbaren totaler Verwahrung bedürfen. In Privatkliniken betreibt man oft Öffentlichkeitsarbeit, um die Familien zu überreden, nicht weniger als drei Jahre lang für die Verwahrung und Therapie eines Familienmitglieds zu bezahlen, was zufällig die Zeit ist, die die Klinikpsychiater für ihre an den Patienten durchgeführte Ausbildung in »Tiefen«-Psychotherapie brauchen. Die finanzielle Lage der Familie und die Grenzen der Krankenversicherung sind es dann wohl, die die Dauer der Hospitalisierung und die »Tiefe« der Therapie bestimmen.

Psychiater und Mitarbeiter in Kliniken sehen sich nicht so gerne als Vertreter der sozialen Kontrolle, sondern sie halten sich eher für Heiler

---

* Dies bezieht sich auf die Verhältnisse in den USA.

der Kranken. Ihre Probleme treten auf, wenn finanzielle Erfordernisse und Druck aus der Gemeinde sie zwingen, die Kranken zu heilen, ob es die Kranken wollen oder nicht. Zwar nimmt der psychiatrische Berufsstand die Last auf sich, aber äußert gleichzeitig die Vorstellung, daß seine Angehörigen lieber nicht die Verantwortung für die Randexistenzen der Gesellschaft trügen. Jedoch würden sie aus humanitären Gründen die Last lieber nicht irgend jemand anderem aufladen. Oft fühlen sie sich mißverstanden, da sie sich für Menschen halten, die die schwierige Aufgabe haben, mit verrückten Leuten umzugehen, die Selbstmord oder andere Gewalttaten androhen, mit einer Polizei, die darauf besteht, daß etwas unternommen wird, mit Familien, die Mitglieder hinter Schloß und Riegel wissen wollen, mit Patienten, die insistieren, daß ihnen nichts fehlt, und mit Bürgerinitiativen und Soziologen, die über die Bedingungen in den Kliniken schockiert sind und sie psychiatrische Strafanstalten nennen. Zugleich Heiler der Kranken und Gefängniswärter zu sein ist belastend und paradox, und der psychiatrische Berufsstand leidet gleichermaßen unter seinen Verpflichtungen, wie er aus ihnen Nutzen zieht. Für Personal wie für Patienten ist die Station eine verrückte Welt.

Prämissen sozialer Kontrolle

Definitionsgemäß hat ein Vertreter der öffentlichen Ordnung die Aufgabe, der Öffentlichkeit Frieden zu bringen. Ob nun dieser Vertreter freundlich und human oder rücksichtslos handelt, wenn er zum Schutz der Öffentlichkeit einen Störenfried wegschafft, das vorrangige Ziel ist der Friede des Gemeinwesens.

Man kann erwarten, daß Vertreter sozialer Kontrolle von gewissen Annahmen ausgehen. Zuallererst nehmen sie an, daß weniger eine soziale Situation als vielmehr ein *Individuum* das Problem ist. Die diagnostischen Kategorien der Psychiatrie und das Kriminalklassifikationssystem enthalten keine sozialen Einheiten, die aus mehr als einer Person bestehen. Wenn bei einer ganzen Familie Gewalt ausbricht oder bei einem Ehepaar beide Partner sich seltsam verhalten, dann wird bezeichnenderweise eine einzelne Person herausgegriffen, die diagnostiziert und durch Verwahrung und Medikamente ruhiggestellt wird. Mehr als ein Familienmitglied in Gewahrsam zu nehmen ist ungewöhnlich, ebenso ungewöhnlich, wie eine ganze Familie unter Medikamente zu setzen. Das System beruht auf der Vorstellung, daß ein Störenfried Unfrieden in einer Gemeinschaft stiftet.

Neben ihrer ausschließlichen Konzentration auf das Individuum ist den Vertretern sozialer Kontrolle auch noch eine antifamiliäre Einstellung zu eigen. Manchmal werden die Verwandten einfach ignoriert, und so werden die Konsequenzen, welche die Aktion der sozialen Kontrolle auf die Gesamtfamilie hat, nicht bemerkt. Man reißt eine Person aus ihrer Familie heraus und hospitalisiert sie, ohne sich darum zu kümmern, was mit der Familie geschieht, wenn sie – wenn auch nur zeitweilig – ein Familienmitglied verliert. Oder solche Vertreter setzen eine Frau unter starke Medikamente, ohne die Wirkung zu berücksichtigen, die das auf die Art und Weise hat, wie sie ihre Kinder aufzieht. Man setzt einen Mann unter Medikamente, damit er ruhig wird und seiner Frau weniger Ärger bereitet, aber was man dabei ignoriert, sind die unvorhersagbaren Wirkungen, die die Medikamente haben können und die ihn auf eine Weise teilnahmslos machen, die ihm noch mehr Schwierigkeiten mit seiner Frau bringt.

Vertreter der sozialen Kontrolle nehmen oft an, die Familie sei der schädliche Einfluß, der das Problem verursacht. Oft verstehen sie sich als Erretter von Familien-»Opfern«. Die antifamiliäre Haltung vieler Drogenrehabilitationszentren ist teilweise darauf zurückzuführen, daß einige der Mitarbeiter ehemalige Süchtige sind, die sich in Schwierigkeiten mit ihren Familien befinden und daher die Beteiligung der Familie bei der Therapie nicht begrüßen. Statt mit den Verwandten arbeiten sie lieber mit Therapiegruppen von Leuten in der gleichen Lage, wie etwa mit ebenfalls Süchtigen.

Es gibt auch Psychiater, die Familien gegen exzentrische Kinder zusammenschmieden und eine organische oder hereditäre Ursache annehmen und die deswegen nicht die Eltern für etwaige Erziehungsfehler verantwortlich machen. Sie neigen dazu, mit den Eltern zu sympathisieren, weil diese ein Kind haben, das immer gestört sein wird.

Zusammenfassend ist zu sagen, Vertreter der sozialen Kontrolle repräsentieren die Öffentlichkeit, und ihre Hauptaufgabe besteht darin, etwas zu tun, um Störenfriede und andere sozial Abweichende ruhigzustellen. Erst in zweiter Linie besteht ihre Aufgabe darin, dem Abweichenden zu helfen. Sie neigen dazu, statt der sozialen Situation eine Einzelperson als Problem zu identifizieren, und sie ignorieren die Familie oder betrachten sie als schädlichen Einfluß. Diese Prämissen und die Institutionen, die daraus hervorgehen, behindern einen Therapeuten, der Veränderungen zu bewirken sucht.

Unterschiede zwischen Therapie und sozialer Kontrolle

Das Ziel eines Therapeuten ist es, dem Leben der Menschen mehr Komplexität zu verleihen, und zwar in dem Sinne, daß er sich wiederholende Verhaltenszyklen aufbricht und neue Alternativen zustande bringt. Von einer Problemperson will er nicht nur, daß sie sich konform verhält, sondern er will in die Hände dieser Person die Initiative für neue Ideen und Handlungen legen, die der Therapeut vielleicht gar nicht erwogen hat. In diesem Sinne fördert der Therapeut die Unvorhersagbarkeit. Die therapeutische Aufgabe besteht darin, Veränderung zu bewirken, und somit neues, oft unvorhergesehenes Verhalten.

Der Vertreter der sozialen Kontrolle hat ein diametral entgegengesetztes Ziel. Seine Aufgabe besteht darin, Leute für die Gemeinschaft zu stabilisieren: somit trachtet er danach, Unvorhersagbarkeiten zu reduzieren. Er will, daß sich Problempersonen – wie andere in der Gemeinschaft – berechenbar verhalten, so daß niemand von ihnen gestört wird. Was er sucht, sind nicht Veränderung und neues Verhalten, sondern eher Stabilität und keine Klagen seitens der Bürger.

Es kommt unweigerlich zum Konflikt zwischen einem Therapeuten, dessen Aufgabe es ist, jemand zu neuen Verhaltensweisen zu ermutigen, und einem sozialen Kontrolleur, der will, daß dieser sich den Regeln der Gesellschaft gemäß und vorhersagbar verhält. Der Therapeut muß Risiken eingehen, während der soziale Kontrolleur Risiken kleinhalten will. Wenn der Therapeut sagt: »Entlassen wir diesen Menschen aus der Verwahrung, setzen wir die Medikamente ab und fügen wir ihn wieder in die Gemeinschaft ein«, dann sagt der soziale Kontrolleur: »Seien wir nicht verantwortungslos, verfahren wir lieber weiter mit Vorsicht.« Da es in der Therapie Augenblicke gibt, die der Therapeut für das richtige Handeln nutzen muß, ist Vorsicht nicht immer willkommen. Oft gibt es einen optimalen Augenblick, wenn etwa die Eltern ein Kind wieder zu Hause aufnehmen würden oder wenn sich eine Arbeitsgelegenheit bietet, und die Therapie kann fehlschlagen, wenn dann nicht gehandelt wird.

Auch in weiterer Hinsicht braucht der Therapeut Flexibilität. Wenn Medikamente eingesetzt werden, dann ist es das beste, wenn man frei darüber verfügen kann, ob man sie gibt oder zurückhält, sie wechselt, Plazebos einsetzt, mehr als ein Familienmitglied medikamentös behandelt, usw. Die Medikamente sollten Teil der auf Veränderung abzielenden Strategie sein, wie das auch bei jeder anderen Form von hemmender

Einflußnahme der Fall sein sollte. Wenn Medikamente jemanden ruhigstellen sollen oder es eine administrative oder ideologische Regel gibt, daß eine solche Person immer medikamentös behandelt werden muß (oder nur für bestimmte, Monate umfassende Zeiträume), dann liegt etwas mit der Therapie im argen. Mit einer typischen Situation hat man es zu tun, wenn Eltern den jungen Menschen medikamentös behandelt haben wollen, weil sie sich nicht darüber einigen können, wie sie ihn unter Kontrolle halten. Wenn der Psychiater medikamentös behandelt, weil die Eltern wollen, daß der junge Mensch ruhiggestellt wird, dann ist das etwas anderes, als Medikamente aus strategischen Gründen einzusetzen: so etwa zu dem Zweck, die Eltern zur Kooperation bei der Therapie zu bewegen.

Therapeuten brauchen Flexibilität, ob es nun gilt, jemanden in Verwahrung zu geben oder daraus zu entlassen oder Medikamente ein- oder abzusetzen. Der soziale Kontrolleur empfindet eine andersgeartete Verantwortung. Er möchte einen gestörten Jugendlichen nicht vorzeitig aus der Verwahrung oder der medikamentösen Behandlung entlassen. Das Problem für den Therapeuten besteht darin, daß vorsichtige Verzögerungen die soziale Situation stabilisieren und Veränderungen verhindern, weil sich die Familie und die Öffentlichkeit um den jungen Menschen als Invaliden herum organisieren, was die Aufgabe des Therapeuten erschwert. Je länger er oder sie in Verwahrung oder Behandlung ist, desto mehr schlägt der junge Mensch die Karriere eines psychiatrischen Patienten ein – nicht nur innerhalb der Familie, sondern auch in der Gesellschaft der Abweichenden, mit denen er im Rahmen der Behandlung zusammenkommt. Außerdem ist jeder Institutionalisierte stigmatisiert: dies beeinflußt Bewerbungen um Arbeit und die Aufnahme in Schulen. Die Prophezeiung sozialer Kontrolleure, daß eine Person behindert sei und lebenslang in Verwahrung oder medikamentöser Behandlung bleiben müsse, wird oft durch die »Behandlung« erfüllt, die den Menschen lebenslang soziale Nachteile auferlegt. Mit der Zeit wird ein psychisch gestörter Jugendlicher zum professionellen Patienten, ebenso wie andere Leute zu professionellen Kriminellen werden. Die Institutionalisierung wird zu seiner Karriere.

Ein weiterer Unterschied zwischen Therapeuten und sozialen Kontrolleuren besteht darin, daß soziale Kontrolleure andere Helfer willkommen heißen, während Therapeuten dies nicht tun. Der Therapeut muß sich mit der Familie der jungen Problemperson auseinandersetzen, was schwierig sein kann. Wenn der Jugendliche in einer Institution lebt, muß er sich mit den Leuten in der Institution auseinandersetzen. Er hat Mühe, die Experten aus der Situation hinaus und die Person zurück in ein

Gemeinschaftsleben in einer normalen Situation zu befördern. Der soziale Kontrolleur nimmt die Problemperson lieber aus der Gesellschaft heraus, und er schätzt Verwahrung als Möglichkeit, sich ohne Einmischung der Eltern mit der jungen Person auseinanderzusetzen. Er heißt alle anderen Experten, seien sie nun Ärzte, Schwestern, Gruppentherapeuten, Kunsttherapeuten oder irgendwelche anderen Experten, willkommen, die gewillt sind, im Krankenhausmilieu zu arbeiten.

Die Einstellungen des Therapeuten und des sozialen Kontrolleurs differieren in einer weiteren Hinsicht. Jemand, der in einem Milieu sozialer Kontrolle arbeitet, neigt dazu, für alles, was mit problematischen jungen Leuten gemacht wird, einen Pessimismus zu entwickeln. Er lebt ständig mit Versagern und sieht, wie die Rückfälligen immer wieder scheitern. In dieser Situation verliert man die Hoffnung, daß irgend etwas getan werden kann, und begrüßt eine physiologische Theorie, die einem versichert, daß der Mißerfolg nicht das eigene Werk ist. Im Gegensatz dazu hat der Therapeut ausreichenden Erfolg, so daß er Hoffnung auf Besserung hat und erwartungsvoll der Möglichkeit normalen Verhaltens bei problematischen jungen Leuten entgegensieht. Über Pessimisten gerät der Therapeut in Erbitterung, da es nur die Leute mit Hoffnung sind, die jene Sondermaßnahmen ergreifen, die manchmal den Unterschied zwischen Erfolg und Mißerfolg ausmachen.

Eine Klassifikation sozialer Kontrolleure

Obwohl die moderne Psychiatrie und Kriminologie behaupten, daß große Fortschritte gemacht worden seien und daß viele Probleme der Institutionen behoben seien, gibt es immer noch Leute, die meinen, man komme sich vor, als befinde man sich unter Dinosauriern, wenn man mit sozialer Kontrolle zu tun hat. In diesem Sinne lassen sich die Vertreter öffentlicher Ordnung klassifizieren, angefangen von den reaktionärsten, mit denen der Umgang am schwierigsten ist, bis hin zu moderneren Mitarbeitern in Institutionen.

Der Pithekanthropus: Die extremste Form unter den Vertretern sozialer Kontrolle ist der Psychiater oder Strafrechtler, der die Prämisse akzeptiert, der gestörte Jugendliche habe einen physiologischen Defekt. Dieser Typ argumentiert, das Problem sei genetisch, daher könne man nichts tun. Schlimmer, er legt implizit nahe, daß man nichts tun *sollte.* Die

Problemperson sollte in Verwahrung sein, wo sie sich nicht fortpflanzt und ihre Art reproduziert. Wenn er von Bürgerinitiativen gezwungen wird, jemanden zu entlassen, greift dieser Typ zu Medikamenten, die den Patienten schwer beeinträchtigen, oder – wie *Gregory Bateson* es ausdrückte – er greift zu »chronischer Intoxikation durch Chemotherapie«. Als eine junge Frau kürzlich nach einer Reihe vorhergehender Aufenthalte im selben psychiatrischen Krankenhaus rehospitalisiert wurde, sagte der Arzt dort, sie solle sich eigentlich besser umbringen und allem ein Ende machen. Er äußerte eine typische Ansicht des Pithekanthropus. Dieser Typ hat eine ähnliche Theorie über Kriminelle, nämlich daß kriminelles Verhalten eine physiologische Ursache habe und unveränderbar sei. Rehabilitationsversuche seien daher sinnlos.

Therapeuten sollten den Umgang mit dem Pithekanthropus vermeiden und sich nicht auf Verhandlungen einlassen. Ihn weiterzubilden ist unmöglich. Man kann nur sein Bestes tun, um Leute von seinen Händen fernzuhalten.

Der Cro-Magnon: Dieser Typ nimmt an, es gebe einen genetischen Defekt und höchstwahrscheinlich sei lebenslange Verwahrung notwendig. Jedoch versuchen seine Vertreter aber auch, liberaler zu sein, und verweisen darauf, daß es vielleicht in manchen Fällen ein wirklich unglückliches Kindheitserlebnis gegeben habe, das beim Betreffenden für immer tiefe Narben hinterlassen hat. Dieser Typ ist bereit, einen Insassen zu entlassen, falls er unter Einfluß starker Medikamente steht. Eine Reduzierung der Medikamente ist gegen seine Philosophie. Selbst wenn man darlegt, daß die Medikamente irreversible neurologische Schäden anrichten, sagt der Cro-Magnon, dies sei immer noch besser als ein Leben im Krankenhaus; außerdem sei die Person ohnehin bereits irgendwie aufgrund des genetischen Defekts neurologisch geschädigt. Dieser Typ wird einem Therapeuten die Chance geben zu beweisen, daß Therapie sinnlos ist, aber in entscheidenden Momenten, wenn etwa Verwahrung und Medikamente zur Diskussion stehen, wird er Veränderungen verhindern. Therapeuten sollten diesen Typ wenn möglich meiden, aber wenn man sich mit ihnen auseinandersetzen muß, ist es wichtig, ihnen zuzuhören und naiv zu erscheinen, so daß sie dem Therapeuten eine Chance geben, »seinen Irrtum zu erkennen«.

Der Antike: Dieser Typ sagt immer, es gebe wahrscheinlich eine physiologische oder genetische Ursache für eine schwere Störung bei einem jungen Menschen, aber er möchte auch gerne meinen, es gebe eine intrapsychische Ursache, wie etwa ein ödipales Problem. Er führt innerhalb einer Institution eine Art Gesprächstherapie durch. Man rechnet mit einer Therapiedauer von vielen Jahren. Manchmal schätzt man, daß die für die Genesung erforderliche Therapie so viele Jahre dauert, wie die Person alt ist, wenn sie sich in die Institution begibt. Daher wendet man für die Therapie eines Zwanzigjährigen wahrscheinlich zwanzig Jahre auf. Dieser Typ nimmt an, das Problem könne in der Institution gelöst werden, und erst nachdem die Person lange Zeit schon normal ist, wird sie entlassen. Gewöhnlich bevölkert dieser Typ teure private Institutionen, wo er oder sie Therapie mit Problempersonen aus reichen Familien betreibt. In vergangenen Zeiten vermieden sie den Gebrauch von Medikamenten, aber jetzt setzen sie Medikamente ein, um »die Person für Therapie zugänglich zu machen«, wann immer der Betreffende auf den Stationen der Institution Ärger macht.

Gewöhnlich hat ein Therapeut mit Familienorientierung mit diesem Typ nichts zu tun, da er Kliniken an abgelegenen Orten bevölkert. Einen Klienten von ihm einzufordern ist schwierig, weil die Solvenz der Institution auf dem Spiel steht, wenn die Patienten zu gehen und zu ihren Familien in der Gemeinde zurückzukehren beginnen.

Der Pragmatiker: Dieser Typ ist in der modernen psychiatrischen Klinik recht verbreitet und hat im wesentlichen keine Theorie. Er glaubt seinen Lehrern, wenn sie sagen, es gebe vielleicht eine genetische oder biologische Ursache für ein Problem, aber er glaubt auch seinem Analytiker, der sagt, das Problem könne psychodynamisch sein, und er mag eine interpersonale Theorie, die besagt, die Bezugspersonen eines Menschen seien wichtig. Um sich auf dem laufenden zu halten, liest er ein Buch über Familientherapie, so daß er mitreden kann, wenn das Thema aufkommt. Wenn er in Aktion ist, gibt er den Leuten einfach Medikamente und entläßt sie, sobald er kann, aus der Klinik. Falls sie zurückkommen, erhöht er die Dosierung der Medikamente und schickt sie wieder weg, bis sie schließlich kaum mehr gehen können, weil sie so voll von Medikamenten sind. Psychotisches Verhalten ist für diesen Typ ein Geheimnis und wie bei jedwedem Geheimnis übernimmt der Aberglaube das Ruder. Daher verwendet er magische Zeiträume, wie z. B. drei Monate Hospitalisierung vor der Entlassung, oder sechs Monate medikamentöser Behandlung, ganz gleich, was sich verändert. Meistens ist diesem Typ in der psychiatrischen Ausbildung nichts anderes beigebracht worden, als den Patienten zuzuhören, sie zu ermutigen, über irgend etwas zu sprechen, und sicherzustellen, daß sie ihre Medikamente nehmen.

Das ist, was Leute in Autoritätsstellung betrifft, der hilfreichste Typ, mit dem es ein Therapeut zu tun haben kann. Er wird es zulassen, daß der Therapeut sich einer Problemperson annimmt, solange ihm dies keinen Ärger bereitet und nicht Besonderes von ihm fordert.

Obwohl diese Typen von Vertretern sozialer Kontrolle psychiatrische Kliniken und Gefängnisse bevölkern, bedeutet das nicht, daß es an diesen Stätten nicht auch Therapeuten gäbe. Viele Psychiater arbeiten mit Problempersonen unter Einbezug der Familien; sie hoffen nicht bloß, eine Pille werde menschliche Probleme lösen. Statt einer auf soziale Kontrolle zielenden Sichtweise haben auch viele Sozialarbeiter, Psychologen und Krankenschwestern eine therapeutische Einstellung, ob sie nun in Kliniken oder Gefängnissen arbeiten. Totale Institutionen können jedoch das Verhalten eines jeden in unglückseliger Weise prägen. Ebenso wie Eltern entdecken, wie untherapeutisch sie handeln, ohne es zu wollen, so können auch Angehörige des Personals entdecken, wie untherapeutisch sie handeln, ohne es zu wollen. Insbesondere Psychiater können in eine auf soziale Kontrolle zielende Haltung gepreßt werden, obwohl diese in keiner Weise ihrem Interesse entspricht. Ich erinnere mich an einen jungen Psychiater, der eine Stadt verließ und fernab eine Arbeit suchte, weil er keine andere Art von Anstellung finden konnte als jene, die ihn zwang, unglücklichen Leuten regelmäßig Dosen von Medikamenten zu geben, ohne irgend etwas anderes für sie zu tun.

Ein Therapeut kann versucht sein, in der Klinik gegen Leute zu kämpfen, um eine Problemperson vor Vertretern sozialer Kontrolle zu retten, aber das ist ein Irrweg. Zu verhandeln und klarzustellen, wer der Verantwortliche ist, ist wesentlich; einen Menschen als Alibi für einen Streit mit einem Kollegen oder als Bestätigung der eigenen Argumente zu benutzen, produziert die gleiche Art von Konflikten wie jene in der Familie, wo Mitglieder versuchen, das Problemkind vor anderen Mitgliedern zu retten. Solche Konflikte können das Problem schaffen, das der Therapeut eigentlich lösen soll.

Wie man die Aussichten auf Erfolg erhöht

Therapie mit schwierigen Familien erfordert nicht nur Geschick, sie erfordert auch eine Situation, bei der Aussicht auf Erfolg besteht. Es gibt Umstände, welche die Chancen auf Erfolg bei einem problematischen jungen Menschen erhöhen und ausschlaggebender sind als Chronifizierung oder Dauer der Hospitalisierung.

1. Bei in Verwahrung Befindlichen sollte ein Therapeut nicht mit der Therapie beginnen, wenn es keine Pläne für baldige Entlassung gibt. Schon seit vielen Jahren zeitigt stationäre Therapie Mißerfolge. Die Familie einmal wöchentlich kommen zu lassen, damit sie in Familien-Interviews mit ihrem eingekerkerten Kind spricht, ist nicht nur untherapeutisch, sondern kann auch unsinnig schmerzhaft sein.

2. Bei in Verwahrung Befindlichen sollte der Therapeut von oberster Stelle die Befugnis haben, einen Therapieplan aufzustellen. Es ist das beste, in jeder Organisation die Hierarchie zu respektieren. Die Rangtieferen werden kooperieren, wenn die höheren Stellen zustimmen.

3. Teil des Planes für einen Insassen sollte sein, daß Therapeut und Familie ein Entlassungs-Datum festsetzen. Über die Entlassung sollte nicht auf Grundlage einer Stations-Regel, eines vorab festgesetzten Zeitraumes oder eines aus verschiedenen stationären Therapeuten bestehenden Komitees entschieden werden. Idealerweise sollte der Therapeut es den Eltern anheimstellen dürfen, wann sie ihr Kind wieder mit nach Hause nehmen. Das verleiht ihnen in den Augen des Kindes in der Situation mehr Macht, und bei ihrem Plan, zu Hause mehr die Erziehungsgewalt über den jungen Exzentriker zu übernehmen, fangen sie mit einem Vorteil an.

4. Derjenige Therapeut, der innerhalb der Institution mit der Familientherapie beginnt, sollte nach der Entlassung in die Gemeinde weitermachen. Ein Therapeutenwechsel zwischen stationärer und ambulanter Behandlung ist oft problematisch. Die Familie braucht die Unterstützung des Therapeuten, der die Pläne mit ihr entwirft und sie mit ihr bis zum Erfolg durchzieht.

5. Der Therapeut muß die Medikamenteneinnahme überwachen. Entweder muß der Therapeut Arzt sein und selbst medikamentös behandeln können, oder der Therapeut braucht einen Arzt, der je nach den Bedürfnissen einer bestimmten Therapie und ihrer Phasen Medikamente einsetzt, statt sich nach irgendeiner ideologischen Vorstellung zu richten.

6. Der Therapeut muß Einfluß auf Rehospitalisierungen haben. Die Institutionen sollten insoweit kooperieren, als ohne vorherige Abklärung mit dem Therapeuten nicht rehospitalisiert werden darf. Soll die Familie das Problem bewältigen und lösen, so sollte ihr die Möglichkeit genommen werden, sich durch Hospitalisierung ohne weiteres wieder zu stabilisieren.

7. Es sollte ohne Erlaubnis des Stammtherapeuten kein weiterer Therapeut bei der Familientherapie mitwirken. Die Familie sollte nicht durch verschiedene Experten in verschiedene Richtungen gedrängt werden.

Das, was man braucht, ist einfach: der Therapeut muß die Verfügungsgewalt innehaben, damit ohne seine Erlaubnis niemand in eine Institution gegeben oder einem Familienmitglied etwas eingegeben wird. Um der Familie die Verantwortung für das Kind übertragen zu können, muß der Therapeut die alleinige Verantwortung für die Familie innehaben.

Abschließend soll ein Fall eine Möglichkeit veranschaulichen, wie sich ein Therapeut im Umgang mit einem Kollegen, der in einem Milieu sozialer Kontrolle über Macht verfügt, falsch verhalten kann.

Eine zwanzigjährige Frau wurde auf der psychiatrischen Station einer Universitätsklinik hospitalisiert, nachdem sie einen erfolglosen Selbstmordversuch unternommen hatte. Nach zwei Wochen in der Klinik übernahm eine Therapeutin (eine Sozialarbeiterin) diesen Fall und traf mit der Familie zusammen, um mit ihr Pläne für die Rückkehr nach Hause zu machen. Beim Erstinterview waren zwölf Leute anwesend, darunter Geschwister und entfernte Verwandte. Die Familie kam überein, daß die junge Frau unverzüglich aufs College zurück und dabei zu Hause wohnen sollte. Als Entlassungstag wählte sie den folgenden Freitag. Die Sozialarbeiterin dachte, sie hätte von oberer Stelle die Genehmigung für diesen Plan. An diesem Punkt trat jedoch ein Psychiater im ersten Jahr der Facharztausbildung ins Bild. Er verweigerte die Genehmigung für die Entlassung der Patientin und sagte, darüber zu entscheiden, wann das Mädchen wieder nach Hause sollte, obliege ihm und nicht der Familie, und er meine, sie sollte in der Klinik bleiben. Um die Selbstmorddrohung kümmerte er sich nicht. Sein Einwand war, daß die junge Frau sich weigere, in ihren Einzeltherapiestunden mit ihm zu sprechen. Sie nehme auch nicht richtig an der Gruppentherapie oder anderen Therapieprogrammen der Station teil.

Die Sozialarbeiterin bat den Supervisor, sich mit dem Psychiater zusammenzusetzen und das Problem zu besprechen. Sie saßen beisammen, und der junge Arzt war unnachgiebig. Er sagte, die junge Frau würde nicht entlassen, bis sie nicht bereit wäre, mit ihm zu sprechen und an den Stationsaktivitäten teilzunehmen. Er brachte das Argument, daß man sie nur, wenn sie zugebe, daß sie in der Klinik sein müsse, aus der Klinik lassen würde; wenn sie meine, sie gehöre nicht dahin, müsse sie bleiben. Der Psychiater war recht hochnäsig und hinterließ keine Zweifel, daß sein Status in der Situation ihm die Macht gebe, zu bestimmen, was zu geschehen habe.

Der Supervisor war allmählich wütend über dieses Verhalten, das wie eine unangemessene Einmischung in einen sorgfältig entwickelten therapeutischen Plan erschien. Er riet der Sozialarbeiterin, den Fall aus der Hand zu geben und sich um einen anderen auf einer anderen Station zu bemühen. Die Sozialarbeiterin setzte die Therapie aus, und die junge Frau wurde einige Wochen später ohne Plan entlassen. Die Eltern wußten nicht, ob sie sie im Landeskrankenhaus unterbringen sollten oder nicht.

Dieses Beispiel veranschaulicht das Grunddilemma des Therapeuten, der sich mit Kollegen auseinandersetzen muß, die Macht zur sozialen

Kontrolle haben. Schließt man sich ihrer Position an, so kann das die Therapie zum Scheitern bringen. Setzt man sich von ihnen ab und kämpft mit ihnen, so produziert man damit die gleichen strukturellen Konflikte, die man in der Familie zu ändern sucht. Die Einheit, mit der es der Therapeut gestörter junger Erwachsener zu tun hat, besteht aus der Familie und den beteiligten Professionellen. Im Umgang mit seinen Kollegen muß der Therapeut so geduldig und erfinderisch sein, wie er es im Umgang mit schwierigen Familien ist. Man begeht einen Fehler, wenn man über eine mächtige Großmutter in Wut gerät und diese dazu provoziert, die Beendigung der Therapie zu veranlassen; dasselbe gilt, wenn man einen mächtigen Kollegen provoziert.

Im Falle des jungen Psychiaters, der die junge Frau erst entlassen wollte, wenn sie mit ihm spräche, war der Bösewicht in der Situation nicht der junge Arzt. Die Schuld lag beim Supervisor, der sich von dem Psychiater irritieren ließ, weil dieser nicht kooperierte, nachdem die ersten Schritte mit der Familie erfolgreich vollzogen waren. Der Supervisor, der ich selbst war, hätte wahrscheinlich den Psychiater überzeugen können, die junge Frau zu entlassen, oder hätte Autorität ausüben und ihn dazu veranlassen können, selbst wenn sie einfach nicht mit ihm sprechen wollte. Wenn ich jetzt aus objektiver Sicht zurückschaue, so kann ich sehen, daß ich die Tatsache aus dem Auge verlor, daß die Therapieeinheit nicht nur die junge Frau und ihre Familie umfaßte, sondern auch das Stationspersonal und mich selbst. Ich war nicht nur über die Einmischung verärgert und ungeduldig, sondern habe leider auch die junge Frau dazu benutzt, um dem Psychiater etwas zu beweisen. Der Verlierer dabei war die junge Frau. Hätte ich mich verantwortungsvoller verhalten, so hätte weniger Gefahr bestanden, daß sie letzten Endes ihr Leben in einem State Hospital verbringt.

Fachleute haben die Pflicht, unter sich Konflikte zu vermeiden, die jenen gleichen, die sich in Familien abspielen. Man sollte ständig im Auge behalten, was eine Hauptfunktion verrückter Jugendlicher ist – ob nun innerhalb der Familie oder bei Fachleuten: ein Vehikel für Kämpfe zu sein und als Opfer zu dienen.

Kapitel 4
Das System zur Unterstützung des Therapeuten

Beim Umgang mit der Familie eines auffälligen Jugendlichen sollte ein Therapeut davon ausgehen, daß die Mitglieder der Familie im zwischenmenschlichen Bereich wahrscheinlich geschickter sind als er. Der Therapeut kann seine Chancen auf Erfolg erhöhen, wenn er einen Beobachtungsrahmen herstellt, der ihm Vorteile verschafft. Im Idealfall sollte der Beobachtungsrahmen ein Raum mit Einwegspiegel sein, hinter dem ein erfahrener Supervisor beobachtet und per Telefon Vorschläge macht. Der Einsatz von Videoband gestattet es, die Sitzungen in Ruhe zu studieren, damit sich Fragen klären und Strategien planen lassen.

Das berufliche Milieu des Therapeuten, insbesondere seine Supervisionsbeziehung, ist von grundlegender Bedeutung. Zwischen Supervisionsstruktur und Familienstruktur besteht eine Wechselbeziehung. Wenn die Autoritätsbeziehung zwischen Supervisor und Therapeut klar ist, läßt sich die Hierarchie in der Familie leichter umstrukturieren. Befindet sich die Familienhierarchie in besonderer Konfusion, wie das bei den Familien junger Verrückter der Fall ist, so ist besonders wichtig, daß die hierarchische Beziehung von Supervisor und Therapeut fest und klar ist.

Obwohl unter Fachleuten oft hervorgehoben wird, daß das System, aus dem der Therapeut Stützen bezieht, sein persönliches Leben sei, soll dieser Aspekt hier nicht betont werden. Wohl jeder leistet bessere Arbeit, wenn er ein stabiles Privatleben hat. Beeinträchtigt sein Privatleben seine Arbeit, so muß er etwas unternehmen. Zugegeben – manche Therapeuten brauchen, wie andere Leute auch, Therapie, wenn es ihnen schlecht geht; doch ich glaube nicht, daß die Privattherapie des Therapeuten seine Fähigkeit, zu therapieren, verbessert. Mir ist kein Forschungsnachweis bekannt, der darauf verweist, daß ein Therapeut bessere Ergebnisse erzielt, wenn er selbst in Therapie war. Tatsächlich ist es meine Erfahrung, daß es gerade den Therapeuten, die sich selbst ganz besonders intensiver Therapie unterzogen haben, am schwersten zu vermitteln ist, wie man effektive Therapie macht, da sie so sehr in ihre eigenen Probleme verstrickt sind. Wenn hier ein System zur Unterstützung des Therapeuten in den Vordergrund gerückt wird, dann das berufliche und nicht das private.

Ko-Therapie

Manche Therapeuten glauben, Ko-Therapeuten seien eine Hilfe, und gestörte Familien seien so schwierig, daß mehr als ein Therapeut nötig ist. Es werden mancherlei Argumente angeboten – von der Idee, daß Ko-Therapeuten einander unterstützen und Ideen austauschen, über die Vorstellung, daß es für die Familie gut ist, Meinungsverschiedenheiten zwischen Ko-Therapeuten zu beobachten, bis hin zu *Carl Whitakers* Gedanken, daß bei zwei Ko-Therapeuten einer die Leitung übernehmen und der andere sich genauso extrem wie die Familie verhalten kann.

Von dem hier vertretenen Ansatz her gibt es mehrere Einwände gegen den Einsatz von Ko-Therapeuten, und zwar zusätzlich zu der Tatsache, daß die Kosten zweimal so hoch sind und Erfolgsstudien gemäß das Ergebnis nicht besser ist als bei einem einzigen Therapeuten. Der erste Einwand bezieht sich auf das Geschick der Familie. Bei der Ko-Therapie hat es die Familie mit einer Beziehung zu tun, und gerade im Beziehungsbereich ist sie Experte. Nicht bloß hat sie statt einer Person zwei, die sie beeinflussen kann, auch steigen bei zwei in Beziehung zueinander stehenden Experten die Variationen geometrisch an, insbesondere wenn eine zweideutige hierarchische Beziehung zwischen ihnen vorliegt.

Bei einem Therapeuten gibt es normalerweise einen einzigen Supervisor. Bei zwei Therapeuten hat oft jeder einen Supervisor (und manchmal gibt es auch noch einen Supervisor extra für den Fall). Typischerweise gehören Ko-Therapeuten wie deren Supervisoren verschiedenen Berufen an. Zwischen den Supervisoren bestehen oft zweideutige hierarchische Beziehungen, wie etwa zwischen einem Psychiater und einem Sozialarbeiter als Supervisor. Konflikte in der Familie können ein Reflex von Konflikten zwischen Ko-Therapeuten sein, welche wiederum ein Reflex von Konflikten zwischen ihren Supervisoren sein können. Das professionelle Netzwerk ist so komplex wie das mit dem Fall verankerte erweiterte Familiennetz. Gelegenheiten für Fehlinformationen und Manipulationen sind reichlich vorhanden, wenn sich Leute mit Macht vervielfachen.

Ko-Therapie wird meistens eher zur Bequemlichkeit des Therapeuten als um der Bedürfnisse der Familie willen gemacht. Sollte ein Therapeut wirklich Gesellschaft notwendig finden, ist es immer möglich, daß man einen Therapeutenkollegen zur Beobachtung hinter einen Spiegel setzt. Manchmal kann man den Betreffenden zu Beginn der Therapie vorstellen, und man kann der Familie sagen, er oder sie sei die meiste Zeit nicht im Raum. Dann kann er oder sie hereinkommen und assistieren oder draußen bleiben, je nachdem wie es dem im Raum befindlichen Therapeuten ergeht.

Kollegen oder ein Supervisor hinter einem Einwegspiegel sind als Berater für schwierige Probleme wertvoll. Sie können eine Strategie planen helfen. Sie können dem Therapeuten eine Basis geben, von der aus er sich orientieren und damit von den manchmal bizarren Ideen im Therapieraum absetzen kann. Und dennoch hat der Therapeut, der alleine im Raum arbeitet, den Vorteil, daß er ohne Verzögerung eine Direktive geben kann. Er kann Ideen nutzen, die unmittelbar aus der Aktion entstehen, und zum richtigen Zeitpunkt ohne Zögern das tun, was getan werden muß.

Supervision

Die Aufgabe eines ausbildenden Supervisors besteht nicht nur darin, dem Therapeuten bei einer bestimmten Familie zum Erfolg zu verhelfen, sondern auch darin zu vermitteln, wie man Therapie macht. Oft haben Therapeuten aus früheren Ausbildungen ideologische Hintergründe, die ihre Versuche beeinträchtigen, erfolgreiche Therapie zu betreiben. Nicht immer kann ein Supervisor im Gespräch mit einem Therapeuten aufdecken, was für eine Ideologie dieser hat. Was der Therapeut sagt und was er in der Therapie wirklich tut, kann verschieden sein, so wie das, was nach Aussage eines Familienmitglieds in der Familie passiert, und das, was beobachtet werden kann, oft ganz verschieden ist. Ein Therapeut muß eine Familie in Aktion beobachten, um zu sehen, was in ihrer Interaktion geschieht, und ein Supervisor muß einen Therapeuten in Aktion beobachten, um festzustellen, was seine Vorstellungen sind und wie er vorgeht.

Hier sollen zur Veranschaulichung des Supervisionsprozesses Gespräche zwischen Therapeuten und Supervisoren gebracht werden. Diese Gespräche fanden als Teil einer Planungssitzung unmittelbar vor dem Erstinterview mit einer Familie statt. Beim ersten Beispiel kannten sich Therapeut und Supervisor nur flüchtig durch die Klinik. Der Therapeut, *Dr. Gary Lande*, war ein Psychiater, der damals gerade Stipendiat einer kindertherapeutischen Ausbildung war. Supervisor und Therapeut wurden durch Gespräche über die Familie und durch die Planung des allgemeinen Vorgehens bekannt. Ihre Arbeitsbeziehung spielt sich eher im konkreten Bezug zur Familie ab, mit der sie es zu tun haben, und dreht sich weniger um allgemeine Vorstellungen über die Therapie. Das Gespräch hier ist wörtlich wiedergegeben – mit gelegentlichen Kürzungen und Bearbeitungen zur Eliminierung von Redundanzen und irrelevantem Stoff.

Haley: *Das Mädchen ist jetzt in der Klinik?*
Lande: *Sie ist schon seit zwei Wochen hospitalisiert.*
Haley: *Warum hat man sie reingetan? Wissen Sie das?*
Lande: *Verrücktes Gerede, Wahnideen. Sie glaubte, die Ärzte hielten irgendwo zwei ihrer Föten unter Verschluß und gäben sie ihr nicht heraus. Sie hörte Stimmen, glaube ich.*
Haley: *Hat sie irgendwelche Schwierigkeiten gemacht?*
Lande: *Ja, sie hat die Eltern ganz schön in Aufregung versetzt.*

Das Ziel der Therapie wird dadurch bestimmt, was man als Problem auswählt, und das Problem des Mädchens ließe sich auf vielerlei Art und Weise beschreiben. Gewisse Informationen, die für einen Diagnostiker oder Forscher interessant sein könnten, sind für einen Therapeuten nicht relevant und können sogar ein Handikap sein. Wenn der Therapeut Wahnvorstellungen und Halluzinationen erwähnt, könnte das zu einer Diskussion über deren Charakter und Bedeutung führen. Das wäre ein Supervisionsfehler. Diskutiert man das Problem in dieser Weise, so kann das den Therapeuten auf eine bestimmte Denkweise festlegen. Herrschen solche Ideen in seinem Kopf vor, dann begegnet er dem Mädchen mit einer Denkweise, die sie als Fall von Geisteskrankheit mit Wahnideen und Halluzinationen definiert. Er meint dann wahrscheinlich, sie sei das Problem und ein defizienter Mensch, was ihn dazu verleiten könnte, ihr Geschick im zwischenmenschlichen Bereich zu unterschätzen. Wenn man das Problem in die Familie hineinverlegen will, so muß man es als Problem definieren, das die Familie bewältigen kann. Gegen ein Problem, das aus »Schwierigkeiten machen« besteht, können die Eltern etwas tun. Halluzinationen und Wahnideen aber fallen eher in die Domäne der »Experten für geistige Gesundheit« als in die der Familie. Man kann die Eltern dadurch, wie man das zu lösende Problem definiert, als Autoritäten über ihre Kinder untauglich machen. Im hier beschriebenen Fall betont der Supervisor die Schwierigkeiten, die die Tochter bereitet, und der Therapeut reagiert richtig auf diese Orientierung.

Es ist wichtig zu vermerken, daß die Nachfrage, warum die Tochter in Verwahrung gegeben wurde, die einzige Erwähnung ihrer früheren Geschichte in diesem Gespräch ist. Zeigt der Supervisor kein Interesse an der Vergangenheit, so hilft das auch dem Therapeuten, sich im Umgang mit der Familie nur mit der Gegenwart zu beschäftigen.

Haley:	Und sie ist wie alt?
Lande:	Achtzehn.
Haley:	Welche Position nimmt sie altersmäßig in der Familie ein?
Lande:	So wie ich's verstehe, sind zwei ältere Kinder da. Das Älteste muß wohl einundzwanzig sein. Ich weiß nicht genau, wo sie wohnen oder was die Situation ist. Das Jüngste ist in der zweiten Klasse – ungefähr sieben oder acht.
Haley:	Und wie viele sind's?
Lande:	Ich glaube, sieben Kinder.
Haley:	Sollen sie alle kommen? (Zum Interview)
Lande:	Ich habe sie alle hergebeten.

Zwar muß man zur Bestimmung der Familienstruktur eigens eine Sitzung durchführen, aber manchmal kann man den Strukturtyp aufgrund allgemeiner Information erraten. Bei dieser Position der jungen Frau in der Familie ist es möglich, daß sie die Position eines »elterlichen Kindes« einnimmt: Hierbei handelt es sich um ein Kind, das weder der Elterngeneration angehört noch der Kindergeneration angehören darf, weil es mit der Sorge für jüngere Kinder belastet ist[1]. Weil das »elterliche Kind« in der schwierigen Lage gefangen ist, wo es zwar Verantwortung für die jüngeren Kinder, aber keine Macht über sie hat, entwickelt es manchmal Symptome. Eine solche Position weist darauf hin, daß einer oder beide Elternteile sich der Verantwortung entziehen oder die Eltern so zerstritten sind, daß sie keine Führung bieten und sie der Tochter eine zu große Last aufbürden. Im hier beschriebenen Fall erschien die Position der Tochter als »elterliches Kind« vom Verhalten der Kinder im Erstinterview her offensichtlich. Die Geschwister hatten sie seit zwei Wochen nicht mehr gesehen, weil Kinder auf einer psychiatrischen Station nicht zugelassen sind. Die Art und Weise, wie die kleinen Kinder diese Problemtochter begrüßten, wies auf eine wahrscheinliche Position als »elterliches Kind« hin.

Haley:	Was wurde ihnen über die Gründe gesagt, warum sie herkommen?
Lande:	Ihnen wurde gesagt, die beste Nachbetreuung (d. h. Therapie nach dem Klinikaufenthalt) wäre dann gewährleistet, wenn die Familie zusammen zur Therapie kommt. Die Eltern waren schon mal beim Eheberater und in einer TA-Gruppe. Sie scheinen schnell zu kommen und schnell wieder zu gehen. Die Eltern selbst scheinen ein gewisses Bewußtsein zu haben,

---

1 Siehe S. Minuchin, B. Montalvo, B. Guerney, B. L. Rosman & F. Schumer, Families of the Slums, New York: Basic Books, 1967.

daß zwischen ihnen was nicht stimmt, und sie suchen um Hilfe nach, und dann gehen sie wieder, sie suchen um Hilfe nach, und dann gehen sie wieder. Ich weiß nicht genau, wie lange das her ist.

(Lange Pause)

Es entsteht eine lange Pause, während der der Supervisor über diese unklare Aussage des Therapeuten nachdenkt und sich fragt, wie er darauf reagieren soll. Die Frage für den Supervisor ist die, ob er hier mißversteht, was der Therapeut sagt, ob der Therapeut eine unklare Aussage macht oder ob hier ein mögliches ideologisches Problem vorliegt, das man in der Supervision wird angehen müssen.

Was einem Therapeuten Schwierigkeiten bereiten kann, ist die Meinung, daß man Leuten bewußtmachen muß, wie sie miteinander umgehen, was ihre Probleme sind und was hinter diesen Problemen steht. Diese Annahme – daß Leute etwas nicht wissen und der Therapeut ihnen helfen kann, es zu entdecken – kommt weitgehend aus der Theorie der Verdrängung. Diese Theorie ermutigt Therapeuten, Leuten die Dinge bewußtzumachen, die außerhalb ihres Bewußtseins liegen – und zwar dadurch, daß er ihnen Interpretationen anbietet. Dieses interpretative Vorgehen kann ein Unglück sein für den Therapeuten, der es mit der geschickten Familie eines verrückten jungen Menschen zu tun hat (wie auch mit anderen Familien). Man geht am besten davon aus, daß jedwede Interpretation, die vom Therapeuten kommt, der Familie bereits bekannt ist, obwohl sie es vielleicht nicht gerne explizit eingesteht. Ihr Problem liegt nicht in ihrem angeblichen Unwissen, sondern in ihrer Unfähigkeit, sich anders zu verhalten. Der Therapeut, der ihnen Interpretationen anbietet, erzeugt Widerstand, der zum Scheitern der Therapie führen kann.

Dieser Therapeut sagt, die Eltern »scheinen ein gewisses Bewußtsein zu haben, daß etwas zwischen ihnen nicht stimmt«. Das ist eine unklare Aussage, denn wenn sie in der Eheberatung und weiterer Therapie für ihre Ehe waren, müssen sie wohl wissen, daß etwas zwischen ihnen nicht stimmt. Möglicherweise hat der Therapeut eine einsichtsorientierte Ideologie und wird den Familien das bereits Offenkundige darlegen. Dies wäre gönnerhaft – und katastrophal bei der Therapie von Klienten, die wissen, wie sie aus gönnerhaften Therapeuten Vorteile schlagen, um sich nicht verändern zu müssen.

Es stellte sich heraus, daß der Therapeut keine solche einsichtsorientierte Auffassung hatte, aber der Supervisor wußte das damals nicht und sah sich mit der Möglichkeit einer vielleicht schwierigen Supervisionsaufgabe konfrontiert. Er ließ das Thema fallen und nahm sich vor, später darauf zurückzukommen.

Haley: *Steht das Datum ihrer Entlassung schon fest?*

Lande: *Ich habe am Freitag mit dem Stationsarzt darüber gesprochen und habe versucht, da etwas Kontrolle drüber zu bekommen. Man meinte, daß sie zumindest noch einige weitere Tage bleiben sollte – bis die Versicherungssumme aufgebraucht ist. (Lacht) Erst dann würde es ihr besser gehen. Sie sei auf dreißig Milligramm Stellazine und es würde vielleicht schließlich zu wirken beginnen. Sie wußten es nicht genau. Ihre Klage war, daß sie zusammenhanglose Assoziationen hätte.*

Nicht nur sollte die Versicherungsgesellschaft keinen Entlassungstermin setzen, auch das Personal sollte dies am besten nicht tun, sondern die Entscheidung den Eltern überlassen. Es sind nun einmal die Eltern, die mit dem Menschen leben werden. Was noch wichtiger ist – ein Hauptziel ist, die Hierarchie in der Familie zu korrigieren, wobei die Eltern statt der Kinder die Verfügungsgewalt innehaben. Wenn den Experten die Entscheidung über die Entlassung obliegt und der junge Mensch aus der Klinik will, wendet er sich dem Personal als Autorität zu und ignoriert die Eltern. Bei einem Gespräch zwischen Eltern und Experten über die Entlassung weiß der junge Erwachsene, wo die Macht liegt, und erweist den Professionellen mehr Respekt als den Eltern. Falls jedoch die Eltern entscheiden, wann sie ihr Kind wieder zu Hause haben wollen, sieht die Situation ganz anders aus. Das Kind muß die Eltern davon überzeugen, daß es keine Schwierigkeiten machen und ihren Forderungen entsprechen wird. Die Eltern haben dadurch einen Anfangsvorteil, und die Kontrolle verlagert sich von den Professionellen zur Familie, was Ziel der Therapie ist.

Lande: *Die Ansicht in der Klinik war, daß sie wahrscheinlich nicht imstande sein würde, wieder in die Schule zu gehen und daß sie vielleicht untertags in der Klinik betreut werden sollte.*

Haley: *Wissen Sie, was sie vorher gemacht hat? War sie in der High-School oder am College?*

Lande: *Ja, in der zwölften Klasse.*

Haley: *Was sollte sie nach Ihrer Ansicht machen?*

In einer Ausbildungssituation ist es am besten, den Therapeuten um einen Plan zu bitten. Wenn er keinen hat, kann der Supervisor einen anbieten. Wenn er einen hat, sollte der Supervisor ihn zu unterstützen versuchen, da er mit größerem Enthusiasmus verfolgt wird, wenn es der eigene Plan des Therapeuten ist. Das gleiche Prinzip gilt, wenn der Therapeut die Familie um einen Plan bittet und hofft, daß sie mit einem kommt, den er unterstützen kann.

Lande: *Nun mein Plan, mein anfänglicher Plan war – deshalb habe ich mit dem Stationsarzt gesprochen –, den Eltern nicht von ihm sagen zu lassen, was mit ihrer Tochter zu geschehen habe. Ich wollte die ersten zwei Sitzungen, während das Mädchen noch in der Klinik ist, dazu benutzen, mit den Eltern darüber zu sprechen, was sie als Familie tun wollen, damit die Tochter auf eigenen Füßen stehen lernt. Ich wollte es – auf den ersten Blick – so darstellen, daß die Eltern sich jetzt mit ihrer Tochter befassen müssen, stärker befassen als bisher; was ja immer schon der Fall gewesen war, aber jetzt eben so, daß sie sie dazu brächten, von daheim auszuziehen. Wissen Sie, wenn sie sich für eine Tagesklinik entscheiden, dann wäre sie zumindest nicht zu Hause. Ich möchte irgend etwas in Bewegung bringen, das die Eltern dazu bringt, der Tochter zu helfen, aus dem Haus zu kommen. Das wär's, was ich mir – so allgemein – als Ziel vorstelle.*

Das Vorteilhafte am Vorschlag des Therapeuten ist, daß er einen strategischen Plan hat: er nimmt an, daß er das, was passieren soll, aktiv regeln muß, statt bloß nondirektiv auf die Situation zu reagieren. Die Nachteile seines Planes bestehen darin, daß dabei eine Täuschung der Eltern im Spiel ist, die scheitern könnte, und daß das kurzfristige Ziel, falls erreicht, das langfristige Ziel vereiteln würde.

Wenn ein Therapeut versucht, die Tochter von den Eltern zu trennen, indem er sie aus dem Haus bringt, sollte man annehmen, daß sich die Eltern über den Zweck des Schachzuges nicht täuschen lassen. Sie wissen, daß der Therapeut sie vom Kind weghaben will, und sie reagieren wahrscheinlich negativ, da sie glauben, daß man ihnen als Verursachern des Problems ihres Kindes die Schuld gibt. Statt den Eltern zu helfen, die Erziehungsgewalt zu übernehmen, untergräbt ein solches Vorgehen ihre Autorität mit der Implikation, daß das Kind besser dran ist, wenn es außer Haus und Einfluß der Eltern ist.

Ein schwerwiegenderer Nachteil des Planes hat mit dem langfristigen Ziel zu tun, das Mädchen zur Normalität zu bringen, indem man es von der Familie loslöst und autark werden läßt. Dieses Ziel läßt sich nicht erreichen, wenn die Jugendliche als »krank« oder »behindert« betrachtet wird. Ein gestörtes Kind wird von den Eltern zu Hause behalten – nur ein gesundes läßt man los. Wenn man daher die junge Frau als jemanden definiert, der eine Tagesklinik braucht, so könnte sie das zwar untertags aus dem Haus bringen, aber es hält sie auch zu Hause, weil es sie als unfähig definiert, für sich selbst zu sorgen.

Es gibt noch weitere Einwände gegen die Tagesklinik. Hält man eine junge Frau von Arbeit oder Schule ab – und zwar aufgrund eines

Therapieprogramms, das diese Aktivitäten verhindert –, so bringt man sie jeden Tag gegenüber ihren Altersgenossen weiter ins Hintertreffen und definiert sie damit immer mehr als Abweichende. In diesem Fall sollte die junge Frau in ein paar Monaten die High School abschließen. Brächte man sie in einer Tagesklinik unter, müßte sie die Schule versäumen und vielleicht das nächste Jahr die Klasse wiederholen, wenn ihr überhaupt der Wiedereintritt in die Schule gelänge. Während der Wiederholung wäre sie als psychiatrische Patientin stigmatisiert, die in der Schule gescheitert und hinter ihre Klassenkameraden zurückgefallen ist. Sie würde auch mit jenen anderen gestörten Jugendlichen, die Tageskliniken bevölkern, Umgang haben, statt mit den normalen jungen Leuten in ihrer High School zu verkehren. Auf diese Weise könnte sie die soziale Karriere einer psychiatrischen Patientin einschlagen. Wäre ein solches Schicksal unausweichlich, so wäre das ein Unglück, aber ein solches Schicksal auch noch zu planen erscheint unklug.

Es ist vernünftiger, dafür zu sorgen, daß ein junger Mensch sofort in die normale Situation hineingeht, die er verließ, als man ihn in Verwahrung gab. Wenn er die Oberschule besucht, dann muß er dahin zurück; wenn er zur Arbeit geht, sofort zurück zur Arbeit, bevor die Stelle verloren ist; wenn er zum College geht, zurück in die Seminare. Wie weit es der junge Mensch vor seinem Scheitern auf dem Weg zur Autonomie immer gebracht hat – genau an diesem Punkt muß man nach der Verwahrung wieder anknüpfen.

Es gibt noch weitere Gründe, warum man unverzüglich auf eine normale Situation drängen soll. Was immer die Krise verursachte – es kommt zum Vorschein, wenn sich die Situation rekonstituiert. Wenn z. B. die Eltern sich gerade trennen wollten, als ihr Kind autonom zu werden begann, so kann das Wieder-Anknüpfen an diesem Punkt das Eheproblem erneut auftreten lassen. Die Problemsituation kann so neu geschaffen und anders angegangen werden. Über frühere Ursachen eines Problems läßt sich nichts erfahren, wenn man nur über sie spricht. Man erfährt nur die Theorien, die jemand zu solchen Ursachen hat. Erst wenn die Familie mit der Situation konfrontiert wird, kommt die Ursache der Krise zum Vorschein, und oft wollen Familien lieber über die Vergangenheit sprechen, als diese Situation wieder schaffen.

Wenn die Familie zu ihrer normalen Situation zurückkehrt, ist das Problem oft aufgrund der Veränderungen, die während der Krise stattfanden, gelöst worden. Das Problemverhalten der jungen Person ist nicht länger notwendig, weil sich die Situation verändert hat. Doch zuweilen dauert das Problemverhalten an, weil es die Behandlungssituation jetzt verlangt. Ein Therapeut sollte immer versuchen, unter normalen Umständen Erfolge zu erzielen, und nur dann auf anormale Regelungen zurückgreifen, wenn der auf Normalität gerichtete Versuch scheitert. Anders ausgedrückt, der Therapeut sollte die Fragen sozialer Kontrolle, wie etwa Institutionalisierung und Medikamente, von der Therapie trennen, indem er den jungen Menschen zurück zum normalen Funktionieren bringt. Man sollte immer annehmen, daß der junge Mensch, falls der Familienkonflikt richtig angegangen wird, nicht mehr versagen muß und normal funktionieren wird. Akzeptiert man die Vorstellung, daß Verhalten einer Situation *angepaßt* ist, so muß man eine normale Situation herstellen, um normales Verhalten zu erzielen.

Manchmal müssen Familien und Fachleute davon überzeugt werden, daß es vernünftig ist, sofort zur Arbeit oder Schule zurückzugehen. Den medizinisch Orientierten mag eine Analogie helfen: Man kann sagen, daß in der Vergangenheit jemand nach einer Blinddarmoperation wochenlang im Bett blieb. Jetzt ist er schon am nächsten Tag auf und lebt normal.

Haley: *Wenn man etwas vermeiden sollte, so meine ich, dann wenn's geht die Tagesklinik, oder jegliche Verbindung mit Behandlung, weil das sie als anormal definiert. Es ist sehr schwer, rauszukommen, wenn sie als anormal definiert wird. Man kann nur aus dem Haus raus, wenn man normal ist. Selbst wenn es sie also einen Teil des Tages von zu Hause weghält, so hält es sie doch in der Familie, weil sie jemand ist, der etwas fehlt und deren Eltern für sie sorgen müssen. Sie sollten es wohl am besten so aussehen lassen, als würden Sie die Eltern entscheiden lassen, während Sie sie »spontan« dazu bringen, zu beschließen, daß sie zurück in die Schule muß.*

Lande: *Hätte das Vorrang demgegenüber, daß man irgendwie auf lockere Art umzudefinieren beginnt, was in der Familie abläuft? Mit anderen Worten, wer normal ist und wer nicht?*

Haley: *Nein, das würde ich nicht machen.*

Für einen Supervisor ist auch diese Aussage besorgniserregend. Einstmals hielt man es in der Therapie für klug, die ganze Familie davon zu überzeugen, daß jeder ein Problem sei und nicht nur die Problemperson. Dies war angeblich eine Methode, den Druck vom »Opfer« wegzunehmen. Ein solches Vorgehen erwies sich als Unglück. Eltern, die mit einem gescheiterten Kind hereinkamen, überzeugte man davon, daß sie bei allen Kindern versagt hätten und selbst nicht normal seien. Nachdem er die Eltern auf diese Weise fertiggemacht hatte, pflegte der Therapeut um ihre Kooperation zu bitten und war dann verstört, wenn sie Widerstand zeigten.

Der Therapeut hier will vermutlich einen Kompromiß vorschlagen: er will suggerieren, daß nicht nur die Problemperson, sondern die ganze Familie abnormal sein könnte, und definiert das Problem dadurch zu einem Familienproblem um. Aber er will es auf »lockere Weise« machen, so daß die Eltern nicht feindlich gestimmt werden. Es gibt keine lockere Weise, in der man suggerieren könnte, daß alle in der Familie so verrückt wie die Tochter sind; entweder fühlen sich die Eltern schuldig oder niedergeschlagen und sind daher unkooperativ, oder sie verbringen ihre Zeit damit, zu beweisen, daß das Kind die einzige Verrückte in der Familie ist. Wenn die Eltern wegen der Anschuldigung aus der Fassung geraten, wird das Mädchen in noch extremeres verrücktes Verhalten verfallen, um zu zeigen, daß sie das Problem ist. Als Reaktion auf seinen Rettungsversuch wird der Therapeut nur noch mehr verrücktes Verhalten produziert haben.

Lande: *Die Finger davon lassen?*

Haley: *Wenn die Familie das anspricht, müssen Sie darauf eingehen. Aber Sie sollten das Ganze auf eine sehr praktische Basis stellen. Sie kommt aus der Klinik, und wie wird sie jeder empfangen, wer wird daheim sein, wenn sie kommt? Was hat sie für die Zeit nach der Rekonvaleszenz vor?*

Lande: *Also sich darauf konzentrieren, wie sie in ein oder zwei Tagen fast normal ist und wie die Familie . . .*

Haley: *Möglichst nur kleine Schritte planen: von einem Tag zum andern; möglichst weg von der Frage, wer es verursacht hat oder wer sie durcheinandergebracht hat. Mir ist etwas unwohl zumute, wenn Sie sagen, die Eltern müßten sich dessen bewußt sein, daß zwischen ihnen was nicht stimmt, weil ich sicher bin, daß sie sich bewußt sind, daß etwas in ihrer Ehe nicht stimmt. Das Problem wird sein, wie man höflich damit umgeht, nicht, wie man ihnen bewußtmacht, daß sie in ihrer Ehe ein Problem haben. Ich glaube, ich würde mir Sorgen machen, wenn sie in der Vergangenheit mehrere Therapien und Beratungen angefangen und dann wieder aufgegeben haben. Kann sein, daß man sie ständig mit ihrem Problem konfrontiert hat, kann auch sein, daß das einfach ihr Muster ist und wir Schwierigkeiten haben, sie festzunageln.*

Lande: *Eine Möglichkeit, wie man das machen kann, wäre – hoffentlich –, wenn ich herausfinde, was der Vater und die Mutter tun, herausfinde, daß sie irgendwo kompetent sind, und sie so irgendwie als kompetente Eltern behandle und sie frage, wie sie zusammen sich gegenüber der Tochter zu verhalten beabsichtigen.*

Haley: *Ja, besonders wenn einige Kinder schon aus dem Haus sind oder die Eltern es bei dem einen oder anderen gut gemacht haben.*

Lande: *Richtig.*

Die Prognose für den Therapeuten ist gut. Er hat sich jetzt zu einem positiveren Vorgehen entschlossen. Er sucht nach Wegen, die Kompetenz der Eltern herauszustreichen, statt die Pathologie der Familie zu betonen.

Haley: *Die Eltern werden hereinkommen und annehmen, daß man ihnen vorwirft, die Tochter in den Wahnsinn getrieben zu haben, auch wenn das nicht der Fall ist. Allein die Tatsache, daß man sie in dieses Gespräch einbezieht, ist schon ein Vorwurf. Sonst würde man ja mit der Tochter allein sprechen. Das Ganze ist ein Rührstück, in dem die Eltern ihre Unschuld beweisen, obwohl Sie keine Anschuldigungen vorbringen. Das bringt die Eltern in eine vertrackte Situation, denn sie können nicht ihre Unschuld beweisen, wenn Sie keine Anschuldigung äußern. Wenn Sie sie nicht beschuldigen, dann sind sie wirklich in der Klemme. Kommen Sie aber mit Anklagen, dann sagen sie: »Aha, ich hab's doch gewußt«, und kommen nicht wieder.*

Lande: *Gut, ich gehe also davon aus, daß sie normal und gesund sind. Zwei Kindern haben sie sehr erfolgreich geholfen, wie werden sie ihre Fähigkeiten jetzt einsetzen, um diesem Kind zu helfen.*

Haley: *Genau.*

Lande: *Also, selbst wenn die Ätiologie in der Familie liegen mag – lassen wir das heraus.*

Haley: *Die wissen das. Das wäre keine neue Entdeckung für sie. Sie haben darauf hinzuarbeiten, daß die Eltern entscheiden, wann das Mädchen heimkommt, was sie tun wird; Sie müssen sie dazu bringen zusammenzuhalten, wenn es darum geht, das Mädchen dazu zu bringen zu tun, was sie tun soll, entweder drinnen oder draußen. Die Eltern müssen sie als ein Mädchen behandeln, das zurück in die Schule muß und im Leben etwas erreichen soll, statt wie eine Kranke. Worauf Sie hinarbeiten müssen, wenn nicht in der ersten Sitzung, so doch im Endeffekt, ist dies: Sie müssen das Ganze als ein Verhaltensproblem definieren und nicht als eine Krankheit. Und, wenn sie etwas Verrücktes sagt – unzusammenhängende Assoziationen und so – in der ersten Sitzung, dann sollten Sie wirklich versuchen, es zu verstehen. Später tun Sie das vielleicht besser nicht. Aber Sie sollten so damit umgehen, als würde sie einfach nicht klar kommunizieren, und nicht, als ob bei ihr eine Schraube locker wäre. Sie müssen die Eltern bewegen, sie dazu zu bringen, klar zu kommunizieren, damit sie wissen, was sie im Schilde führt. Versuchen sie es als eine Art von schlechtem Benehmen darzustellen – andere Leute können sich auch klar ausdrücken, warum also sie nicht?*

Lande: *Was ist, wenn sie die Sache mit der Medizin ansprechen, die Medikamente also?*

Haley: *Sie werden's wohl ganz am Anfang und am Ende (des Interviews) ansprechen. Ich glaube, in der ersten Sitzung müssen Sie da mitmachen. An einem bestimmten Punkt, wenn sie für einen neuen Anfang bereit ist, dann kann sie davon wegkommen. Ich würde es irgendwie als vorübergehende Sache definieren, so daß sie nicht meinen, das sei 'ne lebenslange Sache. Dann dreht's sich nur noch darum, wann sie davon loskommt und wie sie davon loskommt, ob nach und nach oder in einem Aufwasch. Sagen Sie aber, das kann man später mal genau überlegen.*

Sie müssen es akzeptieren, wenn sie sagen, daß das Mädchen die Patientin ist und das ganze Problem, während Sie gleichzeitig sagen, das ginge auch wieder vorbei.

An dieser Stelle kam die Familie, und das Gespräch endete. Die am Schluß diskutierten Fragen sind für das Vorgehen bei der Therapie entscheidend.

Das Problem für den Experten, insbesondere den medizinischen Experten in einem medizinischen Milieu, liegt darin, das Problem so umzudefinieren, daß die Familie es angehen kann. Wenn das Problem ein medizinisches ist, können nur Ärzte es behandeln. In diesem Fall können die Eltern berechtigterweise sich zurückziehen und die Fachleute dafür bezahlen, daß sie die Verantwortung für ein Problemkind übernehmen. Wenn das geschieht, paßt der junge Mensch sich weniger dem normalen Leben als vielmehr medizinischen Institutionen an. Es ist daher wichtig, das Problem gegenüber der Familie dergestalt zu definieren, daß sie es nicht nur selbst lösen kann, sondern es selbst zu lösen verpflichtet ist. Der Therapeut muß die Eltern veranlassen, sich auf das Kind zu konzentrieren, um ihn oder sie zu verändern; auf diese Weise dauert ihre Dreiecksbeziehung mit dem jungen Menschen fort, aber in positiver Weise und mit Hilfe eines Therapeuten, der ihre Loslösung voneinander zustande bringt. Also ist der erste Schritt, das Problem zu einer Sache zu machen, an der die Eltern etwas ändern können. Ein Verhalten oder ein disziplinäres Problem ist etwas, womit sie fertig werden können. Ebenso ist, ein apathisches Kind zum Handeln zu motivieren, eine Sache, mit der Eltern fertig werden können.

Die medikamentöse Behandlung ist bei einem solchen Vorgehen ein spezielles Problem. Medikamente gibt man Kranken, nicht Leuten mit Verhaltensproblemen. Die Medikamente müssen daher als Mittel zur Verhaltenskontrolle definiert werden, was sie auch wirklich sind, und nicht als Medizin für eine Krankheit, was sie nicht sind. Was noch wichtiger ist: sie müssen als vorübergehende Stütze definiert werden. Definiert man sie als Mittel gegen eine Krankheit, wie Diabetes, so impliziert man, daß es zum lebenslangen Gebrauch für einen Behinderten kommen wird. Je mehr Gewicht auf den Medikamenten liegt, desto weniger kann der Familie die Verfügungsgewalt über das Problem anvertraut werden. Eine besondere

Schwierigkeit liegt darin, daß es meistens die Eltern sind, die auf medikamentöser Behandlung beharren. Sie fühlen sich hilflos, was die Kontrolle des Verhaltens des jungen Menschen betrifft, und widersprechen sich gegenseitig bei dem, was man tun kann; deshalb wollen sie, daß jemand das Kind betäubt. Verschiedene Möglichkeiten, mit Medikamenten umzugehen, werden in diesem Buch diskutiert. Hier soll betont werden, daß man Medikamente einsetzen kann, um einen Vorteil zu gewinnen oder die Therapie schwierig, wenn nicht unmöglich zu machen. Um des Vorteils willen und wenn man das Risiko neurologischer Wirkungen eingeht, macht man sich die Tatsache zunutze, daß die Eltern ihr Kind medikamentös behandelt haben wollen – sie werden zur Therapie kommen, um diese Medikamente zu bekommen, und werden kooperieren, wenn der Therapeut kooperiert, indem er Medikamente gibt.

Bei diesem Ansatz ist es wichtig, gleich zu Beginn hervorzuheben, daß der Jugendliche das ganze Problem ist. Dies erleichtert die Einflußnahme auf die Familie, so daß man ihre Kooperation gewinnen und Veränderungen bewirken kann. Der Jugendliche ist gewillt, sich selbst zum Problem zu machen, also sollte der Therapeut das akzeptieren. Man sollte jedoch den Jugendlichen nicht als Behinderten, sondern vielmehr als Person definieren, die ein vorübergehendes Problem hat.

An diesem Punkt des Gesprächs haben Supervisor und Therapeut eine Arbeitsbeziehung. Der Therapeut ist zu einer positiven Sichtweise übergegangen und ist bereit, das Problem als schlechtes Betragen des Mädchens zu definieren. Die Vergangenheit ist nicht relevant, und Verwahrung und Medikamente werden als vorübergehende Angelegenheit betrachtet. Die Eltern müssen so schnell wie möglich ihre Tochter unter Kontrolle und zurück zur Schule bringen. Die Schwierigkeiten in der Ehe und andere Familienprobleme werden insoweit in die Therapie einbezogen, als sie mit dem Umgang mit der Problemtochter zu tun haben.

Wenn Eltern und Kind getrennt voneinander leben

Ein weiteres Gespräch zwischen Therapeut und Supervisor veranschaulicht, welche Überlegungen man anstellt, wenn man mit einem etwas älteren jungen Erwachsenen, der schon nicht mehr zu Hause gewohnt hat, eine Behandlung beginnen will. In diesem Fall lud der Therapeut, *Dr. Charles Fishman*, einen jungen Mann mit seiner Familie ein. Der junge Mann war seit vier Jahren am College und von zu Hause weg gewesen und hatte geheiratet, hatte also seit mehreren Jahren von seinen Eltern getrennt gelebt. Im letzten Semester – kurz vor dem Abschluß – begann er, sich absonderlich zu verhalten und kam in die Stadt seiner Eltern zurück, wo er hospitalisiert wurde. Die Ehefrau kam mit ihm und wohnte bei den Eltern, während er in der psychiatrischen Klinik war.

Die Stammfamilie des jungen Mannes hatte eine Reihe psychiatrischer Patienten in ihrer Geschichte, eine Tatsache, die den Therapeuten interessierte. Der Supervisor zeigte kein Interesse daran, da es für die Therapie nicht relevant war; diese Sache zu diskutieren würde den Therapeuten auf die Pathologie des jungen Mannes fixieren. Für die Therapie hingegen ist entscheidend, wie man plant, wo der junge Mann wohnen soll, wenn er die Klinik verläßt. Das Gespräch findet statt, kurz bevor die Familie zum Erstinterview erscheint.

Fishman: *Er ist fast schon zwei Monate in der Klinik. Sie haben ihn recht gründlich bearbeitet. Sie haben ihn auf ungeheure Dosen von Medikamenten eingestellt.*

Haley: *Im Augenblick?*

Fishman: *Ja.*

Haley: *Sind Sie derjenige, der diese Medikamentegaben überwacht?*

Fishman: *Ich werde es sein.*

Haley: *Ab wann?*

Fishman: *Sobald er rauskommt. Er wird wohl hierbleiben und bei seinen Leuten wohnen. Geplant ist, daß man ihn in eine Tagesklinik gehen läßt.*

Haley: *Idealerweise sollte er gleich wieder ans College zurück und seinen Abschluß machen. Nun kann er aber nicht zurück und aufs College, wenn er mit Medikamenten vollgepumpt ist. Was haben Sie sich für dieses Interview überlegt? Wie möchten Sie es gerne enden lassen, wenn die Leute gehen?*

Fishman: *Nun, man sollte sich dann irgendwie darauf verständigt haben, was geschehen soll, wenn er aus der Klinik kommt.*

Haley: *Was soll nach Ihrer Meinung geschehen?*

Fishman: *Also ich möchte, daß er zunehmend autonomer wird.*

Haley: *Das geschieht nicht. Das ist eine Art Zustand (lacht). Es wäre vielleicht ganz gut, wenn Sie die Leute dazu bringen könnten, eine Frist dafür zu setzen, wie lange er bei ihnen wohnen soll. Falls alle sich einig sind, daß er verheiratet ist und bei sich zu Hause wohnen sollte. Aber weil er im Moment behindert ist, soll er bei ihnen (den Eltern) wohnen, falls dies das Arrangement ist. Stellen Sie fest, ob das so ist. Falls es das ist, was sie zu tun beabsichtigen, dann bringen Sie sie zu einer Übereinkunft über den Termin, wann er ausziehen und wieder mit seiner Frau alleine leben soll. Wenn er also aus der Klinik kommt, dann nur zeitweise ins Elternhaus. Das ist entscheidend.*

Fishman: Mm-hmm.

Haley: Er soll also nicht ständig im Elternhaus sein, bis es ihm wirklich besser geht, oder irgendwas in der Art. Es soll eine Frist gesetzt werden, nach der er von zu Hause weggeht und zusammen mit seiner Frau in der eigenen Wohnung lebt. Ihr Ziel ist es, ihn von zu Hause wegzubringen und eine autonome Einheit – er und die Frau – zu schaffen. Er muß wohl früher schon ausgezogen, dann wieder zusammengeklappt und nach Hause zurückgegangen sein. Sie müssen ihn wieder rausbefördern, denn wenn er zusammenklappt und nach Hause zurückgeht, dann stabilisiert sich die ganze Situation, und es geht immer so weiter. Ich würde nicht viel explorieren, was geschah und warum es geschah, ich würde darauf rumreiten, daß es ihre Aufgabe ist, ihm auf die Füße zu helfen. Was er tun will, was seine Frau will, daß er tut, und daß sie ihm alle helfen können. Wenn die Familie das Warum oder gar die Familiengeschichte explorieren will, würde ich einfach einen Schnitt machen. Hier fangen Sie mit einer Menge Handikaps an: er ist verheiratet, ist zusammengeklappt und nach Hause zurück, also das ist alles verworren; man hat ihm geraten, eine Tagesklinik zu besuchen, was ihn als anormal definiert. Und Sie fangen mit ihm an, nachdem er schon zwei Monate in der Klinik ist – also haben sich alle an der Vorstellung stabilisiert, daß er jetzt wirklich der Patient ist. Und dann haben Sie's mit einer Familie zu tun, die eine Vorgeschichte mit lauter Patienten hat. In dieser Familie gibt es also eine Menge Argumente dafür, daß man mit Geisteskrankheiten die Stabilität aufrechterhält.

Fishman: Ja.

Haley: Ich meine, das allgemeine Vorgehen sollte sein, daß man sich einigt, daß er das Problem ist: nicht die Eltern sind das Problem, nicht die Frau ist das Problem. Und da er nun einmal das Problem ist: was kann man tun, um ihm auf die Beine zu helfen?

Im Erstinterview setzte der Therapeut mit der Familie für den jungen Mann und seine Frau einen Termin, an dem sie beide aus dem Haus der Eltern aus- und in eine eigene Wohnung einziehen sollten. Sie wählten den 1. April. Als der Tag kam, überwand Dr. Fishman die Schwierigkeiten und beförderte ihn mit seiner Frau geschickt aus dem Haus.

Ein operationaler Schwerpunkt

Ein weiteres, wörtlich wiedergegebenes Gespräch zwischen Supervisor und Therapeut über einen anderen Fall betont die Beziehung zwischen beiden wie auch einige technische Probleme bei der Supervision in dieser

Situation. Im Grunde handelt es sich hier um einen Monolog des Supervisors, der einen Psychologen, *Dr. David Mowatt*, auf diesen Ansatz hin orientiert, und zwar kurz bevor dieser die Familie interviewen soll.

Haley: *Okay, klären wir ab, in was für einer Situation Sie und ich uns befinden. Ich möchte bei dieser Supervision gerne die Verantwortung für den Erfolg der Therapie mit übernehmen. Bei manchen Supervisionen bin ich lediglich ein Berater. Wenn ich in diesem Fall Verantwortung mitübernehme und diese Therapie scheitert, so scheitere ich genauso wie Sie. In dem Sinn liegt der Fall anders als üblich. Ich werde versuchen, bei jeder Sitzung dabei zu sein oder dafür zu sorgen, daß jemand dabei ist. Ich möchte, daß Sie, wenn Sie diese Sache übernehmen, die Einstellung haben, daß Sie auf Gedeih und Verderb bei der Sache bleiben. Daß Sie den Burschen entweder heilen oder sterben, was immer als erstes kommt. Das bedeutet vielleicht einiges an Wochenendarbeit oder in Krisenzeiten. Es könnte vielleicht mehr von Ihnen fordern als üblich. Denn wenn Sie nicht beabsichtigen, ihn zu hospitalisieren oder medikamentös zu behandeln, dann müssen Sie mehr tun, die Eltern müssen mehr tun, alle müssen mehr tun.*

Bei dieser Supervision spreche ich per Telefon mit Ihnen. Ich rufe immer nur ungern an und so wenig wie möglich. Wenn ich also telefoniere, dann nicht um mir die Zeit zu vertreiben. Aber weil man hinter einem Spiegel nie richtig beurteilen kann, was wirklich in einem Zimmer abläuft, weil nämlich der Spiegel viele Emotionen ausblendet, wäre es mir lieber, wenn Sie das, was ich sage, nur als Vorschlag auffassen. Sie müssen das, was ich vorschlage, nicht tun. Aber falls ich sage: »Sie müssen das tun«, dann müssen Sie es auch tun. Das heißt, wenn ich weiß, etwas bringt den Fall zum Platzen, so daß die Leute nicht wiederkommen oder so was. Aber normalerweise sollten Sie auf Ihr Urteil vertrauen. Falls ich etwas vorschlage und Sie es als nicht ganz richtig empfinden, dann machen Sie es entweder nicht oder Sie entschuldigen sich und kommen heraus und besprechen es. Weil ich zu dem, was abläuft, durchaus Ideen haben kann, die abwegig sind.

Wenn Sie mit der Familie anfangen, ist es durchaus angebracht, daß Sie Ihre Position zuerst definieren. Sagen Sie, was Sie gerne tun möchten. Sie können etwa damit anfangen, daß Sie sagen, dieses Treffen sei vereinbart worden, weil Sie der Familie gerne dabei helfen möchten, ihren Sohn wieder auf die Beine zu bringen, und zwar so schnell wie möglich. Sie möchten ihnen gerne die Verantwortung dafür übertragen, so daß die Familie das Problem angehen kann, so daß der Sohn wieder normal werden kann. Oder irgendeine Aussage dieser Art, die klarmacht, daß Sie versuchen werden, das Problem im Rahmen der Familie zu behandeln, und daß Sie ihr helfen werden, mit dem Problem umzugehen. Ich meine, Sie sollten klarstellen, daß Sie sich mit den Ärzten abgesprochen haben – daß Sie das Einverständnis der Klinik haben. Was die Medikamente betrifft, so erklären Sie ihnen, Sie seien Psychologe und würden nicht medikamentös behandeln. Aber Sie hätten einen Psychiater, der hier die Medikamente verordnet. So daß klar ist, daß Sie die fachlichen Regelungen getroffen haben – Sie wollen klarstellen, daß Sie die Dinge in der Hand haben. Denn erst müssen Sie mit dem Klinikteam klarkommen, bevor Sie der Familie helfen können, mit sich klarzukommen. Sie müssen ihnen sagen, daß Sie das tun, selbst wenn Sie es auf lässige Weise tun, etwa: »Ich habe eine gute Beziehung zur Klinik, und es ist alles geregelt.« Dann – so meine ich – sollten Sie ihnen zu sagen versuchen, was Sie bis zum Ende der ersten Sitzung gerne erreichen möchten. Sie hätten gerne, daß sie entscheiden, wann der Sohn aus der Klinik nach Hause kommen sollte, und zumindest ein paar Regeln für zu Hause festlegen – die Regeln, nach denen er sich zu verhalten hat, wenn er heimkommt. Dabei sollte Ihre Haltung die sein, daß Sie sich auf seiten der Eltern schlagen. Sie sind zum Sohn höflich, aber Sie legen auch fest, daß er in diesem Punkt nicht allzu viele Rechte hat. Er hat auf seine Rechte verzichtet, indem er in die Klinik gegangen ist. Und er wird versuchen zu sagen, daß es so oder so zu geschehen habe, und Sie sagen: »Das haben jetzt Ihre Eltern zu entscheiden, bis Sie wieder auf den Beinen sind.« Ich meine, Ihre Haltung ihm gegenüber sollte sein, daß Sie Normalität von ihm fordern. Sie versuchen wirklich, ihn als jemanden zu definieren, der sich schlecht benimmt.

Es gibt, meine ich, keine Entschuldigung dafür, daß dieser Junge in der Tagesklinik ist und am College Kurse verpaßt. Er sollte entweder am College sein und studieren, oder er sollte arbeiten und sich selbst unterhalten. Dieser Mittelbereich, wo Dinge halbherzig getan werden, den wollen Sie nicht, den sollte er nicht wollen und die Familie nicht wollen. Wie das in der Sitzung aufkommen könnte, weiß ich nicht, aber falls es aufkommt, sollten Sie fragen, ob er lieber studieren oder arbeiten will. Eigentlich würde ich's nicht ihm überlassen, sondern ich würde das den Eltern überlassen ...

Mowatt: Das wollte ich Sie gerade fragen, das war meine Ansicht, daß man die Eltern fragen sollte, was sie für ihn wollen.

Haley: Genau, und wenn die ihn im College haben wollen, würde ich mit ihnen besprechen, ob sie weiter die Gebühren bezahlen wollen, so wie sie's die ganze Zeit getan haben, wenn er nicht lernt und nichts leistet. Oder wollen sie ihn lieber bei einer Arbeit sehen, wenn er nicht ordentlich studiert. Behandeln Sie es so, als sei es eine normale Situation und keine verrückte, und zwar soviel Sie können. Sie sollten davon ausgehen, daß Sie ihnen helfen, an den Regeln für den Umgang mit dem Sohn zu arbeiten, damit es ihnen möglich ist, an ihrer Ehe zu arbeiten. Sie fangen mit der elterlichen Erziehung an, und wenn Sie sie zu einer Einigung über die Erziehung bringen können, dann können Sie später auf die

Mann-Frau-Geschichte kommen und sie zu einer Einigung darüber bringen, wie sie sich als Ehepaar verhalten sollen. Wenn sie irgendwelche Streitigkeiten, die sie untereinander bezüglich des Sohnes haben, zur Sprache bringen, dann müssen Sie sagen: »Sicher hatten Sie Streitigkeiten, aber von da an, wenn er aus der Klinik kommt, sollten Sie sich lieber einig sein. Ich will, daß Sie sich einig sind. Genau deshalb sind wir hier.« Wenn sie diskutieren wollen, wie sie es früher falsch gemacht haben, dann stellen Sie das höflich ab. Ganz allgemein wollen Sie die Vergangenheit heraushalten und sagen, daß dies für alle ein neuer Anfang sein wird. Das ist wohl der letzte Sohn im Haus, oder?

Mowatt: *Ja.*

Haley: *Ich glaube, Sie müssen irgendwie klarstellen, und zwar so, daß sie's verstehen, daß er letzten Endes aus dem Haus gehen wird. Und daß sie ihm auf die Beine helfen sollten, damit er seinen Weg gehen kann. Das heißt also, es soll nicht so aussehen, daß er mit den Eltern auskommt und bei ihnen wohnen bleibt. Sie wollen klarmachen, daß er letzten Endes auszieht und dies der erste Schritt dazu ist. Wenn die Familie die Frage aufwirft, wie er denn nur aufs College gehen kann, dann sollten Sie sie sofort beruhigen. Sagen Sie, daß ihr Sohn nirgendwo hin soll, wo sie ein ungutes Gefühl haben, weil Sie nicht wissen, wo er ist und was mit ihm los ist. Eine der Schwierigkeiten ist, wie Sie den Eltern die Erziehungsgewalt über einen so alten Burschen übertragen wollen. Wenn er jünger wäre, wäre es leichter. Und falls sie das sagen oder er sagt, Sie behandelten ihn, als ob er ein Kind sei, dann sollten Sie sagen: »Ihre Eltern sollten Sie wie ein Kind behandeln, bis Sie auf die Beine kommen.« Machen Sie also klar, daß es keine dauernde Regelung sein wird. Ist die Familie schon da?*

Mowatt: *Ja, sie ist gerade gekommen. Alle sind da bis auf den Bruder, der nicht mehr zu Hause wohnt und verheiratet ist. Ich bin so verblieben, daß wir ihn vielleicht mal später irgendwann einbeziehen wollen.*

Haley: *Ich glaube, im allgemeinen ist es gut, wenn man gleich alle Geschwister einbezieht. Daß es nämlich dem Bruder gelingt, außerhalb des Elternhauses zu leben, kann zum Teil daran liegen, daß dieser junge Mann noch daheim ist.*

Mowatt: *Sie würden ihn also bei der ersten Sitzung einbeziehen?*

Haley: *Und wahrscheinlich auch seine Frau. Nicht so sehr deshalb, weil sie etwas damit zu tun haben könnte, sondern weil sie eine objektive Aussage zur Situation machen könnte. Zuweilen helfen die Angeheirateten die Situation zu klären, wenn man selbst verwirrt ist, weil sie manchmal wirklich ihre Meinung sagen. Manchmal sind sie natürlich nur höflich und halten sich heraus. Noch etwas: Vergessen Sie nicht, allen zu sagen, was es mit diesem Raum auf sich hat. Zeigen Sie ihnen die Kameras und informieren Sie sie, daß sie beobachtet werden. Es bleibt Ihnen*

	überlassen, ob Sie sagen, daß Sie da hinten einen Supervisor oder Kollegen haben. Sie brauchen nur zu sagen, daß jemand da ist.
Mowatt:	*Soll ich Sie der Familie vielleicht vorstellen?*
Haley:	*Nein, ich werde ihnen nie begegnen. Falls eine Familie den Supervisor wirklich kennenlernen will, dann sagen Sie, daß sie das tun kann, wenn die Therapie vorbei ist und sie das Problem überwunden hat.*

Obwohl manche Supervisoren es vorziehen, zum Therapeuten in den Raum zu kommen, wird das bei diesem Vorgehen hier nicht empfohlen, besonders nicht bei einer so schwierigen Familie wie dieser. Die Familie ist im Nachteil, wenn sie weiß, daß der Therapeut mit jemandem zusammenarbeitet, mit dem sie nichts zu tun hat. Wenn der Supervisor den Raum betritt, kann die Familie nicht nur seinen Zuständigkeitsbereich abschätzen, sondern kann zudem Therapeut und Supervisor leichter gegeneinander ausspielen. Der Supervisor, der im Hintergrund bleibt, kann den Therapeuten unterstützen und somit dessen Einfluß erhöhen. Wenn der Supervisor den Raum betritt, gerät der Therapeut oft ins Hintertreffen, weil die Familie dazu tendiert, sich in bezug auf Anweisungen der höhergestellten Person zuzuwenden. Dann muß sich der Therapeut jedesmal erholen, wenn der Supervisor nach einem Eingriff hinausgeht. Ein Hauptgrund für den Supervisor, nicht hereinzukommen, liegt darin, daß der Therapeut die Arbeit machen muß, ganz gleich, wieviel Betreuung er aus dem anderen Raum erhält. Je mehr Verantwortung man ihm überträgt, desto mehr wird er leisten: das gleiche gilt für gestörte Jugendliche und ihre Familien.

Kapitel 5
Die erste Phase

Therapie mit einem problematischen jungen Menschen stellt man sich am besten als einen in Phasen verlaufenden Prozeß vor. Die erste Phase besteht darin, die richtigen Regelungen für die Heimkehr aus der Institution zu treffen, damit der Betreffende nicht sofort wieder in die Institution zurückkehrt. In Fällen, wo es bisher noch nicht zur Institutionalisierung gekommen war, besteht die erste Phase darin, die Familie über die Krise und den jungen Menschen in eine normale Situation zu bringen.

In der zweiten Phase geht es um die von den unvermeidbaren Rückfällen des jungen Menschen verursachten Krisen. »Unvermeidbar« mag zu deterministisch klingen, weil manchmal der Rückfall nicht stattfindet. Wenn jedoch die Dinge ihren üblichen Lauf nehmen, wird der junge Erwachsene oder Jugendliche normal, und ein paar Wochen später wird er wieder auffällig. Das Problem liegt dann darin, den Rückfall im Rahmen der Familie zu halten und eine Verwahrung zu vermeiden. Wenn der Rückfall zu einer Rückkehr in die Klinik führt, muß die Therapie wieder von vorne anfangen – so, als sei nichts erreicht worden. In dieser Situation ist es also ganz besonders wichtig, eine zweite Institutionalisierung zu unterbinden. (Hat man es mit einem chronischen Fall zu tun, bei dem der Betreffende viele Male in Verwahrung war, dann hat die Rückkehr in die Institution nicht so viel von einem Rückschlag an sich.) Den Drehtürzyklus der Institutionalisierung zu unterbinden ist Hauptaufgabe der zweiten Phase.

Die dritte Phase der Therapie beschäftigt sich damit, den jungen Menschen vom Zuhause abzulösen – vielleicht dadurch, daß der Betreffende von zu Hause auszieht. Es ist durchaus möglich, daß der junge Mensch sich aus der familiären Dreiecksbeziehung gelöst hat und trotzdem noch zu Hause wohnt und zur Arbeit oder Schule geht, aber oft stellt erst der physische Auszug diese Veränderung sicher.

Es spielen sich im System des gestörten Jugendlichen und seiner Familie zwei sich wiederholende Zyklen ab. Der erste verläuft innerhalb der Familie, der zweite in der Beziehung zwischen Familie und Öffentlichkeit. Innerhalb der Familie sieht die typische Sequenz so aus, daß die beiden

Elternteile oder zwei andere Erwachsene, etwa Mutter und Großmutter, mit Trennung drohen. Diese Trennung kann die Form einer Scheidung annehmen, oder es kann auch sein, daß der eine zusammenbricht und die Drohung darin besteht, daß es zur Trennung kommen könnte infolge von Hospitalisierung und Verwahrung eines der beiden Elternteile. Im Zuge dieser Bedrohung durch Trennung kommt es beim jungen Menschen zur Explosion: er zeigt verrücktes Verhalten oder begeht eine extreme Handlung, und damit wird von den Familienmitgliedern verlangt, daß sie zusammenbleiben, um sich mit ihm oder ihr zu beschäftigen. Meistens wird der Jugendliche in Gewahrsam gegeben. Wenn er oder sie nach Hause zurückkehrt und ein normales Leben anfängt, drohen die Familienmitglieder die Trennung an, beim jungen Menschen kommt es wieder zur Explosion und zum Störverhalten. Dieser wiederkehrende Zyklus nimmt bei verschiedenen Familien verschiedene Formen an. So könnte es zum Beispiel sein, daß in einer Familie die Eltern über Scheidung sprechen, während in der anderen die Mutter vielleicht nur sagt: »Ich möchte gerne alleine Urlaub machen«, was in dieser Familie soviel wie eine Trennungsdrohung ist. Der junge Mensch reagiert auf diese Ereignisse extrem, und zwar so, als hinge sein Leben vom Befinden der Eltern und dem Zustand der Ehe ab. Indem er Ärger macht oder sich infolge irgendeiner Behinderung nicht aus dem Dreieck mit den Eltern zu lösen vermag, stabilisiert er die Eltern. Bewegt er sich auf Normalität hin, sei es, daß er eine Arbeit aufnimmt, die Schule besucht oder eine Beziehung eingeht, so provoziert das die Trennungsdrohung und wieder ein Scheitern, welches stabilisierend wirkt.

Wenn der junge Mensch auffällig wird, um mit seinem störenden Verhalten die Familie zu stabilisieren, schaltet sich die Öffentlichkeit ein. Vertreter sozialer Kontrolle ergreifen Maßnahmen und institutionalisieren. Am Ende wird der Jugendliche wieder nach Hause entlassen. Solange er in der Öffentlichkeit als behindert etikettiert wird, und zwar entweder durch Medikamente oder Verwahrung, setzt sich die Stabilität fort. Um den Zyklus in Gang zu halten, müssen alle Familienmitglieder daran teilnehmen, und die Vertreter sozialer Kontrolle müssen ihre Hilfe anbieten. Die Aufgabe des Therapeuten liegt darin, sowohl den Zyklus innerhalb der Familie als auch denjenigen zwischen Familie und öffentlichen Institutionen zu beenden.

Nebenbei sei bemerkt, daß die Entscheidung, welches Familienmitglied institutionalisiert wird, manchmal willkürlich erscheint. In manchen Fällen trifft es einen der Elternteile oder ein anderes erwachsenes Familienmitglied in dieser Phase familiärer Entwicklung. Wenn ein Therapeut zu einer in der Krise befindlichen Familie kommt, möchte er meinen, daß jedes einzelne der Mitglieder sich seltsam genug verhält, um einer Behandlung zu bedürfen. Meistens wählt man für die Verwahrung den Jugendlichen aus; wenn es soweit gekommen ist, sehen die Eltern und anderen Familienmitglieder normaler und der junge Mensch auffälliger aus, so daß die Entscheidung, diesen zu hospitalisieren, auch im nachhinein vernünftig erscheint. Man könnte jedoch auch auf eine soziologische Erklärung für die Wahl des Jugendlichen zurückgreifen. Wenn jeder verstört ist und einer als Versager definiert werden muß, ist der junge Mensch für die Familie weniger wesentlich und daher am verletzlichsten. Oft unterhält der Vater die Familie und muß seine Arbeitsstelle halten. Die Mutter arbeitet entweder oder sorgt für andere Kinder oder beides und wird gebraucht. Der Jugendliche hat keinerlei praktische Funktion und ist daher entbehrlich. Ist er einmal gewählt, so erfüllt er fortan seinen neuen »Auftrag« in der Familie durch sein Behindertendasein.

Ein Therapeut, der sich mit dieser Problemsituation befaßt, sollte die Macht der Dreiecksbeziehung nicht unterschätzen. Es ist so, als würden drei Planeten durch unsichtbare Bande in ihrer Umlaufbahn gehalten. Wenn einer aus der Bahn ausbricht, bleiben die anderen beiden nicht zusammen, sondern brechen auch aus der Umlaufbahn aus. Man kann diese Bande übersehen, wenn man sich durch das, was die Betreffenden sagen, ablenken läßt. Der Jugendliche wird sagen, er habe die Eltern satt und möchte weg. Die Eltern werden sagen, daß sie wünschten, das Kind sei weg – auf eigenen Beinen oder von ihnen weg. Das Gerede über die Bereitschaft zur Trennung hat nichts mit dem tatsächlichen Handeln zu tun. Wenn die Eltern mit einem fortwährend scheiternden Kind konfrontiert sind, das sich nicht trennen kann, werden sie wohl behaupten, daß sie ihn oder sie bis obenhin satt hätten und wünschten, er oder sie würde weggehen oder sterben. Diese Aussage machen sie jedoch, wenn das Kind behindert ist und bei ihnen wohnt. Zu einer ganz anderen Reaktion kommt es, wenn es sich auf Normalität und Autarkie hinbewegt.

Bei der klassischen Dreiecksbeziehung, in die ein problematischer Jugendlicher einbezogen ist, überschreitet ein Elternteil die Generationslinie und paktiert mit dem Kind gegen den anderen Elternteil. Eine Alternative ist, daß ein Großelternteil die Generationslinien überschreitet und sich mit einem Kind gegen die Eltern zusammentut. Dieses pathologische »Dreieck« ist bei Problemkindern typisch. Wenn sich der Therapeut mit solch einer generationsübergreifenden Koalition befaßt, ist die Methode der Wahl, sich zunächst mit der stärker isolierten Person zu verbünden und diese mit dem Kind zusammenzubringen. Wenn z. B. eine

Mutter sich mit einem Kind gegen den Vater zusammenschließt, so bringt der Therapeut den Vater dazu, sich für ein bestimmtes Unterfangen, welches die Mutter ausschließt, mit dem Kind zusammenzutun. In diesem Stadium erhebt die Mutter Einwände dagegen, was der Vater mit dem Kind tut, oder gegen die Art und Weise, wie er es tut, und der Therapeut verlagert seine Aufmerksamkeit auf den Kampf zwischen den Eltern. Von da an ist das Kind symptomfrei, und der Therapeut beschäftigt sich mit der Ehe [1]. Diese Art der Intervention kann man bei üblichen Problemen von Kindern wie auch bei schweren Problemen junger Exzentriker anwenden, wie im Fall eines Heroinsüchtigen, der später beschrieben wird. Hat man es jedoch mit Familien zu tun, die eine umfangreichere Skala von Fertigkeiten aufweisen, etwa mit Familien mit einem stark psychisch gestörten Mitglied, dann kommt man mit diesem Modell einer Dreiecksbeziehung nicht mehr aus.

Bei einer Familie, in der ein Jugendlicher so stark gestört ist, daß er die Aufmerksamkeit der Öffentlichkeit auf sich zieht, kann man nicht einfach annehmen, daß die Dreiecksbeziehung solcher Art ist, daß ein Elternteil mit dem Kind gegen den anderen, mehr außenstehenden, paktiert. Es kommt vor, daß beide Eltern mit dem Kind gegeneinander koalieren und so ein »Doppelband« (»double bond«) entsteht. Die Mutter befindet sich in einer festen Koalition mit dem Kind gegen den Vater, aber der Vater ist eine ebenso feste Koalition mit dem Kind gegen die Mutter eingegangen. Daher kann der Therapeut nicht einfach dem einen oder dem anderen die Erziehungsgewalt über das Kind übertragen. Besser ist es, so zu verfahren, daß man sich darauf konzentriert, zwischen den Eltern eine Einigung darüber herbeizuführen, was das Kind tun sollte. Dies hält die Kommunikation über das Kind und seine Probleme zwischen den Eltern in Gang, so wie sie vorher war, aber das alles geschieht im neuen Zusammenhang der Einigung darüber, wie es sich verändern sollte.

Man kann auch davon ausgehen, daß ein Jugendlicher in um so mehr generationsübergreifende Konflikte verwickelt ist, je gestörter er ist. Dabei können beide Eltern versuchen, das Kind vor dem anderen Elternteil zu retten, aber ebenso können Großeltern und Experten einbezogen sein. Der weitere Kontext von Familie und Außenwelt ist ganz offensichtlich für das Problem relevant, aber für therapeutische Zwecke ist es meistens am besten, mit dem zentralen Dreieck zu beginnen und darin eine

---

1 Eine Beschreibung dieser Stadien in einem Interview, das sich um die üblichen Störungen bei Kindern dreht, liefert *Jay Haley,* Direktive Familientherapie. Strategien zur Lösung von Problemen, München: Pfeiffer, 1977.

Veränderung herbeizuführen. Im Zuge dieser Veränderung wird auch das weitere Netzwerk aktiv und bedeutsam. Den jungen Menschen aus der Dreiecksbeziehung mit den Eltern herauszuholen, ohne daß ein Unglück geschieht, ist eine Herausforderung. Der Therapeut, der in dieses System eintritt, wird mehr lernen als bei jedem anderen therapeutischen Problem. Wenn eine Veränderung droht, wird der Therapeut erleben, wie er durch die Intensität des Engagements auf die Probe gestellt wird.

Oft verändert sich das Dreieck, wenn eine Person an die Stelle einer anderen tritt. So kann der Therapeut die Stelle des Jugendlichen bei den Eltern einnehmen; nun ist der Exzentriker frei und kann normal werden. Der Therapeut muß dann eine Möglichkeit finden, sich zurückzuziehen, ohne daß er den jungen Menschen zu einem Rückfall herausfordert oder ein Geschwister an seine Stelle treten läßt. Zuweilen fängt einer der Elternteile eine Affäre an, manchmal mit einer jüngeren Person, und die Ehe bildet mit dieser Person ein Dreieck; auf diese Weise wird das Problemkind aus dem System befreit.

Ganz gleich, ob der Therapeut sich absichtlich an die Stelle des Problemkindes begibt oder sich auf die eheliche Dyade konzentriert, um das Problemkind zu befreien: der Therapeut sollte im Auge behalten, daß das Ziel nicht unbedingt ist, daß die Eltern eine glückliche Ehe führen, nachdem das Kind normal geworden ist. Das Ziel ist nicht, die Ehe glücklicher zu machen (es sei denn, man verhandelt über einen diesbezüglichen Therapievertrag), sondern vielmehr eine Ehe daraus zu machen, welche den Jugendlichen freigibt, damit er das Haus verlassen und sein eigenes Leben führen kann. Der Therapeut sollte auch im Auge behalten, daß es unüblich ist, daß Eltern mit einem schwer gestörten Kind sich scheiden lassen, nachdem das Kind normal geworden ist. Die Drohung ist da, aber meistens kommt es nicht dazu.

Es ist paradox, daß gestörte Jugendliche eine Familie um so stärker dominieren, wie ihre Hilflosigkeit und Behinderung zunimmt[2]. Die Eltern, selbst uneins, können keine Autorität ausüben, und es passiert leicht, daß der junge Mensch darüber entscheidet, was geschehen soll. Die Autorität eines Jugendlichen über die Eltern, insbesondere seine durch Hilflosigkeit erreichte Macht, ist das, was eine in Verwirrung befindliche Hierarchie kennzeichnet. Wenn es den Eltern gelingt, sich zusammenzuschließen und Autorität auszuüben, wird der junge Mensch normal. An diesem Punkt

---

2 Diese Idee wurde von *Cloe Madanes* entwickelt. Siehe C. *Madanes*, »The Prevention of Rehospitalization of Adolescents and Young Adults«, erscheint demnächst.

kann er damit drohen, von zu Hause auszuziehen. Dies bringt die Eltern wieder auseinander, so daß sie wiederum keine Autorität haben. Der drohende Auszug des Kindes kann die Eltern davor zurückschrecken lassen, Autorität auszuüben und zu bestimmen, was zu geschehen hat.

Die erste Phase

Ein Teilziel des hier beschriebenen Vorgehens besteht darin, die Hierarchie in der Familie zu korrigieren und die Erziehungsgewalt wiederum an die Eltern zu übertragen. In der ersten Phase, wenn der Jugendliche aus einer Institution kommt, überträgt der Therapeut den Eltern die volle Erziehungsgewalt, wobei er wenig oder gar keine Rücksicht auf die Rechte des Kindes nimmt. Bei den Eltern wird übertriebene Autorität gefördert, die der Jugendliche oft als Tyrannei empfindet und gegen die er sich auflehnt.

Es muß hier betont werden, daß es bei Minderjährigen keineswegs das richtige Vorgehen sein kann, die Eltern zu solch übertriebener Autorität zu ermuntern, ganz gleich wie stark ein Jugendlicher gestört ist. Ist ein Jugendlicher über achtzehn, steht es ihm frei, das Elternhaus zu verlassen und selbst für seinen Unterhalt aufzukommen, wenn ihm die Autorität der Eltern nicht paßt. Jüngere Kinder aber können nicht weg von zu Hause, deshalb braucht man hier ein anderes Vorgehen. In diesem Fall ist es vernünftiger, man setzt die Eltern zwar in ihre Verantwortung ein, betont aber gleichzeitig das Recht des Kindes auf eigene Entscheidungen und eine Intimsphäre.

Wenn es sich um einen jungen Erwachsenen handelt, kann der Therapeut eher darauf vertrauen, daß Tyrannei nicht zum Problem wird, wenn er den Eltern die Erziehungsgewalt überträgt. Es geht dabei nicht so sehr um elterliche Gewalt und Autorität, wenn man den Eltern die Erziehungsgewalt überträgt und die Regeln für den gestörten jungen Menschen festsetzt. Es geht vielmehr darum, daß man die Differenzen zwischen den Eltern löst, die sie als Führer in der Familie untauglich machen. Die Diskussion der Regeln ist ein Weg, wie sie miteinander über das Problemkind kommunizieren und ihre Differenzen auflösen können. Indem sie beginnen, direkt miteinander zu kommunizieren, wird der Jugendliche von seiner Funktion, das Kommunikationsvehikel für sie zu sein, befreit. Die Freiheit des gestörten oder auffälligen Jugendlichen ergibt sich nicht durch seine Teilnahme an Familienentscheidungen, sie ergibt sich daraus, daß die

Eltern direkt miteinander reden und nicht vom Jugendlichen verlangen, sich unmöglich aufzuführen, um ihre Ehe stabil zu halten. Um ein typisches Beispiel zu nennen: der Jugendliche hat es nicht nötig, sonderbare Vorstellungen über Sexualität zu äußern, wenn die Eltern im Umgang miteinander sexuelle Fragen direkt ansprechen. Sie können das zunächst tun, indem sie für ihr Kind die Regeln festsetzen, und später in der eigenen Beziehung. Die Eltern miteinander direkter kommunizieren zu lassen und die Hierarchie in der Familie zu korrigieren, das sind zwei simultane Prozesse. Indem der Therapeut beide Eltern gemeinsam auffordert, die Erziehungsgewalt über ein lebensuntüchtiges Kind zu übernehmen, zwingt er sie, sich darauf zu einigen, miteinander darüber zu kommunizieren, was zu geschehen hat.

Im folgenden werden Ausschnitte aus Therapiesitzungen, die diesen für die erste Therapiephase typischen Prozeß veranschaulichen, gebracht. Der Therapeut ist *Gary Lande*. Die Familie, um die es hier geht, ist sehr groß; beim Erstinterview sind sieben Kinder anwesend. Das Problemkind ist seit zwei Wochen im Krankenhaus.

Der Therapeut hat den Vorschlag gemacht, daß die Eltern planen, wann die Tochter nach Hause soll und was sie tun wird, wenn sie aus dem Krankenhaus kommt. Man hospitalisierte sie, als sie sich während ihres letzten Semesters auf dem Gymnasium absonderlich verhielt.

Mutter: *Ich würde jetzt gerne wissen, was für deine Heilung am besten wäre, also . . .*

Anna: *Meine Heilung ist, daß ich zu schnell bin.*

Mutter: *Ich möchte, daß du ganz gesund wirst. Weißt du, und – ach, ich weiß nicht.*

Anna: *Was meinst du mit »ganz gesund«?*

Mutter: *Ich weiß nicht genau, ob . . . Ich weiß nicht. Ich will den Rat von allen . . .*

Vater: *Sieh mal, bist du ganz gesund? Das meint sie.*

Anna: *Ja.*

Vater: *Du bist es nicht, mein Schatz.*

Anna: *Erzähl mir bitte nicht, daß ich es nicht bin.*

Vater: *Kannst du mir dann vielleicht sagen, was mit dir los ist? Also was meinst du dann?*

Anna: *Ich weiß, was mit mir los ist. Ich weiß, was ich machen kann und ich will es machen.*

Was den Problemkomplex ‹Geisteskrankheit› anbelangt, macht das medizinische Modell, dem die Familie verhaftet ist, die Verwirrungen noch größer. In einem Krankenhaus mit Ärzten und Schwestern zu sein und krank genannt zu werden, obwohl körperlich nichts fehlt – das ist eine Mystifizierung des Problems. Die Mutter versucht weiter, die Situation zu klären. In der folgenden Aussage, wenn sie davon spricht, »welche Situation am besten« für die Tochter sein könnte, ist implizit enthalten, daß sie vielleicht doch nicht nach Hause kommen sollte.

Mutter: *Worüber ich hier spreche, ist der Übergang vom Krankenhaus – welcher Situation auch immer, die für dich am besten ist. Ich . . .*

Anna: *Am besten für mich ist es zu Hause.*

Mutter: *Ich wüßte gerne, was du machen willst. Ich wüßte gerne, was die Leute im Krankenhaus, die die ganze Zeit für dich sorgen, dir empfehlen. Dann würde ich gerne sagen, was ich möchte, was ich davon halte.*

Anna: *Mit anderen Worten, du versuchst, mein Leben zu planen.*

Mutter: *Nein. Soweit ich es beurteilen kann, wäre das eine gute Möglichkeit, wie wir entscheiden könnten, was wir tun wollen.*

(Später im Gespräch)

Lande: *Selbstverständlich stehen alle möglichen Entscheidungen an, aber vielleicht könnten wir zunächst über die sprechen, die zuerst zu treffen sind. Du sollst irgendwann diese Woche aus dem Krankenhaus kommen, stimmt's?*

Anna: *Stimmt.*

Lande: *Also wohin soll Ihre Tochter gehen, wenn sie heimkommt? Also zuerst die naheliegenden pragmatischen Entscheidungen.*

Anna: *Ich könnte in die Schule gehen, aber ich habe da drei Wochen verpaßt und ich kann's nicht aufholen.*

Mutter: *Sie kommt nach Hause, soviel wir wissen, kommt sie zu uns nach Hause.*

Lande: *Sie soll also zu Ihnen nach Hause kommen?*

Mutter: *Ja.*

Lande: *Okay. Und wer wird da sein, um sie zu empfangen, wenn sie nach Hause kommt?*

Sohn: *Alle, die hier versammelt sind, werden da sein.*

Mutter: *Was meinen Sie mit »Wer wird da sein, um sie zu empfangen?«*

Lande: *Lassen Sie mich nur . . .*

Anna: *Arnold wird da sein, um mich zu empfangen.*

Lande: *Und wer ist Arnold?*

Anna: *Arnold ist mein Schatz.*

(Gelächter von den Kindern)

Lande: *Er wohnt bei dir in der Nähe?*

Anna: *Ja.*

Lande: *Womit wir uns heute richtig befassen müssen, das sind die wichtigsten praktischen Entscheidungen. Sie sind keine sehr tiefschürfende Sache, aber sie müssen getroffen werden. Die Übergangszeit, wie Sie beide*

113

	sagen, ist wichtig, meine ich. Wie soll das vor sich gehen, wenn Annabelle aus dem Krankenhaus kommt und wieder zu ihrem normalen Leben zurückfinden soll.
Mutter:	*Genau.*
Lande:	*Also was ich hier höre, worüber alle sich einig zu sein scheinen, ist die Tatsache, daß es zum Normalsein gehört, daß sie wieder zurück zur Schule geht. Da stimme ich Ihnen vollkommen zu.*

Der Therapeut definiert schnell die Rückkehr zur Schule als Teil des Normalseins und schlägt auch vor, daß sie direkt wieder zur Schule zurück soll. Er läßt dabei das Ganze so aussehen, als sei dies sowohl Teil des Familienplanes als auch Teil des therapeutischen Planes und werde daher als selbstverständlich vorausgesetzt und brauche nicht diskutiert oder verhandelt zu werden. Wenn dagegen der Therapeut Zweifel äußern würde, ob es der Zustand der Tochter erlaubt, daß sie wieder in die Schule geht, könnte die Familie sich leicht zu der Meinung zusammenschließen, daß sie als Invalide zu Hause bleiben oder sogar in eine Tagesklinik oder in ein Übergangsheim gehen sollte. Indem der Therapeut sagt, er stimme den Eltern zu, definiert er sie als diejenigen, die in der Situation die Initiative ergreifen; das nämlich – so will er es – soll geschehen. Im weiteren Verlauf des Interviews findet er heraus, wer zu Hause wohnt und in welcher Position die Tochter, die das Problem hat, dort ist.

Lande:	*Von denen, die noch zu Hause wohnen, bist du das älteste Mädchen, oder?*
Anna:	*Ja.*
Lande:	*Hilfst du eigentlich deiner Mutter?*
Anna:	*Ja, ganz bestimmt.*
Mutter:	*Ja, ganz bestimmt.*
Anna:	*Ich bin die zweite Mama.*
Lande:	*Die zweite Mama.*
Kind:	*(Im Hintergrund) Ich bin die dritte.*
Mutter:	*Da bin ich mir nicht so sicher, aber sie kommt mit den Kindern gut zurecht. Sie mögen sie wirklich. Sie haben's wirklich gut bei ihr. Sie haben sie wirklich vermißt.*
Lande:	*Ihr habt also alle Annabelle während der letzten zwei Wochen vermißt?*
Anna:	*Mensch, ja. Sie sollten sie hören, wenn ich anrufe. Susan sagt: »Wann kommst du heim? Wann kommst du heim? Wann kommst du heim?«*
Lande:	*Was empfindest du, wenn du das hörst?*
Anna:	*Mann, es deprimiert mich.*
Lande:	*Das zu hören?*
Anna:	*Ja.*

Lande:	Wie fühlst du dich jetzt, wo du nach Hause kommst?
Anna:	Ich fühl' mich so glücklich.
Lande:	Du hast ein Empfangskomitee. (Bezieht sich auf das kleine Mädchen, das bei ihr auf dem Schoß sitzt.)
Anna:	Ja.

Der Therapeut fragt die junge Frau, was sie dabei empfindet, wenn sie hört, daß die jüngeren Kinder fragen, wann sie nach Hause kommt. Das ist ein Fehler. Es hatte den guten Zweck, etwas von den warmen Gefühlen hervorzurufen, die einem vermittelt werden, wenn man zu Hause erwünscht ist; daher hatte das Ganze einen positiven Zweck. Hat man es aber mit einer Familie zu tun, die im Umgang miteinander ein bemerkenswertes Geschick hat, wie das bei Familien mit einem gestörten Mitglied der Fall ist, so ist es besser, ihr keine Gelegenheit zu geben, in Metaphern zu schwelgen. Wenn man jemanden fragt, was er empfindet, tut man aber genau das.

Um es anders auszudrücken, wenn der Therapeut die Familie auffordert, sich auf praktische Fragen und Regeln oder Verhaltensweisen zu beschränken, bewegt er sich auf sicherem Boden[3]. Wenn er nach Analogien, wie Gefühlen und Bedeutungen, fragt, so ist die Familie auf diesem Gebiet versiert und er ist es nicht; also kann sie infolge solcher Kommunikation die Gelegenheit, sich gegenseitig auf subtile Weise anzugreifen, nutzen. Wenn das geschieht, so hat der Therapeut es gefördert, ganz gleich, was seine Absicht war. Der Therapeut befindet sich auf sichererem Grund, wenn er einfach niemals jemanden fragt, was er bei irgend etwas empfindet. Im weiteren Verlauf des Gesprächs kann man sehen, wie der Vater defensiv wird, nachdem er gehört hat, daß die Tochter bezüglich des Heimkommens deprimiert ist und wie die Tochter diese Gelegenheit zur Metaphorik nutzt, um ihrer Mutter eine »Doppelbindung« aufzuerlegen.

Vater:	Worüber bist du deprimiert, wenn du sie das sagen hörst?
Anna:	Ich bin deprimiert darüber, daß ich nicht nach Hause kann, wenn sie sagen: »Ich will, daß du nach Hause kommst.«
Vater:	Ach so.
Anna:	Und wenn ich nicht nach Hause darf, sitze ich da und weine.
Sohn:	Du darfst nach Hause. In ein paar Tagen darfst du nach Hause.
Vater:	Nun, ich weiß nicht, wann du nach Hause darfst. Bis jetzt haben wir noch kein offizielles Wort vom Krankenhaus.

---

3 Der Vorschlag, daß man bei der Therapie mit diesen Familien lieber die »digitale« als die »analoge« Kommunikation betonen sollte, stammt von Cloe Madanes.

Lande:	*Ich glaube, ein Teil dessen, worüber wir jetzt entscheiden, hat damit zu tun.*
Anna:	*(Als die Mutter zu weinen anfängt) Nur zu, weine, denn du kannst noch weinen. Echt, ich habe von den alten Damen in der Klinik erfahren, daß bei denen keine Tränen mehr rauskönnen, weil sie ihre Tränen zu lange zurückgehalten haben, als sie weinen wollten.*
Mutter:	*Auch ich hätte dich gerne zu Hause.*
Anna:	*Frauen in deinem Alter, die nicht weinen können, Mama. Ich habe sie gesehen.*

Als der Therapeut über Gefühle nachfragt, fängt die Mutter zu weinen an. Die Tochter reagiert auf eine seltsame Art. Sie äußert Mitgefühl mit der Mutter und ermuntert sie zum Weinen. Gleichzeitig bringt sie sie in eine Gruppe mit den alten Damen in der Klinik, die nicht weinen können. Offenbar ist die Mutter bemüht, jünger zu sein, wie die Tochter später sagt, daher ist die Mutter in einer schwierigen Lage. Sie kann das Mitgefühl der Tochter nicht akzeptieren, weil die Tochter sie als alte Dame klassifiziert, aber gleichzeitig kann sie auf die Bemerkung hin nicht wütend werden, weil die Tochter mit ihr mitfühlt. Diese Bindung wurde durch den Therapeuten ermöglicht, der nach Gefühlen fragte. Er beginnt seine Position zu verlagern, und es gelingt ihm, sich im darauffolgenden Wortwechsel auf die Seite der Mutter zu schlagen.

Lande:	*(Zur Mutter) Es muß für Sie eine ziemlich anstrengende Zeit gewesen sein?*
Anna:	*Ja, ohne meine Hilfe.*
Mutter:	*Es war wohl eine ziemlich schlimme Zeit für mich, eine schlimme Zeit.*
Anna:	*Es war eine Notzeit.*
Lande:	*(Zur Mutter) Ist »Notzeit« das richtige Wort dafür? Wie würden Sie das Ganze nennen?*
Mutter:	*Traurig.*
Lande:	*Traurig.*

(Später im Gespräch)

Mutter:	*Gibt uns die Klinik irgendwelche Empfehlungen? Sagt man uns, was das Beste wäre? Nachdem alles gründlich untersucht wurde? Was wäre das Beste?*
Lande:	*Nein. Auf einer wichtigen Ebene hat man eine Empfehlung gemacht, und deshalb sind wir heute alle hier.*
Mutter:	*Mm-hmm.*
Lande:	*Das hier ist die wichtigste Empfehlung. Ich habe letzte Woche mehrmals mit ihren Ärzten und dem Sozialarbeiter gesprochen. Wir sind in sehr engem Kontakt gestanden. Es gibt also schon feste Vorstellungen, was die Nachbetreuung und all dies betrifft. Aber es gibt noch viel Wichtiges, was die Schule und das alles anbelangt.*

(Später im Gespräch)

Vater: Es gibt noch ein paar große Entscheidungen zu treffen, bevor Anna nach Hause kommt. Man sollte sie jedenfalls treffen. Eine davon ist, was sie mit der Schule machen soll.

Lande: Da gebe ich Ihnen recht.

Vater: Und was mit ihr und Arnold geschieht. Damit meine ich besonders die Zeiten, welche sie einhalten sollen, und so etwas. Ich glaube nämlich, sie wird sehr viel Ruhe brauchen und sie darf unter keinerlei Druck stehen.

Wenn ein Therapeut wünscht, daß eine Familie bestimmte Handlungen verfolgt, ist es manchmal am besten, dasjenige, was nach seinem Wunsch passieren soll, so zu formulieren, als stamme die Idee dafür von der Familie. Das versetzt ihn in die Lage, ihr beizupflichten. In einer Diskussion später im Gespräch stimmt der Therapeut der Vorstellung zu, daß die Eltern – so wie sie es vorgeschlagen haben – bestimmte Regeln für die Tochter setzen, obwohl sie das eigentlich gar nicht vorgeschlagen haben.

Lande: Ich glaube, hier werden jetzt von jedem eine Menge wichtiger Dinge zur Sprache gebracht. Aber wie es scheint, sprechen wir darüber, wann Anna nach Hause kommt, wofür sich alle interessieren, und irgendwie sagen Sie, daß man bestimmte Regeln aufstellen muß, und da gebe ich Ihnen recht. Mit anderen Worten, wer wird entscheiden, zu welcher Zeit Anna nach Hause kommt, an welchem Abend sie Ausgang hat und was ihre anderen Verpflichtungen sind. Ich meine, wir müssen zu irgendeiner Entscheidung kommen, weil wir die treffen müssen, denn wenn sie nach Hause . . .

Anna: Einen Moment. Kann ich eine Bitte oder einen Vorschlag äußern, oder etwas fragen?

Lande: Hat es mit dem eben Gesagten etwas zu tun, Annabelle?

Anna: Ja. Mama, sieh mal, du hast meine Schuhe an?

Mutter: Ja?

Anna: Und zwar deshalb, weil du versuchst, dich jünger zu machen. (Alle lachen) Ich mein's ernst.

Mutter: Ich habe deine Schuhe angezogen, weil sie zu meinem Kleid heute am besten aussehen.

Anna: Aha, aha.

Mutter: Nun, ich hoffe, du hast unrecht. Aber lassen wir das für einen kleinen Moment.

Die junge Frau hat, was die Mutter angeht, wahrscheinlich durchaus recht, wenn man das miteinbezieht, was man später in der Therapie erfahren konnte. An dieser Stelle jedoch ist es für die Therapie irrelevant. Würde der Therapeut auf die Gründe eingehen, warum die Mutter jünger sein will, so würde dadurch die Mutter in der Hierarchie tiefer und die Tochter höher gestellt werden, und zwar zu einem Zeitpunkt, wo die Mutter ermuntert werden muß, die Erziehungsgewalt zu übernehmen.

Anna: *Schon gut, Mama, schon gut.*

Lande: *Ich meine, wir sollten zu einem Einvernehmen kommen, damit ich der Klinik meine Empfehlung zu deiner Entlassung unterbreiten kann.*

(Später im Gespräch)

Lande: *Ich würde annehmen, daß für Sie beide in der Zeit, in der Annabelle wieder gesundet und zu ihrem normalen Selbst zurückfindet, eine Menge Entscheidungen anstehen.*

Mutter: *Ja, das glaube ich auch. Unsere früheren Erfahrungen damit sind gar nicht gut, glaube ich. Mit anderen Worten, Annabelle hat auf mehr Freiheit gedrängt, wesentlich mehr Freiheit, als eine Person ihres Alters vielleicht vertragen kann. Und ich habe immer ziemlich lange – Dick war, in der anderen Richtung, sehr streng und nicht willens, sich groß darum zu scheren, was sie eigentlich machen wollten, und ich – ich stand eigentlich so mehr in der Mitte.*

Würde man den Forschungsstandpunkt oder eine pathologisch orientierte Therapie vertreten, so wüßte man diese Aussage der Mutter zu schätzen und würde den Zwist zwischen den Eltern in bezug auf das Problemkind näher untersuchen. Solch eine Untersuchung führt jedoch in den meisten Fällen zum Scheitern der Therapie. Jede Exploration, auch eine noch so gutgemeinte, zu den Mißstimmigkeiten oder Problemen zwischen den Eltern kann sie daran hindern, durch Übernahme der Erziehungsgewalt über das Kind ihre Schwierigkeiten zu lösen. Vielleicht bietet die Mutter deshalb dieses Thema an, weil sie Erfahrungen mit Therapeuten hat. Wenn der Therapeut klarstellt, daß er an den Schwierigkeiten, die die Eltern miteinander haben, nicht interessiert ist, sondern vielmehr an Lösungen, dann schwenkt die Mutter in diese Richtung ein. Ein ähnlicher Prozeß lief zwischen Supervisor und Therapeut ab: als der Therapeut entdeckte, daß der Supervisor vorrangig an Lösungen und positiven Aspekten interessiert war, verlegte er sich auf diese Orientierung.

Lande: *Das Problem ist hier jetzt aber, daß Sie alle keine Entscheidung für die nächsten drei Monate, den nächsten Monat, die nächsten ein oder zwei Jahre treffen müssen. Wir sprechen jetzt über das Unmittelbare – wenn Annabelle irgendwann diese Woche heimkommt. An welchem Abend kann sie ausgehen? An welchem Abend kann sie nicht ausgehen. Wann sollte sie zurück sein? Wenn Sie hier und jetzt . . .*

Vater:	*Okay. Sprechen wir darüber. So, wie ich's verstehe, soll sie an den Schulabenden, also wenn sie am nächsten Tag Schule hat . . .*
Lande:	*Würden Sie bitte zu Ihrer Frau sprechen? (Ermutigt sie, dies zusammen zu besprechen)*

Da der Therapeut direktere Kommunikation zwischen Vater und Mutter zu fördern wünscht, bittet er sie, direkt miteinander zu sprechen. Indem sie das machen, kommen die Spannung und Uneinigkeit zwischen ihnen zum Vorschein. Wenn man mit dem Therapeuten über etwas spricht, so bringt das nicht in der Weise die Probleme heraus, wie das direkte miteinander Sprechen dies tut. Ein Therapeut muß das Geschick haben, sich zuweilen in den Mittelpunkt stellen zu können, so daß jeder zu ihm spricht, und er muß sich zuweilen an den Rand des Geschehens begeben, so daß die Familienmitglieder sich miteinander auseinandersetzen müssen.

Vater:	*Okay. Wir hatten die Übereinkunft, daß sie so um 10 oder 11 Uhr an diesen Abenden daheim sein sollten. Und wenn sie überhaupt länger weggehen, dann nur an den Wochenenden.*
Mutter:	*Und was ist mit mir? (Vater hat nicht versucht, zu ihr zu sprechen, worum der Therapeut gebeten hatte)*
Vater:	*(Wendet sich ihr zu) Sieh mal, ich spreche gerade. Jeder kann zu dem, was ich zu sagen habe, auch etwas sagen. Hast du gehört, was ich gesagt habe?*
Mutter:	*Also was schlägst du jetzt eigentlich vor?*
Vater:	*(Wütend) Ich spreche nur darüber, was wir meiner Meinung nach schon hätten tun sollen, bevor sie hierher kam.*
Mutter:	*(Geduldig) Okay. Aber was ist mit Jetzt, wenn sie heimkommt?*
Vater:	*Gut, darauf komme ich noch. Wenn sie das täte, glaube ich, dann wäre das kein größeres Problem. Ich weiß nicht, was die Ärzte ihr erlauben. Aber zuallererst . . .*
Lande:	*Ich glaube, wichtig ist – ich möchte versuchen, Sie zu unterstützen. Ich glaube, wichtig ist das, was Sie beide jetzt entscheiden. Mit anderen Worten, was für einen Plan haben Sie, wenn Annabelle Mittwoch, Donnerstag, Freitag, oder an welchem Tag auch, heimkommt und sagt: »Ich möchte ausgehen, um welche Zeit soll ich daheim sein?« Sie beide müssen entscheiden, wie die Antwort auf diese Frage lauten soll.*

Wenn der Therapeut mit den Eltern paktiert und sie als Autoritäten über das Leben der Tochter definiert, so erhebt die Tochter wahrscheinlich Widerspruch. Es gehört zur Kunst dieses Therapieansatzes, daß es einem gelingt, die Eltern zu vereinigen, aber die Tochter nicht so weit zum Gegner zu machen, daß sie die Mitarbeit bei der Therapie verweigert. Es ist das beste, wenn der Therapeut zwei Faktoren klarstellt: daß das, was er für die Tochter tut, gutgemeint ist und nicht einfach eine Mißachtung ihrer Interessen darstellt, und daß er mit dem, was er tut, den Eltern hilft, was wohl auch den Wünschen der Tochter entspricht.

Anna: *Warum kann ich nicht über die Antwort entscheiden?*

Lande: *Deine Eltern sind wohl ziemlich davon betroffen, wenn du jetzt nach Hause kommst und noch nicht wieder zur Schule gehst und noch nicht wieder ganz normal bist.*

Anna: *Aber ich bin schon erwachsen.*

Vater: *Das ist nämlich ein großes Problem für uns. Die Kinder meinen, in dem Alter sollten sie ihr eigenes Leben führen. Okay, vielleicht sollten sie mehr zu sagen haben, als ich ihnen erlaubt habe, aber es ist ein ständiger Kampf.*

Das hier ist keine Therapie, bei der es um Diskussionen über die Philosophie zur Kindererziehung oder über das Wesen erfolgreicher Elternschaft geht. Der Fokus liegt hier ausschließlich auf der aktuellen Situation mit dem Kind.

Lande: *Ja, das ist mir klar. Aber wir sprechen jetzt nicht über etwas, das in einem Jahr geschieht, sondern wir sprechen über die ersten ein oder zwei Tage. Sie brauchen eine Art Schlachtplan.*

Mutter: *Ja, einen Schlachtplan.*

Lande: *Einen Schlachtplan.*

(Später im Gespräch)

Mutter: *Ich glaube, was die erste Woche betrifft, weiß ich nicht einmal, was du vertragen kannst.*

Anna: *Aber das ist nicht dein Problem, Mama.*

Lande: *Annabelle, es ist das Problem deiner Eltern. Da kann ich dir nicht recht geben. Diese Zeit, glaube ich, in der ihr wieder zusammenkommt, ist sehr wohl das Problem deiner Eltern.*

Als die Schwierigkeiten zwischen den Eltern begannen, gab der Vater das Problem an den Arzt weiter. Der Therapeut gab es ihm zurück. Die Tochter betrat die Szene und sagte, sie müsse für sich selbst entscheiden dürfen. Der Therapeut mußte darüber hinweggehen und die Verantwortung wieder an die Eltern geben. Der Vater probierte es mit einer philosophischen Diskussion, und der Therapeut verlagerte sie zurück auf spezifische und präzise Fragen, er ließ sich auf keine das ganze Leben betreffende Diskussion über Kindererziehung ein, vielmehr verkürzte er die Zeit auf die nächsten paar Tage. Wieder versuchte die Tochter, ihre

120

Eltern der Verantwortung zu entheben und diese selbst zu übernehmen, der Therapeut aber schob sie wieder den Eltern zu. Die Hauptarbeit bei der ersten Phase besteht darin, daß der Therapeut geduldig den Eltern die Verantwortung für die Autorität immer wieder zuschiebt.

Eine Methode, die elterliche Autorität aufzubauen, besteht darin, die zweite Sitzung nur mit den Eltern durchzuführen. Beim ersten Treffen ist es sehr wichtig, alle da zu haben, um zu sehen, wie die Familie ist und wer beteiligt ist und um alle den therapeutischen Plan hören zu lassen. Wenn man als nächstes die Eltern allein sieht, so definiert das die Hierarchie als eine, wo die Eltern die Erziehungsgewalt innehaben und Direktiven geben.

Vor dem zweiten Gespräch sprachen Therapeut und Supervisor darüber, was in der Sitzung zu machen sei.

Lande: *Würden Sie es heute für gut halten, wenn ich die Eltern ausschließlich diskutieren lasse, was für eine Ausgangsregelung sie wollen, was das Mädchen tun wird und wer daheim sein wird?*

Haley: *Ich glaube, Sie sollten sie einige Regeln niederlegen lassen.*

Lande: *Für die nächste Zeit.*

Haley: *Verstehen Sie, vordergründig arbeiten Sie an den Regeln für das Mädchen. Eigentlich aber arbeiten Sie an einer Einigung in der Ehe, aber Sie müssen es so formulieren, als ginge es um das Mädchen.*

(Später im Gespräch)

Haley: *Eine der Möglichkeiten, wie man das lösen kann, sieht so aus, daß man ihnen vorschlägt, sie sollen die Regeln nicht darauf ausrichten, wie sie sich zu verhalten habe, sondern darauf, was sie hinzunehmen bereit seien. Treffen Sie diese Unterscheidung. Es geht also nicht darum zu entscheiden, wie lange sie wegbleiben darf. Es geht darum, ob die Mutter sich unwohl fühlt, wenn die Tochter nach elf noch nicht zu Hause ist. Das Wichtige ist, wie sich die Mutter fühlt, nicht, wie sich dieses Mädchen fühlt. Ob das Mädchen nun in die Schule zurück will oder nicht in die Schule zurück will, sie sollen dabei immer bedenken, was für sie als Eltern das beste ist. Sie hätten ein besseres Gefühl, wenn die Tochter die High School abschließen würde. Also sollte das Mädchen die High School abschließen.*

(Später im Gespräch)

Haley: *Wenn sie ausflippt, dann überkompensieren die Eltern leicht und sind gerne netter und freundlicher zu ihr, obschon gerade dies die Zeit wäre, bestimmt zu sein. Wenn Sie sagen, sie sollten bestimmt sein, dann vermögen sie das nicht so zu sehen, weil sie krank ist, und so fort. Aber Sie müssen das Argument bringen, daß die verwirrte Tochter, wenn sie keine klare Position bezieht, auch keine klare Position beziehen kann. Wenn sie selbst konfus sind, dann ist sie sicher auch konfus. Deshalb*

> müssen sie unter sich etwas bewerkstelligen, etwas, worüber sie sich beide einigen. Etwa: Kann das Mädchen an dem Tag, an dem sie aus der Klinik kommt, am Abend ausgehen? Sie sollten einen Plan haben; sie kann ausgehen – ja oder nein.Es geht nicht darum, ob es gut für sie ist auszugehen. Es geht darum, ob die Eltern sich dabei wohl fühlen. Das ist der Unterschied.

Lande: Ist das bei Familien allgemein der Fall?

Haley: Nein, nur bei diesen Familien zu diesem Zeitpunkt . . . Sie müssen sie dadurch beeindrucken, daß sie bei ihr eine normale Position einnehmen, so wie sie es bei anderen Kindern machen würden. Das wird das beste für das Mädchen sein. Denn sie wissen nicht, wie sie mit ihr umgehen sollen, wenn sie ausflippt.

(Im Interview-Raum sitzen Mutter, Vater und Therapeut zusammen)

Vater: Ich glaube, wir sind hier, um fest zu beschließen, was wir mit Anna tun sollten, wenn wir mit ihr daheim sind.

Lande: Das klingt so, als sei das etwas Wichtiges.

Vater: Ich glaube, das ist es, und wir haben ganz schön viel darüber gesprochen, seit wir das letzte Mal hier waren – ab und zu. Ich glaube nicht, daß wir bis jetzt schon feste Vorstellungen haben, weil wir wohl noch nicht so recht wissen, was für sie gut ist und was nicht.

Die Eingangserklärungen der Eltern sind ein Zeichen, daß das Erst-Interview erfolgreich war. Wenn das zweite Gespräch damit beginnt, daß sich die Eltern gegen Vorstellungen, die im ersten Interview aufkamen, verteidigen, dann ist der Therapeut fehlgegangen. Es muß ihnen dann wohl vermittelt worden sein, daß sie Schuld haben, wenn sie immer noch den Wunsch in sich tragen, Mißverständnisse zu korrigieren und sich von der Schuld loszusprechen. Wenn sie das zweite Gespräch beginnen, indem sie in dieser Weise gleich zur Sache kommen, kann der Therapeut das akzeptieren und weitermachen. Später im Gespräch klärt der Therapeut die Fragen, die die Heimkehr des Mädchens und das Vorbereitetsein der Eltern darauf betreffen.

Lande: Lassen Sie mich an etwas anknüpfen, was Sie gesagt haben. Wann Annabelle nach Hause kommt, meine ich, das wird sehr stark davon abhängen, wann Sie beide zu einer Einigung kommen, und dafür, so haben Sie gesagt, haben wir diese Sitzung angesetzt, daß Sie sich über die Regeln und Vorschriften einigen. Ich meine, wenn Ihnen beiden wohl zumute ist und Sie sich geeinigt haben, dann wäre sie für die Entlassung bereit. Ich meine nämlich, das ist etwas, was sie sehr braucht. Also wenn . . .

Vater: Ich glaube, sie braucht es, aber ich weiß nicht genau, was Sie meinen. Meinen Sie, sie glaubt, daß sie es braucht?

122

Lande: Ich bezweifle, daß das so wichtig ist. Wichtig ist, daß Sie beide sich darüber einig sind, was Ihnen ein gutes Gefühl gibt, wenn sie nach Hause kommt. Das wird wohl das Entscheidende sein.

Mutter: Ich glaube, damit wollen Sie sagen, daß eines der Probleme darin besteht, daß wir, was die Anweisungen für Annabelle betrifft, nicht vereint vorgehen, und das wäre aber für Annabelle gerade jetzt sehr wichtig.

Wieder bietet die Mutter ein zwischen den Eltern bestehendes Problem an, welches der Therapeut nicht akzeptiert.

Lande: Ich sage damit, daß das wichtig sein wird, wenn sie nach Hause kommt – mit anderen Worten, falls am Ende dieser Sitzung . . .

Mutter: Sie weiß, was sie zu erwarten hat.

Lande: Genau. Am Ende dieser Sitzung sollen Sie das Gefühl haben, daß Sie sich einig sind darüber, sagen wir mal, darüber, wann sie heimkommt und wann nicht, und zwar an den nächsten paar Tagen, und Ihnen soll dabei wohl zumute sein. Ich glaube nicht, daß es so wichtig ist, was Annabelle davon hält, denn sie ist achtzehn und Sie sind ihre Eltern.

Mutter: Mm-hmm.

Lande: Wenn wir am Ende zu einer Einigung kommen, bei der Sie sich wohl fühlen, dann kann sie vielleicht morgen schon nach Hause. Sie kann gleich nach Hause, wenn wir alle zu einer Einigung kommen.

Vater: Okay. Ich habe wohl so meine Befürchtungen, daß es nicht so einfach werden wird, aber ich hoffe, Sie haben recht. Denn sie kann einem wirklich die Hölle heiß machen, wenn sie etwas nicht machen will.

(Später im Gespräch)

Lande: Sie kommt aus der Klinik, und ich glaube, das ist eine Zeit, in der sie sehr feste Regeln braucht.

Vater: Okay, aber sie sagt ständig: »Ich bin erwachsen. Ich brauche niemanden, der mir sagt, was ich tun soll.« Und ich weiß, sie braucht Führung.

Lande: Wenn sie jetzt keine Führung bräuchte, wäre sie nicht in der Klinik; also ein Teil des Problems ist, daß sie Führung braucht. Wenn es soweit ist, daß sie zeigt, daß sie erwachsen ist – gleich, wann das ist, ob in einer Woche, einem Monat oder einem Jahr – , dann kann man wieder über die Sache reden.

(Später im Gespräch)

Mutter: Ich glaube wirklich, daß etwas von meinem Vertrauen wiederhergestellt werden muß: daß ich zu Recht von Annabelle erwarten kann, daß sie mir erst wieder zeigen muß, daß sie Vertrauen verdient: denn ich habe erlebt, daß man ihr nicht vertrauen kann. Ich weiß nicht, ob man es so sagen kann. Aber ich habe wohl Angst. Ich habe wirklich Angst vor dem, was schon einmal passiert ist. Vielleicht bin ich ihr gegenüber überängstlich, wenn ich gerne möchte, daß sie ihre Freunde zumindest eine Weile nur zu Hause sieht.

(Später im Gespräch)

Vater: Ich mache mir wegen diesem Freund von ihr wirklich Sorgen. Dieser Kerl hatte sexuelle Beziehungen mit ihr, und sie haben zusammen Drogen genommen. Das entspricht so gar nicht meinem Wertesystem. Ich weiß wirklich nicht, wie – ich bin richtig wütend auf ihn.

Lande: Wenn also Annabelle etwa morgen sagt: »Kann ich weggehen und Arnold treffen?« Wie werden Sie beide reagieren? Das muß im Plan enthalten sein.

Vater: Es war so – um ehrlich zu sein, ich habe Dr. Marsh in der Klinik angerufen, als sie das erste Mal eingeliefert wurde. Sie war – sie war nämlich sehr wütend und hat viel phantasiert. Sie fürchtete, sie sei schwanger. Sie glaubte, man hätte sie dahin gebracht, damit sie eine Abtreibung bekommt. Sie hatte alle möglichen komischen Ideen. Aber sie hatte ihre Menstruation; sie war nicht schwanger. Wie dem auch sei, es wurde jedenfalls ziemlich offenkundig, daß sie – sie hatte nämlich ihrer Mutter früher schon etwas darüber erzählt, was zwischen ihr und dem Jungen los war, und mir war das alles nicht bekannt. Und ich habe irgendwie herausgefunden, was da zum Teufel wirklich los war, als sie im Krankenhaus war. Und in der letzten Woche oder so hat sie mit mir darüber gesprochen. Und offenbar hat sie schon früher mit anderen Jungen sexuelle Beziehungen gehabt.

Lande: Wenn ich Sie richtig verstehe, ist Ihnen bei ihrer Beziehung zu Arnold nicht ganz wohl zumute?

Vater: Ganz und gar nicht!

Lande: Das ist etwas, was Sie beide wirklich . . .

Vater: Nun, wir haben viel darüber gesprochen.

Lande: Was soll geschehen, wenn Annabelle nach Hause kommt?

Vater: Darüber will ich mit Ihnen sprechen. Ich habe nämlich mit Dr. Marsh gesprochen, und ich habe gesagt: »Sehen Sie mal, das ist passiert. Das entspricht gar nicht meinem . . . also damit bin ich gar nicht einverstanden. Was ich gerne täte, ist, dem Burschen zu sagen, er soll verduften und sich nicht mehr blicken lassen. Sonst schlag ich ihn windelweich.« Also ich habe es nicht mit diesen Worten gesagt. Aber wie dem auch sei, er sagte mir – er sagte, er hielte es nicht für klug, das jetzt bei ihrem Zustand zu machen, weil er ihre Umgebung nicht stark verändern wolle. Okay, also habe ich überhaupt nichts gemacht. Ich habe kein Wort zu ihm gesagt, und mir hat gar nicht gefallen, was er gesagt hat.

Diese Bemerkung des Vaters verdeutlicht, wie ein Experte einen Vater handlungsunfähig machen kann, aber man kann hier auch ein anderes, ebenso wichtiges Problem hervorheben. Warum sollte es nicht möglich sein, daß ein Vater und eine Mutter in der Lage sind, sich über die Vorschriften für die Tochter zu einigen? Warum können Eltern, wenn eine

Tochter bis vier Uhr morgens nicht nach Hause kommt und Hasch raucht, sich nicht über Vorschriften einigen und deren Einhaltung erzwingen?Das Problem mit dem Freund mag veranschaulichen, wie Eheschwierigkeiten die Eltern unfähig machen, mit dem Fehlverhalten der Tochter fertig zu werden.

Wenn Mutter und Vater nicht miteinander auskommen, kann der Vater sich der Tochter zuwenden, um emotionalen Rückhalt zu bekommen. Er wird daher leicht eifersüchtig sein, wenn das Mädchen mit einem Jungen geht, und er wird, was den Jungen betrifft, überstreng sein. In diesen Gesprächen war klar, daß der Vater durchgängig meinte, die Strafe für das Mädchen sollte sein, daß man ihr den Freund wegnimmt. Die Mutter – in einer natürlichen Konkurrenz zur Tochter – wird lieber die Tochter vom Ehemann wegbringen und außer Haus sehen und wird daher die Beziehung zum Freund fördern. Die Eltern werden außerstande sein, sich darüber zu einigen, wie sie mit Tochter und Freund umgehen sollen, wenn es zu Fehlverhalten kommt. (Hinsichtlich dieser Frage werden wohl bei beiden Elternteilen gemischte Gefühle vorhanden sein: der Vater wird auch wünschen, daß die Tochter einen Freund hat, und der Mutter ist es lieber, wenn der Vater anderweitige Interessen hat, wenn sie nicht mit ihm auskommt.) Unfähigkeit seitens der Eltern, mit Eheproblemen fertig zu werden, bringt ihre Funktion als Eltern in Verwirrung. Die Therapie kann sich auf die Regeln für die Tochter konzentrieren und auf diese Weise das Problem einer Einigung zwischen den Eltern behandeln.

Lande: *Ich finde es bemerkenswert, daß Sie beide so aufrichtig um Annabelles Gefühle und Arnolds Gefühle und Dr. Marshs Gefühle bekümmert sind, und das setzt Sie als Eltern außer Gefecht. Ich glaube, wobei Ihnen wohl zumute ist und was Ihre Gefühle sind – das kommt so etwa an dritter oder vierter Stelle. Für mich haben Sie sehr starke, intensive Gefühle für Ihre Tochter. Sie kommt aus der Klinik – aber Sie stellen Ihre Gefühle hintan.*

Vater: *Warum ich das tue, das liegt daran, daß ich mich teilweise für ihren gegenwärtigen Zustand verantwortlich fühle. Ich glaube nicht, daß ich meine Sache gut gemacht habe, sonst wäre sie nämlich nicht so. Also halte ich nach Anweisungen Ausschau.*

(Später im Gespräch)

Lande: *Also für die nächste Woche – bevor wir aufhören, wäre mir hinsichtlich Annabelles Entlassung wirklich wohl zumute, wenn Sie so etwas wie ein tägliches Kursbuch hätten, worin steht, wozu Annabelle in der Lage sein wird und wozu nicht. Ich will versuchen, sehr konkret zu sein, so . . .*

Vater: *Gut. Ich würde gerne so vorgehen. Ich glaube, das wäre großartig.*

Lande: *Da empfinde ich ganz wie Sie. Ich hätte gerne die genauen Einzelheiten.*

Das macht mir das Leben leichter. Wenn also Annabelle, wenn sie morgen heimkommt, sagt: »Darf ich weggehen?«, auf was für eine Antwort einigen Sie sich dann?

Mutter: *Würdest du mir da zustimmen? Ich würde sagen: »Nein, aber Arnold oder sonstwer kann gerne zu uns nach Hause kommen.«*

Vater: *Ja.*

Mutter und Vater sprechen nun miteinander und konzentrieren sich halbwegs auf Spezifisches. Man muß jedoch damit rechnen, daß sie, wenn sie eine Entscheidung treffen, diese allzuleicht wieder zurücknehmen. Wie der Vater sagt: »Einerseits, aber andererseits.« Der Therapeut muß geduldig genug sein, um vierzig Minuten für eine elterliche Diskussion aufzuwenden, bei der es darum geht, um welche Zeit ihr Kind abends daheim sein muß. Zentrales Anliegen ist hier nicht, daß die Eltern eine Entscheidung treffen, sondern daß sie miteinander kommunizieren. Nachdem eine Entscheidung erzielt wurde, beginnt die Mutter später im Gespräch, diese zurückzunehmen.

Mutter: *Ich will nicht so verdammt mißtrauisch werden, daß das arme Kind sich nicht mehr bewegen darf. Ich meine, daß . . .*

Vater: *Das stimmt. Aber andererseits glaube ich, daß wir zu ihrem eigenen Guten sie irgendwie ganz anders anfassen müssen. Und sie hat uns wirklich viel irregeführt. Aber andererseits hätten wir so gescheit sein müssen, ich hätte es sein müssen – also wenn ein Mädchen um drei, vier oder fünf Uhr in der Nacht heimkommt und man nur am nächsten Tag darüber in Aufruhr gerät und nicht mehr passiert, und es passiert immer wieder – , dann sollte man eigentlich wissen, daß irgend etwas los ist.*

Entscheiden die Eltern erst einmal über eine Regel, so kommt es unweigerlich zu einem ähnlichen Kampf und einer ebenso schwierigen Diskussion darum, wie sie die Regel durchsetzen könnten. Das beste ist, wenn der Therapeut zuerst die Regel klarstellt und dann behandelt, wie man sie durchsetzen kann. Später im Gespräch kommt das zur Sprache.

Vater: *Die Kinder machen es einfach nicht, und wie wir sie dazu bringen, es zu machen, darin lag unser Problem.*

Mutter: *Es geht darum, was geschieht, wenn sie die Regeln brechen.*

Lande: *Was soll geschehen? Sie sagen zehn Uhr, und Annabelle, was weiß ich, legt einen Trotzanfall hin oder . . .*

Vater: *Ich erzähl' Ihnen, was sie immer gemacht hat. Erst ging sie einfach aus dem Haus, und dann mußten wir sie suchen gehen und sie zurückholen. Vielleicht. Und manchmal kommt sie einfach nicht zurück.*

126

Lande: Also was werden Sie beide tun, wenn sie sich anschickt, aus dem Haus
zu gehen?
Vater: Nun ja, ich weiß nicht.
Lande: Könnten Sie sie mit physischer Gewalt . . . ?

Der Therapeut fragt den Vater, ob er seine Tochter mit physischer
Gewalt bändigen kann. Das ist eine notwendige Frage. Die Diskussion hier
ist kurz, aber bei manchen Familien muß man lange darüber diskutieren.
Wenn ein Jugendlicher nicht wieder zurück in die Institution soll, dann
muß die Familie mit Gewalt und Gewaltandrohungen zu Hause umgehen
können. Daher muß der Therapeut mit der Familie planen, wie potentielle
Gewalt gehandhabt werden soll.

Vater: Oh, verdammt, ja. Da gibt's keine Probleme. Worum's hier aber geht:
ob das für ihren Geisteszustand gut ist oder nicht, wenn man sie in den
totalen Aufruhr versetzt.
Lande: Das ist ja merkwürdig. Sie beide sorgen sich so sehr um den
Geisteszustand Ihrer Tochter, daß ich mich um Sie als Eltern sorge. Das
ist eine sehr belastende Zeit für Sie.
(Später im Gespräch)
Lande: Sie wird Sie wohl – Ihre Frau wird Sie wohl sehr brauchen, damit Sie
ihr über diese Zeit hinweghelfen, in der Annabelle wieder nach Hause
kommt. Ich weiß nicht, ob Sie das wissen. Es ist eine sehr schlimme Zeit.

Der Therapeut benützt das Problem der Tochter, um die Eltern einander
näher zu bringen.

Vater: Ich glaube nicht, denn bisher wollte sie meine Hilfe überhaupt nicht,
glaube ich.
Mutter: Oh, das stimmt nicht.
Vater: Aber natürlich, jedesmal, wenn ich was tue, sagst du mir, es wäre falsch,
und so kann ich überhaupt nichts tun. Und alles endet damit, daß nichts
getan wird.
Mutter: Aber dieser Meinung bin ich nicht . . .
Vater: Und wir sind da ganz schön konsequent gewesen. So etwa: »Du kommst
um elf Uhr heim.« Wir nennen ihnen die Zeit, wann sie heimkommen
sollen, und die variiert nicht sehr oft. Von Abend zu Abend vielleicht nur
um eine halbe Stunde.
(Der Therapeut wechselt von Streitigkeiten auf Übereinstimmungen)
Lande: Wie wollen Sie Ihrer Frau helfen, wenn Annabelle ständig darum bittet,
irgendwo hingehen zu dürfen, und Ihre Frau dann sagt, sie soll nicht
gehen? Wie wollen Sie ihr dabei helfen, damit fertig zu werden?

Vater: Okay. Ich würde Anna sagen, sie soll reinkommen und damit aufhören.
            Das mache ich meistens.
(Später im Gespräch)
Lande: Was passiert, wenn sie Ihnen irgendwie Schuldgefühle macht? »Ich bin
            achtzehn. Ich bin erwachsen, und ihr behandelt mich, als wäre ich
            fünfzehn.«
Vater: Oh ja, das hören wir die ganze Zeit von den drei Älteren. Sie schieben
            jedes Problem, das sie jemals hatten, auf ihre Eltern. Das haben sie so
            an sich – sie versuchen, uns viel die Schuld zuzuschieben.
Lande: Ich würde es für eine gute Idee halten – falls Annabelle morgen heim
            soll –, wenn Sie beide sich heute abend, wenn vielleicht die Kinder schon
            im Bett sind und alles ruhig ist, wenn Sie beide sich ohne die Kinder
            zusammensetzen und ein Blatt Papier zur Hand nehmen – im
            allgemeinen funktioniert es so besser, wie wir feststellen – wenn Sie also
            auf einem Blatt Papier fixieren, was Sie beide hier beschlossen haben, und
            auch andere Sachen, was über die nächsten drei oder vier Tage geschehen
            soll. Stellen Sie wirklich sicher, daß Sie beide ein Gespann sind.

Diese Aufgabe soll den Eltern helfen, in bezug auf die Tochter zu einer
Einigung zu kommen. Was dabei noch wichtiger ist, sie verlangt von ihnen,
daß sie etwas mehr Zeit für die Kommunikation miteinander aufbringen.
Je mehr die Eltern miteinander sprechen, desto weniger dient das Mädchen
dazu, Differenzen auszutragen. Eine Aufgabe zwischen den Sitzungen läßt
auch den Therapeuten während der Woche präsent bleiben, da sie ja an
ihn denken, wenn sie die Aufgabe machen oder nicht machen.

Beim dritten Interview sollen die Eltern mit dem Mädchen kommen,
damit man ihr den Plan vorlegen kann. Man kann annehmen, daß das
Mädchen versuchen wird, den Plan zunichte zu machen, und daher muß
der Therapeut die Eltern unterstützen. Supervisor und Therapeut
besprechen sich vor der dritten Sitzung.

Haley: Fassen wir das bisherige kurz zusammen. Sie hatten eine Sitzung mit den
            Eltern alleine, sie sollten ihre Tochter nach Hause nehmen, sobald sie sich
            über die Regeln einig waren. Und sie kam am Freitag heim?
Lande: Freitag, richtig.
Haley: Was geschah dann? Was haben Sie übers Wochenende gehört?
Lande: Ich habe sie Samstag nachmittag angerufen, um zu hören, ob es mit dem
            Nach-Hause-Kommen geklappt hat. Ich bat, die Mutter sprechen zu
            dürfen, und ich habe mit ihr gesprochen. Bisher läuft alles besser als
            erwartet, hat sie gesagt. Aber Anna kam ans Telefon und war ziemlich
            wütend darüber, daß die Eltern die Regeln setzen. Ich habe mich da
            einfach dumm gestellt. Sie war sehr wütend, sie wollte nicht
            hierherkommen. Ich sagte, nun ja, wir können Montag darüber sprechen.

Sie wollte nicht hierherkommen und ich sagte: »Es klingt so, als hättest du ein Problem mit deinen Eltern. An deiner Stelle würde ich versuchen, es zu lösen. Du wohnst daheim.« Dann hat sie etwas über die Medikation erwähnt. Sie war nicht glücklich damit. Sie hat wüst geschimpft.

Bei einem Konflikt zwischen den Eltern und einem Jugendlichen, der Probleme schafft, kann der Therapeut sich zwischen beiden gefangen fühlen, weil er versucht, sich mit der elterlichen Autorität zu verbünden, während er dabei die besten Interessen des jungen Menschen im Auge hat. Manchmal hilft es, mehr als nur eine Fraktion im Raum zu haben, was etwa dieser Therapeut vorzieht und später im Gespräch diskutiert.

Lande: *Das andere, worum ich mir Sorgen mache, ist, daß ich nur drei Leute im Raum habe, und ich dachte daran, sie einfach zu bitten, noch eines der Geschwister mitzubringen, vielleicht noch einen Jugendlichen. Ich mache mir Gedanken darüber, wie ich imstande sein soll, mich zu verbünden – mich mit mit beiden, ihr und den Eltern, zu verbünden.*

Haley: *Das gerade ist die Kunst bei dieser Sache.*

Lande: *Jetzt weiß ich, wie ich's machen kann. (Lachen)*

(Drittes Gespräch, anwesend sind die Eltern und Anna)

Anna: *Sie sehen heute, verglichen mit meiner Mutter, irgendwie lässig aus. Sie sieht aufgeputzt aus (Zur Mutter) Siehst du das Abzeichen, das er trägt? Bei meinem Psychiater in der Klinik war es vollständig und das Kreuz war gerade. Es sah so aus, als ob die Farbe heruntertropfte und als hinge da oben ein toter Vogel. (Veranschaulicht ein Muster vorne auf einem Kleid, indem sie die Arme hebt und sie hängen läßt)*

Lande: *Für so was sind wir hier nicht so zu haben. (Gelächter von allen) Wir sind da lässiger.*

Anna: *Ja, sieht so aus.*

Lande: *Wie ist es so, wieder zu Hause zu sein?*

Anna: *Es ist verwirrend, denn ich habe jetzt zu viele Einschränkungen.*

(Später im Gespräch)

Lande: *Bist du dir eigentlich vollkommen im klaren darüber, was deine Mutter genau – nicht allgemein, sondern genau – im Sinn hat?*

Anna: *Was meine Mutter im Sinn hat?*

Lande: *Ja. Sie ist sehr darum besorgt, wie manches für dich laufen wird.*

Anna: *Warten Sie mal, ich weiß nicht genau, aber ich glaube . . .*

Lande: *Warum fragst du sie nicht, wenn du es nicht genau weißt? Sieh mal, es ist wichtig, denn wenn sie etwas im Sinn hat . . .*

Anna: *Also gut, was?*

Mutter: *Um was ich mir Sorgen mache?*

Anna: *Machst du dir wegen der Drogen Sorgen? Machst du dir wegen meinen Kontakten mit Menschen Sorgen?*

Mutter:	Ich mache mir wegen der Drogen Sorgen. Ich mache mir Sorgen, ob du – oh je – so manches an Spott ertragen kannst.
Anna:	Mensch, klar kann ich Spott ertragen. Mensch, seit ich drei war, bin ich verspottet worden. Ich kann's ertragen. Ich kann's rausgeben. Es tut mir nicht weh.
Lande:	(Lehnt sich nach vorne und spricht zur Tochter) Warum fragst du deine Mutter nicht, was mit den Drogen ist?
Anna:	Ja, was ist mit den Drogen?
Mutter:	Was mit den Drogen ist? Sagen wir mal, du hast damit herumexperimentiert. Und ich glaube, daß alle Kinder, die Drogen nehmen, gerne mit einem zusammen sind, das auch Drogen nimmt.
Anna:	Und sie wollen also mit mir zusammensein.
Mutter:	Ja. Sie werden dich wieder zurück bei sich haben wollen.
Anna:	Da kann ich ihnen auch nicht helfen. Das ist alles, was ich dazu sagen kann. (Lacht)
Mutter:	Das klingt echt gut, das klingt ja echt ganz gut.

(Später im Gespräch)

Lande:	Also was möchten Sie? Ich bin mir nicht im klaren, was Sie . . .
Mutter:	Mit Drogen?
Lande:	Ja.
Mutter:	Keine Drogen.
Anna:	Keine Drogen, aber ich würde doch gerne Marihuana rauchen, weil das die Nerven so schön beruhigt. So wie man einen harten Tag hinter sich hat und etwas zur Beruhigung der Nerven braucht. Mama und Papa trinken einen Martini, aber was krieg' ich?
Vater:	Das ist nämlich ein altes – also wir hören dieses Klischee nämlich die ganze Zeit, mit Marihuana und Martinis. Aber, nebenbei, ich trinke kaum jemals einen Martini.
Anna:	Das hab' ich gemerkt.
Vater:	Wir haben nicht mal viel Alkohol im Haus, schon lange nicht mehr.
Lande:	Sie sagen beide, oder Sie sagen, daß Sie sich darüber einig sind – keine Drogen.
Vater:	Ja. Ganz sicher.
Anna:	Aber sehen Sie doch, ich bin diejenige, die's will, und die sind diejenigen, die's nicht wollen. Ich will keine Drogen, alles was ich will ist Marihuana.

(Später im Gespräch)

Lande:	Sie werden sich sicher darüber Gedanken machen, wie der erste Tag in der Schule verlaufen ist, und vieles mehr, also scheint es wichtig zu sein, um welche Zeit Sie sie erwarten sollen.
Mutter:	Ja.
Lande:	Ich glaube, Sie müssen mit Annabelle festsetzen, um welche Zeit sie . . .
Mutter:	Ja. Aber die Schule ist um halb zwei aus, oder? Halb zwei ist deine letzte Stunde? Nicht wahr?
Anna:	Ich weiß nicht, denn die letzte Stunde ist Kunsterziehung.

Vater:	Du weißt, warum es wichtig ist, daß wir das wissen, weil wir sonst gleich nach dir suchen.
Anna:	Ich weiß es nicht, aber hört mal zu. Hört ihr mir vielleicht einen Augenblick zu? Meine letzte Stunde ist Kunst, die fällt also genau in die Mittagszeit. Aber ich schaff' das mit dem Essen nicht rechtzeitig, also komme ich meistens zu spät zur Stunde, und ich hab' der Lehrerin gesagt, daß ich meistens zu spät komme. Aber ich kann die Zeit, die ich verpaßt habe, nachholen. Also werde ich wahrscheinlich da drinhängen . . .
Vater:	Was hat die Lehrerin gesagt? War sie damit einverstanden?
Anna:	Ja, sie war einverstanden. Meine Lehrer sind dufte. Die wissen, wovon ich spreche.
Lande:	Also Anna, ich meine, was hier geschieht, das wird zu – deine Eltern fragen nur, um wieviel Uhr du zu Hause sein wirst. Du gibst ihnen keine direkte Antwort.
Anna:	Ich weiß es nicht, deswegen.
Vater:	Gut, sieh her, wir können es jetzt entscheiden. Du brauchst in Kunst keine Überstunden zu machen.
Anna:	Aber ja doch, doch, das muß ich, denn ich arbeite in Kunst sehr langsam.
Vater:	Also gut, sagen wir dann, daß du in Kunst nicht länger als bis zwei Uhr arbeiten wirst.
Anna:	Gut.
Vater:	Dann bist du um viertel nach zwei zu Hause.
Anna:	Dann erst ist die Stunde zu Ende. Und ich komme zu spät, die Stunde ist um zwei zu Ende, und ich hab' meine Arbeit nicht gemacht. Dann falle ich in Kunst durch, und Kunst ist doch ein Hauptfach!
Lande:	Annabelle, sie sprechen – wonach dich deine Eltern fragen, ist nur der morgige Tag.
Vater:	Wir sprechen nicht übers ganze Jahr – über morgen, Dienstag.
Lande:	Sie sprechen nicht übers ganze Jahr.
Anna:	Also gut.
Vater:	Ich glaube nämlich, daß es morgen auch ohne Überstunden hart genug ist.
Anna:	Also gut. Dann komme ich aber gleich nach Hause, wenn die Stunde zu Ende ist, aber ich weiß nicht, um wieviel Uhr das ist.
Vater:	Um zwei Uhr. Das hast du eben gesagt.
Anna:	Also, meistens . . .
Vater:	Also gut, zwei Uhr oder um diese Zeit herum wird's sein. Wir erwarten dich dann um viertel nach zwei zu Hause.
Anna:	Also gut, wenn ich aber nicht gleich da bin, dann macht euch deswegen keine Sorgen, denn ihr wißt ja . . .
Vater:	Wir machen uns wahrscheinlich schon Sorgen. Wir erwarten dich . . .
Anna:	Ja, ich muß – seht, ich muß – würdet ihr mich vielleicht ausreden lassen und mir zuhören?
Vater:	Ja. Nur zu, nur zu.

(Später im Gespräch)

Lande: Worüber Sie beide auch noch entscheiden müssen – was tun Sie, wenn sie ihnen nicht gehorcht? Was machen Sie . . .?

Mutter: Wenn wir sie dabei erwischen?

Lande: Wenn Sie's herauskriegen. Sie beide müssen sich also darauf einigen, was – sie kennt die Konsequenzen noch nicht. Sehen Sie, es ist immer noch . . .

Anna: Warum erlegen Sie meinen Eltern diese ganzen Vorschriften auf?*(Mutter lacht)*

Lande: Ich will dir nur aus der Verwirrung raushelfen. Denn ich sehe, wie verworren alles aus deiner Sicht ist.

Vater: Du weißt, daß das passieren wird. Er hilft dir wirklich, Anna, wenn er das macht.

Anna: Er hilft mir überhaupt nicht!

(Später im Gespräch)

Vater: Deine Privilegien, Arnold zu sehen, würden dir . . .

Anna: Oh, gut . . .

Vater: . . weggenommen werden.

Anna: Trotzdem kann ich Arnold sehen.

Vater: Nein, das dürftest du nicht mehr, wenn du Marihuana rauchst.

Anna: Also gut, wenn ihr mir Arnold wegnehmt, rauche ich eben nur Marihuana.

Lande: Sind Sie beide sich da einig?

Mutter: Ja, ich glaube bestimmt, daß man ihr ein paar Privilegien wegnehmen sollte.

Lande: Stimmen Sie mit dem Vorschlag Ihres Mannes überein?

Mutter: Ich muß kurz darüber nachdenken. Ja, ich glaube schon. Wenn das so wirkungsvoll ist, ja.

(Später im Gespräch)

Lande: Okay. Meinen Sie, daß Sie das mit ihr geklärt haben?

Vater: Daß sie anrufen wird? Da bin ich nicht so sicher.

Lande: Wenn sie nicht kommt, was soll dann geschehen?

Vater: Nein, das haben wir noch nicht abgemacht.

Lande: Vielleicht sehen Sie das nicht, aber Annabelle sitzt hinter ihnen, und Sie beide mühen sich so ab, flexibel mit ihr umzugehen. Es kommt wirklich von Herzen, ich fühle das. Aber wenn ich hier sitze, dann fühle ich auch – weil Sie sich so abmühen, kommt es nicht klar heraus. Mit anderen Worten, wäre ich Annabelle, dann wüßte ich wohl kaum genau, was ich tun darf und was ich nicht tun darf. Ich könnte wohl sagen, daß meine Eltern sich sehr bemühen, sorgsam und liebevoll zu mir zu sein, aber ich wüßte nicht, was ich tun darf.

(Später im Gespräch)

Mutter: *(Zu Anna)* Okay. Wenn du nicht rechtzeitig anrufst . . .

Anna: Was ist rechtzeitig?

132

Mutter:	*Um zwei Uhr fünfzehn.*
Anna:	*Zwischen zwei und halb drei ist rechtzeitig.*
Vater:	*Zwischen zwei und zwei Uhr fünfzehn.*
Anna:	*Okay, und was dann?*
Mutter:	*Um zwei Uhr fünfzehn sollst du mich anrufen. Und wenn du bis zwei Uhr fünfzehn nicht anrufst . . .*
Anna:	*Was ist, wenn du um zwei Uhr fünfzehn am Telefon bist?*
Vater:	*(Zur Mutter) Sag ihr, was dann los ist!*
Mutter:	*Dann mußt du beim Abendessen helfen und auch beim Aufräumen nach dem Abendessen. Wenn du nicht rechtzeitig nach Hause kommst, dann darf dich an dem Abend niemand besuchen.*
Anna:	*Das klingt gut. Solange ich dabei nicht verrückt werde, wenn ich das alles mitmache.*
Lande:	*Ich glaube, wenn alles so eine klare Sache ist, wird niemand verrückt. Das ist es gerade, was einen bei der Stange hält.*

(Supervisor und Therapeut besprechen sich vor dem vierten Interview)

Lande:	*Die Mutter rief mich Donnerstag morgen an, um mir zu sagen, daß sie ziemlich aus der Fassung sei, weil sie Annabelle Mittwoch abend gesagt hätte, sie könne nicht ins Kino gehen. Annabelle widersprach, aber die Mutter meinte, Annabelle würde schließlich auf sie hören. Ihr Mann war bei der Arbeit. Gerade als die Mutter drauf und dran war, das Ganze in den Griff zu bekommen, kam Henry, der achtzehnjährige Sohn, herein und sagte der Mutter, sie hätte unrecht, Annabelle dürfe alles tun, was sie wolle und dürfe so lange wegbleiben wie sie wolle. Die Mutter berichtete, daß sie sich beide gegen sie zusammenrotteten und sagten, sie wäre eine schreckliche Mutter und hätte kein Recht, ihnen zu sagen, was sie tun sollten. Die Mutter fühlte sich ziemlich überwältigt und fürchterlich bei der ganzen Sache. Sie rief mich an, völlig durcheinander. Sie war ziemlich aufgelöst und begann darüber zu sprechen, wie schlecht die Ehe wäre. Sie habe ans Weggehen gedacht. Daraufhin habe ich vorgeschlagen, daß wir uns möglichst bald wieder zu einer Sitzung treffen und nicht bis nach dem Wochenende warten sollten.*
Haley:	*Also dabei ging es ums Kino-Gehen. Es ging nicht um das Heimkommen nach der Schule?*

(Später im Gespräch)

Haley:	*Wenn also die Mutter versucht, bei dem Mädchen eine Regel irgendwelcher Art durchzusetzen, dann verbündet sich offenbar der ältere Bruder mit der Tochter und macht den Eltern das Leben schwer. In dieser Situation werden sie versuchen, den Bruder aus der Situation herauszuhalten, damit Vater und Mutter sich mit der Tochter befassen können, einverstanden?*
Lande:	*Einverstanden.*

Wenn der Jugendliche den Eltern zu gehorchen beginnt und die Eltern sich einig sind, die Erziehungsgewalt zu übernehmen, dann kommt es zu einer Reaktion seitens anderer an der Situation Beteiligter. In manchen Fällen sind es Einzeltherapeuten oder andere Fachleute, die gegen das, was gemacht wird, Einwände zu erheben beginnen. Zuweilen beginnen sich die Großeltern und andere Mitglieder der erweiterten Familie einzumischen, die ja von der früheren Struktur stabilisiert wurden. Oft kommt es zur Reaktion eines Geschwisters. Wenn der Jugendliche, um den es geht, Geschwister hat, mischt sich bezeichnenderweise gerade dann eines der Geschwister ein, wenn sich die Hierarchie mit den Eltern an oberster Stelle zu stabilisieren beginnt: das greift die Eltern an, verbündet sich mit dem anderen Kind gegen die Eltern und sagt, diese respektierten dessen Rechte nicht. Die Eltern werden unsicher und gespalten, und der therapeutische Plan ist untergraben. Die Einmischung eines Geschwisters an diesem Punkt ist so typisch, daß man damit rechnen kann, und einer der Gründe, warum die ganze Familie beim Erstinterview anwesend sein sollte, besteht darin, daß man dann die Geschwister beobachten und entscheiden kann, welches davon später Schwierigkeiten bereiten könnte. Die Korrektur der Hierarchie mit den Eltern als Autoritäten ist eine Änderung, und zwar eine, die die Geschwister nicht unbedingt begrüßen. Wenn die Eltern auf besseres Verhalten seitens des Problemkindes bestehen, das das Zentrum der Aufmerksamkeit war, so werden sie wahrscheinlich auch bei einem anderen Geschwister darauf bestehen, weil sie dann Zeit haben, sich auf andere Bereiche des Familienlebens zu konzentrieren. Manchmal hat das andere Kind Probleme gemacht, die im Vergleich zu denen des Problemkindes jedoch geringfügig erschienen; aber wenn erst einmal dieses Hauptproblem bereinigt ist, wenden sich die Eltern den geringfügigeren Problemen zu. An diesem Punkt stoßen sie oft auf eine Geschwister-Koalition gegen sich.

Eine der Möglichkeiten, wie man mit dem Problem umgeht, ist der hier beschrittene Weg. Der Therapeut veranlaßt die Eltern, das Geschwisterteil wegen dessen Unzulänglichkeiten zu kritisieren, und setzt es damit in der Hierarchie herunter. Dann bespricht der Therapeut mit dem Geschwister, ob er für seine Schwester Verantwortung übernehmen möchte. Das Ziel ist, es davon zu überzeugen, sich aus dem Problem herauszuhalten und die Verantwortung an die Eltern zurückzugeben.

(Beim vierten Gespräch sind Eltern, Tochter und Bruder mit dem Therapeuten im Raum)

Lande: *Wie ist es damit? Widmet Henry der Familie genug oder zuviel Zeit? Wie sehen Sie als Eltern das?*

Henry:	Wir wollen so richtig schön in Familie machen. Ich glaube, neunzig Prozent meiner Zeit ist der Familie gewidmet.
Lande:	Im Moment neunzig Prozent deiner Zeit. Und du fragst dich . . .
Henry:	Nein, so hätten wir es gerne.
Lande:	Wer ist 'wir'?
Henry:	Die beiden Familienoberhäupter.
Lande:	Sie möchten gerne mehr von deiner Zeit?
Vater:	Nein, ich glaube nicht, daß wir das möchten.
Mutter:	Nein, das glaube ich nicht. (Lacht)
Vater:	Ich sähe es gerne, wenn du ein paar Regeln befolgst, so daß wir ein bißchen Ordnung um uns herum haben . . .
Henry:	Die Regeln bringen viel Zeitaufwand mit sich, Mann.
Vater:	Es braucht gar keine Zeit, wenn du sagst: »Heh, ich gehe da 'rüber.«
Henry:	Oh, Okay.
Vater:	Du brauchst überhaupt keine Zeit, um zu sagen: »Heh, ich nehm' das Auto.« Du brauchst überhaupt keine Zeit, vernünftige Zeiten einzuhalten, worum wir dich gebeten haben und was du verweigert hast.
Henry:	Aber wohl braucht das Zeit, gerade das . . .
Vater:	Braucht es Zeit, um Mitternacht heimzukommen statt um drei Uhr am Morgen?
Henry:	Also, jetzt komm mal, Mann wie viele Male . . .

(Später im Gespräch)

Lande:	Da bist du wirklich in der Zwickmühle – ob du nun deinen Eltern helfen sollst oder deiner Schwester?
Henry:	Ja, stimmt. Also liegt es an mir, zu entscheiden, was gut für Anna ist, oder? Und da ich zu dem Schluß gekommen bin, daß ich eigentlich nicht weiß, was gut für Anna ist, halte ich mich einfach an ihre Regeln. Ich dachte nämlich, ich wüßte, wie ich Anna behandeln soll. Dann kam diese Sache am Dienstag, und ich wußte nicht, wie ich Anna behandeln sollte. Alles, was mir einfiel, war, auf sie loszugehen. Und das ist wahrscheinlich so das Letzte, was sie brauchen kann: jemand, der auf sie losgeht. Also, was mich betrifft, so weiß ich nicht, wie ich Anna behandeln soll.
Anna:	Ich konnte nicht glauben, was ihr (die Eltern) da tatet. Nachdem ich das getan hatte, habt ihr angefangen, ihn anzuschreien und anzufassen. Er hat angefangen, mich anzuschreien und anzufassen.
Mutter:	Ich hab' nicht geschrien. Ich habe ihn nur angefaßt und . . .
Anna:	Du hast geschrien, du hast geschrien.
Henry:	Du hast geschrien, Mama. Alle haben geschrien.
Anna:	Ich habe geschrien und versucht, wegzukommen von euch.
Lande:	(Zum Sohn) Du sagst also, es ist ein bißchen zuviel für dich, diese Verantwortung zu übernehmen?
Anna:	Es ist eine Verantwortung, die er sich selbst auferlegt hat.
Henry:	Es ist eine Verantwortung, mit der ich nichts zu tun haben möchte, Mann. Das ist es.

(Später im Gespräch)

Lande: *(Zum Sohn) Warum bringst du deinen Stuhl nicht zu mir rüber und setzt dich zurück, und wir machen's uns bequem und spielen das fünfte Rad am Wagen. Wir hören weiter zu.*

Henry: *Ich würde nur allzu gerne einschlafen.*

Lande: *Sollen sich diese Leute doch nur über morgen Sorgen machen und was sonst noch.*

Der Therapeut setzt den Sohn neben sich hin, außerhalb des Familienkreises, und wendet sich ihm zu, um mit ihm zu sprechen, während die Eltern und die Tochter sich mit den Problemen der Tochter befassen.

Anna: *Was habt ihr morgen für mich geplant?*

Mutter: *Nun, ich meine, wir müssen eine Liste machen mit den Dingen, die getan werden müssen, und dann überlassen wir dir die Auswahl, ohne zu versuchen ...*

Anna: *Ich mache morgen alle Badezimmer sauber.*

Mutter: *Davon weiß ich noch gar nichts.*

Anna: *Ich mache lieber morgen alle Badezimmer und mein eigenes Zimmer sauber, und bin dann die ganze übrige Zeit vom Haus befreit.*

Mutter: *Was meinst du mit ‚vom Haus befreit'?*

Anna: *Außer Haus.*

(Nach der Sitzung Supervisor und Therapeut im Gespräch)

Haley: *Was das Erreichen des Zieles in diesem Interview betrifft, so habe ich noch nie gesehen, daß jemand es so gut gemacht hat. Das Ziel war, den jungen Mann aus der Situation herauszuholen und die Aufmerksamkeit auf die drei zu verlagern, und dieser junge Mann ist tatsächlich sichtbar und leiblich herausbefördert worden.*

Lande: *Er hat vielleicht von seiner Freundin geträumt, wie sie ihm die Wäsche macht.*

Haley: *Er saß da drüben und hat sich die Haare gekämmt, war völlig geistesabwesend, während das hier los war. Ganz außergewöhnlich. Nun zur Situation, wie ich sie sehe – ich weiß nicht, wie Sie das sehen, aber es läuft alles so glatt und so gut. Es läuft alles auf der Ebene »Biegen wir alles wieder zurecht«. Was um alles in der Welt die ganze Sache zum kippen gebracht hat, das wissen wir eigentlich noch nicht. Was Sie, meine ich, jetzt tun sollten, ist, das Mädchen zu mehr Unabhängigkeit zu drängen, und damit beginnt das Ganze an Stabilität zu verlieren. Aber diesmal drängen Sie Schritt für Schritt auf mehr Unabhängigkeit hin, und das Ganze wird auf eine ganz normale Art an Stabilität verlieren.*

Während einer prekären Situation in dieser Woche hatte die Mutter dem Therapeuten gegenüber erwähnt, daß sie daran denke, sich von ihrem

136

Mann zu trennen. Das kam in der Sitzung, wo der Bruder anwesend war, nicht zur Sprache, aber Therapeut und Supervisor hatten vorher besprochen, was zu machen sei, wenn die Trennung zur Sprache käme.

Haley: *Wenn einer über Trennung zu reden beginnt, dann sollten Sie, meine ich, sagen, daß sie das in diesem Stadium nicht einmal erwägen sollten. Daß sie gegenüber der Tochter eine Verpflichtung haben, und daß die nicht mehr lange bei ihnen bleibt, aber daß sie zumindest noch so lange zusammenbleiben sollten, um ihr zu helfen, heraus und auf die eigenen Füße zu kommen. Das sollte die Einstellung dabei sein. Wieder müssen Sie irgendwann in der Sitzung sagen, daß sie letztlich das Elternhaus verlassen wird.*

Das Trennungsproblem kam in der nächsten Sitzung – der fünften – zur Sprache. Die Eltern sagen, daß mit der Tochter alles gut laufe, und sprechen dann die Probleme an, die sie miteinander haben. Die Eltern und die Tochter sind in der Sitzung mit dem Therapeuten anwesend.

Lande: *Wie ist denn alles so gelaufen?*

Vater: *Ganz gut. Ich glaube, jetzt ist alles viel ruhiger, seit wir letzte Woche diese Explosion hatten. Anna erscheint heute abend ziemlich gedrückt und ruhig. Sie hat heute ihre Medizin noch nicht genommen. Ich weiß nicht, ob das sie beeinflußt oder nicht. Du hast heute nachmittag ein Nickerchen gehalten, nicht wahr, Annabelle?*

Anna: *Mm-hmm.*

Vater: *So ruhig habe ich sie nicht mehr erlebt, seit sie aus der Klinik kam. Aber das ist gut.*

Lande: *Wie sehen Sie es?*

Mutter: *Daß sie so ruhig ist?*

Lande: *Wie's ganz allgemein so geht?*

Mutter: *Oh ja, wie's geht – sie hat sich sehr gut an die Grenzen gehalten, die wir ihr gesetzt haben. Sie war sehr gut.*

(Später im Gespräch)

Mutter: *Es hat da wegen dieser Sache mit meinem Mann einiges an Schwierigkeiten gegeben – Ich glaube nicht, daß wir uns besonders gut einigen können.*

Lande: *Was Annabelle betrifft?*

Mutter: *Ja, was Annabelle betrifft, und das gleiche wird bei den anderen Kindern früher oder später auch passieren. Wir haben uns bisher auf Annabelle konzentriert. Samstag abend dachte ich, wir hätten uns nicht daran gehalten. Ich habe ziemlich viel Wirbel gemacht, weil ich nicht meinte, wir hätten uns an das gehalten, was wir abgemacht hatten.*

Vater: *Ich würde da gerne ein bißchen darüber sprechen, wenn ich darf. Ich glaube, so ist es überhaupt nicht. Ich war nie imstande, meine Ansichten durchzusetzen.*

Mutter: *Mir ist gar nicht wohl dabei zumute, wenn wir das hier vor Annabelle besprechen.*

Lande: *Sie meinen, das ist etwas zwischen Ihnen und Ihrem Mann?*

Mutter: *Ja.*

(Der Therapeut schickt Annabelle in den Warteraum hinaus)

Vater: *Über was wolltest du sprechen, wo sie nicht dabei sein sollte?*

Mutter: *Was ich vor allem gerne wüßte: wie erschütternd es für Annabelle im Moment wäre, wenn mein Mann und ich uns trennen würden?*

(Der Therapeut ist erschreckt – die Therapie war bisher so gut verlaufen)

Lande: *Wie erschütternd es für Annabelle wäre?*

Mutter: *Psychisch, meine ich.*

Lande: *Darüber haben Sie beide gesprochen?*

Mutter: *Wir sprechen schon seit mehreren Monaten darüber.*

Vater: *Nun, so kann man's auch ausdrücken. Ich glaube, das ist etwas, womit du schon ziemlich lange drohst.*

Mutter: *Also gut, dann ist es eben etwas, worüber ich seit mehreren Monaten spreche.*

Lande: *Ich frage mich, ob Sie mich bitten, ihnen Anna betreffend eine Antwort zu geben, oder ob es an der Zeit ist, sich langsam mit irgendwelchen Ehegeschichten zu befassen und nicht nur mit Anna.*

Mutter: *Ich muß ganz ehrlich sein und sagen, daß ich mich schon ziemlich lange mit den Eheproblemen befasse. Eigentlich bin ich vor allem an Ihrer Ansicht über Anna interessiert.*

Lande: *Was mit Anna geschähe, wenn Sie Ihren Mann verließen?*

Mutter: *Ja.*

Lande: *(Lange Pause) Das ist wie eine Lotterie-Frage. Wenn ich eine einfache Antwort darauf wüßte, würde ich sie Ihnen geben. Ich kann es aber nicht, ich kann wirklich nicht. Ich glaube, Sie müssen – an erster Stelle – entscheiden, was für Sie beide gut ist.*

An diesem Punkt muß der Therapeut den Eltern sagen, daß sie verpflichtet sind, zusammenzubleiben, bis die Tochter auf eigenen Füßen steht. Hier geht es nicht um moralische Fragen in bezug auf Scheidung und Trennung. Es geht einfach darum, daß der Therapeut den Zyklus durchbrechen muß, in dem der junge Mensch normaler wird und die elterlichen Eheschwierigkeiten zum Vorschein kommen und mit Trennung gedroht wird. Der Therapeut muß in das Familiensystem eingreifen, um den Zyklus zu unterbrechen. Er muß dafür sorgen, daß die Eltern zusammenbleiben, wenn der Jugendliche sich normal verhält. Wenn die Eltern direkter miteinander umgehen, müssen sie weniger über die Tochter kommunizieren, so daß sie die Chance hat, sich loszulösen und ihre

Unabhängigkeit zu erringen. Wenn es soweit ist, können die Eltern je nach Belieben zusammenbleiben oder nicht, und zwar ohne dabei die Tochter bei dieser Frage einzubeziehen. Der Supervisor rief den Therapeuten an und forderte ihn auf, den Eltern zu raten, so lange zusammenzubleiben, bis die Tochter ihren Schulabschluß gemacht hätte, was in ein paar Monaten der Fall sein würde. Therapeuten, denen in der Ausbildung vermittelt wurde, als Berater der Familie zu fungieren und nondirektiv zu sein, fällt es oft schwer, Verantwortung zu übernehmen und den Eltern zu sagen, sie sollten sich nicht trennen. Sie zögern, so deutlich die Führung zu übernehmen. Diesem Therapeuten hier gelingt es, die Eltern zum Zusammenbleiben aufzufordern, aber er drückt sich dabei vorsichtig aus.

Lande: *Meine Antwort wäre, daß Sie sich nicht gerade jetzt mit einem Problem befassen sollten, das schon seit Monaten oder Jahren besteht, wenn Ihre Tochter gerade aus der Klinik heraus ist und alles wirklich gut läuft – denn von den vergangenen Wochen her ist noch keine solide Basis da. Es ist wichtig, glaube ich, daß es Ihnen zumindest vorläufig möglich ist, effektiv und stabil genug zusammenzuarbeiten, damit Annabelle mit den Dingen weitermacht, mit denen sie weitermachen muß.*

Mit dieser Trennungsdrohung endet die erste Phase. Es wäre vielleicht nützlich, sich noch einmal die Schritte ins Gedächtnis zu rufen, die notwendig sind, wenn man einer Familie helfen will, sich nach solch einer turbulenten Situation neu zu organisieren.

Was ist zu tun, damit wieder eine funktionierende Struktur mit einer klaren Hierarchie geschaffen wird?

Zuerst müssen die Experten, die hinzugezogen wurden, um sich mit dem Problem zu befassen, das organisatorische Durcheinander beheben. Am effektivsten ist ein einzelner Therapeut mit *einem* Supervisor und einer klaren Hierarchie zwischen beiden.

Als nächstes muß der Therapeut dafür sorgen, daß er allein die Verantwortung für den Fall bekommt und kein anderer Fachmann beteiligt ist.

Wenn das therapeutische Netz richtig organisiert ist, kann man darangehen, die Familie zu organisieren, indem man die Eltern in ihre Rechte einsetzt. Am Beginn dieses Prozesses wird das Kind, bei dem das Problem zum Ausbruch kam, versuchen, die Führung an sich zu reißen. Dann muß man es geschickt und elegant ausmanövrieren. Eine weitere Möglichkeit für das Kind, sich in den Vordergrund zu spielen, besteht darin, daß es mit seltsamen Metaphern kommt, die von den anderen nicht verstanden werden. Dieser Versuch muß abgeblockt werden.

Beginnt der Jugendliche die elterliche Autorität zu akzeptieren, wird oft eines der Geschwister versuchen, die Hierarchie durcheinander zu bringen. Es verhindert dann – wie in diesem Fall – , daß die Eltern ihre Autorität durchsetzen. Der Therapeut muß dann dieses Kind beiseite schieben.

Ein wesentlicher Teil der therapeutischen Arbeit besteht darin, auf die Streitigkeiten zwischen den Eltern Einfluß zu nehmen, damit sie vereint die Führung über die Familie übernehmen können, statt sich gegenseitig anzugreifen.

Stabilisiert sich die Familie schließlich und sind die Eltern im Besitz der Autorität, dann droht eine Trennung zwischen diesen, welche die Familie desorganisieren und den Jugendlichen dazu bringen könnte, zu explodieren und das Ganze so zu retten. Der Therapeut muß die Eltern zusammenhalten und zumindest zeitweilige Stabilität zustande bringen.

Bis zu dieser fünften Sitzung war die Tochter wieder in der Schule, hatte einen Teilzeitjob und war völlig von Medikamenten weg. Dies sind die Zeichen, daß die erste Phase der Therapie zu Ende geht und Schwierigkeiten sich ankündigen. Man kann erwarten, daß es bald zu einer Krise kommen wird, und das wird dann die zweite Phase der Therapie sein.

An diesem Punkt ist die erste Phase vollendet. Mit der Heimkehr des Jugendlichen aus der Klinik ist alles gutgegangen, und die Familie ist für die Auseinandersetzung mit den Problemen bereit, die die Krise ursprünglich heraufbeschworen haben.

Es ist eine Anmerkung zu manchen Variationen dieses Therapieansatzes für Therapeuten angebracht, die mit einer Vielzahl von Familientypen zu tun haben. Diese Familie ist insofern typisch, als die Eltern zögernd und unfähig sind und die verrückte Tochter die Autorität über sie übernommen hat. Die Eltern mußten Hilfe von außen herbeirufen, um mit der Tochter fertig zu werden. Die Strategie der Therapie besteht darin, den Eltern die Autorität zu übergeben, indem man sie überredet, die notwendigen Maßnahmen zu ergreifen. Die Tochter wird in der Hierarchie weiter unten plaziert, und zwar nicht sosehr dadurch, daß sie selbst tiefer gesetzt wird, sondern vielmehr dadurch, daß die Eltern höher plaziert werden. Diese Eltern sind intelligent und können bei diesem Ansatz mitarbeiten. In manchen Fällen sind Eltern so hilflos und unfähig, daß sie nicht darauf ansprechen. So erscheinen etwa die Eltern bei manchen Drogenproblemen so hilflos und passiv und der Süchtige so geschickt im Umgang mit ihnen, daß es zuviel verlangt ist, wenn man sie auffordert, die Erziehungsgewalt zu übernehmen. Manchmal hat einer der Eltern auch ein schweres Problem, etwa ein Alkoholproblem. In solchen Fällen besteht ein anderer Ansatz für den Therapeuten darin, den Süchtigen herabzusetzen. Macht man dies, so werden die Eltern durch die Tatsche, daß der Süchtige vom Experten herabgestuft wird, höher plaziert als der Süchtige.

Um ein Beispiel zu bringen: Ich erinnere mich, wie *Paul Riley*, ein geschickter Therapeut, mit einem Heroinsüchtigen und dessen Eltern umging. Das Interview begann damit, daß *Riley* den Süchtigen aufforderte, seine Mütze abzunehmen. Dies geschah in höflicher Weise, aber es war klar, daß damit herausgestellt wurde, daß der Sohn sich unbotmäßig verhielt und die Eltern nicht. Der Süchtige war siebenundzwanzig Jahre alt und dünkte sich in vielerlei Hinsicht anderen Leuten überlegen. Er listete die wichtigen Jobs auf, die er über die Jahre hatte. Aus dieser Diskussion kristallisierte sich heraus, wie unfähig er gewesen war, eine Arbeit zu halten, während sein Vater seit einundzwanzig Jahren und seine Mutter seit siebzehn Jahren dieselbe Arbeit hatten. Der Süchtige konterte, daß er dieses eintönige Leben nicht wünsche. *Riley* konterte, daß das Leben, das der Süchtige gewählt habe, ihn ins Gefängnis und zu einer Sucht gebracht habe, für die er nun Hilfe suche, während seine Eltern weiterhin in der Gesellschaft lebten und arbeiteten. Dieses Schritt-für-Schritt-Herabsetzen des Problemkindes in bezug auf seine Eltern – das ist ein Anfang, der später dazu führen kann, daß die Eltern selbst eigene Autoritätshandlungen einleiten. Die Aufgabe des Therapeuten liegt nicht darin, warm, empathisch und permissiv, sondern gegen den Süchtigen negativ zu sein und ihn trotzdem in kooperativer Weise weiter einzubeziehen.

Therapiehistoriker erinnern sich vielleicht, daß *John Rosen* mit seiner *Direct Analysis*[4] hervorhob, wie wichtig es ist, daß der Therapeut die Führung des gestörten Jugendlichen übernimmt. Er wurde von nondirektiven Therapeuten kritisiert, die passiv da saßen und solchen jungen Leuten zuhörten (und in der Therapie mit ihnen scheiterten). Ich habe einmal von einem Fall berichtet, bei dem ein junger Mann darauf bestand, daß er Gott sei, und *Dr. Rosen* sagte: »Ich werde dir zeigen, wer Gott ist«, und er veranlaßte seine Helfer, den jungen Mann auf die Knie zu zwingen[5]. Bis zu den fünfziger Jahren war klargeworden, daß die Autorität, die junge Menschen ausübten, in keinem Verhältnis zu ihrer Bereitschaft stand, Verantwortung zu übernehmen, und daher mußte der Therapeut die Verfügungsgewalt übernehmen. In diesen Fällen gelang es dem Therapeuten oft, eine Hierarchie zu etablieren, bei der er die Verfügungsgewalt innehatte und nicht der gestörte Jugendliche; aber dann

4 *J. N. Rosen*, Direct Analysis, New York: Grune & Stratton, 1951.
5 *J. Haley*, Gemeinsamer Nenner Interaktion, München: Pfeiffer, 1978.

wurde dieser heimgeschickt, und nichts hatte sich verändert. Zu Hause übernahm er wieder durch verrücktes Verhalten die Verfügungsgewalt, während die Eltern hilflos reagierten, und die Hierarchie funktionierte weiterhin schlecht. Erst später wurde man gewahr, daß es nicht den Kern trifft, wenn man die Hierarchie im künstlichen Milieu einer Institution und ohne Bezugspersonen korrigiert. Die Hierarchie muß in der engen Bezugsgruppe korrigiert werden, in der der Jugendliche lebt.

Kapitel 6
Der richtige Anfang im Erstinterview

Ein Erstinterview mit der Familie eines gestörten und exzentrischen Jugendlichen ist nicht wie andere, routinehaftere Therapieinterviews. Kommt man mit solch einer Familie zusammen, ohne einen Plan zu haben, so fordert man Unglück und Schwierigkeiten heraus. Es ist gar nicht günstig, wenn der Therapeut exploriert und bloß abwartet, was geschieht.

Ist ein junger Erwachsener in einer Nervenklinik, einem Drogenrehabilitationszentrum oder einem Gefängnis, so braucht man nicht herauszufinden, was das Problem ist, da dies ohnehin auf der Hand liegt. Der junge Mensch ist in der Gemeinschaft in ernsten Schwierigkeiten, und die Familie ist in ihrem Funktionieren gestört. Eine ähnliche Annahme bietet sich manchmal bei einem jüngeren Problemkind an: kommt ein anorektisches Kind als wandelndes Skelett herein, so steht nicht zur Frage, worin das Problem besteht, sondern was hier zu tun ist, damit das Kind nicht verhungert oder infolge herabgesetzten Immunwiderstandes an einer Krankheit stirbt.

Offenkundig ist das Ziel bei einem in Verwahrung befindlichen jungen Menschen, daß er oder sie die Institution verläßt und normal lebt, wobei die Familie und die Fachleute diese Veränderung überleben sollen. Der Therapeut muß nicht erkunden, was die Probleme und Ziele sind; er muß die Verfügungsgewalt übernehmen. Indem er die Verfügungsgewalt übernimmt, kommt es zur Exploration, und über die Spezifika der Situation werden Informationen gesammelt, aber die Exploration ist nicht der Sinn des Interviews. Tatsächlich kann eine Exploration zu Schwierigkeiten führen und die Therapie zum Scheitern bringen. Gewöhnlich muß sich der Therapeut damit begnügen, mit weniger Information zu arbeiten, als er bei der Intervention gerne hätte.

Wie in vielen Therapiesituationen ist die Strategie um so offenkundiger, je extremer das Poblem ist. Befindet sich ein Jugendlicher in Verwahrung, dann kann das Thema des Erstinterviews klarer sein, als wenn der junge Mensch sich verrückt verhält, aber noch keine Vertreter sozialer Kontrolle auf den Plan gerufen hat. Ist es schon zur Institutionalisierung gekommen, so sind der Jugendliche und die Familie unsicher und instabil, und daher hat der Therapeut mehr Durchschlagskraft. Handelt es sich um das erste Mal, daß ein junger Mensch in Verwahrung ist, so will er meistens heraus, was dem Therapeuten und den Eltern einen Vorteil verschafft. Bis zur zweiten oder dritten Verwahrung hat der Jugendliche gelernt, aus der Verwahrung – oder der drohenden Verwahrung – Nutzen zu ziehen. Auch die Familie hat gelernt, aus der Verwahrung Nutzen zu ziehen. Wenn das Kind das erste Mal aus der Familie genommen wird, wissen weder Kind noch Eltern genau, was sie in dieser Krise tun sollen; daher folgen sie Direktiven, die zur Veränderung führen. Hat jedoch die Familie erst einmal gelernt, die Institution zu nutzen, um sich zu stabilisieren, so ist Veränderung schwieriger. Fordert der Therapeut die Familie auf, den jungen Menschen sofort wieder in die Gemeinschaft zurückzubringen, so fordert er sie damit auf, von neuem Instabilität und Streß durchzumachen.

Obwohl Therapeut und Familie bei einer Erstverwahrung mehr Wirkungsmöglichkeiten haben, so heißt das aber nicht, daß Verwahrung zur Erleichterung der Therapie eingesetzt werden sollte. Das Stigma, in einer Institution zu sein, kann jedwede Vorteile aufheben. Außerdem kann man nicht vorhersagen, ob man eine Person von den Instanzen sozialer Kontrolle befreien kann, wenn diese erst einmal in Aktion getreten sind, weil solche Organisationen ihre eigenen Zwecke und Bedürfnisse haben.

Wenn der junge Mensch nicht institutionalisiert ist, und sogar manchmal, wenn dies der Fall ist, gibt es bestimmte Regeln, wie man die Familie zur Kooperation bringen kann. Man führt den Jugendlichen als Problem vor, und bezieht die Familie in die Therapie mit ein. Bestimmte Verfahren erhöhen die Wahrscheinlichkeit, daß die Familie kooperiert.

Zunächst einmal sollte man die Familie auffordern zu kommen, um ihrem Sohn oder ihrer Tochter zu helfen, nicht um sich »Familientherapie« zu unterziehen. Wenige Menschen wollen Familientherapie, insbesondere wenn sie glauben, dies bedeute, daß man ihrer Vergangenheit, all ihrer Schuld und ihren ganzen Problemen auf den Grund geht. Jedoch ist meistens eine Bereitschaft vorhanden, dem Kind zu helfen.

Der Jugendliche sollte nicht entscheiden, wie die Therapie durchgeführt werden soll. Ob die Familie einbezogen werden sollte oder nicht, das sollte vom therapiekundigen Experten und nicht von einem jungen Verrückten entschieden werden. In dieser Phase der Ablösung von zu Hause muß die Familie in die Therapie einbezogen werden, ob der junge Mensch dies will oder nicht. Manchmal widerstrebt es diesem, die Eltern einzubeziehen, weil er sie schützen will. Erst wenn er sieht, daß der Therapeut kompetent ist, wird er Bereitschaft zeigen, die Eltern dem Therapeuten auszusetzen.

Der Therapeut darf nicht erwarten, daß der Jugendliche die Familie herbringt. Der Therapeut – als Experte – sollte diese Verantwortung übernehmen, persönlichen Kontakt mit den Eltern aufnehmen und sie zum Interview zusammen mit dem Problemkind auffordern. Wenn sie widerwillig sind, sollte man sie bitten, mit Informationen und Anleitungen für den Therapeuten zu helfen; man sollte sie nicht kritisieren. So wie der Therapeut von einer Mutter nicht erwarten sollte, daß sie einen widerstrebenden Vater mitbringt, sondern ihn direkt auffordern sollte, ebenso sollte man vom Jugendlichen nicht erwarten, daß er die Eltern herbeibringt, sondern man sollte sie direkt auffordern. Dadurch obliegt das, was im Interview passiert, der Verantwortung des Therapeuten, nicht der des Problemkindes.

Annahmen

Gewisse soziale Annahmen sind für einen Therapeuten hilfreich, der ein Erstinterview durchführt. Selbst wenn diese Annahmen nicht immer gelten mögen und es gelegentliche Ausnahmen und Überraschungen geben kann, ist es immer noch besser, im Einzelfall die Ausnahme zu entdecken, als in jedem Fall durch Unsicherheit und Planlosigkeit fehlzugehen.

1. Es ist anzunehmen, daß die Hierarchie in der Familie sich in Verwirrung befindet und daß in der Ehe eine ausweglose Situation herrscht, die so ernst ist, daß sie das übliche Ausmaß überschreitet. Wie der Therapeut das Interview beginnt, ja sogar, mit wem er zuerst spricht – das alles sollte gleich der Korrektur der Hierarchie dienen.

2. Man sollte annehmen, daß die Problemperson organisch gesund und intelligent ist, wenn das auch nicht offen zutage tritt. Er oder sie versagt, um damit die Familie zu schützen, und man sollte sich ihm oder ihr daher mit Geduld und Achtung nähern, aber er oder sie sollte nicht das Interview stören dürfen. Man sollte Normalität und ein medikamentenfreies Leben erwarten. Der Therapeut sollte diese Ansicht äußern, um darauf zu verweisen, daß die Familie es überleben kann, wenn das Kind normal wird.

3. Verläßt der Jugendliche die Familie, indem er normal und autonom wird, so sollte man annehmen, daß das für die Familie eine ernste Bedrohung darstellt, wie sehr die Eltern auch beteuern mögen, daß das ihr Wunsch sei. Man muß der Familie versichern, daß der junge Mensch das Zuhause nicht plötzlich und unverantwortlich verläßt, sondern nur unter Anleitung der Eltern.

4. Die Eltern werden nicht die Familie, sondern vielmehr den Jugendlichen als Problem anbieten. Der Therapeut sollte das akzeptieren, dabei aber wissen, daß den Eltern auch bewußt ist, daß die Familie ein Problem darstellt.

Schwierigkeiten, mit denen man rechnen muß

Obwohl Familien ähnliche Organisationen haben, ist doch jede einzigartig und wird sich im Interview inhaltlich anders darstellen. Nur schwer läßt sich manchmal die Ähnlichkeit entdecken zwischen einem siebzehnjährigen Mädchen, das im lauten geräuschvollen Kampf mit den Eltern wegen Drogenkonsum steht, und einem stillen Studenten, der ausgerechnet vor seinen mündlichen Prüfungen apathisch wird. Der Therapeut muß die den Inhalt betreffenden Fragen von den die Organisation betreffenden trennen und die wichtigen Muster und Sequenzen in der Situation erkennen. Der intellektuell abstruse Philosophensohn, der durch seine Beschäftigung mit der Sünde untauglich gemacht wird, kann in der Organisation die gleiche Funktion haben wie der retardierte Sohn, der durch die Schwierigkeit, sich die Schuhe zu binden, untauglich gemacht wird.

Wenn sich der Jugendliche und die Eltern im Kampf befinden, ist es für manche Therapeuten schwer, Koalitionen mit beiden Generationen zustandezubringen. Der Therapeut muß in dieser Zeit der Krise sich mit den Eltern verbünden und gleichzeitig einen Pakt mit dem jungen Menschen aufrechterhalten. Es ist ein Fehler, sich mit dem Kind gegen die Eltern zu verbünden, aber sich mit den Eltern zusammenzuschließen und das Kind zu ignorieren oder feindlich zu stimmen kann zur Auflösung der Therapie führen und kann bedeuten, daß der Therapeut von dem jungen Exzentriker überlistet wurde, der nun weiterhin scheitern kann.

Der Therapeut muß dem jungen Menschen zuhören, um Anhaltspunkte zu bekommen, wie verrückt dessen Aussagen anscheinend auch sein mögen. Aber gleichzeitig sollte der Therapeut nicht zulassen, daß das verrückte Verhalten das Interview stört, wenn sich wichtige Familienthemen ergeben. Das Problemkind kennt die Familienthemen gut; das ist seine Aufgabe, und der Therapeut sollte sich von ihm zu wichtigen Problemen hinführen lassen. Doch darf er es nicht zulassen, daß der Jugendliche seine Anleitungen in solch rüder und offensiver Art und Weise darbietet, daß er das Interview unterbricht und dessen Ziele verhindert. Das heißt, der verrückte Jugendliche hat zwei Aufgaben: eine besteht darin, den Eltern zu helfen, indem er ein Versager ist und Ärger bereitet, wenn sie in Schwierigkeiten sind, damit sie sich zusammenreißen, um sich mit ihm zu beschäftigen; die andere besteht darin, den Eltern zu helfen, indem er den Therapeuten zu dem hinführt, was getan werden muß. Der Therapeut muß diese Hinführung akzeptieren und zugleich ein Übermaß an Störungen unterbinden.

Die Eltern müssen in ihrer richtigen Postion in der Familie unterstützt werden – als Autoritäten über die Kinder – , obgleich sie sich vielleicht unangemessen oder inkompetent verhalten. Der Therapeut hat das Problem, gerade dann eine korrekte Hierarchie zu erstellen, wenn die Personen mit höherem Status auf eine solche Art und Weise miteinander ringen, daß sie handlungsunfähig sind und keine effektive Führung anbieten können.

Die Phase des Kennenlernens

Wie bei jedem anderen Interview sollte man auch hier erreichen, daß sich die Familie so wohl wie möglich fühlt. Die speziellen Umstände der Situation sind, daß die Eltern sich im ungewissen darüber befinden, was erwartet wird, und daß sie erwarten, daß man ihnen die Schuld gibt. Ist ein junger Mensch eines Verbrechens angeklagt worden, so können die Eltern eher zu Recht meinen, daß die Schuld bei ihm und nicht bei ihnen liegt. Ist eine Nervenklinik im Spiel, fühlen sich die Eltern im allgemeinen unwohler. Sie wissen nicht genau, ob man ihnen dadurch, daß man sie zum Interview hereinbittet, die Schuld gibt; sie sind sich auch nicht sicher, ob man sie vielleicht auch für verrückt hält; ihnen ist nicht wohl zumute in bezug auf die Frage, was zur Krise und Hospitalisierung führte; und sie rechnen damit, daß das Fachpersonal auf der Seite des jungen Menschen steht, denn diese Leute waren ja mit ihm zusammen und haben seine Ansichten gehört und nicht die der Eltern. Es ist daher wichtig, daß der Therapeut die Eltern und andere Familienmitglieder mit Respekt und besonderer Höflichkeit behandelt. Schon von der Art und Weise, wie der Therapeut sich vorstellt und wie er die Familienmitglieder zum Mantel-Ablegen und Hinsetzen auffordert, sollte klar sein, daß niemand beschuldigt werden soll.

Neben dem Schuldthema muß auch das Problem der Hierarchie gleich während der Phase des Kennenlernens angegangen werden: Zuerst spricht man mit den Eltern, später mit den Kindern. Man sollte sofort klarstellen, daß dies kein Interview mit einem »Patienten« vor der Familie sein soll, sondern daß alle Familienmitglieder einbezogen sein werden und der Experte sich mit den Eltern verbünden wird, um sich mit ihnen zusammen mit dem Problemkind zu befassen.

In diesem Stadium sollte man – falls notwendig – klarstellen, wie der Raum technisch beschaffen ist; man sollte z. B. mitteilen, ob Einweg-Spiegel, Beobachter, Video-Kameras und Mikrophone usw. vorhanden sind.

Ganz allgemein geht es in der Phase des Kennenlernens darum zu erreichen, daß sich die Familie wohl fühlt und sich von jedweden Mißverständnissen und Befürchtungen befreit, damit das Therapie-Unternehmen durchgeführt werden kann. Macht das Problemkind gleich zu Anfang Schwierigkeiten oder sagen die Eltern gleich zu Anfang etwas zu dem Problem, so sollte der Therapeut vorschlagen, daß er gerne erst alle kennenlernen würde, bevor er sich mit den Problemen befasse. Ist das Problemkind besonders verstört und unruhig, so sollte der Therapeut *die Eltern* hinsichtlich der Situation beruhigen und sie für sie weniger bedrohlich machen. Wenn sich die Eltern wohler fühlen, wird sich das Problemkind meistens beruhigen und sich nicht wie toll gebärden, um ihnen auf seine Weise zu helfen.

Gewöhnlich wird der Therapeut in einem Erstinterview, wenn sich die Familie wohl fühlt, Fragen zum Problem stellen. Hat der Therapeut es jedoch mit den hier beschriebenen Extremsituationen zu tun, so sollte er gegenüber der Familie eine Orientierungsaussage machen.

Die Orientierungsaussage

Wie die Orientierungsaussage angefangen wird, das wird davon abhängen, wie die Familie zum Therapeuten kam. Hat man sie schon vorher für die Therapie gewonnen und sind sie gekommen, um anzufangen, so haben wir die eine Situation. Kommen sie unfreiwillig, weil ihr Kind eingesperrt ist und sie hergebeten wurden, so ist ein ganz anderer Anfang notwendig. In beiden Fällen sollte der Therapeut es würdigen, daß alle gekommen sind, und dann die Tagesordnung der Sitzung und die Ziele der Therapie kundgeben. Das ist keine Situation, in der der Therapeut zweideutig und geheimnisvoll sein möchte, um zu sehen, wie die Familie reagiert. Hier ist keine Zeit für lange Schweigepausen, in denen man abwartet, was die Familie anbietet. Der Therapeut muß eine klare Aussage machen, und die Familie kann mit seiner Position übereinstimmen oder nicht übereinstimmen.

Die jeweilige Formulierung des Therapeuten wird mit der sozialen Klasse der Familie, dem Alter der Beteiligten, der Zahl der Familienmitglieder usw. variieren. Was hier hervorgehoben werden wird, sind die Fragen, die berücksichtigt werden sollten.

1. Man sollte der Familie mitteilen, daß das Ziel des Therapeuten darin besteht, den jungen Menschen so schnell wie möglich wieder zum Normalsein zurückzubringen. Die Therapie sollte als kurz und praktisch definiert werden – Zweck sei die Rückkehr zur Schule oder Arbeit.

2. Die Therapie wird sich auf die gegenwärtige Situation konzentrieren und nicht sosehr auf die Vergangenheit. Es wird keine Exploration über die Erziehung des jungen Menschen geben, sondern der Schwerpunkt wird vielmehr auf der Frage liegen, was jetzt getan werden soll.

Diese beiden Punkte – der Schwerpunkt auf der schnellen Rückkehr zur Normalität und das Nicht-Explorieren der Vergangenheit – werden Mißverständnissen vorbeugen. Viele Familien gehen davon aus, daß Therapie langwierig sein müsse und Jahre mit Sitzungen bedeute und daß sie allen früheren Leiden und Fehlern nachgehen müsse. Viel Widerstand von Familien, besonders jener, die zuvor schon einmal Therapie hatten, wird vermieden, wenn die Art des Therapieansatzes in dieser Weise definiert wird. Oft wird die Familie den Therapeuten testen, indem sie ein Problem aus der Vergangenheit anspricht, und er muß sich konsequent an seine Aussage halten.

3. Der Therapeut sollte sagen, daß er gerne möchte, daß dies die letzte Institutionalisierung des jungen Menschen ist (bei einer Therapie, die in der Verwahrungssituation anfängt; sonst kann er kundtun, daß er eine Institutionalisierung zu vermeiden wünscht). Er sollte sagen, daß das Ziel der Therapie darin besteht, der Familie bei der Lösung ihrer Probleme zu helfen, ohne daß der Jugendliche in die Verwahrung muß. Manchmal ist es notwendig zu sagen, daß es zu einem Zyklus kommen kann, wo die Verwahrung immer wieder eingesetzt wird, und die Verwahrung selbst die Lösung der Probleme verhindert. Von diesem Punkt an soll daher die Familie mit der Hilfe des Therapeuten die Probleme lösen.

4. Der Therapeut sollte betonen, daß die besten Therapeuten für den Jugendlichen seine Eltern sind. Auf diese Weise wird das Ganze als

Familienproblem definiert und nicht sosehr als eines, dessen Lösung den Experten obliegt. Die Eltern kennen ihr Kind am besten, und wenn sie zusammenarbeiten, können sie es wieder zur Normalität zurückbringen.

5. Gehört der gestörte Jugendliche der Sorte an, die Unruhe stiftet, so sollte man an irgendeiner Stelle im Interview den Vater fragen, ob er das Kind physisch im Zaum halten könne: »Können Sie ihn schlagen?« Wenn der Vater Zweifel äußert, können dann Vater und Mutter zusammen es tun? Falls nicht, können Vater, Mutter und ein Geschwister es tun? Falls nicht, wie wäre es mit einem Nachbarn, der hilft? Eine solche Nachfrage sollte nicht sofort gestartet werden, sondern später im Interview, wenn die Eltern sich mit dem Therapeuten wohler fühlen. (Gelegentlich hat man es mit Eltern zu tun, die ihre Kinder mißhandeln, und da muß die Frage der Gewalt anders behandelt werden.) Durch die Nachfrage wird betont, daß dieses Problem innerhalb des Zuhauses angegangen wird und nicht von Vertretern sozialer Kontrolle oder durch Verwahrung. Es hilft auch den Eltern gewahr zu werden, daß der Therapeut den Ernst der Situation kennt und das schwierige Verhalten der Problemperson nicht bagatellisiert.

6. Gehört der junge Mensch der apathischen Sorte an, so muß man den Eltern sagen, daß es nichts nützt, wenn man nur darauf wartet, daß er etwas tut. Er muß zu Schule, Studium oder Arbeit gedrängt werden, selbst wenn er protestiert, weil erst dann etwas geschehen wird, wenn die Eltern etwas unternehmen. (Wenn die Eltern insistieren, weiß der Jugendliche, daß sie darauf vorbereitet sind, daß er wieder ein normales Leben aufnimmt und daß sie dies ertragen können.) Man kann ihn nicht zwingen, eine Arbeit anzunehmen, aber man kann ihn zwingen, um acht Uhr aus dem Haus zu gehen, damit er sich eine sucht.

7. Selbstmord bzw. Selbstmorddrohungen sind ein besonderes Problem. In der Orientierungsaussage könnte der Therapeut vielleicht die Position einnehmen, daß die Familie für das Leben des jungen Menschen verantwortlich sein soll. Die Mitglieder müssen sich bei der Beobachtung abwechseln oder sollten alles tun, was zu ihren Pflichten gehört. Die Familienstruktur verändert sich dann im Verlauf der Überwachung des suizidalen jungen Menschen.

8. Man sollte den Eltern klarmachen, daß es sehr wichtig ist, daß sie sich darüber einigen, was der junge Mensch machen soll. Arbeiten sie zusammen, so wird dieser ein normales Leben beginnen. Es geht nicht darum, wer Recht hat, sondern darum, es miteinander zu machen.

Die Korrektur der Hierarchie

Oft verbünden sich Eltern mit dem Therapeuten und machen, was er vorschlägt, ohne Schwierigkeiten zu bereiten. Der Therapeut darf das erwarten. Zuweilen kommt es zu einer Reaktion gegen seine Vorschläge. Versucht der Therapeut, den Eltern die Autorität über ihr Problemkind zu übergeben, so gibt es mindestens sechs Möglichkeiten, wie sie versuchen können, sich zu weigern. Es könnte sein, daß sich der Beginn der Therapie um diese Frage dreht.

1. Die Eltern können es ablehnen, den Therapeuten als Autorität zu akzeptieren. Manchmal lehnen sie es ab, zum Interview die Mitglieder mitzubringen, die der Therapeut da haben möchte, oder sie kommen selbst nicht zum vereinbarten Zeitpunkt; oder sie erheben einfach Einwände gegen den Plan des Therapeuten. Es ist wichtig, daß der Therapeut zu diesem Zeitpunkt seine Führungsstellung bezieht. (Wie *Carl Whitaker* betont, muß der Therapeut den Kampf zu Beginn der Therapie gewinnen, sonst scheitert er wahrscheinlich[1].) Wird die hierarchische Beziehung zum Therapeuten nicht von den Eltern akzeptiert, so werden auch die Kinder die hierarchische Beziehung zu den Eltern nicht akzeptieren.

2. Verhalten sich die Eltern in bezug auf ihre Kinder nicht richtig, so verhalten sich auch meistens die Großeltern nicht richtig in bezug auf die Eltern. Manchmal schlagen die Eltern die Autorität aus und übergeben sie den Großeltern. Oft mischen sich die Großeltern ein und halten die Eltern davon ab, Autorität auszuüben, und meistens denken sie dabei, sie müßten den Enkel vor den Eltern retten. Geschieht dies, so muß der Therapeut die Großeltern den Eltern gegenüber in eine beratende Position bringen, den Eltern die Erziehungsgewalt über das Problemkind übergeben und verhindern, daß sich die Großeltern einmischen.

3. Der Therapeut versucht, den Eltern die Erziehungsgewalt zu übergeben, aber sie weigern sich und bieten statt dessen außenstehende Experten als Autoritäten an. Sagen die Eltern, sie folgten nur dem Rat anderer Experten, so muß der Therapeut ihnen versichern, daß bei diesem Fall keine anderen Experten Autoritäten sind und daß sie, wie er verlangt, die Erziehungsgewalt übernehmen müssen. Nachstehend ein Beispiel:

---

1 Siehe »The Growing Edge« in: *J. Haley und L. Hoffmann:* Techniques of Family Therapy, New York: Basic Books, 1967.

Vater: Ich weiß nicht, was die Ärzte (in der Klinik) ihr erlauben werden.
Therapeut: Ich meine, was wichtig ist – lassen Sie mich sie unterstützen. Was wichtig ist, meine ich, ist, was Sie beide jetzt entscheiden.

(Später im Gespräch)

Mutter: (Nachdem im Interview Schwierigkeiten zwischen den Familienmitgliedern aufgetreten sind) Gibt die Klinik uns irgendwelche Empfehlungen? Sagt man uns, was das Beste wäre? Nachdem alles gründlich untersucht wurde? Was wäre das Beste?
Therapeut: Nein. Auf einer wichtigen Ebene hat man bereits eine Empfehlung gemacht. Deshalb sind wir heute hier. Ich habe letzte Woche mehrmals mit ihrem Arzt und dem Sozialarbeiter gesprochen. Wir sind in sehr engem Kontakt gestanden. Es gibt also schon feste Vorstellungen, was die Nachbetreuung und all dies betrifft.

Nachdem der Therapeut sich als derjenige etabliert hat, dem der Fall überwiesen wurde, geht er weiter zu den Fragen der Rückkehr zur Schule, usw.

4. Eine weitere Variation ist die Weigerung der Eltern, die Erziehungsgewalt zu übernehmen, indem sie dem Kind die Entscheidung überlassen, obwohl dieses offenbar nicht dazu in der Lage ist.

Es ist ein typisches Muster der Eltern, sich dem Problemkind zuzuwenden, wenn sie unsicher sind; das gerade gibt dem Kind in der Hierarchie mehr Autorität als den Eltern. Es ist dies ebenso unpassend, wie wenn Eltern ihr Kind fragen, wie sie es disziplinieren sollen, oder wenn sie den Rat einer jugendlichen Tochter dazu einholen, wie sie ihr Sexualleben führen sollen.

Selbst im Fall eines jungen Erwachsenen, der normalerweise an vielen Lebensentscheidungen teilnähme, wenn er sie nicht überhaupt völlig allein träfe, trifft das in dieser abnormen Situation nicht zu, wo der Betreffende eingesperrt ist, weil er nicht die Verantwortung für vernünftige Entscheidungen übernehmen könnte.

Wenden sich die Eltern dem Problemkind nicht zu, so mischt sich dieses oft ein und besteht darauf, die Verfügungsgewalt zu übernehmen und anstelle der Eltern Entscheidungen zu treffen. Ein Beispiel:

Therapeut: Eine Sache ist, daß Annabelle ziemlich bald nach Hause soll, und ich glaube, Sie alle müssen jetzt entscheiden, was sie machen soll, und dergleichen.
Annabelle: (Zu den Eltern) Werdet ihr beide meine Pläne machen?
Vater: Ist das nicht seltsam.
Annabelle: Warum kann ich nicht meine eigenen Pläne machen?
Vater: Ich glaube, als er wir sagte, hat er auch dich gemeint.

152

Hier ist der Vater unangemessen gleichmacherisch. Der Therapeut wird ihn korrigieren und empfehlen, daß die Eltern die Pläne für die unmittelbare Zukunft der Tochter machen; denn sie hat sich selbst in die Klinik gebracht, indem sie sich unverantwortlich verhalten und andere gezwungen hat, die Verfügungsgewalt zu übernehmen. Oft erheben junge Leute in dieser Situation Einwände, und der Therapeut muß einen Weg finden, sie davon abzuhalten, Autorität auszuüben, ohne sie dabei feindlich zu stimmen. Manchmal ist das Problem extremer, wenn das Kind älter ist. So sagte ein Drogensüchtiger zu seinen Eltern: »Niemand macht einem Sechsundzwanzigjährigen Vorschriften«, was so übersetzt werden kann, daß Eltern einem sechsundzwanzigjährigen jungen Mann keine Vorschriften machen sollen. In anderen Fällen übernimmt der junge Erwachsene in subtilerer Weise die Verfügungsgewalt, wie im folgenden Beispiel, wo der Therapeut eine kurze Eröffnungsaussage macht und der junge Erwachsene reagiert. Die Eltern, der junge Mann und seine Frau sind im Zimmer.

Therapeut:Ich möchte, daß wir uns einmal wöchentlich treffen. Ich werde Ihnen auch die Medikamente geben, und mit Ihnen werden wir die verschiedenen Dosierungen festlegen. Was die Frage betrifft, wie lange Sie noch bleiben werden, werde ich mit den Leuten in der Tagesklinik in Kontakt bleiben. Wir werden das entscheiden. Ich sehe meine Rolle darin, Ihnen zur Rückkehr zum Normalsein, zur Rückkehr zu Ihrem normalen Leben zu verhelfen.
Sohn: Okay, das kann ich verstehen.
Therapeut:Wir können alle auf dieses Ziel hinarbeiten.
Sohn: Also ehrlich gesagt, ich glaube, das braucht weniger Zeit, als mein Vater und meine Mutter vielleicht denken.
Therapeut:Das werden wir im Verlauf der Therapie entscheiden.

Es gibt eine weitere Möglichkeit, wie dem Problemkind die Autorität übertragen werden kann: nämlich durch den Therapeuten. Wenn der Therapeut angesichts der Eltern nervös und unsicher ist, kann er sich dem Problemjugendlichen zuwenden und fragen, was er zur Entlassung und anderen Fragen meine. Dieser kann dann die Verfügungsgewalt übernehmen, und der Therapeut ist dadurch gescheitert, daß er jemandem, der in der Hierarchie eigentlich tiefer stehen sollte, eine elterliche Entscheidung übertragen hat. Ja, manchmal wird der Therapeut dem Jugendlichen die Führung übertragen, indem er ihn frei assoziieren und »die Ventile öffnen« und ihn so bestimmen läßt, was im Interview geschieht. Der nervöse Therapeut und die nervösen Eltern können sich dann der Verantwortung entledigen und haben auch jemanden, dem sie die Schuld für die Schwierigkeiten in der Therapie geben können.

5. Eines der Geschwister schreitet ein und übernimmt die Führung und schiebt die Eltern beiseite. Dies tritt normalerweise weniger gleich im Erstinterview, als vielmehr später in der Therapie ein, also zu einem Zeitpunkt, da der Jugendliche, der das Problem darstellt, normaler wird, weil die Eltern ihre Führungsstellung erfolgreicher behaupten. An diesem Punkt erklärt eines der Geschwister den Eltern, daß sie die Situation ganz falsch angehen, daß sie die moderne Generation nicht verstehen, usw.

Versucht das Geschwister, gleich im Erstinterview oder später die Zügel zu übernehmen, so muß der Therapeut das verhindern und sagen, daß die Eltern die Verfügungsgewalt über die Familie innehaben und die Entscheidungen treffen werden.

6. Hat man den Eltern die Führung übergeben, so können sie sich gegeneinander wenden und einen Streit anfangen, der sie daran hindert, die gemeinsame Autorität auszuüben. Der Therapeut muß das unterbinden und sie auffordern, sich zu einigen und zu entscheiden.

In anderen Familien können die Mutter und der Vater so extrem negative und gewalttätige Verhaltensweisen an den Tag legen, daß der Therapeut überzeugt ist, daß sie einfach nicht fähig sind, die Verantwortung für das Kind zu übernehmen; sie erscheinen zu untauglich und unfähig, ihre Elternpflichten zu erfüllen. Dennoch muß der Therapeut einfach darauf bestehen, daß sie die Führung übernehmen und sich miteinander einigen und andere Probleme beiseite schieben müssen, bis das Problemkind auf den Beinen ist.

Diese sechs Möglichkeiten, wie Eltern Autorität vermeiden, kommen während der Anfangsphasen in vielen verschiedenen Variationen vor. Versucht der Therapeut, den Eltern die Erziehungsgewalt zu übertragen, so bieten diese ihm, anderen Experten, dem Problemkind oder einem Geschwister, die Autorität an; oder sie brechen zusammen oder greifen einander in solch einer Weise an, daß ihre Unfähigkeit, Verantwortung zu übernehmen, klar zum Vorschein kommt. Der Therapeut muß Autorität von ihnen verlangen, indem er geduldig und wiederholt abklärt, wer in dieser Situation welche Verantwortung hat. Er muß besonders betonen, daß letztlich das Problem wieder auf sie zurückfällt, weil andere Leute, wie etwa die Experten, nur zeitweilig die Autorität ausübten. Die Eltern dagegen seien damit konfrontiert, ihr Leben lang die Eltern dieses Kindes zu sein.

Manchmal macht das vom Kind verursachte Durcheinander es für die Eltern scheinbar leichter, mit den Achseln zu zucken und zu sagen, daß sie nichts tun könnten. Ein typisches Beispiel hierfür liegt in einem Erstinterview mit einer an Anorexia nervosa leidenden jungen Frau vor. Man muß den Eltern sagen, daß sie Verantwortung übernehmen und dafür sorgen sollen, daß sie zunimmt. Dies kann so geschehen, daß die Eltern die Tochter während der Therapiesitzungen zwingen zu essen, wie bei *Salvador Minuchins* ursprünglichem Vorgehen [2]; oder man kann einen Plan dafür machen, was von nun an zu Hause geschehen soll. Äußern die Eltern Bedenken darüber, ob sie ihre Tochter zu Gewichtszunahme veranlassen können, so beginnt die Tochter oft zu schreien und zu protestieren und droht die Sitzung zu verlassen und ermutigt dadurch ihre Eltern, zu sagen, das sei alles zuviel für sie. Man muß dann aufs Sterben zu sprechen kommen, oder man beschreibt die Alternative einer Hospitalisierung als nur vorübergehende Lösung, da die Tochter wieder zusammen mit ihnen in dieser Situation sein wird, wenn sie zu essen aufhört, nachdem sie aus der Klinik entlassen wurde. Daß sie letzten Endes etwas unternehmen müssen (also warum nicht jetzt?) – diese Tatsache wird wiederholt betont. Aus einem solchen Interview soll sich ein Plan herauskristallisieren, der besagt, wieviel sie jede Woche zunehmen soll, wer sie wiegen soll, wer mit ihr den Ernährungsplan zusammenstellt, usw.

Der Therapeut kann den Eltern die Erziehungsgewalt übertragen und ihre Streitigkeiten lösen, indem er fest und beständig, aber auch beruhigend ist. Die Tatsache, daß er auf ihre Fähigkeit vertraut, ihre Aufgabe zu erfüllen, zwingt sie zum Handeln und spricht sie von Schuldgefühlen in bezug auf die Vergangenheit frei.

Wie man die Kommunikation strukturiert

Damit der Therapeut die Orientierungsaussage abgeben und die Reaktion darauf planen kann, muß er das Interview so strukturieren, daß man zur Sache kommen kann. Außer daß sie ihre richtige Position in der Hierarchie ablehnen, können die Familienmitglieder auch auf die Orientierungsaussage reagieren oder die Aussage verhindern, indem sie sich chaotisch verhalten, mit so vielen Unterbrechungen, daß nichts gesagt werden kann. Der Therapeut muß die Familie so organisieren, daß jeder der Reihe nach

---

2 *S. Minuchin, B. L. Rosman & L. Baker,* Psychosomatische Krankheiten in der Familie, Stuttgart: Klett-Cotta, 1981.

drankommt, sich keine Nebengespräche entwickeln und jeder im Raum bleibt. Manchmal ist die Familie chaotisch, weil sie keine Erfahrung damit hat, daß nur einer auf einmal spricht. Für viele ist diese Erfahrung vollkommen neu. Es ist möglich, daß man sie darauf trainieren oder sie dazu auffordern muß. Beim Erstinterview kommt es oft vor, daß der junge Verrückte die Eltern schont, indem er sich schlecht benimmt oder das Interview stört. Ich erinnere mich an ein beeindruckendes Beispiel dieser Art, das mir vor vielen Jahren unterkam. Bei einem Forschungsprojekt über gestörte Familien besuchte uns eine japanische Psychiaterin, die die Familien hospitalisierter Patienten beschrieb, mit denen sie in Japan zu tun hatte. Das hörte sich an, als seien diese Familien den amerikanischen sehr ähnlich, und wir nahmen daher in unsere Stichprobe eine japanisch-amerikanische Familie auf. Die Eltern konnten kaum Englisch sprechen, und die drei japanischen Jungen im Teenager-Alter konnten kaum Japanisch sprechen. Für die Psychiaterin, die diese Familie behandelte, wirkte sich das Sprachproblem erschwerend auf das Interview aus, aber außerdem noch die Störmanöver des Sohnes, um den sich die Problematik drehte. Er war achtzehn, gelegentlich hospitalisiert und zirka 1,85 m, was für einen Japaner ziemlich groß ist. Wenn sich zwischen den Eltern Spannungen entwickelten, legte sich dieser Sohn einfach auf den Boden des Therapiezimmers. Es war schwierig, ein Gespräch mit den Eltern weiterzuführen, während der große Sohn auf dem Boden lag. Die Eltern versuchten dann, sowohl mit der Therapeutin zu sprechen als auch den Sohn versteckt zum Aufstehen zu drängen. Die Therapeutin versuchte, mit den Eltern über ein vernünftiges Thema zu sprechen, während sie den Sohn zu ignorieren suchte, der gelegentlich stöhnte, damit man ihn nicht vergaß.

In solchen Situationen muß der Therapeut geduldig sein und fest bleiben und den Eltern helfen, die Familie zu organisieren, damit sie ihrer Aufgabe nachgeht, den nächsten Schritt für ihr Kind zu planen. Die Strukturierung der Kommunikation ist wichtiger als das, was gerade gesagt wird. Im Raum spielt sich ein Prozeß ab, der im Leben der Familie typisch ist und verändert werden muß. Der Therapeut sollte nicht nur klarstellen, daß bei den Familienmitgliedern nur einer auf einmal spricht, wobei die Eltern die Führung innehaben, sondern auch, daß die jungen Leute ihre Eltern mit Respekt behandeln sollten. Dafür zu sorgen ist nicht immer ganz leicht, wenn die Eltern nicht auf Respekt bestehen.

Ich erinnere mich an ein Erlebnis, das *Salvador Minuchin* mit einem Vater und drei Teenager-Kindern hatte; die Kinder waren unhöflich und beleidigend zum Vater. (Der Vater sagte, das Problem liege bei der Mutter, die in einer Nervenklinik sei.) *Minuchin* sagte zu den jungen Leuten, daß sie in diesem Interview-Raum nicht respektlos zu ihrem Vater sein dürften; das sei nicht gestattet. Ob sie zu Hause respektlos seien oder nicht, das sei etwas anderes, aber in der Therapie müßten sie Respekt zeigen. Die Kinder begannen, mit ihrem Vater mit mehr Respekt zu sprechen. Als einmal die Tochter unhöflich war, sagte der Vater: »Das ist in diesem Raum nicht gestattet!«

Es gibt mehrere wichtige Faktoren, die den Eltern helfen, die Führung zu übernehmen. Da ist zunächst die Autorität, die ihnen vom Therapeuten übergeben werden kann, dem Experten, der in dieser Situation Macht hat, weil die soziale Kontrolle aktiviert wurde. Hört er den Eltern respektvoll zu und bietet er ihnen Autorität an, so folgen die Jugendlichen diesem Beispiel. Macht wird von einem Experten an andere weitergegeben. Sind Geschwister anwesend, so steigert sich diese Wirkung. Die Kinder neigen dazu, einander Einschränkungen aufzuerlegen, wenn sie sehen, daß dies erwartet wird. Eine große Familie kann sich für einen Therapeuten oft als unproblematischer erweisen als bloß Eltern mit Problemkind. Eine weitere Möglichkeit, wie man den Eltern Macht verleihen kann, besteht darin, daß man ihnen die Entscheidung über die Entlassung überläßt; soll der junge Mensch aus der Institution heraus, so müssen die Eltern überzeugt werden, ihn herauszulassen und wieder zurückzunehmen. Das Kind wird anfangen, sich in der Hierarchie dieser Autorität richtig zu orientieren.

Es gibt vor allem eine Möglichkeit, wie das Problemkind überzeugt werden kann, in der Therapie zu kooperieren: es sieht, daß der Therapeut weiß, daß die Eltern in Schwierigkeiten sind und daß er etwas dagegen tun wird. Indem sich der junge Mensch vom Therapeuten kompetent behandelt fühlt, weiß er auch, daß der Therapeut gut mit den Eltern umgeht. Es ist daher wichtig, daß der Therapeut dem Jugendlichen vermittelt, daß er den Eltern hilft, ohne das explizit zu sagen, und daß er respektvoll mit ihnen umgehen und sie nicht unnötig aus der Fassung bringen wird. Geschieht dies, wird der junge Mensch nicht nur kooperativ sein, sondern auch keinen Grund haben, dies nicht zu sein.

Die Fähigkeit eines Therapeuten, geschickt mit den Eltern wie mit dem Jugendlichen umzugehen, soll durch Interviews illustriert werden, die *Don Jackson* vor vielen Jahren durchgeführt hat. In einem davon hatte sich eine achtzehnjährige Tochter im College seltsam verhalten und war nach Hause gebracht und hospitalisiert worden. Sie war so gewalttätig, daß sie einmal eine Krankenschwester auf der Station schlug, und man konnte daher annehmen, daß sie schwer zu bändigen sei. Im Interview mit der jungen Frau und ihren Eltern veranlaßte *Dr. Jackson* das Mädchen zu der Aussage, daß sie und ihre Eltern in einem »ewigen Dreieck« seien und daß ihre

Kommunikation blockiert sei. Dann wandte sich *Dr. Jackson* dem Vater zu.

Jackson: Was halten Sie von diesem Gedanken, daß in der Kommunikation irgendeine Blockade vorhanden ist?

Tochter: Es ist eine da.

Vater: (Gleichzeitig) Sprechen Sie jetzt mit mir?

Jackson: Mm-hmm. (Pause)

Tochter: Ich kann euch sagen, was es ist.

Jackson: Nein, du läßt jetzt mal deinen Papa zu Wort kommen. (Lacht)

Vater: Ich weiß nichts von einer Blockade in der Kommunikation. Äh, ich hatte schon immer, seit vielen Jahren, das Gefühl, äh, daß Sue ein nettes braves Mädchen ist, und, äh, ich war ihr gegenüber immer sehr großzügig und, äh . . .

Tochter: Mmm, ja.

Vater: Und ihre Mutter war, äh, extrem streng mit ihr, äh, um meine Großzügigkeit auszugleichen . . .

Tochter: Also Papa, jetzt warte mal einen Moment . . .

Vater: . . . und, äh, dann . . .

Tochter: Wart 'nen Moment.

Vater: . . . es kam vor, daß du . . .

Tochter: Ich brauchte Disziplin.

Jackson: (Unterbricht, er spricht zu Sue, mit einer Geste, die Vertrauen zwischen ihnen andeutet) Du kommst auch dran (Lacht), um was dagegen zu sagen, aber wir bekommen jetzt gerade, was wir suchen.

Vater: Da laufen zwei Geschichten auf einmal.

Tochter: (Dazwischenredend) Mach weiter.

Das Gespräch geht weiter, wobei die Tochter dem Vater zuhört und das Gespräch nicht stört, obwohl er eine Meinungsverschiedenheit zwischen ihm und seiner Frau bespricht. Als der Vater aufhört, fängt das Mädchen zu sprechen an, aber *Dr. Jackson* bringt sie zum Schweigen und wendet sich der Mutter zu, um deren Meinung zu hören. *Jackson* hatte eine geschickte Art, das Kind mit dem Problem dazu zu bringen, sich nicht einzumischen, sondern statt dessen ihn *(Jackson)* in seinem Bemühen zu unterstützen, so mit den Eltern umzugehen, daß diesen bei ihren Problemen geholfen werden konnte.

Wie man anfangen kann: Ein Beispiel

Um einige der Probleme im Erstinterview zu veranschaulichen, sollen hier Ausschnitte von einer Familie mit einem fünfundzwanzigjähringen Heroin- und Amphetaminsüchtigen gebracht werden. Er war seit fünf Jahren süchtig und hatte mehrere Entzugskuren hinter sich. Die längste Zeit, die er in den fünf Jahren von Drogen weg war, betrug zwei Monate. Beim Interview anwesend waren seine Eltern und zwei jüngere Brüder. Der Therapeut war *Sam Kirschner*, Ph. D.

Diese Therapie wurde als Teil eines Forschungsprojekts durchgeführt; der Therapeut hatte die Familie bei einem Forschungsinterview kennengelernt und hatte sie davon überzeugt, als Familie zur Therapie zu kommen. Bei diesem ersten Therapieinterview ging er davon aus, daß er mit ihnen einen Vertrag für die Therapie hatte, und er war sehr überrascht, als die Mutter gleich zu Anfang sagte, sie werde nicht wiederkommen.

Der Therapeut eröffnete die Sitzung nicht mit der Kundgabe der Tagesordnung für das Interview und des Therapiezieles, weil er das bereits im Forschungsinterview gemacht hatte. Er glaubte nicht, daß er das wiederholen müßte. Als sich die Familie hinsetzte, äußerte der Vater, daß die Familie ein trauriger Verein sei, und der Therapeut ging dem nach. Das Ergebnis war Verwirrung, was vom Therapeuten verlangte, das Interview umzuorientieren und ganz von vorne anzufangen.

Kirschner: Also – was gibt's?
Vater: Dies ist ein trauriger Verein hier.
Kirschner: Ein trauriger Verein, was?
Vater: Ein sehr trauriger Verein.
Mutter: Ja, weil, äh – Ich komme nicht wieder hierher.
Kirschner: (Erschreckt) Sie kommen nicht mehr wieder?
Vater: Deswegen hab' ich's nicht gesagt. Ich sage nur, es ist'n trauriger Verein.
Sohn: Wir haben heute abend alle was zu tun.
Mutter: Ich hab' nichts zu tun.
Sohn: Ich schon.
Kirschner: (Zum Vater) Worüber seid ihr traurig?
Vater: Rundheraus gesagt, es ist 'ne abgetakelte Familie. Rundheraus, eine echt abgetakelte Familie.
Kirschner: (Zur Mutter) Und Sie wollen nicht mehr wiederkommen?
Mutter: Nein, ich glaub' nicht, daß es nötig ist. Zunächst mal zieh' ich um. Er (zweiter Sohn) geht seine eigenen Wege, lebt sein eigenes Leben. Er (dritter Sohn) kommt mit mir. Er (Problemsohn) kann tun, was ihm

gefällt. *Er wird sechsundzwanzig, und wenn er jetzt nicht anfängt – dann hat sich's. Er hat schon was falsch gemacht, seit wir hier waren.*

Kirschner: *Er hat Dope genommen, meinen Sie?*

Sohn: *Ja, einmal. Weil ich mehr Geld gemacht habe als der Boß vom Laden. Und er hat mich ziehen lassen. (Lacht)*

Mutter: *Ich meine, die beiden (die anderen Söhne) haben's nicht nötig, das mitzumachen.*

Sohn: *Stimmt.*

Mutter: *Ich meine, also, ich bin . . .*

Sohn: *(Dazwischenredend) Ich stör' sie nicht, du störst sie. Erklär dem Doktor das. Ich stör' die Jungs überhaupt nicht.*

Mutter: *Und woher, meinst du, kommt das alles?*

Sohn: *Von mir. So ist's nämlich seit fünf Jahren.*

(Der Sohn ist bereit, die Schuld für das Problem auf sich zu nehmen, aber er möchte auch gerne betonen, daß er sein Bestes tut.)

Sohn: *Ich versuch's, was weißt du, wie schwer das ist?*

Mutter: *Du strengst dich nicht genug an.*

Sohn: *Warum denkst du nicht daran, wie schwer es ist?*

Mutter: *Du versuchst es nicht mal. Schläfst den ganzen Tag im Bett.*

Sohn: *Mensch, große Scheiße. Warum denkst du nicht daran, was ich durchmache und wie schwer es ist, das durchzumachen?*

Mutter: *Ich kann's mir nicht vorstellen, kann's mir nicht vorstellen.*

Sohn: *Stimmt, verflucht noch mal, du kannst es dir nicht vorstellen!*

Mutter: *Nein, ich kann mir nicht vorstellen, daß ich meinen Eltern so was antun könnte. Ich kann's mir nicht vorstellen.*

Sohn: *Oh ja, ich tu's dir an. Du meinst also, ich tu's dir an?*

Mutter: *Wie lange warst du in der Schule?*

Sohn: *Zwei Wochen.*

Mutter: *Und gestern bist du auch nicht zur Schule gegangen.*

Sohn: *Wohl bin ich zur Schule gegangen.*

Mutter: *Und heute bist du nicht gegangen.*

Sohn: *Es hat geschneit.*

Kirschner: *Kann mich vielleicht jemand darüber informieren, was passiert ist, seit ich Sie das letzte Mal gesehen habe. (Zum Vater) Warum informieren Sie mich nicht?*

Vater: *Das ist es ja. Ich hab's euch allen gerade mit wenigen Worten gesagt. Das ist 'ne abgetakelte Familie.*

Sohn: *(Unterbricht) Ich hatte 'nen Job, hab' meinen Job verloren und hab' Dope genommen.*

Vater: *(Fährt fort) Sie sollte mit ihm gehen, oder er sollte mit mir gehen, sie sollte ihres Wegs gehen, ich sollte meines Wegs gehen. Der da (zweiter Sohn), ich glaub' der ist der – Ich bete zu Gott, daß er so bleibt.*

Kirschner: *Sie beide wollen sich trennen, ist das also passiert?*

Vater: *Nun, ich – ich weiß nicht. Ich glaub', es ist das beste für uns.*

Sohn:	Das glaubst du. Du bist voller Scheiße.
Vater:	Ich meine es.
Sohn:	Ihr trennt euch wegen – wegen mir.
Vater:	Nein.
Sohn:	Oh ja?

Das erste, was der Therapeut tun muß, ist, im Interview die Führung zu übernehmen. Er kann nicht jeden frei sprechen lassen, sonst macht die Familie in derselben hilflosen Art und Weise weiter und die Therapie scheitert. In diesem Stadium muß der Therapeut organisieren, wer sprechen soll und – soviel wie möglich – was gesagt werden soll. Um die Hierarchie zu korrigieren, muß er den Sohn herabsetzen und zum Schweigen bringen.

Es ist anzunehmen, daß die Eltern durch den Sohn kommunizieren und wegen ihm zusammenbleiben. Wenn der Sohn allmählich das Zuhause verläßt und die Eltern sich selbst überlassen sind, so drohen sie sich zu trennen. An diesem Punkt nimmt der Sohn Drogen und scheitert im Leben, damit er an sie gebunden bleibt. In diesem Fall hat der Sohn sich gebessert, indem er sich beim Methadonprogramm angemeldet und mit der Schule angefangen hat. Die Eltern drohen mit der Trennung, und der junge Mann nimmt Drogen und schwänzt die Schule.

Kirschner:	Halten Sie den Mund, George.
Sohn:	So ist's, Mensch.
Kirchner:	Halten Sie den Mund, George.
Vater:	Nein, es ist nicht wegen dir.
Sohn:	Ich halt' den Mund nicht. Wenn – wenn ich was sagen will, dann sag' ich das auch.
Kirschner:	Sie – alle hier im Zimmer kommen mit dem Reden dran. Ich spreche jetzt mit Ihrem Vater.
Vater:	(Zum Sohn) Warum bist du so unlogisch?
Sohn:	Weil du einfach das hier machst, weil du sagst – du – du –...
Vater:	Nein.
Sohn:	Du solltest deines Wegs gehen, sie sollte ihres Wegs gehen – weil ich drogensüchtig bin ...
Mutter:	Nun, wie sind wir zurechtgekommen?
Sohn:	(Fährt fort) ... und versuch's zu schaffen ...
Vater:	Hör zu ...
Sohn:	(Fährt fort) ... und ihr wißt, wie schwer es ist, es zu schaffen? Als ob man einen Elefanten von der Stelle bringen möchte.

Der Therapeut hat das Ziel, den jungen Mann aus seiner Stellung zwischen den Eltern in deren Ehe herauszulösen. Ein erster Schritt ist, den jungen Mann im Zimmer aus seiner räumlichen Stellung zwischen den Eltern herauszulösen und sich selbst dahin zu setzen, daher bittet er den Sohn, mit ihm Plätze zu tauschen. Der Sohn widersetzt sich.

Sohn: *Mann, ich bin fünfundzwanzig und kann sitzen, wo ich will.*
Kirschner: *Ich bitte Sie darum, ich hätte gerne, daß Sie hier sitzen.*
Sohn: *Also gut, beruhigen Sie sich. (Sie tauschen Plätze)*
Kirschner: *Vielen Dank.*
Sohn: *Setzen Sie sich und seien Sie glücklich.*
Kirschner: *Okay.*
Sohn: *Sie meinen, ich drücke, weil ich sie hasse. Ich will, daß sie leiden.*
Kirschner: *Schon gut.*
Sohn: *Sie sind völlig durcheinander. Sie sind ganz durcheinander.*
Kirschner: *Okay, ich möchte gerne wissen, worum es bei dem ganzen Kampf eigentlich geht. Was in der letzten – mh – letzten, hmm –*
Vater: *Es hat einen ständigen – ständigen Tumult zwischen ihm und ihr gegeben (Sohn und Mutter)*
Sohn: *Mir?*
Vater: *Zwischen ihm und ihr.*
Mutter: *Das stimmt aber nicht.*
Vater: *Sie kommt nicht zurecht, sie kommt nicht zurecht.*
Sohn: *Merkt ihr, daß ich der Drogensüchtige bin?*

Diese kurze Sequenz veranschaulicht das Dreieck in der Familie. Sagt der Vater, die Mutter komme nicht zurecht, und kritisiert er sie und impliziert er dadurch, daß es zwischen ihnen Streitigkeiten gibt, zieht der Sohn sie voneinander weg, indem er sich selbst zum Problem macht. Diese Sequenz findet in vielen Formen im Leben der Familie statt. Typisch ist die Form, bei der der Sohn einen Streit mit dem Vater anfängt, als sich gerade ein Konflikt zwischen den Eltern entwickelt, so daß das Problem zwischen den Eltern nicht außer Kontrolle gerät, aber auch nicht gelöst wird.

Kirschner: *Langsam, langsam, darauf kommen wir noch.*
Vater: *(Zum Sohn) Wir sprechen nicht über Drogensüchtige. Du hast den Fehler gemacht . . .*
Sohn: *Ich hab' 'nen großen Fehler gemacht, Mann.*
Vater: *Wir haben – du hast diesmal den Fehler gemacht. Das war wohl ganz schön dumm von dir, das zu machen, ganz schön dumm.*
Sohn: *Und ich schieß' immer noch Dope.*
Vater: *Dein Grund war – zunächst wolltest du 'ne Entschuldigung, und du hast die billigste Entschuldigung, die man sich vorstellen kann.*
Sohn: *Es hat mir Spaß gemacht.*

Vater:	Okay.
Sohn:	Das war mein – Ich hab' nicht geglaubt – Ich hab' nicht gesagt . . .
Vater:	Da hast du's, dein ganzes Leben wird nur Spaß machen.
Sohn:	Ich hab' nicht gesagt, mein ganzes – weil ich will, daß mein Vater und meine Mutter sich trennen.
Vater:	Damit hast du nichts zu tun.
Sohn:	Oder weil ich will, daß ich tot umfallen – und an einem Herzanfall sterben . . .
Vater:	Damit hast du nichts zu tun.
Kirschner:	George, Ihr Vater sagt Ihnen, daß Sie nichts damit zu tun haben, wenn sie sich trennen.
Sohn:	Nein? Oh, wie kommt's dann, daß das gleich am Anfang angesprochen wurde?
Vater:	Unser Leben ist nämlich nicht sehr . . .
Sohn:	(Unterbricht) Sie macht die da verrückt (die anderen beiden Söhne), weil sie wegen mir schreit.
Vater:	Nein.
Sohn:	Ich hab' ein Nervenbündel aus ihr gemacht.
Vater:	Sie schreit wegen allem.
Kirschner:	Langsam.
Vater:	Und sie hat allen Grund dazu, weil du, verflucht nochmal, überhaupt nichts machst.
Therapeut:	Langsam.
Vater:	Sie verstehen?
Kirschner:	Langsam. Ich möchte gerne mit Ihnen beiden alleine sprechen. George, könnten Sie Ihre beiden Brüder in den Warteraum hinausbringen?

Der Therapeut übernimmt nun die Führung, indem er das Interview im Grunde noch einmal von vorne beginnen läßt. Er spricht mit den Eltern allein und erstellt einen Vertrag und eine Tagesordnung mit ihnen.

Vater:	Wenn er weiterhin immer nur nach solchen Ausreden sucht, billigen Ausreden. Wie bei diesem Vorfall hier, er geht raus und schießt. Das ist falsch. Ich weiß es, es ist hundertprozentig falsch. Wir helfen ihm nicht.
Kirschner:	Das aber müssen wir versuchen.
Vater:	Der Junge versucht, sich selbst zu helfen, aber wir brauchen genauso viel Hilfe wie er, vielleicht noch mehr. Aber das ist ja wohl nicht Ihre Sache. Sie wissen schon, was ich meine. Ihr Problem ist wohl er.

Als der Vater sagt, daß die Probleme des Mannes und der Frau nicht Sache des Therapeuten seien, ist das ein Entscheidungspunkt: und wie der Therapeut reagiert, bestimmt das therapeutische Vorgehen. Er könnte fragen, welche Art von Hilfe der Vater bräuchte. Er könnte ihnen anbieten, ihnen bei jedwedem Problem zu helfen, das sie haben. Er könnte die Therapie als Therapie für die ganze Familie definieren und nicht nur für den Sohn. Beim hier dargestellten Ansatz wäre es ein Fehler, dem Mann und der Frau bei ihren Problemen zu helfen. Ziel der Therapie ist es, eine korrekte Hierarchie zu etablieren, wobei die Eltern die Erziehungsgewalt über den verantwortungslosen Sohn innehaben. Jegliche schwerpunktmäßige Beschäftigung mit ihren Problemen würde die Eltern zu dieser Zeit der Kriese entzweien. Entzweite Führerschaft aber scheitert. Der Therapeut muß daher beipflichten, daß das Problem der Sohn sei, und den Fokus auf die Sucht konzentrieren. Er kann anbieten, ihnen zu einem späteren Zeitpunkt zu helfen, aber er sollte dem zustimmen, daß ihre Probleme zu diesem Zeitpunkt nicht seinen Schwerpunkt ausmachen.

Kirschner: Richtig, und deshalb sind wir hier.
Vater: Richtig.
Kirschner: Okay. Also, ich will folgendes sagen: Sie – wir drei – müssen zusammenarbeiten, damit wir ihm helfen können, sich selbst zu helfen, das ist alles. Also, sind sie bereit? Es geht darum, daß wir drei als Erwachsene ihn zurechtbiegen müssen, und wir können das machen, wenn wir zusammenarbeiten. Ich hab' schon bei schwierigeren Problemen mit Erfolg gearbeitet, und ich sag' Ihnen, wenn wir drei zusammenarbeiten, dann kriegen wir diese Sache schon wieder hin. Also, was dann so alles vielleicht zwischen Ihnen beiden aufkommt, das ist eine andere Sache.

Der Therapeut hat nun seinen Vorgehensplan kundgegeben. Er erreicht eine Übereinkunft mit den Eltern, daß sie weiterhin mit ihm arbeiten, um das Suchtproblem des Sohnes zu heilen. Als er den jungen Mann wieder hereinläßt, hat er begonnen, die Eltern als vereinigte Autoritäten über ihren Sohn einzusetzen, statt sie als Mann und Frau zu behandeln, die sich im Konflikt befinden und hilflos mit dem Problem kämpfen. Er erfüllt die Aufgabe des Erstinterviews: den Therapieplan abzuklären und eine in ihrem Funktionieren gestörte Hierarchie zu korrigieren.

Wer ist sonst noch in der Familie wichtig?

Eine Aufgabe des Erstinterviews besteht darin, bestimmte Informationen zu sammeln, denn die therapeutische Strategie kann davon abhängen bzw. Mißerfolge können vermieden werden, wenn die Informationen bekannt sind. Eine wichtige Frage ist: Wer ist sonst noch mit der Familie verbunden und ist im Erstinterview nicht anwesend? Manche vertreten die Ansicht, daß ein Mensch allein einen anderen nicht zum Wahnsinn treiben kann. Es wird sogar behauptet, daß einer anderen Generation allein dies nicht gelingen kann, und daher genügt nicht die Elterngeneration allein, um ein Kind zum Wahnsinn zu treiben; es muß noch eine weitere Generation oder Machtebene über den Eltern da sein, die die Hierarchie durcheinanderbringt. Natürlich geht es hier teilweise um die Frage, wie viele Leute der Therapeut auf seiner inneren Landkarte einzeichnet. Wir kamen von der Vorstellung ab, daß eine Person – die Problemperson – ausreicht, wenn man eine Beschreibung vornehmen will. Als nächstes bezogen wir die Mutter ein, und danach ein Dreieck unter Einschluß des Vaters. Ab dem Ende der fünfziger Jahre war man sich des Einflusses der erweiterten Familie bewußt. Die Frage ist nicht, wie viele Leute man im Raum während des Erstinterviews einbezieht, sondern wie viele Leute der Therapeut in seinem Denken einbeziehen muß. Hilft der Therapeut z. B. den Eltern, die Erziehungsgewalt über ein Problemkind zu übernehmen, und verbündet sich gerade, als sie Autorität ausüben, eine Großmutter aus einer anderen Position heraus mit dem Kind gegen sie, so hat der Therapeut eine mächtige Person innerhalb der Situation übersehen. Die Therapie könnte infolge dieses Versehens scheitern.

Am besten stellt man gleich im Erstinterview fest, wer in der Familie sonst noch wichtig ist. Man sollte es nicht so formulieren: »Wer beeinträchtigt Ihre Autorität?«, sondern vielmehr so: »Wer ist da, um sich mit Ihnen um diesen jungen Menschen zu kümmern?« Man möchte ja niemanden verprellen, wenn man das vermeiden kann. Das Interview sollte aufdecken, ob die Großeltern mütterlicher- und väterlicherseits noch leben, wo sie leben und wie oft sie zu Besuch kommen. Falls möglich, sollte man der Frage nachgehen, welche Art von finanzieller Unterstützung sie liefern. Es ist auch wichtig zu wissen, ob es einen Onkel oder eine Tante gibt, die in der Familie Gewicht haben. Ist ein Elternteil Stiefmutter bzw. -vater, so ist eine entscheidende Frage, wo der Ex-Mann oder die Ex-Frau gegenwärtig lebt, und wie die Beziehung aussieht. Geschiedene Eltern können über ein Kind weiter Krieg führen. Bis zum Ende des Interviews sollte der Therapeut genügend Information über die erweiterte Familie haben, um entscheiden zu können, wer bei der nächsten Sitzung notwendig ist. Stellen die Großeltern einen mächtigen Einfluß dar, so ist ihre Anwesenheit – zumindest bei der zweiten Sitzung – erforderlich, damit sie dem Therapieplan zustimmen. Wenn man bei einem Indianerstamm etwas mit einem Stammesmitglied unternehmen möchte, so tut man gut daran, den Plan mit dem Häuptling abzuklären, wenn man Erfolg haben will.

Neben der Frage, ob wichtige Verwandte existieren, ist noch wichtiger, daß der Therapeut abklärt, welche anderen Fachleute an dem Fall beteiligt sind. Im Erstinterview ist es notwendig zu fragen, ob irgend jemand in der Familie anderswo in Therapie ist, falls diese Nachfrage überhaupt indiziert ist. Ebenso wie die Großeltern sind auch manchmal Experten in der Hierarchie höher als die Eltern und können die Organisation durch ihr Eingreifen in Verwirrung bringen. Es gibt Fälle, bei denen alle Familienmitglieder bei verschiedenen Therapeuten in Therapie sind und man dagegen etwas unternehmen muß. Meistens ist es das beste, wenn der Familientherapeut während der Genesungszeit des jungen Menschen der einzige Therapeut ist. Es kann notwendig werden, daß sich alle Therapeuten treffen, damit es zu einer derartigen Übereinkunft kommt. Erfährt der Therapeut, daß er wichtige Kollegen, die ihn bei seinem Vorgehen stören werden, nicht loswerden kann, so ist es oft klug, ihnen den Fall zu übergeben und sich einer anderen Familie zuzuwenden.

Meistens erkundigt man sich vor dem Erstinterview nach anderen Berufskollegen und deren Beteiligung, aber manchmal kommt diese Information erst später heraus. Ich erinnere mich an eine Familie, bei der die Eltern vom Sohn verlangen sollten, daß er sich eine Arbeit sucht. Ungefähr beim fünften Gespräch machten sie das immer noch nicht, und der Therapeut fragte die Mutter, warum sie nicht darauf bestehe, daß ihr Mann den Plan durchführt. Sie sagte, sie könne nicht darauf bestehen, weil er dazu nicht in der Lage ist; er sei selbst ein psychiatrischer Patient. Als der Therapeut dieser Aussage nachging, fand er heraus, daß der Vater seit Jahren depressiv war und sich in Therapie begeben hatte. Er erhielt jetzt einmal im Monat »unterstützende« Therapie und Medikamente. Das war gerade soviel »Unterstützung«, daß man ihn in seiner Familie als inkompetent definierte. Obwohl der behandelnde Psychiater zweifellos dachte, er leiste Hilfe, und dem Vater sogar durch die monatliche Therapie half, etwas Behindertenrente zu beziehen, war das Ganze für die Familie im Grunde ein Unglück. Wie in vielen solchen Situationen kam die Information erst dann, als eine therapeutische Intervention vorgenommen worden war: als auf die Eltern Druck ausgeübt wurde, damit sie die Erziehungsgewalt über ihren Sohn übernähmen. Es war notwendig, sich mit dem anderen Therapeuten zu treffen, ihn zu bitten, sich vom Fall zurückzuziehen, dem Vater klar Gesundheit zu bescheinigen, und sich wieder dem Problem zuzuwenden, die Eltern dazu zu bringen, Autorität auszuüben und eine korrekte Position in der Hierarchie einzunehmen.

Es kommt auch vor, daß jemand im Spiel ist, der weder Verwandter noch Therapeut ist, und man das Gewicht, das diese Person in der Familie hat, einbeziehen muß. Z. B. haben oft ein enger Freund, der Freund oder die Freundin große Bedeutung. Zuweilen hat man es mit einer Person zu tun, die sowohl Freund als auch Fachmann ist. Ich erinnere mich an eine Familie, bei der der beste Freund der Mutter der Hausarzt war. Er bestand darauf, den Sohn, der das Problem hatte, jeden Tag zu sehen und ihn sogar ohne Erlaubnis des Therapeuten medikamentös zu behandeln. Als der Therapeut den Fall übernahm, fragte er nach, ob psychiatrische Stellen beteiligt seien, aber dieser Arzt wurde nicht genannt. Letztlich erwies es sich als unmöglich, den Arzt dazu zu bringen, zu den Sitzungen zu kommen oder sich vom Fall zurückzuziehen, und die Therapie mit der Familie scheiterte.

Aufgaben des Erstinterviews

Bis zum Ende des Erstinterviews sollten gewisse Ziele erreicht sein: die Eltern sollten die Erziehungsgewalt innehaben oder als diejenigen definiert sein, die diese innehaben; das Problemkind sollte ihnen Respekt zollen; man sollte über andere wichtige Personen Bescheid wissen und sie in den therapeutischen Plan einbeziehen; es sollte für die Arbeitssuche oder den Eintritt in die Schule eine Frist gesetzt sein; und normale Aktivitäten sollten nicht bloß vage geplant sein, sondern die Frist dafür sollte im Kalender vermerkt sein. Die Therapie kann sich dann darauf konzentrieren, daß die normale Aktivität erreicht wird.

Die Eltern sollten Regeln für das Verhalten des jungen Menschen niederlegen, falls dieser zu Hause wohnt. Eine Möglichkeit, wie die Eltern zur angemessenen Führungsposition in der Familie gelangen, besteht darin, daß sie die Regeln durchsetzen, denen die Kinder folgen sollen. Viel vom Erstinterview ist der Aufgabe gewidmet, daß die Eltern im gegenseitigen Gespräch die Regeln festlegen. Man sollte im Auge behalten, daß es nicht um die Regeln selbst geht, sondern um das Gespräch und die Übereinkunft zwischen den Eltern, die während dieser Kommunikation erreicht wird.

Man sollte dem Problemkind und den Eltern während des Interviews eine Reihe von Versicherungen geben. Es sollte klargestellt werden, daß der Therapeut die Eltern nicht anklagen oder verantwortlich machen wird. Er wird auch nicht die widerwärtige Vergangenheit erkunden oder freie

Assoziation und den wilden Ausdruck von Gefühlen in der Gegenwart zulassen. Der Therapeut sollte darauf hinweisen, daß er vom Kind erwartet, daß es normal wird und daß jegliche Medikamente reduziert und abgesetzt werden. Er muß dem Problemkind auch versichern, daß er sich der Probleme der Eltern bewußt ist, daß er sich ihrer annehmen wird und daß er prekäre Probleme nicht in unverantwortlicher Weise herausbringen wird.

Am Ende des Erstinterviews sollten die Eltern zu ahnen beginnen, daß sie – wie der Therapeut weiß – sicher einen harten Kampf durchzustehen haben. Statt einer bloß professionellen Beziehung mit den Eltern muß der Therapeut eine eher persönliche Beziehung zu ihnen haben, damit sie wissen, daß er durch den anstehenden Kampf hindurch – den Kampf mit dem verrückten Kind und miteinander – auf ihrer Seite bleibt.

Kapitel 7
Die zweite Phase: Apathie

Junge Leute werden in Einrichtungen gegeben, wenn sie Unruhe stiften oder wenn sie apathisch sind und nichts tun. Der apathische Jugendliche kann ein schwierigeres Problem sein als der Unruhestifter. In beiden Fällen müssen die Eltern zum Handeln organisiert werden, aber Unruhestifter zwingen meistens ihre Mitmenschen, sich zu organisieren und etwas mit ihnen zu unternehmen, während das bei den Apathischen nicht der Fall ist. Viele dieser jungen Leute leben zu Hause und tun nichts, während die Eltern sich hilflos wünschen, daß sich etwas ändert. Jedoch haben die Eltern totale Macht über einen jungen Menschen, wenn sie diese wirklich gebrauchen wollen; sie können sich weigern, ihn zu ernähren und zu kleiden; sie können ihn in ein Zimmer ein- oder aus dem Haus aussperren; wenn ihnen das Kind physischen Widerstand leistet, können sie die Polizei holen, wenn sie sich selbst nicht mehr zu helfen wissen. Wenn Eltern keine Autorität ausüben, dann meistens deswegen, weil sie sich in Konflikt miteinander befinden und daher entzweit sind. Sie können sich nicht einigen, wenn es zu handeln gilt, und jeder macht den anderen handlungsunfähig, wenn er zum Handeln ansetzt. Sie ziehen auch Nutzen aus der Situation, da sie zum Zentrum ihres Lebens wird und sie sich nicht mit anderen Problemen zu befassen brauchen. Sie unterstützen das Kind weiterhin finanziell, während sie hilflos beteuern, daß es etwas tun müsse.

Wenn man mit einem Apathieproblem zu tun hat, gibt es mehrere Verfahren, denen man folgen kann. Ein vorrangiges Problem besteht darin, die Eltern zu motivieren, ihre wohlwollende Sorge richtig einzusetzen: und zwar indem sie ihr Mitleid für den Jugendlichen zu einer Bereitschaft zum Handeln umfunktionieren. Meistens warten die Eltern ab und hoffen, der Sohn oder die Tochter werde sich freiwillig ändern. Der Therapeut muß sie überzeugen, daß so etwas nie stattfinden wird. Erst wenn sie Verantwortung übernehmen und handeln, wird ihr Kind zu scheitern aufhören. Manchmal ist es hilfreich, den Eltern nahezubringen, daß das Problem weitere fünf, zehn oder zwanzig Jahre weiterbestehen kann, wie das bei anderen Eltern der Fall war. Die Zukunft wird eine Fortsetzung der Gegenwart sein, wenn nicht gleich etwas unternommen wird. Oft werden sie die Vorstellung akzeptieren, jeweils einen Schritt auf einmal zu machen, wobei der erste Schritt die Entscheidung darstellt, daß sie letztlich etwas unternehmen werden müssen.

Die Apathie des jungen Menschen kann sich von totaler Inaktivität und völligem Mutismus bis hin zu hilflosen Beteuerungen erstrecken, daß er oder sie schließlich etwas tun werde, um eine Arbeit zu bekommen oder in die Schule zu gehen. Oft sieht der typische Tageslauf des jungen Menschen so aus, daß er bis spät in die Nacht vor dem Fernseher sitzt und dann den ganzen Tag schläft. Die Eltern erheben hilflos Einspruch gegen diese Lebensweise und tun doch nichts dagegen. Oft ist der Grund, den das Kind für seine Aktivitätslosigkeit angibt, schlichter Unsinn: etwa daß ein Arbeitgeber kommen und ihm einen Job anbieten solle. So berichtete ein junger Mann seinen Eltern, er habe nach einem Job Ausschau gehalten und sei in einen Laden gegangen, in dessen Schaufenster ein »Hilfe gesucht«-Schild stand. Als die Eltern ihn fragten, was der Ladenbesitzer wegen der Arbeit zu ihm gesagt habe, antwortete der junge Mann, daß er niemanden nach einer Arbeit gefragt hätte. Er sei einfach hineingegangen und habe sich im Geschäft umgesehen. Der Vater sagte, er könne kaum erwarten, ohne zu fragen einen Job zu bekommen. Der junge Mann sagte indigniert, daß sein Vater die Tatsache würdigen solle, daß er suchen gegangen und sogar in einen Laden gegangen sei, in dem sich ein »Hilfe gesucht«-Schild befand. Je weniger plausibel der Grund für das Nicht-Handeln ist, desto offenkundiger ist die Tatsache, daß es eigentlich um andere Probleme, etwa Schwierigkeiten zwischen den Eltern, geht.

Wenn ein Therapeut mit einer apathischen Familie beginnt, so gibt es mehrere Phasen zu berücksichtigen, wenn er sich bei der Aufgabe, den jungen Menschen auf die Beine zu bringen, mit den Eltern verbündet.

1. Die Eltern müssen ein Ziel für den jungen Menschen definieren. Sie müssen überredet werden zu sagen, daß sie ihr Kind bei der Arbeit oder im Studium sehen möchten und daß es sich seinem Alter gemäß verhalten solle. Die Eltern werden sich meistens auf dieses Ziel einigen, wenn ihnen noch nicht klar ist, daß man von ihnen Handlungen erwartet, damit es erreicht wird. Haben sie einmal gesagt, daß dies ihr Wunsch sei, kann der Therapeut auf ihr Ziel zurückverweisen, wenn er Schwierigkeiten hat, das Kind zu aktivieren.

2. Wenn man sich auf das allgemeine Ziel geeinigt hat, muß der Therapeut die Eltern eine Frist setzen lassen, nach welcher der erste Hauptschritt unternommen werden soll. Es ist wichtig, daß es sich bei dem Schritt um einen handelt, der auch geschafft werden kann. Zu sagen, der

Sprößling solle an dem und dem Tag zu arbeiten anfangen, ist vielleicht nicht möglich, da unter Umständen kein Arbeitsplatz vorhanden ist. Die Eltern können jedoch abmachen, daß er an einem bestimmten Tag um acht Uhr morgens auf sein, aus dem Haus gehen und sich eine Arbeit suchen solle. Ebenso ist es möglich, daß die Schule nicht an diesem Tag anfängt, aber er kann an diesem Tag zur Schule oder Universität gehen, um sich dort anzumelden. Es ist wichtig, daß das Datum festgesetzt und schriftlich fixiert wird, so daß darüber keine Zweifel bestehen. Die Therapie wird sich dann auf die Vorbereitung für diesen Tag konzentrieren.

Wenn der Therapeut zusammen mit den Eltern ein Datum festsetzt, so sollte er dafür sorgen, daß es innerhalb einer Frist gesetzt wird, die vernünftig erscheint. Man kann sich eines von *Milton Erickson* entwickelten Verfahrens bedienen, um die Auswahlmöglichkeiten zu beschränken, und sagen, die Eltern könnten eine Frist setzen, die sich von einer Woche »bis zu einem Monat« von jetzt ab erstrecken kann[1]. Wählen sie ein zu weit in der Zukunft liegendes Datum, so muß der Therapeut ein befriedigenderes wählen. Das Ziel dieser Phase besteht darin, die Eltern sich einigen zu lassen, daß etwa am Montag, den 12. April, ihr Sohn oder ihre Tochter die Arbeitssuche aufnehmen und das Haus um acht Uhr verlassen wird.

3. Nachdem die Frist gesetzt ist, bereiten die Sitzungen die Familie allmählich darauf vor, was an diesem Tag getan werden soll. Es müssen bestimmte Schritte unternommen werden, bevor dieser Tag kommt, und es soll Konsequenzen geben, wenn der Jugendliche an diesem Tag nicht das Notwendige unternimmt.

Die Vorbereitung kann der Aufgabe gelten, dem jungen Menschen beizubringen, wie man nach Arbeit sucht: er kann lernen, wie man sich bei der Arbeitssuche richtig anzieht, wie man korrekt mit Leuten spricht, und er kann sogar daheim Arbeit verrichten als Vorbereitung für die Arbeit draußen am Arbeitsplatz. Mutter und Vater können ihn in einem Laden dafür richtig einkleiden und ihn ins Restaurant oder an andere öffentliche Orte mitnehmen, um zu prüfen, wie er sich verhält. Man kann ihm zu Hause Aufgaben stellen, damit er lernt, unter Anleitung zu arbeiten. Er kann sofort oder nach und nach früher aufstehen, um daheim etwas zu tun: dies soll ihn auf das spätere Frühaufstehen vorbereiten. Zum Ziel dieser Phase gehört es, ihn zu Hause genügend auf Trab zu halten, so daß er ebensogut außer Haus arbeiten könnte.

---

1 *J. Haley*, Die Psychotherapie Milton H. Ericksons, München: Pfeiffer, 1978.

Natürlich verlangen alle diese Vorbereitungen von den Eltern, daß sie handeln; hierauf muß der Schwerpunkt der Therapie liegen. Wenn die Eltern beteuern, daß nichts ihr Kind bewegen kann, morgens aufzustehen, kann der Therapeut besprechen, wer von ihnen kaltes Wasser über ihn schütten wird, wenn er nicht aufsteht. Die Vorbereitung des jungen Menschen darauf, ab einem bestimmten Tag zur Arbeit zu gehen, verlangt auch, daß die Eltern darauf vorbereitet werden müssen zu überleben, wenn das Kind das tut. Während sie sich um es kümmern, werden sie sich darüber streiten, was es tun soll und wer es wozu veranlassen soll. Der Therapeut muß erreichen, daß sich die Eltern nicht auf ihre Beziehung, sondern vielmehr auf ihr Kind konzentrieren, sich nicht auf frühere Mißerfolge, sondern vielmehr auf das Jetzt und die Zukunft konzentrieren.

Die Vorbereitung kann auch einschließen, daß sich die Eltern darauf vorbereiten, gegenüber dem Kind weniger ängstlich und besorgt zu sein. Sie können proben, wie erleichtert sie sein werden, wenn es autonom ist, indem sie einen Abend ausgehen. Mutter und Vater (oder Mutter und Großmutter oder wer immer im Spiel ist) müssen mehr füreinander tun, um durch diese schwierigen Zeiten zu kommen.

4. Es gehört zur Vorbereitung auf den festgelegten Tag, daß Eltern und Kind absprechen, was geschehen soll, wenn der Jugendliche nicht tut, was an dem Tag von ihm erwartet wird. Wenn er nicht aufsteht und sich nach einer Arbeit umsieht, was werden die Eltern tun? Konsequenzen müssen im voraus beschlossen werden. Diese Konsequenzen reichen vom Wegräumen aller Fernseher (damit er – und die Eltern – abends nicht fernsehen und zuwenig schlafen) bis hin zum gewaltsamen Rausschmiß aus dem Haus am vereinbarten Tag. Wenn Gewalt angewandt werden soll, so muß sie geplant sein. Kann der Vater ihn zum Aufstehen bringen und vor die Tür setzen? Können Vater und Mutter das tun? Können Geschwister oder Nachbarn helfen? Sind Eltern richtig motiviert, so schütten sie nicht nur Wasser über ihren Sprößling, sondern wechseln auch das Türschloß aus und sperren ihn während der Arbeitszeit aus. Sie werden das auch tun, wenn es schneit, wenn nur der Therapeut überzeugend genug ist.

Man sollte im Auge behalten, daß das Problem nicht primär darin besteht, den Jugendlichen oder jungen Erwachsenen zum Handeln zu bringen. Das Problem besteht darin, an der Beziehung zwischen den Eltern zu arbeiten, damit diese bei einem gemeinsamen Vorhaben zusammenarbeiten. Die Zwietracht zwischen ihnen kommt innerhalb eines Kontextes auf, wo sie etwas Positives für das Kind tun. Während sie miteinander über die Frage verhandeln, wie das Kind zum Handeln zu bewegen ist, verhandeln sie auch über die Probleme zwischen ihnen, die sonst immer *über* das Kind verhandelt wurden. Dabei kann etwas zur Sprache kommen, ob der Vater zu apathisch und passiv ist, ob die Mutter nicht die Arbeit macht, die sie tun sollte usw. Indem sie mehr vom Problemkind erwarten, erwarten sie auch mehr voneinander, und Konflikte können entstehen und gelöst werden. Indem die Eltern allmählich besser miteinander auskommen, kann der Jugendliche ungehindert handeln und muß sich nicht mehr selbst opfern.

5. Die Schwierigkeiten, welche am vereinbarten Tag das Handeln beeinträchtigen könnten, müssen auch vorausgesehen werden. Nehmen wir an, der junge Mensch sagt, er sei krank: Was müssen die Eltern tun? Übliche Beschlüsse sind, nur eine erhöhte Temperatur oder ein ärztliches Attest, das ihm Arbeitsunfähigkeit bescheinigt, gelten zu lassen. Was ist, wenn er weint und elend ist? Auf jeden Fall muß er aus dem Haus, wobei sich die Eltern gegenseitig bei der Aufgabe unterstützen. Es ist oft nützlich, den Jugendlichen zu fragen, wie er sich denn von der Aufgabe drücken könnte, oder die Eltern zu fragen, wie sie Möglichkeiten zum Aufgeben finden könnten: so können diese Möglichkeiten aufgedeckt und abgeblockt werden.

Wenn der Tag des Handelns kommt, können mehrere Möglichkeiten eintreten: Der Jugendliche geht fort und sucht Arbeit; oder weigert sich in seiner apathischen Weise, und die Eltern ergreifen die geplanten Maßnahmen; oder die Eltern versagen bei der Aufgabe und tun nicht das von ihnen in der Therapie Geplante. Wenn diese letzte Möglichkeit eintritt, muß der Therapeut die Haltung einnehmen, daß sie ihr Kind im Stich gelassen haben – und nicht den Therapeuten.

Kommt es zum elterlichen Versagen, so ist der erste Schritt, herauszufinden, was passiert ist. Manchmal haben die Eltern eine legitime Entschuldigung dafür, daß sie nicht gehandelt haben. Falls das so ist, kann die Aktion einfach auf den folgenden Tag oder auf einen etwas späteren Zeitpunkt verlegt werden.

Haben die Eltern ohne hinreichende Entschuldigung versagt, so muß der Therapeut sein Mitleid für sie und ihr Problemkind kundtun. Das Mitleid sollte sich in einer Äußerung des Bedauerns ausdrücken: daß nämlich der Sohn oder die Tochter nicht wie andere junge Leute eine Chance im Leben haben. Der Therapeut sollte die Eltern bemitleiden. Er sollte nicht zulassen, daß sie einander die Schuld geben. Generell sollte der Ton des Therapeuten wohlwollend sein, damit die Familie nicht wütend auf ihn werden kann.

In manchen Fällen ist es das beste, die Sache dramatisch zu gestalten.

Haben z. B. die Eltern einer anorektischen Tochter den Plan, sie zum Zunehmen zu bringen, nicht durchgeführt, so kann man auf dieses elterliche Versagen reagieren, indem man über das Begräbnis der Tochter spricht: wo soll das Grab stehen? Andere praktische Fragen, etwa die, wer beim Begräbnis dabei sein wird, können so besprochen werden, als würden sie tatsächlich anstehen. Das ist durchaus angebracht, da man ja mit dem Tod infolge von Mangelernährung oder Mangel an Widerstand gegen Krankheit rechnen muß. Das Problem liegt darin, wie es dem Therapeuten möglich sein soll, dies zu diskutieren und gleichzeitig auf der Seite der Eltern zu bleiben. Die Hierarchie muß respektiert werden, indem man die Eltern nicht vor den Kindern kritisiert oder herabsetzt. Wieder kann als letzte Waffe Mitgefühl eingesetzt werden.

Wenn das Problem darin liegt, daß der Betreffende sich einfach keine Arbeit sucht, so kann die gleiche Trauersitzung durchgeführt werden. Der Therapeut kann den Eltern sein Mitgefühl in bezug auf das Versagen des Problemkindes im Leben ausdrücken. Das Ziel in solchen Situationen ist, daß sich die Familie mobilisiert und es nochmal versucht. Wenn Mitgefühl und Trauer vorbei sind, kann der Therapeut seiner Zuversicht Ausdruck geben, daß die Familie Erfolg hat, wenn sie es wirklich versucht. Möchten die Eltern es gleich noch einmal versuchen, so ist es manchmal am besten, wenn der Therapeut so lange mit weiteren Taten wartet, bis die Familie genug unter der Nicht-Durchführung des ursprünglichen Plans gelitten hat.

Eines der Spezialprobleme, mit denen sich Therapeut und Familie auseinandersetzen müssen, ist die Selbstmorddrohung. Störendes Verhalten, das bis zu Gewaltandrohungen geht, kann weniger problematisch sein. Die Selbstmorddrohung kann dazu führen, daß der junge Mensch zum eigenen Schutz rehospitalisiert wird, und ihm wird somit die Macht gegeben zu bestimmen, was geschieht, und daher den Therapieplan zunichte zu machen. Bei Selbstmorddrohungen muß man mehreres berücksichtigen: Zum einen verhindert die Hospitalisierung nicht unbedingt den Selbstmord; oft sogar scheint sie die Wahrscheinlichkeit zu erhöhen. Leute, die hospitalisiert sind, können ihre Arbeit verlieren oder in der Schule zurückgestuft werden, wo den anderen Gründen für die Depressivität noch das Stigma, psychiatrischer Patient zu sein, hinzugefügt wird. Man kann sagen, daß die Hospitalisierung den Selbstmord hinauszögert, aber nicht verhindert. Denn ist jemand wirklich entschlossen, so wird er nach dem Klinikaufenthalt – oder sogar noch in der Klinik – die Tat durchführen. Was jedoch den Therapeuten betrifft, so will dieser nicht nur keinen Selbstmord, sondern er muß sich auch vor der Berufsgemeinschaft verantworten, wenn er nicht die notwendigen Schritte zur Verhinderung unternimmt. Um des beruflichen Schutzes als auch um des Lebens des Patienten willen muß er daher vielleicht in die Klinik einweisen, selbst wenn er die Drohung als nicht ernst betrachtet. Weist er ein, so kann das aber wiederum bedeuten, daß der junge Mensch einfach dadurch als Versager Erfolg hat, daß er untätig sagt, er habe daran gedacht, sich umzubringen.

Unter diesen Umständen besteht eine Alternative zur Hospitalisierung darin, die Familie und besonders die Eltern aufzufordern, die Verantwortung für das Leben des jungen Menschen zu übernehmen. Dies bedeutet, daß sie eine Selbstmordwache aufstellen müssen, bei der ständig jemand beim Jugendlichen ist, und daß sie sicher sein müssen, daß es zu keiner Gelegenheit zum Selbstmord kommt, solange irgendeine diesbezügliche Drohung besteht. Die ganze Familie kann sich zur Selbstmordwache organisieren, wobei die Eltern die Führung innehaben. Auf diese Weise führt die Selbstmorddrohung nicht zu einem Rückschlag, sondern vielmehr zu einer therapeutischen Gelegenheit, die Familie zu reorganisieren.

Ausdauer

Der Therapeut muß bereit sein, sich mit einer Familie auf die Matte zu begeben, bis entweder das Kind normal funktioniert oder der Therapeut fünfundachtzig ist, was immer zuerst kommt. Diese Ausdauer sollte der Familie schon in einem einzigen Interview klar ersichtlich sein. Oft gibt es ein Interview, das sich ausschließlich auf ein Problem konzentriert und der Familie klarmacht, daß es keine Alternative gibt – es muß etwas unternommen werden. Die Anforderungen an die *ausdauernde Intervention* sind, daß sie einfach und klar ist. Falls die Familie zum vereinbarten Zeitpunkt nicht handelt, muß sich der Therapeut auf dieses eine Thema konzentrieren, während die Familie ihr Verhaltensrepertoire ausspielt.

Um ein Beispiel anzuführen: Ein dreiundzwanzigjähriger Mann wurde verrückt und wurde kurz vor seinem Universitäts-Abschluß hospitalisiert. Er hatte schon seit vier Jahren von seinen Eltern getrennt gelebt, weil er von zu Hause weggegangen war, um eine Universität in einem anderen Staat zu besuchen. Er hatte geheiratet und lebte mit seiner Frau. Er begann sich seltsam zu verhalten, kehrte in die Stadt seiner Eltern zurück und wurde hospitalisiert. Seine Frau zog zu seinen Eltern. Nach zwei Monaten in der Klinik stand er kurz vor der Entlassung, und der Therapeut begann mit der Familie. Im Erstinterview wurde die Frage nach Zukunftsplänen aufgeworfen. Der junge Mann und seine Frau wie auch seine Eltern sagten, das junge Paar würde schließlich in eine eigene Wohnung ziehen. Der Therapeut forderte sie auf, eine Frist für den Umzug in die eigene Wohnung zu setzen. Alle stimmten dem Datum zu, welches schriftlich fixiert wurde. Die Therapie war auf dieses Ziel hin orientiert. Der junge Mann und seine Frau sollten in ihrer eigenen Wohnung wohnen, während er die Universität am Heimatort besuchte und die ein oder zwei Kurse nachholte, die er zum Abschluß noch brauchte. Der Therapieplan war, daß der junge Mann so schnell wie möglich in eine Lage versetzt würde, die ihm die Ablösung von zu Hause ermöglichte – was seine Situation vor der Therapie war, als er mit seiner Frau lebte und das College besuchte. Es war unklar, ob der junge Mann in bezug auf seine Frau, auf seine Eltern oder beide zusammengebrochen war. Der Auszug aus dem Elternhaus sollte diese Frage klären.

Zwei Monate später sollten der junge Mann und seine Frau in eine völlig einzugsbereite Wohnung ziehen. Am festgesetzten Tag zogen sie nicht um. Der junge Mann stand an diesem Tag einfach nicht auf bzw. erst sehr spät. Seine Frau war bestürzt, und der Therapeut arrangierte einen Termin an diesem Abend für das junge Paar. Das Gespräch konzentrierte sich auf die Erklärungen des jungen Mannes, warum sie nicht umgezogen seien. Als Teil des strategischen Planes sollte der Therapeut sagen: »Warum sind Sie nicht umgezogen?« Er sollte nichts anderes sagen. Das Gespräch dauerte fast drei Stunden. Um nichts anderes drehte sich das Gespräch als um die Ausreden des jungen Mannes, darunter seine Symptome und sein hilfloses Verhalten. Seine Frau, über seine Ausreden erzürnt und enttäuscht, brachte zum Ausdruck, wie sie seine Schwierigkeiten, sich von den Eltern zu lösen und sich auf sie einzulassen, sehe. Nach dem Gespräch kehrte das Paar zum Elternhaus zurück, und die Mutter fragte den jungen Mann, worüber sie im Interview so lange gesprochen hätten. Er sagte, dies sei eine Privatsache zwischen ihm und seiner Frau: Er zog damit zum ersten Mal diese Grenze. Er hörte auch auf, sich so zu verhalten, als sei er handlungsunfähig, und das Paar zog noch in derselben Woche in seine Wohnung um.

Bei diesem Ansatz wird ein entscheidendes Thema gewählt, man spricht über nichts anderes, nur über das, was zum Thema gehört. Die Interaktion wird für jeden sehr intensiv. Alle relevanten Probleme kommen bei der Diskussion des entscheidenden Themas heraus: Sie sind wie Speichen, die sich um die Radnabe drehen.

Die Arbeitssuche: Ein Fallbeispiel

Hier wird das längere Beispiel eines Interviews gebracht, bei dem es ausschließlich um das weitverbreitete Problem geht, wie man einen apathischen jungen Erwachsenen dazu bringt, eine Arbeit zu suchen. Diese Familie unterscheidet sich von manchen apathischen Familien darin, daß sie gesprächig ist; das Interview mit einer Familie vorzustellen, die kaum redet, wäre langweilig. Manche Familien reden wenig und tun wenig. Andere sprechen viel, aber tun wenig, wie im Fall dieser Familie. In diesem Interview sprachen der junge Mann und seine Eltern über nichts als das Datum, an dem der Sohn Arbeit suchen sollte. Der Therapeut verfolgte ausschließlich und ausdauernd dieses eine Thema. In diesem Fall führte seine Ausdauer fast zu einer gewalttätigen Explosion. Der Vater war ein Mann, der vor häuslichen Auseinandersetzungen stets davonlief, wenn er auf Frau und Sohn wütend wurde. Kein Aktionsplan konnte von Vater und Mutter durchgesetzt werden, weil der Vater einfach nicht plante und beim ersten Zeichen des Widerspruchs zornig das Haus verließ. Bei dieser Therapiesitzung war er im Zimmer eingeschlossen und mußte die Diskussion fortsetzen. Wie viele hilflose Väter wurde er wütend, laut und drohend, aber vermochte keinen Einfluß auf die Familie auszuüben.

Bei diesem Therapieverfahren fällt es der Familie schwer, wütend auf den Therapeuten zu werden, weil dieser ein Thema bis zur Langeweile verfolgt, denn die Diskussion ist ja zu ihrem besten. Da das Wohlwollen des Therapeuten sie zwingt, das Thema zu verfolgen, muß man das Wohlwollen besonders betonen, wenn man sich dieser Intervention bedient.

Der zweiundzwanzigjährige Sohn war ein gutaussehender junger Mann, der wegen seltsamen Verhaltens während seines ersten Jahres an der Universität hospitalisiert wurde. Als er aus der Klinik entlassen wurde, ging er nach Hause zurück. An der Universität hatte er mit einer Freundin zusammengewohnt. Sie wurde interviewt und gab ihren Wunsch zu erkennen, den jungen Mann zu verlassen, was sie dann auch machte. Zur Familie gehörten noch ein siebzehnjähriger Bruder, der meist mürrisch und still war, und eine dreiundzwanzigjährige Schwester, die in einem anderen Staat die Universität besuchte.

Der Sohn, bei dem sich die Problematik zeigte, stand unter stark dosierten Medikamenten, als er aus der Klinik kam. Das Ziel der Therapie war, ihn an die Universität zurückkehren zu lassen, aber dieses konnte erst wieder im nächsten Semester geschehen, das erst in ein paar Monaten begann. Die Familie war sich einig, daß er in der Zwischenzeit arbeiten sollte. Er war zu arbeiten bereit, war aber diesbezüglich auch apathisch und untätig. In den ersten Wochen der Therapie, als er von den Medikamenten herunterkam, wurde er zum Arbeiten angehalten, aber er bekam keine Arbeit. Als der junge Mann fast von den Medikamenten weg und imstande war, normal zu funktionieren, richtete der Therapeut eine Sitzung ganz auf die Forderung aus, daß die Eltern einen Tag bestimmen sollten, an dem der junge Mann zur Arbeit gehen sollte. Ausschnitte aus der Sitzung werden hier dargeboten, um die Ausdauer des Therapeuten und das Spektrum der den Selbstunterhalt betreffenden Probleme zu zeigen.

Die Familie war schwarz und wies die typische Struktur von Aufsteiger-Familien auf. Der Vater kam aus der Arbeiterschicht und war ein erfolgreicher und hart arbeitender Kleinunternehmer. Die Mutter arbeitete an der Universität. Ihre Arbeit war stärker intellektuell ausgerichtet. Der Ehrgeiz der Mutter war es, daß die beiden Söhne und die Tochter die Universität besuchen und Akademiker werden sollten. Der Vater wollte, daß die Kinder einer Arbeit nachgingen; er war kein Anhänger höherer Bildung, obwohl er bei der Tochter eher mit der Universität einverstanden war als bei den Söhnen. Die Tochter studierte. Der siebzehnjährige Sohn hatte Schwierigkeiten, an der High School ausreichende Noten zu bekommen. Der zweiundzwanzigjährige Sohn besuchte die Universität, wurde dort aber verrückt und kam in die Klinik. Er befand sich in einer Lage, in der er entweder arbeiten und seinem Vater gefallen und sich den Unwillen der Mutter zuziehen konnte (weil sie nicht wollte, daß er so ungebildet sei wie der Vater), oder gebildet werden und seiner Mutter gefallen und vom Vater als »unmännlich« definiert werden konnte (so nämlich sah der Vater auf gebildete junge Leute herab, die keine körperliche Arbeit leisteten). Die Lösung des Sohnes bestand darin, gar nichts zu tun: er studierte weder, noch arbeitete er, denn er war »nicht imstande dazu«.

Bei diesem Gespräch forciert der Therapeut, *David Heard*, Ph. D., das Problem der Arbeitssuche, das offenbar ein entscheidendes Thema in dieser Familie ist. Im Raum anwesend sind *Dr. Heard,* die Eltern und der Problemsohn. Der jüngere Sohn kam nicht.

Heard: *Albert, Sie sehen wirklich gut aus.*
Albert: *Vielen Dank, mir geht's auch gut.*
Heard: *Ja?*
Albert: *Ja, ich brauch' nur noch 'nen Job. Das ist alles.*
Heard: *Nun, was haben Sie diesbezüglich unternommen?*

Albert: Nun, ich habe eine Bewerbung für einen Job ausgefüllt, den einer meiner Cousins hat, das ist alles. Na ja, eigentlich habe ich nicht so richtig einen gesucht.

Heard: Wofür haben Sie sich denn da beworben?

Albert: Ich weiß nicht, wofür das sein sollte – für so 'ne Art Laden, der Hamburgers macht, wie MacDonalds.

Vater: (Dazwischenredend) Arbeit in einem – was ist es – Hamburger-Laden?

Albert: Ein Laden, wo's Hamburgers oder Fleisch gibt, irgend so was.

Heard: Wieso haben Sie die Bewerbung ausgefüllt und wissen nicht, was es ist?

Albert: Also nein, sehen Sie, ich weiß nicht, wie – wie der Laden heißt. Ich würd' lieber Büroarbeit machen, um die Wahrheit zu sagen. Aber im Moment würd' ich alles nehmen, es ist mir ziemlich egal.

Heard: Was ist mit dieser Schreinerarbeit bei Ihrem Onkel?

Albert: Ach, der arbeitet, wenn ihm danach ist. Wenn er das nächstemal arbeitet, weiß ich nicht, ob er mich dann braucht, wissen Sie.

Heard: Haben Sie überhaupt etwas in den letzten zwei Wochen gearbeitet, seit ich Sie das letzte Mal gesehen habe?

Albert: (Schüttelt den Kopf) Mm-mm.

Heard: Wie verbringen Sie Ihre Zeit?

Albert: Bei meinen Großeltern, sehe fern, da ist nämlich immer jemand da, das ist alles. Zeitverschwenden, wissen Sie.

Vater: Sich beklagen.

Albert: Beklage mich, beklage mich.

Dies ist ein typischer Wortwechsel für einen apathischen jungen Mann, der darüber spricht, wie er zu einer Arbeit kommt. Er äußert nur Ungenaues, er sagt, er erwäge dies oder das, aber er macht klar, daß er nicht sobald arbeiten wird. Er nimmt auch jede Kritik vorweg, indem er sagt, er verschwende nur Zeit. Der Therapeut beginnt die Eltern darauf anzusprechen (wie er es schon zuvor getan hat), was sie bezüglich einer Arbeit von dem jungen Mann erwarten.

Heard: (Zur Mutter) Also was meinen Sie dazu, daß er nichts zu tun hat?

Mutter: Ich sage ihm, daß ich meine, er sollte sich einen Job suchen. Ich schau' jeden Sonntag für ihn in die Zeitung. Ich sag' ihm, wo er hingehen soll. Also ich weiß nicht, er sollte was tun, das weiß ich. Zuerst muß er mal einen Job finden, aber er ist für mich nicht eifrig genug. Er meint, er müßte ein Auto haben, bevor er sich eine Arbeit suchen kann, er kann nicht mit dem Bus fahren. Das sind seine Worte.

Heard: Wie ist es damit, Al?

Albert: Ich krieg' schon 'ne Arbeit – nur – also ich weiß nicht. Ich fahr' nicht gerne mit dem Bus, weil's Zeitverschwendung ist. Ich geh' hin und man sagt mir: »Füllen Sie die Bewerbung aus, wir rufen Sie an.« (Unhörbarer

	Satz) Ich hab' das schon mal gemacht, und man verschwendet nur das Fahrgeld. Deswegen geh' ich nur da hin, wo ich sicher was krieg', wenn mir jemand sagt: »Ja, ich stell' dich an, komm nur her.« Dann geh ich vielleicht hin oder so was.
Heard:	*Was für eine Arbeit wollen Sie?*
Albert:	*Alles. Ich bin drauf und dran, Teller zu waschen. Ich werd' wohl einen Tellerwäscher-Job kriegen. Einen Tellerwäscher-Job kann ich nämlich immer bekommen. Deswegen werd' ich mir wahrscheinlich einen Tellerwäscher-Job besorgen.*
Heard:	*Sind Sie sich da sicher?*
Albert:	*Ja, ich kann 'nen Job kriegen.*
Heard:	*Also Sie sind sich sicher, daß Sie immer einen Tellerwäscher-Job bekommen können?*
Albert:	*Klar, es gibt 'ne Menge – ich – ich – ich hatte 'nen Tellerwäscher-Job. Ich hab' auch Büroarbeit gemacht. Ich war bei – bei wem war ich? Ich war bei Gino.*
Heard:	*Ich rede nicht über die Vergangenheit, ich rede von morgen.*
Albert:	*Morgen, morgen meinen Sie also?*
Heard:	*Morgen.*
Albert:	*Morgen. Ich weiß nicht, was ich morgen tun werde, ich steh' vielleicht auf und geh irgendwo hin, ich weiß nicht. Ich schau' in die Zeitung und schau' nach, wo der nächste Tellerwäscher-Job ist. Einen, den man ganz sicher bekommt. Den besorg' ich mir. Ich habe schon mal Teller gewaschen, das ist so ungefähr das Leichteste, was man bekommen kann. und den behalte ich 'ne Weile, bis ich's satt habe und mir 'nen anderen besorge.*
Mutter:	*Immer das gleiche – weil er's satt hat und geht. Er hat die falsche Einstellung.*

Das Telefon klingelt und der Therapeut geht hin und spricht mit dem Supervisor, der dem Therapeuten vorschlägt, den Vater in die Diskussion einzubeziehen und den Schwerpunkt mehr auf das Datum der Arbeitssuche zu legen.

Albert:	*Ich brauch' 'n bißchen Geld, ich werd 'ne Weile Teller waschen.*
Mutter:	*Alles was du tust, ist, darüber zu reden, und du tust nichts.*
Albert:	*Morgen tu' ich's wahrscheinlich.*
Mutter:	*Du sagst jeden Tag das gleiche. (Zum Vater) Tut er doch, oder?*
Vater:	*Stimmt.*
Albert:	*Ich rede nicht jeden Tag über 'nen Job.*
Mutter:	*Doch.*
Heard:	*(Kommt zurück und setzt sich) Was Jobs und Ernährer betrifft, so sagen Sie, daß eigentlich Ihr Mann der Haupternährer ist. Also, wie lange,*

	meinen Sie, Mr. Nelson, wie lange noch, meinen Sie, wollen Sie noch
	gesunde Söhne zu Hause haben und ihnen Steaks und was weiß ich zu
	essen geben?
Vater:	*Nicht länger als bis morgen.*
Heard:	*(Lacht) Nicht länger als bis morgen.*
Mutter:	*Er meint es auch. Er sagt's ihnen die ganze Zeit. Er wird's langsam leid.*
	Er sagt ihnen, er wird alle drei leid. Er will, daß sie rausgehen und
	arbeiten gehen.
Vater:	*Sie sollten arbeiten.*
Heard:	*Alle drei?*
Mutter:	*Ja, John und Marlene (ihre Tochter am College)*
Vater:	*Sie sollten – nicht wegen mir, mir ist das egal. Aber nur für sich selbst.*
	Ich finde nämlich, rumhängen, die ganze Zeit rumhängen, das ist nicht
	richtig. Niemand sollte nur rumhängen, die Straße auf und ab gehen,
	nichts zu tun haben. Man sollte immer was zu tun haben. Und, wissen
	Sie, bei der Arbeit – nun, da kann man ein bißchen Dampf ablassen.
Heard:	*Gute harte Arbeit tut einem gut.*
Vater:	*Na ja, muß ja nicht unbedingt harte Arbeit sein.*
Heard:	*Nein.*
Vater:	*Aber 'ne Arbeit haben, etwas, wohin man jeden Tag geht.*
Heard:	*Was haben Sie gemacht, als Sie so alt wie Albert waren?*
Vater:	*Gearbeitet! Hab' 'nen Laster gefahren, 'nen Kohlenlaster, hab' auf 'nem*
	Kohlenlaster gearbeitet, zweieinhalb Jahre lang.
Heard:	*Hat's Ihnen gefallen?*
Vater:	*Mir hat jede Arbeit gefallen, die ich je gemacht habe.*
Heard:	*Wirklich?*
Vater:	*Ja.*
Heard:	*Wie lange haben Sie vor, Ihre Kinder zu erhalten?*
Vater:	*Bis sie 'ne Arbeit haben.*
Heard:	*Gut, sagen wir, also bis nächste Woche – nächsten Monat?*
Vater:	*Haben sie keine Arbeit, erhalte ich sie noch nächstes Jahr.*
Heard:	*Nächstes Jahr?*
Vater:	*Wenn sie keine Arbeit haben, was bleibt mir anderes übrig? Ich kann*
	sie ja nun nicht auf die Straße raussetzen, so gerne ich auch möchte, damit
	sie sich 'ne Arbeit besorgen.

Für den Therapeuten erhebt sich ein Problem, wenn der Vater sagt, er werde seine Söhne so lange wie nötig unterhalten, sogar noch nächstes Jahr. Er könne sie nicht auf die Straße heraussetzen. Solch eine Einstellung verhindert jegliches unmittelbare Handeln, was aber gerade angebracht wäre. Der Therapeut könnte die Meinung vertreten, daß die Eltern den Sohn auf die Straße setzen könnten, aber dies könnte zu Einwänden führen. Statt dessen verlagert der Therapeut klugerweise das Thema auf die

Zukunft. Er spricht über die kommenden Jahre und schließt sogar die Möglichkeit ein, daß die Eltern den Sohn unterstützen, wenn er verheiratet ist. Dieser Hinweis löst bei den Eltern die richtige Reaktion aus.

Heard: *Was ist, wenn Albert in drei, vier Jahren heiratet, Kinder hat und keine Arbeit?*

Vater: *Na ja, das ist was ganz anderes.*

Mutter: *Wenn das passiert, zieh' ich nach Kalifornien. (Lacht)*

Vater: *Und ich werd' dafür blechen müssen.*

Heard: *Das haben Sie gesagt.*

Vater: *Zunächst mal, wenn er keinen Job hat, dann heiratet er sicher auch nicht, wenn ich da was mitzureden habe.*

Heard: *Haben Sie vielleicht aber nicht.*

Vater: *Hab' ich vielleicht nicht.*

Heard: *Nein, er könnte einfach . . .*

Vater: *Lassen Sie mich was erklären – wenn er heiratet, dann kann ihn nämlich seine Frau unterhalten, denn ich unterhalt' ihn nicht.*

Heard: *Ah!*

Vater: *Weil ich finde, daß das nicht richtig ist.*

Heard: *Okay, weil Sie nämlich gesagt haben, das wäre nur so lange, bis er einen Job bekommt.*

Vater: *Stimmt.*

Heard: *Das kann noch lange dauern.*

Vater: *Das kommt gar nicht in Frage. Nur wenn er einen Job hat.*

Heard: *Ja, es ist . . .*

Vater: *Ich möchte nicht, daß er für irgend 'ne Dame die Verantwortung übernimmt und außerstande ist, für sie zu sorgen. Das wär' ihr gegenüber nicht fair.*

Heard: *Worauf ich hinaus will – also besonders im Moment sind Jobs schwer zu bekommen.*

Vater: *Sie sind schwer zu bekommen.*

Heard: *Aber ich frage mich, ob Sie – ob Sie mit den Bemühungen zufrieden sind, die Albert unternimmt?*

Vater: *Nein, und er weiß das.*

Albert: *Ich hab' überhaupt nichts unternommen.*

Vater: *Alle drei wissen's.*

Albert: *Ich besorg' mir 'ne Arbeit, wenn ich 'ne Arbeit will, wenn ich für 'nen Job bereit bin. Einen Job zu bekommen ist kein Problem.*

Heard: *Also gut.*

Albert: *Ich mach' mir deswegen nicht mal Sorgen.*

Heard: *Er hat die Karten auf den Tisch gelegt. Er hat die Karten auf den Tisch gelegt. Er besorgt sich einen Job –*

Vater: *(Unterbricht) – wenn er dafür bereit ist.*

182

Heard: *Wenn er dafür bereit ist.*
Vater: *Ja, ich hab' genau verstanden, was er gesagt hat.*
Mutter: *Richtig.*

Das ist eine wichtige Aussage des Sohnes. Er sagt nicht, er sei außerstande zu arbeiten oder zu krank; er verhält sich nicht wie ein Verrückter oder Exzentriker. Nein, er weigert sich einfach: d. h., er verhält sich wie ein trotziger Sohn. Diese Aussage hilft dem Therapeuten, das Problem als disziplinäres zu definieren. Ist diese Aussage erst einmal heraus, so kann der Vater die Differenz zwischen ihm und seiner Frau in bezug auf Arbeit ansprechen.

Vater: *Deswegen hab' ich ihn immer beim Wickel, genau deswegen. Denn sehen Sie, sie wissen, die kommen nicht zu mir, wenn die irgendwas wollen. Sie gehen zu ihrer Mutter. Wenn sie Geld brauchen, gehen sie zu ihrer Mutter, und sie bekommen's von ihr. Zu mir kommen sie nicht und bitten um Geld, das heißt, ab und zu mal kommt er: »Ich brauch' 'nen Dollar«, oder so was: und John sagt: »Ich brauch' 'nen Dollar.« Ich geb' ihnen 'nen Dollar. Wenn sie für irgendwas, was sie wollen, Geld haben wollen, dann sag' ich: »Hör zu, Mann, du mußt dir 'nen Job besorgen.« Aber dann gehen sie zu ihr und sie gibt ihnen was. Denn sie hat's.*

Die Struktur der Situation ist klar, und sie ist typisch in einer Familie mit einem Sohn, der Schwierigkeiten macht. Der Vater kann nicht darauf drängen, daß der Sohn arbeitet, und ihm so lange das Geld entziehen, bis er das macht, weil die Mutter nicht mit ihm kooperiert, und da sie arbeitet, hat sie eigenes Geld. In solchen Fällen kommt es jedoch vor, daß der Vater, wenn die Mutter in bezug auf Geld unnachgiebig wird, seine Postition ändert und Geld gibt. Die Eltern befinden sich in ihrer Ehe über Fragen wie Arbeit, Geld und Bildung in einem Grundwiderspruch miteinander: der Sohn ist ein Vehikel, über das sich dieser Widerspruch ausdrückt.

Untersucht man die Aussagen des Vaters, so ist offensichtlich, daß er keine klare Postion ergreift, was die Arbeit des Sohnes betrifft. Er sagt zwar, der Sohn solle arbeiten gehen, aber nur für seine Gesundheit – um Dampf abzulassen. Er sagt auch, die Kinder kämen wegen Geld nicht zu ihm, sondern zur Mutter, aber fügt dann hinzu, daß sie wegen Geld zu ihm kämen und er es ihnen gebe (mit einer Lektion, daß sie sich einen Job suchen sollen).

Die starken Gefühle des Vaters in bezug auf die Situation werden im weiteren Verlauf der Sitzung noch offenkundiger. Wie in anderen Sitzungen erwähnt, steht er früh auf. Wenn er untertags heimkommt, findet

183

er zwei gesunde Söhne vor, die auf dem Tisch, den er ihnen gekauft hat, Billard spielen und zusammen mit ihren Freunden das Bier trinken, das er für sie bezahlt hat. Obwohl er betont, daß sie arbeiten sollten, passiert nichts, und alles, was er tun kann, ist, davonzueilen und wieder hart zu arbeiten – wütend darüber, daß seine Frau nicht mehr tut.

Ein geschickter apathischer Sohn stellt für die Eltern manchmal ein Problem dar, weil er so wenig verlangt, daß sie ihm nichts wegnehmen können, um ihn zu bestrafen oder zur Arbeit anzuhalten. Indem ein solcher Sohn gar kein Geld verlangt, alte Kleider trägt und kaum ißt, verschafft er sich einen Vorteil im Kampf der Eltern mit ihm.

Albert: *Nicht einmal meine Mutter bitte ich um Geld, meistens jedenfalls nicht. Letztes Mal habe ich nicht mal mein Taschengeld verlangt.*

Vater: *Trotzdem brauchen sie immer noch 'nen Job. Da gibt's gar keine Frage. Sie brauchen was, um auf Trab zu bleiben.*

Heard: *Da stimmt wohl jeder zu!*

Vater: *Ja, natürlich.*

Albert: *Kommt nicht in Frage, ich fahr nicht mit dem Bus und such' jeden Tag nach 'nem Job.*

Vater: *Also, was passiert ist – ich weiß nicht, was für einen Lauf alles nimmt –, aber bei mir war das jedenfalls ganz anders. Wenn ich 'nen Job bräuchte, würde ich jeden Tag draußen Steine klopfen. Wenn mir meine Mutter ein oder zwei Dollar gäbe oder so was, damit ich mir 'nen Job suche, also ich sag Ihnen was, ich würde die ein, zwei Dollar sparen, mich aufs Fahrrad schwingen und 'nen Job suchen. Oder ich würd' per Anhalter auf Arbeitssuche losziehen. Oder ich würd mich an die Ecke stellen mit ein paar von den Jungs, die auch Arbeit suchen, aber die sind nun mal nicht so wie ich. Die sind nicht so eifrig bei der Sache wie ich.*

Albert: *(Lacht) Junge, Junge.*

Vater: *Wenn ich morgen arbeitslos würde, würd' ich mir morgen 'ne Arbeit suchen.*

Heard: *Also für mich hört sich das so an, als wären Sie sehr, sehr großzügige Eltern gewesen.*

Vater: *Wir haben immer gut für ihn gesorgt, gar keine Frage. Trotzdem, wie lange noch – sehen Sie, er ist krank, nicht wahr? Er ist nicht krank, sondern, ich glaub', ihm geht's gut. Der andere –*

Heard: *(Unterbricht) Sind Sie krank, Albert?*

Albert: *Mir geht's gut.*

Der Therapeut muß das Ganze entweder als disziplinäres Problem oder als Faulheit definieren, aber nicht als Krankheit. Das ist wegen der Hospitalisierung und Medikation (die nun abgesetzt ist) des jungen Mannes schwierig. Diese nämlich definieren ihn als krank. Wird er nicht mehr als krank betrachtet, so können die Eltern darauf drängen, daß er sich normal verhält. Dieser Punkt kommt nun. Die Verwirrung des Vaters darüber, ob er ihn für krank halten soll oder nicht, kommt an diesem Übergangspunkt klar zum Vorschein.

Vater: *Ihm geht's jetzt gut. Aber da drinnen ist immer noch was los, denn er kann sich hinsetzen und mir sagen: »Ich besorg mir 'ne Arbeit, wenn ich soweit bin.« Und er weiß, daß er 'nen Job braucht.*

Mutter: *Ja, aber er meint es auch.*

Vater: *Er meint, was er sagt.*

Mutter: *Sicher tut er das.*

Vater: *Und das widert mich allmählich an.*

Mutter: *Wenn er kein Auto kriegt, kriegt er keinen Job. Das meint er.*

Vater: *Ich glaub' nicht, daß er ein Auto braucht, um sich 'nen Job zu suchen.*

Mutter: *Er sagt, er wird nicht mit dem Bus fahren, um sich 'nen Job zu suchen.*

Heard: *Halten wir das fest. Er sucht sich keinen Job, bevor er nicht ein Auto kriegt.*

Mutter: *Stimmt.*

Vater: *Also das hat er nicht gesagt.*

Mutter: *Oh doch, das ist in dem enthalten, was er sagt.*

Albert: *Ich will 'nen Job, weil ich ein Auto will. Ich will bis September dieses Auto haben.*

Heard: *Okay, Sekunde: Sie wollen also nicht mit dem Bus rumfahren?*

Albert: *Nein, es ist Zeitverschwendung.*

Heard: *Das ist also Zeitverschwendung, deshalb . . .*

Albert: *Zeitverschwendung. Nur wenn ich weiß, daß es ein Job ist, den ich sicher krieg, fahr' ich mit dem Bus. Ich fahr' nicht jeden Morgen mit dem Bus, um dann keinen Job zu kriegen.*

(Das Telefon läutet und der Therapeut nimmt ab.)

Albert: *Ich besorg' mir 'nen Tellerwäscher-Job, einen, den ich sicher bekommen kann.*

Mutter: *Steig in den Bus und besorg ihn dir.*

Albert: *Nun, hab' nichts dagegen.*

Vater: *Zuerst mußt du 'ne Bewerbung ausfüllen.*

Mutter: *Ich weiß nicht, warum du 'nen Tellerwäscher-Job willst.*

Albert: *Weil sie mich nehmen.*

Mutter: *Wo denn?*

Albert: *Immer dort, wo's heißt »Tellerwaschen«, da kriegt man 'nen Job.*

Mutter: *In der Zeitung stehen auch einige, aber das heißt nicht, daß du's bekommst. Erzähl mir nicht, du gehst einfach rein und bekommst ihn?*

Albert: *Könnte schon sein, daß ich ihn krieg'.*

Die folgende Rede des Vaters ist typisch für die Art und Weise, wie ein den Sohn betreffendes Problem von den Eltern benutzt wird, um über

Streitigkeiten zu kommunizieren. Vordergründig spricht der Vater davon, daß der Sohn aktiver werden und frühmorgens aufstehen sollte, um Arbeit zu suchen. Eigentlich aber wendet er sich dagegen, daß die Mutter den Sohn so lange schlafen läßt und sich nicht genug dafür interessiert, ihn heraus und zur Arbeit zu drängen. Die Rede ist vordergründig für den Sohn, gemeint aber ist die Mutter.

Vater: *Du kannst dich nicht auf das verlassen, was in der Zeitung steht. (Spricht zur Mutter) Zehn zu eins stehen die Chancen, was immer in der Zeitung steht, die Leute, die – wenn sie 'ne Stellenanzeige in die Zeitung setzen, ich will dir was erklären –, wenn sie 'ne Stellenanzeige in die Zeitung setzen, und die Zeitung am Sonntag herauskommt, dann kannst du deinen letzten Dollar darauf wetten, daß da jemand um vier Uhr morgens vorm Büro dieses Mannes steht und den Job zu kriegen versucht. Er steht nicht um zehn oder elf mittags auf, er steht an dieser Ecke, und wenn er dafür um drei Uhr früh aufstehen muß, er ist der erste in der Reihe oder der zweite. Wenn einer oder zwei da sind, gehört er dazu. Ich versuch' ständig, ihm zu sagen, daß ich nicht will, daß er bis elf im Bett liegt – man kann nicht um elf sich 'nen Job suchen. Man muß früh am Morgen aufstehen.*

Mutter: *(Zeigt auf den Sohn) Sag's ihm und nicht mir.*

Vater: *Ich hab's ihm gesagt. (unhörbarer Satz)*

Albert: *(Unterbricht) Ich weiß, wie man 'nen Job sucht. Ich bin zweiundzwanzig, und ich weiß, wie man sich 'nen Job sucht.*

Vater: *Du weißt es also? Aber unglücklicherweise tust du's nicht. Aber wie dem auch sei, darum mach' ich mir im Moment keine Sorgen. (Zur Mutter) Was ich zu sagen versuche: Man kann nicht rumsitzen und sagen: »Ich brauch 'nen Job, ich brauch 'nen Job.« Man muß raus und hinter 'nem Job her sein. Denn bei der Situation draußen jetzt braucht jeder das gleiche wie das, nach dem du suchst, d. h. 'nen Job, da gibt's gar keine Frage. John hab' ich das gleiche gesagt.*

Albert: *Wenn ich gewußt hätte, daß es so wichtig ist, daß ich einen Job bekomme, dann hätt' ich mir einen besorgt, als ich aus der Klinik gekommen bin.*

Vater: *Du hast dir keine Arbeit besorgen können, als du aus der Klinik gekommen bist.*

Albert: *Dann gehe ich eben morgen und schau' mich jeden Tag nach 'nem Job um.*

Vater: *Das hättest du schon lange tun sollen. Ich hab' die ganze Zeit versucht, dir das zu sagen.*

Mutter: *(Zum Sohn) Warum wirst du sauer deswegen, warum wirst du sauer deswegen?*

Albert: *Weil ich nicht wußte, daß das so eine große Sache ist, daß ich 'nen Job bekomme. Ich dachte, wenn ich soweit wäre, mich ranzumachen ...*

186

Vater:	*Für uns ist es keine große Sache, sondern für dich. Ich mach' mir keine Sorgen, wie man 'ne Arbeit kriegt, aber du brauchst eine.*
Albert:	*Ich will über was anderes sprechen, ich werd' mir morgen sofort 'nen Job besorgen. Ich, ich, ich hab' nämlich nichts gegen Arbeit, denn ich will raus und 'ne eigene Wohnung haben. Denn ich mag auf keinen Fall daheim wohnen bleiben. Deshalb werd' ich mich ranhalten und mir 'ne Arbeit suchen, das ist alles.*

(Der junge Mann läßt die typische Drohung los, die Eltern zu verlassen, falls sie ihn weiterhin drängen sollten.)

Vater:	*Nun, das klingt gut.*
Heard:	*(Weist auf die Eltern) Mit den beiden müssen Sie sprechen.*
Albert:	*Ich möchte nicht daheim bleiben.*
Mutter:	*Das weiß ich.*
Vater:	*Das haben wir schon immer gewußt.*
Heard:	*Albert, ich würde gerne mit Ihrer Mutter den Platz tauschen. (Sohn sitzt neben dem Therapeuten, und Mutter sitzt neben Vater) Ich will, daß Sie herüber kommen und neben mir sitzen. (Zur Mutter) Ich möchte, daß Sie den Stuhl näher zu Ihrem Mann rücken.*
Albert:	*Morgen besorg' ich mir 'nen Job.*
Heard:	*Mit den beiden müssen Sie darüber sprechen.*
Albert:	*Ich muß nicht sprechen. Wenn ich arbeite, dann arbeite ich. So einfach ist das.*
Heard:	*(Zieht seinen Stuhl zurück) Mit Ihren Eltern müssen Sie darüber sprechen.*
Mutter:	*(Zum Sohn) Aber immer – du wirst immer sauer – jedesmal wenn dir jemand sagt, daß du das Richtige tun sollst, was wir für richtig für dich halten, dann wirst du gleich wütend.*
Albert:	*Wenn ihr wolltet, daß ich 'nen Job suche, dann solltet ihr sagen: »Al, ich will, daß du 'nen Job suchst.«*
Mutter:	*Das brauch' ich dir nicht zu sagen.*
Albert:	*Das hättet ihr alle sagen sollen.*
Vater:	*Wißt ihr, was mich an der ganzen Sache wütend macht?*
Albert:	*Niemand hat mir gegenüber was von 'nem Job erwähnt, deswegen bin ich also heute abend hierhergekommen, das ist ja fürchterlich.*
Vater:	*Was hast du gesagt?*
Albert:	*Ich wußte nicht, daß du mich gedrängt hast, mir 'nen Job zu besorgen.*
Vater:	*Wir haben das immer gesagt, die ganze Zeit.*
Albert:	*Du hast John gedrängt, mich hast du nicht zur Arbeit gedrängt.*
Vater:	*Sobald du aus der Klinik kamst – »Albert, wenn's dir besser geht« –, wir haben dir gesagt, sobald du rauskommst, solltest du dir etwas zu tun suchen, damit du aktiv bleibst. Ich hab' dir schon mal gesagt, ich hab's dir hier vor ein paar Wochen gesagt, statt daß du den ganzen Tag bei deiner Großmutter hängst und dort rumsitzt und mit den Schnorrern sprichst, die da drüben sind. Ich mag sie nicht.*

Albert:	Sie arbeiten.
Vater:	Leider haben sie so lange gebraucht, um einen Job zu finden. Sie hätten schon vor fünfunddreißig Jahren einen gebraucht. Sie sind fünfunddreißig und älter. Die hätten arbeiten sollen, für mich haben die erst gestern zu arbeiten angefangen. Die haben drei Monate nicht mehr gearbeitet. Zum Glück haben sie jetzt 'ne Arbeit. Wenn sie keine hätten, müßte jemand ihnen eine geben. Sie ihnen aufdrängen, sonst hätten sie keine. Man hat ihnen 'nen Job angeboten, sonst würden sie rumhängen und Unterstützung beziehen und nichts tun. Ich kenn' sie, man kann sich nicht auf sie verlassen. Man kann sich mit ihnen unterhalten und dergleichen, alles schön und gut, aber ich hab's nicht gerne, wenn du die um dich hast, weil du dann offenbar ins leiche Fahrwasser gerätst. Das mag ich nicht daran.
Albert:	Ich werd' mir 'ne Arbeit besorgen.
Vater:	Weil sie eben nichts tun wollen.
Albert:	Ich werd' mir 'nen Job besorgen, 'nen Job . . .
Vater:	Ich hab' dich schon vor langer Zeit aufgefordert, dir 'nen Job zu besorgen. Wir zwingen dich nicht zu einem Job. Wir haben dir schon mal gesagt, daß du schon vor Jahren einen Job hättest haben sollen. Du findest 'nen Job und dann quittierst du ihn wieder. »Mir ist nicht nach Arbeit.« Meine Frau hat mir gesagt, eines Tages einmal hatte sie 'nen Job beim – na – beim Finanzamt. Also er ist im Bett gelegen: »Ich will nicht arbeiten gehen, ich will nicht arbeiten gehen.« So kommt man nicht zu 'nem Job. Ich wünschte, ich könnte jeden Tag bis elf/zwölf mittags im Bett liegen.
Mutter:	(Zum Sohn) Warum, meinst du, schau' ich jede Woche in die Zeitung?
Albert:	Wenn das ein Problem ist, besorg' ich mir 'nen Job.
Mutter:	Es ist kein Problem, Albert, es ist kein Problem.
Albert:	Wohl ist es eins. Es muß ein Problem sein.
Mutter:	Es ist kein Problem.
Albert:	Ich werd' mir 'nen Job besorgen. Ich will 'nen Job und ein bißchen Geld in der Tasche haben. Ich hab' einfach noch keinen Job gesucht. Es gibt da draußen ohnehin keine Jobs.
Heard:	Albert, ich bestreite nicht die Tatsache, daß es im Moment schwer ist, Jobs zu bekommen. Ich sag' ja auch nicht, daß es vernünftig ist zu erwarten, daß Sie bis morgen um elf einen Job haben, aber was ist eine vernünftige Erwartung, eine vernünftige Erwartung in bezug auf die Frage, wann Albert einen Job haben sollte?
Vater:	Das kann ich eigentlich nicht sagen – ich kann nur sagen, wenn er sich nur etwas bemühen würde, einen Job zu finden, dann wäre ich schon zufrieden. Aber das macht er nicht. Ich weiß nämlich nicht, wann er aufsteht, weil ich schon früh am Morgen aus dem Haus gehe.
Mutter:	Er steht früh auf.
Vater:	Manchmal um viertel vor sieben. Ich meine, wenn er zu mir sagen würde: »Ich bin heute da und dort gewesen«, oder wenn er zu seiner Mutter sagen

188

würde: »Ich bin heute dort hingegangen«, dann wäre ich damit schon
zufrieden, zumindest wüßte ich, er sucht 'nen Job. Aber wenn er dann
heimkommt abends und sich bei ihr beklagt: »Oh, ich glaub', ich muß
mir 'nen Job suchen, ich glaub', ich muß mir 'nen Job suchen.« Das wissen
wir nämlich schon. Aber man kriegt keinen Job, wenn man den ganzen
Tag vorm Fernseher sitzt. Oder rumrennt und das Fahrgeld, das man
ihm gibt, für Steaks ausgibt. Dann kommt er abends heim und beklagt
sich, daß er Magenschmerzen hat.

Albert: *Ich werd' mir 'nen Job besorgen. Ich weiß nicht, was dich anstinkt. Ich*
             such mir 'nen Job.

Vater: *Es stinkt uns nichts an.*

Albert: *Es ist vorbei. Ich werd' mir 'nen Job suchen. Also rede über was anderes.*
             Morgen früh steh' ich um acht auf und such' mir 'nen Job.

Vater: *Um halb acht.*

Mutter: *Du mußt . . .*

Albert: *Ich weiß, um welche Zeit ich mir 'nen Job such'.*

Mutter: *Ich hab' dir schon ein paarmal gesagt, wo du hingehen sollst.*

Heard: *Was ist ein vernünftiger Zeitraum für Sie . . .*

Vater: *Um einen Job zu suchen?*

Albert: *Du hast mir keine Maßstäbe oder Regeln zu setzen, nach denen ich mich*
             bei der Jobsuche richten soll, Mann. Ich weiß, wie ich's anstellen muß,
             so einfach ist das. Du hast mir keine Maßstäbe für irgendwas zu setzen.
             Ich weiß, wie ich's anstellen muß, um 'nen Job zu finden.

Mutter: *Jetzt wirst du wütend, denn manchmal red' ich mit dir – ich sag' ihm*
             vielleicht, wenn er 'nen Job will und er keinen Job findet und er studieren
             will, gut, soll er studieren. Er kann wieder zurück ans College.

Nachdem weiterhin der Akzent auf der Jobsuche liegt, bringt die Mutter
ihre eigene Präferenz – das College – zur Sprache. Der Vater bringt das
nie als Alternative. An diesem Punkt nimmt der Therapeut den Sohn aus
der Diskussion heraus und fordert die Eltern auf, miteinander zu sprechen.

Das Gespräch, das die Eltern miteinander führen, ist die Phase der
Sitzung, die parallel zu den Phasen der Therapie läuft. Zuerst findet eine
allgemeine Familiendiskussion über die Arbeitssuche des jungen Mannes
statt. Dann setzt der Therapeut den jungen Mann neben sich und hält sich
selbst heraus, während er die Eltern zusammen mit dem Sohn über die
Jobsuche sprechen läßt. Als nächstes läßt der Therapeut die Eltern
miteinander über das Arbeitsproblem mit dem Sohn sprechen und hindert
den jungen Mann daran, zu unterbrechen, damit die Eltern direkt
kommunizieren. Als die Eltern miteinander zu kommunizieren versuchen,
entwickeln sich Spannungen zwischen ihnen, und der junge Mann greift
ein und weist damit darauf hin, daß sie noch nicht soweit sind zu
kommunizieren, ohne daß das Kind sie rettet.

Heard:	*Wann fängt das Semester an?*
Mutter:	*Wohl irgendwann im Mai. Das Sommersemester fängt an. Ich hab' ihm also gesagt, wenn du bis dahin keinen Job hast, kannst du studieren. Oder wenn du was hast, 'nen Job, kannst du vielleicht Teilzeit arbeiten und Teilzeit studieren.*
Heard:	*Nun, Albert, ich möchte, daß das eine Diskussion zwischen Ihrer Mutter und Ihrem Vater wird. Und deshalb möchte ich, daß Sie sich da raushalten. Nur damit Sie beide einen Augenblick besprechen, was eine vernünftige Erwartung, eine vernünftige Zeitspanne ist.*
Vater:	*Das kann man nicht so sagen.*
Heard:	*Vielleicht hat er dann keinen Job, aber die Bemühungen sind – ich stimm' Ihnen da ganz zu.*
Vater:	*Was Sie wahrscheinlich fragen: Wirst du Bemühungen dransetzen, um einen Job zu finden?*
Heard:	*Das ist das erste.*
Mutter:	*Ja.*
Vater:	*Gut.*
Heard:	*Und wie sehr soll er sich bemühen, wie wären Sie . . .?*
Vater:	*Das wär' wohl 'ne Frage.*
Heard:	*Womit würden Sie beide sich zufriedengeben?*
Vater:	*Also er kann jederzeit um Fahrgeld bitten, um sich 'nen Job zu suchen, jeden Tag, wenn er will.*
Mutter:	*Ja.*
Vater:	*Fast jederzeit nämlich.*
Heard:	*(Nach einer Pause) Sie meinen, er sollte selbst in die Zeitung schauen, Sie meinen, er sollte ein- oder zweimal am Tag sich vorstellen gehen, oder am Morgen.*
Vater:	*Nun, spät am Nachmittag braucht man erst gar nicht Arbeit suchen gehen. Es sei denn, jemand gibt einem 'nen Wink.*
Heard:	*Das ist . . .*
Vater:	*Mir wäre es lieber, wenn er morgens früh auf ist. Und sich vielleicht ein oder zwei Zeitungen ansieht. Und vielleicht, sagen wir, würde ich's mit dem einen heute versuchen, mit dem Bus fahren – ganz gleich, ob man die öffentlichen Verkehrsmittel mag oder nicht.*
Heard:	*Ich möchte gerne, daß Sie beide darüber sprechen.*

Der Therapeut steht auf, um zu gehen. Er möchte sich mit dem Supervisor hinter dem Spiegel beraten. Außerdem sprechen die Eltern nicht miteinander, und er glaubt, er könne sie dazu ermutigen, wenn er den Raum verläßt.

Vater:	*Nun, ich hab' schon alles gesagt, was ich sagen will, was das betrifft.*
Heard:	*Haben Sie darüber gesprochen – haben Sie . . .?*

190

Vater:	*Wir haben die ganze Zeit darüber gesprochen. Ich sag' ihm: »Geh aus dem Haus, wenn ich morgens aufstehe.« Ich möchte, daß er morgens aufsteht, wenn ich aus dem Haus gehe.*

(Der Therapeut verläßt den Raum)

Mutter:	*Du sagst es nicht zu ihnen.*
Vater:	*Ich sag's dir.*
Mutter:	*Ja.*
Vater:	*Du gehst als letzte aus dem Haus.*
Mutter:	*Du sagst es mir und ich erzähl' ihnen das ganze Zeug nicht. Albert ist jeden Morgen auf. Ich brauch' das ganze Zeug nicht. Ich hör's eigentlich selbst nicht gerne.*
Albert:	*Ich such' mir 'nen Job, und damit hat's sich.*
Vater:	*(Zur Mutter) Ich will's auch nicht hören, aber ich würd's gerne sehen, wenn sie morgens aufstünden und zur Arbeit gingen.*
Mutter:	*Mir ist so, als ob . . .*
Albert:	*Ich besorg' mir 'nen Job, also was soll das Gerede . . .*
Vater:	*Mit dir red' ich im Moment nicht.*
Mutter:	*Ich red' mit ihm (meint den Vater)*
Albert:	*Jetzt rede ich – ist mir egal, ob du mit mir sprichst oder nicht.*
Vater:	*Also jetzt will ich dir mal was sagen, mein Herr.*
Albert:	*(Grob) Was willst du mir sagen, mein Herr?*
Mutter:	*Hmm-mm. (Zieht die Augenbrauen hoch)*
Vater:	*Du wirst allmählich – ich – was hast du gesagt?*
Albert:	*Was hast du mit mir vor, willst mich zusammenschlagen? (Er steht auf)*
Vater:	*Wär' kein Problem.*
Albert:	*Von der Scheiße hab' ich genug, Mann.*
Vater:	*Du hast – du kriegst . . .*
Albert:	*Du willst, daß ich mir 'nen Job such'. (Steht über dem Vater und schaut auf ihn herab) Warum hast du nicht gesagt: »Al, besorg dir 'nen Job!«*
Vater:	*Setz dich, oder ich schlag' dich zusammen.*
Albert:	*Schlag mich doch nur zusammen.*
Vater:	*Tritt mir nicht mehr vors Gesicht.*
Albert:	*Schlag mich doch nur zusammen, schlag mich doch nur zusammen.*
Vater:	*Setz dich hin, sonst passiert was mit dir.*
Albert:	*Dann passiert auch was mit dir.*
Vater:	*Ich will dir mal was sagen . . .*
Albert:	*(Unterbricht) Ich hab' dir in meinem ganzen Leben noch nie widersprochen. Du hättest also nur sagen brauchen, daß ich mir 'nen Job suchen soll.*

Diese Sequenz ist typisch und wird in diesem Buch oft hervorgehoben. Ein Streitpunkt kommt zum Vorschein, wenn die Mutter sagt, daß nicht der Vater die Jungen zum Aufstehen auffordert. Sie sagt, der Vater sage es *ihr*, und dann ist es ihre Aufgabe, es den Jungen zu sagen. Sie sagt, sie sei es leid, diejenige zu sein, die ihnen das Zeug erzählt. Der Vater beginnt auf die Mutter wütend zu werden und sagt, er wolle das Zeug auch nicht hören. An diesem Punkt ist der Junge unverschämt zum Vater. Der Vater hört den Streit mit der Frau auf und reagiert gegen den Sohn. Das Typische an der Sequenz ist die Art und Weise, wie der Sohn die Aufmerksamkeit des Vaters in dem Moment auf sich lenkt, als die Eltern uneins sind und sich Spannungen zwischen ihnen aufbauen. Das ist eine häufige Sequenz, und der Therapeut entdeckt plötzlich, daß er sich damit befaßt, was zwischen Vater und Sohn abläuft, und vergessen hat, was die Explosion auslöste. Dem Sohn gelingt es, sich selbst zu opfern – entweder durch seltsames Verhalten oder, wie in diesem Fall, durch Provozieren des Vaters, und zwar mit dem Risiko, »durch die Wand gehauen zu werden«.

Vater:	*Du hast schon mal gegenüber deiner Mutter geflucht, du weißt, daß bald was mit dir passiert. Sie sorgt für dich. Du tust, was sie – ich sag' dir was – du weißt, wenn du mich in Wut bringst, komm' ich und hau dich geradewegs durch die Wand.*
Albert:	*Tu's doch. (Setzt sich)*
Vater:	*(Schreit lauter) Sie kann sich wegen dir nicht mal ein anständiges Kleid kaufen gehen.*

(Der Therapeut kommt wieder ins Zimmer und setzt sich)

Albert:	*Du hättest mir nur zu sagen brauchen, daß ich mir 'nen Job suchen soll.*
Vater:	*Seit Jahren schon sagen wir dir, du sollst dir 'nen Job suchen. Du hast 'ne andere Frau gehabt und hast mit ihr zusammengewohnt. Du hast auf niemanden hören wollen (unhörbarer Satz). (Schreit) Du hörst auf niemanden. Es kotzt mich allmählich an. (Steht auf und beugt sich über den Sohn) Ich hab' dich und den anderen Penner im Haus allmählich satt. Letzten Endes werd' ich . . .*
Albert:	*Wen meinst du?*
Vater:	*Euch beide. Du hörst ihr nicht mal zu. Du gehst mir auf die Nerven.*
Albert:	*Das kommt jetzt alles an den Tag.*
Vater:	*(Unverständlicher Satz, als er mit dem Sohn streitet, der zurückschreit. Mutter sitzt ausdruckslos da) Du bist zweiundzwanzig. (Setzt sich)*
Albert:	*Morgen geh' ich und besorg' mir 'nen Job.*
Vater:	*Seit Jahren sagen wir dir, daß du was unternehmen sollst. (Unverständlicher Satz) Du willst dich nicht schmutzig machen: »Geh und räum den Hof auf« – »Ich will mich nicht schmutzig machen«.*
Albert:	*Es ist ein Witz.*
Vater:	*Es ist ein Witz? Aber du hast es nicht gemacht. Du tust, was sie dir sagt. Du willst dich nicht schmutzig machen, du willst dich nicht schmutzig machen.*
Albert:	*Ich bin seit Jahren schmutzig, es macht mir nichts aus.*

192

Vater: Und du erzählst mir, daß John nichts tut. Mach dir mal um John keine Sorgen. Ich will dir mal was sagen, lieber Herr, du – du gehst mir auf die Nerven. Also . . .

Der Therapeut steht auf und hebt das Telefon ab; der Supervisor sagt ihm, er solle diesen Streit beenden, sonst käme es vielleicht zu Gewalttätigkeiten.

Albert: (Unverständlicher Satz)
Vater: (Unverständlicher Satz) Es ist mir völlig egal, wie alt du bist, wir müssen für dich sorgen. Du kannst nicht für dich selbst sorgen, du bist nicht in der Lage, für dich selbst zu sorgen.

Eine der Tragödien, zu denen es infolge der Hospitalisierung eines jungen Mannes – insbesondere eines aus einer Arbeiter-Familie – kommt, besteht darin, daß er vielleicht vordergründig »krank« genannt wird, aber die Familie oft glaubt, er sei schwach. Hospitalisiert zu werden kann ein Hinweis darauf sein, daß man unmännlich ist, was ein besondres Stigma ist.

Albert: Morgen beweis' ich dir, daß ich für mich selbst sorgen kann.
Vater: Schauen wir mal, was jetzt passiert, du warst schon mal draußen und konntest den Druck nicht aushalten.
Albert: Oh, ich konnte den Druck nicht aushalten, ja?
Vater: Sie (die Mutter) hat für dich die ganze Zeit gesorgt, wie du mit der verdammten Frau da oben zusammengelebt hast.
Heard: (Macht eine Geste, daß sie aufhören sollen) Zeit. (Er zieht seinen Stuhl herein)
Albert: (Unverständlicher Satz)
Mutter: Hör auf, so . . .
Vater: Sag ihm nichts, sag ihm gar nichts.
Heard: Das ist wirklich das Problem, bei dem wir am Anfang angesetzt haben. Und es ist ein ernstes Problem.
Vater: Es ist ein ernstes Problem! (Unverständlicher Satz, heißt vielleicht: »Er war ein Dummkopf.«) Sein ganzes Leben lang. Wir haben ihn zurechtzubiegen versucht. (Schüttelt den Finger in Richtung des Therapeuten) Ich will Ihnen jetzt mal was sagen. Wenn diesen Kindern irgendwas passiert, dann kommen sie nicht zu Ihnen, dann kommen sie zu uns. Aber wir sitzen nicht da und sagen, ihr verschätzt euch, wir werden nichts für euch tun. Wir müssen immer noch für sie sorgen, weil sie ihr ganzes Leben lang unsere Kinder sind. Wenn ich nur – jedesmal, wenn eines meiner Kinder aufspringt und was zu mir sagt, dann erzähl' ich ihnen was, und wenn sie das nicht mögen, dann bin ich der Meinung: Wenn ihr nicht mögt, wenn ich euch sage, was ihr tun sollt, dann richtet's

193

euch anders ein. *Er hat das einmal gemacht. Aber er war nicht fähig dazu, er meint, er ist 'n Mann, aber er hat ein kindliches Gemüt. Er kann sich nicht wie ein Mann verhalten, wir versuchen, ihn in die richtige Richtung zu lenken. Ich hab's ihm schon gesagt, ich sag's ihm noch einmal, du versuchst 'nen Job zu finden, komm nicht heim und beklag dich bei ihr darüber, was du alles haben mußt. Wir wissen, daß du 'nen Job brauchst.*

Albert: *Ich krieg' schon 'nen Job …*

Vater: *Und paß auf, wie du mit mir umgehst, denn ich mach' – ich mach' keine Scherze mit irgend jemandem.*

Albert: *Ich mach' auch keine Scherze mit dir.*

Vater: *Wenn ich zu wütend werd', mach' ich was mit dir.*

Albert: *Wenn du mich nur niederschlagen – wenn du mich nur …*

Heard: *Nein, nein – es ist wahr, daß Albert immer Ihr Kind sein wird, aber er ist erwachsen.*

Vater: *Völlig richtig. Aber er – Ich will Ihnen mal was sagen, keines meiner Kinder gibt mir 'ne freche Antwort. Ich mag das nämlich nicht. Ich gehör' nicht zu den Leuten, die sagen: »Du kannst alles zu mir sagen, was du willst.« Sonst passiert nämlich was mit dir, ich laß mir von niemandem was gefallen. Ich hab' meinen Eltern nicht einmal 'ne freche Antwort gegeben. Und ich war eins der schlimmsten Kinder auf der Welt. Aber jetzt bin ich eins der besten.*

Heard: *(Pause) Als wir anfingen, haben wir darüber gesprochen, wieviel Zeit, was eine vernünftige Erwartung ist …*

Vater: *Ich hab's Ihnen schon gesagt, das kann ich nicht sagen. Ich will ja nur, daß sie sich ein bißchen dahinterklemmen. Mehr will ich ja gar nicht …*

Heard: *Schön, genau das sage ich auch …*

Vater: *Erzähl mir nicht (imitiert ihn) »Ich muß mir 'nen Job suchen.« Wir wissen, daß du dir 'nen Job suchen mußt, aber klemm' dich ein bißchen dahinter.*

Heard: *Wie sehr soll er sich dahinterklemmen? Worauf verständigen Sie beide sich?*

Vater: *Wir meinen, daß er am Morgen aufstehen und auf Jobsuche gehen sollte.*

(Gesten zwischen ihnen, die darauf hindeuten, daß sie miteinander sprechen sollten)

Heard: *Wenn Sie beide …*

Mutter: *Ja.*

Vater: *Das haben wir schon immer gemeint.*

Heard: *Okay, das ist aber nicht passiert?*

Trotz der Spannung und dem Unbehagen im Raum verfolgt der Therapeut unbeirrt das Ziel, daß die Eltern miteinander sprechen und für den jungen Mann eine Frist für die Jobsuche setzen. Er läßt sich durch das Problem zwischen Vater und Sohn nicht ablenken, sondern fordert Vater und Mutter auf, sich auf einen Termin zu einigen, an dem der Sohn Arbeit suchen soll.

Vater: Nein, das ist nicht passiert. Neulich ist sie zu einer ihrer Nichten gegangen, die mit ihr über den Job gesprochen hat. Und ich hab' ihn im Auto rübergefahren und die Bewerbung unterschrieben. Das war am Sonntag. Ich sag' meinem Sohn – sehen Sie, ich komm' zur Sache und sag' nämlich nichts. Ich arbeite, und solange sie im Haus genug zu essen haben und ich was zu tun habe, bin ich zufrieden. Aber es kotzt mich so an. Schließlich sag' ich was, entweder – na ja, ich werde halt wütend. Aber statt durch den ganzen Streit durchzugehen, sag' ich, sollen sie tun, was sie wollen. Weil ich's allmählich leid bin.

Heard: Aber das Problem ist noch da.

Vater: Es besteht noch.

Heard: Darauf will ich hinaus. Also womit wären Sie zufrieden?

Vater: Ich wär zufrieden, wenn er morgens aufstehen und 'nen Job suchen gehen würde. Das ist alles. Wenn er keinen Job bekommt, so ist er zumindest hinausgegangen und hat versucht, einen zu finden, das ist alles. Ich weiß, daß es schwer ist, Jobs zu bekommen.

Heard: Mm-hmm. Mrs. Nelson, was meinen Sie dazu?

Mutter: Ich meine, er sollte, ich sage nicht, er sollte jeden Tag irgendwo hingehen, nur um zu gehen. Er muß was Bestimmtes haben. Man muß in die Zeitung schauen. Oder ich schlag' ihm vor, geh zu dem Büro, wo man für die Vermittlung bezahlt, wo du schon mal hingegangen bist. Und kauf dir 'nen Job, das hat er nämlich schon mal gemacht. Und vielleicht bekommt er was auf diese Weise. Ich hab' ihm das erst neulich gesagt. Er sagte: »Das könnte ich wohl tun«, aber er ist nicht gegangen. Wenn er also einfach hingeht, ich hab' ihm gesagt, er soll einfach zur Elektrofirma gehen, die nehmen einen meistens.

Vater: Was hat er dann gesagt, als du ihm das gesagt hast?

Mutter: Er wollte nicht mit dem Bus fahren. (Pause) Aber ab jetzt wirst du wohl mit dem Bus fahren, stimmt's?

Albert: Ich fahr' mit dem Bus und besorg' mir 'nen Job.

Als dieses Mal Mutter und Vater auf ihre Erwartungen zu sprechen kommen, ist die Mutter diejenige, die sich dem Sohn zuwendet und ihn anstelle des Vaters in ein Gespräch verwickelt und es dadurch vermeidet, mit dem Vater zu sprechen.

Mutter: Sieh mal, du tust es nicht, um's jemandem zu zeigen, sondern du hilfst dir nur selbst.

Albert: Das weiß ich, Mama.

Mutter: Du tust es nicht im Zorn, du tust es, weil du es tun willst. Ich will nicht, daß du mit der Einstellung gehst: »Ich besorg' mir 'nen Job, weil ihr von mir wollt, daß ich arbeite.« Du mußt selbst arbeiten wollen. Tu etwas. (Unverständlicher Satz)

Heard:	*Es ist wirklich, ich glaube . . .*
Albert:	*Ich hab' mich jetzt ungefähr seit 'ner Woche nicht mehr nach 'nem Job umgesehen. Und plötzlich, aus heiterem Himmel, sagt er mir: »Du suchst dir 'nen Job.« John hat seit drei Monaten keinen Job mehr gehabt. Zumindest gibt er ihm drei Monate. Woher weißt du, daß ich nächste Woche nicht vielleicht irgendwo 'nen Job bekomme?*
Vater:	*Was meinst du, zwei oder drei Wochen? Ich erwähn' es gegenüber dir nur sehr selten, daß du dir 'nen Job suchen sollst.*
Heard:	*Ich glaube, es ist wichtig . . .*
Vater:	*Ich hab' überhaupt nichts von 'nem Job zu dir gesagt.*
Albert:	*Das regt mich auf, Mann, denn . . .*
Vater:	*Ich hab' nie auch nur ein Wort von 'nem Job zu dir gesagt.*
Albert:	*– die würden ein oder zwei Wochen lang nach 'nem Job suchen.*
Heard:	*Albert, ich glaube . . .*
Albert:	*Das ist jetzt 'ne große Sache.*
Vater:	*Wann hab' ich dir gesagt, du sollst dich nach 'nem Job umsehen?*

Es ist typisch, daß der Vater sich selbst jetzt so definiert, als habe er den jungen Mann nie aufgefordert, sich einen Job zu suchen. Der Therapeut wäre besser gefahren, hätte er diese logische Inkonsequenz nicht aufkommen lassen, denn das Problem besteht darin, den Status des Vaters aufrechtzuerhalten, und das kann man nicht erreichen, indem man ihn kritisiert. Nun kommt der jüngere Sohn, John, zur Sprache, und der Vater bekundet nachdrücklich, daß er will, daß auch er arbeitet.

Vater:	*Jeden Tag hab' ich John beim Wickel.*
Heard:	*Wegen der gleichen Sache – einem Job.*
Vater:	*Wegen 'nem Job, daß er was zu tun hat. Den ganzen Tag lang. Hätten Sie's gerne, wenn Ihr Sohn den ganzen Tag auf der Straße auf und ab schlendert und nichts tut? Letzten Endes wird er sich in Schwierigkeiten reinreiten. Ich bin nicht da, um auf ihn aufzupassen, meine Frau arbeitet jeden Tag, sie kann nicht auf ihn aufpassen. Wir wissen nicht, was die im Haus treiben. Aber wenn wir wüßten, daß er was hätte, das ihn auf Trab hält, wüßten wir wenigstens, daß sie während der Zeit, da wir aus dem Haus sind, bis zum Abendessen also, was tun. Sie tun was Konstruktives für sich selbst.*
Mutter:	*John behauptet, er ginge weg, in die Stadt. Ich geb' ihm das Fahrgeld, damit er zwei- oder dreimal die Woche geht.*
Vater:	*Ich bezweifle, daß er wirklich geht.*
Mutter:	*Er sagt, er geht weg – verwendet 'nen halben Tag darauf, sich 'nen Job zu suchen, das tut er, hat er mir gesagt, sowieso während des Tages. Er geht in die Stadt, zu verschiedenen Geschäften, Lebensmittelgeschäften.*
Vater:	*Manchmal fährt er mit ein paar seiner Freunde mit dem Bus herum. Er*

treibt sich vielleicht herum, wer weiß, raucht vielleicht ein bißchen
Marihuana, aber zumindest ist er draußen und bewegt sich ein bißchen.
Ich mag's nicht sehen, wenn jemand bis 10 Uhr mittags im Bett liegt.
Ich will, daß du aufstehst, wenn ich aufstehe, du stehst auf, sonst wirst
du faul.

Mutter: *Das macht Albert nicht. Albert ist oft schon auf, bevor ich zur Arbeit gehe.*
Vater: *Ich hab' nicht behauptet, daß er's nicht ist. Ich weiß nicht, ob er auf ist*
oder nicht. Also du sagst mir das, stimmt's? Ich kümmere mich nicht
darum, wann er aufsteht.
Mutter: *John ist derjenige, der nicht aufsteht.*
Heard: *Deswegen meine ich, daß es schlecht ist, daß John hier nicht dabei ist.*
Weil das etwas ist, was beide betrifft.

Das Muster der Koalitionen scheint so auszusehen, daß die Mutter den
Problemsohn verteidigt, der am Studium interessiert ist. Der Vater
verteidigt John, der wie er nicht an einer akademischen Karriere interessiert
ist. Der Therapeut fährt mit dem Arbeitsproblem fort und wendet es später
im Gespräch auf beide Söhne an.

Heard: *Mir erscheint es sehr wichtig, daß Sie zwei junge Männer, zwei Söhne*
im Haus haben und mit einigen Problemen zu tun haben, die – so meine
ich – bei heranwachsenden Söhnen normal sind. Sie beide waren wohl
großzügige Eltern.
Vater: *Wir lassen unsere Kinder in Ruhe.*
Heard: *Und –*
Vater: *Wir hätten nur gerne, daß sie arbeiten, das ist alles.*
Heard: *– diese Art von Problemen ist nämlich ziemlich normal.*
Albert: *Was bringt Sie auf den Gedanken, daß irgend jemand Probleme hat?*
Heard: *Ich glaube, es ist wichtig, daß Sie beide sich von dem Problem, mit dem*
Sie es jetzt zu tun haben, nicht auseinanderbringen lassen.
Vater: *Hören Sie, wir sind seit zwanzig und noch was Jahren verheiratet, und*
wissen Sie was? Wir bleiben verheiratet!
Heard: *Ja.*
Vater: *Wir haben da keine Probleme. Worauf ich aber aus dem einen oder*
anderen Grund bestehe: daß ich nicht will, daß jemand herumsitzt und
'nen Penner aus sich macht.
Albert: *Das ist alles, was du . . .*
Vater: *Soweit kommt's nämlich letzten Endes.*
Albert: *Wenn das alles ist – dann such' ich mir 'nen Job.*
Vater: *Wir haben dir schon gesagt, daß du 'nen Job suchen sollst.*
Albert: *Was, Mann, du hast mir überhaupt nichts gesagt.*
Vater: *Als du aus der Klinik kamst –*
Albert: *(Unterbricht) Du hast überhaupt nichts gesagt.*

Vater:	*Bist du fertig? (Pause) Als du an dem Abend aus der Klinik und hierher kamst, hab' ich gesagt: »Weißt du, Al«, sag' ich, »wenn du dich auf die Suche nach 'nem Job machst, dann bekommst du vielleicht einen« – (Zur Mutter) Hab' ich doch gesagt, oder? Ich hab' gesagt: »Werd 'n bißchen aktiv, und du kommst vielleicht wieder auf die Beine, es hilft dir vielleicht ein bißchen. Was zu tun haben.« Am Tag, als ich in diese Klinik gegangen bin, hab' ich überhaupt nichts von 'nem Job gesagt, nur einmal haben wir darüber geredet. Ich fordere dich nicht auf, morgens aufzustehen und dich nach 'nem Job umzusehen. Aber John fordere ich dazu auf.*
Heard:	*Gut, ich verstehe, was Sie meinen, Mr. Nelson, Sie sagen nicht, Albert muß einen Job haben, John muß einen Job haben, Sie sagen . . .*
Vater:	*Er hat keinen Job, er ist daheim.*
Heard:	*Er sollte sich etwas bemühen.*
Vater:	*Er sollte sich etwas bemühen, einen Job zu bekommen. Er hält mir ständig entgegen: »Ich bin zweiundzwanzig.« Ich will dir mal sagen, wie alt du bist.*
Albert:	*Ich muß dir nichts beweisen.*
Vater:	*Du kannst mir wohl erzählen, daß du 'n Mann bist, aber du kannst mir nicht beweisen, daß du 'n Mann bist.*
Heard:	*Okay.*
Albert:	*Du machst dir immer Sorgen darum, ob jemand 'n Mann ist, Scheiße.*
Vater:	*Das ist alles, was ich von dir höre, daß du zweiundzwanzig bist.*
Heard:	*Albert . . .*
Vater:	*Und deine ordinäre Sprache mag ich auch nicht, so was nehm' ich nicht in den Mund.*
Heard:	*Können Sie sich bitte hierhin setzen? (Der Sohn geht auf und ab)*
Albert:	*Mir ist nicht danach, hier zu sitzen.*
Mutter:	*Setzen Sie sich trotzdem hin. (Er setzt sich hin)*
Heard:	*Was – hm . . . (Pause)*
Albert:	*Dieses ganze Geschwätz von wegen »ein Mann sein«.*
Heard:	*Ich habe nicht mehr viel Zeit eigentlich, das eine . . .*
Vater:	*Ich brauch' auch nicht mehr viel Zeit.*
Heard:	*Okay. Das eine, was ich heute abend gerne zu Ende bringen würde, ist, daß wir zu einer klaren Einigung kommen. (Zum Vater) Sie haben heute gesagt, daß Albert jeden Tag suchen soll, und ich weiß nicht genau, was Ihre Haltung zu John ist, ob er regelmäßig jeden Tag suchen sollte. Mrs. Nelson, ich habe Sie sagen gehört: »Nun, vielleicht jeden Tag, aber nicht unbedingt.« Und ich meine, Sie beide sollten sich da einig sein, damit da keine Unterschiede bestehen.*
Vater:	*(Zur Mutter) Nun, ich meine, er sollte sich jeden Tag nach 'nem Job umsehen.*
Mutter:	*Das meine ich nicht, es sei denn, sie haben was Bestimmtes, wo sie hingehen müssen.*
Vater:	*Ich sage nicht, sie sollen jeden Tag auf die Straße . . .*

Mutter:	Man kann – man kann an einem Tag drei oder vier Jobs in der Stadt abgrasen.
Vater:	Natürlich kann man das. Wenn man das macht, kriegt man wahrscheinlich einen.
Mutter:	Richtig. Von neun bis drei, deshalb ist es nicht nötig, jeden Tag zu gehen, wenn nicht zufällig was in der Zeitung steht oder jemand dir 'nen Tip gibt. Vielleicht geht man dann etwa drei-, viermal die Woche. Ich meine nicht, daß man jeden Tag gehen soll.
Vater:	Das reicht nicht.
Albert:	Morgen hab' ich 'nen Job, morgen besorg' ich mir 'nen Job.
Heard:	Was?
Vater:	Ich sag': »Sieh dich jeden Tag nach 'nem Job um.«
Mutter:	Na ja, das ist . . .
Heard:	Was – was bedeutet »umsehen«, heißt es »gehen und tatsächlich was finden« . . .?
Vater:	Könnte auch sein, daß man in die Zeitung schaut, man kann die Zeitung lesen. Keiner von beiden nimmt sich die Zeitung vor. Und schaut rein und sagt: »Also hier sind die offenen Stellen, vielleicht versuch ich's mal morgen damit.« Ich weiß es, weil ich die Zeitung habe.
Heard:	Also vielleicht sprechen Sie beide über das gleiche. Sie sagen nämlich, Mr. Nelson, daß in die Zeitung schauen . . .
Mutter:	(Zum Vater, sie sprechen miteinander) Ja, ich sag' nicht, herumgehen und nur jeden Tag schauen, aber einmal nimmst du dir die Zeitung vor, und vielleicht ist nichts drin. Montag, Dienstag und Mittwoch hast du gesucht und hast dich beworben, oder? Du nimmst dir also die Zeitung vor, für'n Donnerstag ist nichts da, und wenn du nichts Bestimmtes hast, wo du hingehen kannst, gehst du einfach in die Stadt und stehst rum – wohin sollst du gehen? Wie dem auch sei, wenn du nicht genau weißt, wo du hingehen sollst . . .
Vater:	Na, aber es gibt 'ne Menge Handwerksbetriebe in der Stadt. Schneidereien, Bäckereien und –
Mutter:	Für Schneidereien, Bäckereien muß man Kenntnisse haben.
Vater:	Wer weiß, vielleicht nur, um . . .
Mutter:	Ich weiß es.
Vater:	. . . etwas zu tun, um reinzukommen, man kann sich immer hocharbeiten.
Mutter:	Er hat die falsche – du hast die falsche Einstellung.
Vater:	Ich erwarte von niemandem, daß er reingeht und für neunzehn Dollar die Stunde arbeitet, wenn er irgendwo anfängt. Das ist unmöglich. Ich hab' für 'ne Firma gearbeitet, und als ich anfing, hab' ich zweitausendeinhundert Dollar im Jahr gemacht. Erst Jahre später hab' ich allmählich fünfzehntausend Dollar im Jahr gemacht.
Mutter:	Jetzt haben wir 'ne andere Zeit.
Vater:	Na ja, was ich sage, du mußt irgendwo anfangen, und vielleicht kommst

	du rein und arbeitest dich hoch. Irgendwo mußt du anfangen. Du weißt,
	daß er nirgendwo Kenntnisse hat.
Heard:	*Womit wären Sie also beide einverstanden und zufrieden?*
Vater:	*Alles, was ich von ihm verlange, ist, daß er sich nach 'nem Job umsieht,*
	das ist alles. Mir ist es piepegal ob jeden Tag, Hauptsache er geht und
	schaut.
Heard:	*Okay.*
Vater:	*Ich sage nicht, zwei- oder dreimal – ich sage, sie sollen jeden Tag 'nen*
	Job suchen gehen.
Heard:	*Mrs. Nelson?*
Mutter:	*Wenn er ihnen das Fahrgeld gibt, können sie jeden Tag gehen. Ich hab'*
	nicht vor, ihnen jeden Tag das Fahrgeld zu geben.
Vater:	*Und zwar, weil du meinst, daß sie wahrscheinlich nicht fahren.*
Mutter:	*Nein, weil man mehr als einen Fahrschein braucht, die Jobs liegen ja nicht*
	nebeneinander. Und man braucht Fahrgeld, um viele Male an
	verschiedene Stellen zu fahren, es hängt ganz davon ab, wo man hinfährt.
Vater:	*Sehen Sie, jeder, der dasitzt und sagt: »Ich brauch 'nen Job, ich brauch*
	'nen Job, ich brauch 'nen Job«, ich will Ihnen mal was sagen, die setzen
	Himmel und Hölle in Bewegung, um 'nen Job zu finden. Und wenn sie
	zu Fuß in die Stadt gehen müssen, zehn bis fünfzehn Meilen am Tag,
	oder in der Gegend rumgehen und sich vorstellen. Gut, es ist nichts da.
	Zumindest hat man sich vorgestellt – man weiß nie, was daraus wird.
Heard:	*Okay, sehen Sie, das ist – worauf ich hinaus will: ich glaube, das ist ein*
	wichtiges Problem. Ich will nicht, daß es Sie beide entzweit. Und ich bin
	nicht . . .
Vater:	*Ich hätte gerne, wenn sie auf wären, wenn ich morgens aufstehe. Wenn*
	ich die Treppen raufbrülle, schrei ich: »Steht auf und geht zur Arbeit.«
	Manchmal sagt sie vielleicht: »Laß sie im Bett bleiben.«
Mutter:	*Ich sage nie: »Laß sie im Bett bleiben.«*
Vater:	*Warum sollen sie also früh morgens aufstehen? Ich sage: »Gut, ich sage*
	nichts.« Aber dann sage ich doch was. Ich will, daß sie aufstehen, wenn
	ich aus dem Haus gehe. Ich gehe um sieben aus dem Haus, um Viertel
	vor sieben. Steht auf, zieht euch an, seht euch nach 'nem Job um, aber
	ihr könnt keinen Job kriegen . . .

Vater und Mutter haben recht lange miteinander gesprochen – mit
Meinungsverschiedenheiten –, und der Sohn hat sie nicht gerettet. Das
Selbstopfer innerhalb der Therapiesitzung findet nicht mehr statt.

Mutter:	*Das heißt überhaupt nichts. Wenn du gehst, hast du oft am Morgen*
	hochgerufen und gesagt: »Steh auf, du Penner.«
Vater:	*Wenn er nur aufsteht.*
Mutter:	*Okay. Er steht auf, und wenn du weggehst, ist er gleich wieder im Bett.*
Vater:	*Das weiß ich ja nicht.*

Mutter: Ich weiß es, weil ich da bin.

Vater: Ich weiß das nicht, vielleicht denke ich, vielleicht ist er außer Haus und tut irgend was.

Mutter: Nein, ist er nicht.

Vater: Ich säh's lieber, wenn er auf wäre und was täte, selbst wenn ich ihn aus dem Bett werfen und auf die Straße mitnehmen und ihn an der Ecke hinstellen muß, damit er sich umsieht. Sie brauchen sich bei mir nicht zu beklagen, wir wissen, daß du 'nen Job brauchst. Ich weiß, daß Jobs schwer zu bekommen sind. Aber durch Reden bekommst du sicherlich keinen.

Heard: Okay. Kann ich . . .?

Albert: Ich will gehen. Laß uns hier rausgehen.

Um die direkte Kommunikation zwischen Eltern zu fördern, ist es oft hilfreich, ihnen die Aufgabe zu geben, jeden Abend kurze Zeit über den Sohn zu reden. Hier macht der Therapeut den Versuch, die ganze Familie zu Hause reden zu lassen, aber die Idee wird nicht gerade mit Begeisterung aufgenommen. Die Mutter beschreibt, wie schwierig es ist, mit dem Vater über ein Problem zu diskutieren.

Heard: Essen Sie beide regelmäßig zusammen zu Abend?

Mutter: Mm-hmm.

Vater: Ja.

Heard: Was ich vorschlagen wollte: wäre es möglich für Sie, Albert, vielleicht am Ende jeden Tages mit Ihren Eltern zu Abend zu essen, Sie und John zusammen?

Albert: Nein, Mann, ich esse – ja ich esse was mit meinen Leuten.

Heard: Ich wollte nur wissen, ob Sie zu Abend essen.

Vater: Zur Essenszeit ist er daheim.

Heard: Könnte es, Albert, könnte das ein Diskussionsthema am Abendbrottisch sein?

Vater: Für mich nicht, ich will das Thema nicht diskutieren.

Heard: Sie wollen nicht darüber sprechen?

Vater: Nein.

Albert: Er spricht nicht über allzuviel.

Mutter: Er sagt Ihnen die Wahrheit, er spricht nicht viel. Er sitzt nur da und die meisten Klagen krieg' ich ab. Aber ich hab' ihm gesagt: »Sag Albert, daß du willst, daß er sich 'nen Job besorgt, sag's nicht mir.« Deshalb weiß ich jeden Tag, was er zu Albert sagt. Ich meine, er sollte's ihm selbst sagen. Weil ich ihm sage, was ich will. Ich werd's ihm nicht sagen, ich sag's ihm die ganze Zeit. Du hast mir nicht zu sagen, daß ich es tun soll, tu's doch selbst. Und er weiß nicht mal, wie er mit ihnen reden soll, in 'nem anständigen Ton. (Pause) Und wie er gesagt hat, er wird darüber nicht diskutieren. Er hat recht, er wird nichts mit niemandem diskutieren. Hat

	er's mal gesagt, dann hat's sich damit, er fängt dann wahrscheinlich an,
	Albert im Auto anzuschreien und mich anzuschreien.
Heard:	*Es ist mir ein echtes Anliegen, daß das Sie beide nicht entzweit. Daß Sie*
	beide Ihren Kindern eine einheitliche Botschaft übermitteln müssen.
Vater:	*Wissen Sie, was mich an der ganzen Sache wütend macht: Ich sag's ihnen*
	einmal. Ich sollte es ihnen nicht jeden Tag sagen müssen, daß sie sich nach
	'nem Job umsehen sollen. Ich sag's euch einmal, das sollte genügen. Das
	ist alles.
Albert:	*Du hast's mir gesagt, also gehen alle heim, ich besorg' mir morgen 'nen*
	Job, es ist keine große Sache.
Vater:	*Also was gibt's da zu diskutieren? Wenn ich sage: »John, sieh dich nach*
	'nem Job um.« Wenn er zufällig einmal sich nach 'nem Job umsieht,
	sobald ich sehe, daß er nichts tut, stürz ich mich wieder auf ihn. Bist du
	heute irgendwo hingegangen? Nein? Dann kommst du runter und gehst
	heute wohin. Und vielleicht – ich weiß nicht, was er da draußen macht.
Mutter:	*Nichts.*
Vater:	*Na ja, das weiß ich nicht, aber ich will ihn draußen sehen. Ich muß auch*
	jeden Tag arbeiten.
Heard:	*Meinen Sie, es genügt, wenn Sie's einmal sagen?*

Das Gespräch ging noch kurze Zeit weiter, war aber im wesentlichen zu Ende. Der Therapeut entschuldigte sich beim Vater, weil er es zugelassen hatte, daß dieser sich so weit hatte gehenlassen, seinem Sohn Prügel anzudrohen. Er mußte ihm versichern, daß es für die Therapie derlei wütende, emotionsgeladene Szenen nicht brauche und daß die Situation unbeabsichtigt außer Kontrolle geraten war. Man konnte erwarten, daß sich der Vater schämen würde, weil er die Beherrschung verloren hatte. Wenn der Therapeut sich entschuldigte, dann wußte der Vater, daß niemand glaubte, er würde das nächste Mal wieder so wütend und aufgebracht werden.

Rückblickend gesehen, verlief das Gespräch in mehreren Phasen: Zuerst wurden Eltern und Sohn ermuntert, miteinander zu sprechen. Der Therapeut war der zentrale Teilnehmer und strukturierte die Diskussion; er motivierte alle, sich an der Jobfrage zu beteiligen. Als nächstes zog sich der Therapeut an die Peripherie zurück und sorgte dafür, daß die Eltern mit dem Sohn sprachen. Um dies besser zu ermöglichen, veränderte er die Sitzanordnung: er setzte den Sohn neben sich, so daß er den Eltern gegenüber saß, und zog sich an den Rand der Gruppe zurück. Zum Schluß forderte er die Eltern auf, das Problem miteinander zu diskutieren, und griff ein, um den Sohn aus ihrer Diskussion herauszuhalten.

Als die Eltern direkt miteinander sprechen sollten, entwickelten sich Spannungen zwischen ihnen. Der Sohn fing einen Streit mit dem Vater an und lenkte ihn damit von dem Problem mit der Frau ab. Der Therapeut, der den Raum kurz verlassen hatte, kam zurück und stellte wieder eine Diskussion zwischen Vater und Mutter her und schloß den Sohn davon aus. Diesmal rettete der Sohn die Eltern nicht, trotz der Spannungen und Zwistigkeiten zwischen ihnen. Indem sie direkter und nicht mehr durch den Sohn kommunizierten, wurde der Sohn aus dem Dreieck herausgelöst.

Dieses Gespräch – ermüdend, weil es sich um eine einzige Frage drehte – erreichte seine Ziele. Die Eltern waren imstande, ein empfindliches Thema nicht über den Sohn, sondern vielmehr direkt zu diskutieren. Das Gespräch erfüllte auch das Ziel, den jungen Mann zum Arbeiten zu bringen. Er bekam einen Halbtagsjob und begann später mit Kursen an der Universität.

Letzten Endes löste der junge Mann das Problem, die konfligierenden elterlichen Wünsche in bezug auf Studium versus Arbeit zu befriedigen. Er trat in die Armee ein und befriedigte damit den Wunsch des Vaters, ihn als männlich zu sehen. In der Armee erhielt er eine höhere Ausbildung, womit der Wunsch der Mutter befriedigt war, ihn gebildet zu sehen.

Kapitel 8
Die zweite Phase: Unruhe

Wurde ein junger Mensch wegen störenden Verhaltens in Gewahrsam gegeben, so kann man annehmen, daß in der Familie und Gesellschaft eine soziale Ursache vorliegt. Jemanden zu institutionalisieren und medikamentös zu behandeln heißt, ihn aufs Abstellgleis zu stellen, bis er in die Gesellschaft zu den unverändert vorhandenen Problemen zurückkehrt. Bei einem gewissen Prozentsatz von Fällen bringen die durch die Verwahrung verursachte Krise und der Schock und die Verwirrung in einer solchen Situation die Familie zur Reorganisation. Manchmal wählt auch der Jugendliche infolge des Traumas der Verwahrung eine andere Form von Anpassungsverhalten. Aber in den meisten Fällen kann man damit rechnen, daß nach einer Erstinstitutionalisierung die Störung wiederkehrt – oft gerade dann, wenn der Jugendliche gut voranzukommen scheint.

Der Jugendliche, der aus der Verwahrung heimkehrt, ist auf Bewährung und wird wie ein Behinderter behandelt. Der Gebrauch von Medikamenten erinnert die Familie täglich daran, daß die Person »krank« ist. Während der junge Mensch als anormal definiert wird, kann die Familie es vermeiden, sich mit ihren üblichen Problemen zu befassen, weil sie immer noch dieses Krisenproblem hat. An einem gewissen Punkt jedoch muß die Rekonvaleszenz enden, und die soziale Situation, die zu dem Problemverhalten führte, wird reaktiviert. Die Problemsituation, welche die Explosion beim Kind ursprünglich auslöste, tritt erneut auf. Wieder ist die Familie in ihrem Funktionieren gestört und droht auseinanderzubrechen. Der junge Mensch bietet eine zweite Episode des Problems, das schon einmal dargeboten wurde. Reagierte er das erste Mal mit verrücktem Verhalten, so tritt dieses wieder auf. War der Jugendliche zuvor anorektisch, so hört er wieder zu essen auf. War er apathisch und tat nichts, so erlahmt er wieder bei der Arbeitssuche und sitzt zu Hause. War er gewalttätig, so ist er jetzt wieder gewalttätig. Hatte er Drogen konsumiert oder zuviel getrunken, so nimmt er wieder Drogen und trinkt. Meistens bietet sich kein neues Problem dar, sondern das Verhalten, das schon einmal zur Verwahrung führte, wird wiederholt. Aus diesem Grund ist es in der ersten Phase der Therapie möglich, mit der Familie vorzuplanen, was sie tun sollte, wenn das Verhalten wieder auftritt. Wichtig ist, daß der Rückfall der zweiten Phase ohne Verwahrung bewältigt wird, damit die Familie daran gehindert wird, zurückzugehen und von neuem anzufangen, als sei überhaupt nichts unternommen worden. Sonst kann sich die Institutionalisierung endlos wiederholen.

Manchmal wird versucht, die Rekonvaleszenz nach einer Ersthospitalisierung auszudehnen – in der Hoffnung, daß sich das Problem mit der Zeit irgendwie löst. Es werden für einen bestimmten Zeitraum – z. B. sechs Monate – Medikamente verordnet, ganz gleich, wie die Person sich verhält, so daß sie für diesen Zeitraum als behindert definiert wird. In den meisten Fällen zeitigt dieses Unterfangen keinen Erfolg. Die Familie gerät in Schwierigkeiten, der junge Mensch hat einen Rückfall, und die Familie sagt, er brauche ein anderes Medikament, weil das gegenwärtige nicht wirke, oder berichtet, er nehme seine Pillen nicht mehr. Die Pille wird Teil des sozialen Kampfes; kommt es zu einer positiven Veränderung, so wird sie nicht Menschen, sondern einer Chemikalie zugute geschrieben. Bevor die medikamentöse Behandlung nicht gestoppt ist, weiß die Familie nicht, ob sie mit der Normalität fertig werden kann.

Ein weiterer Versuch, die Rekonvaleszenz auszudehnen, besteht darin, den jungen Menschen in ein Übergangsheim oder eine Tagesklinik zu geben. Er wird so als jemand definiert, der sich im Übergang zum Normalsein befindet. Oft hofft man, daß die Situation ihm halbwegs aus der Familie heraushilft. Bei diesem Vorgehen wird der Jugendliche weiterhin als anormal definiert und die Familie ist während dieser Zeit weiterhin stabil. Meistens wird nichts für die Familie getan, da die meisten Fachleute, die die Übergangsheime betreuen, antifamiliär eingestellt sind. Sie versuchen, den Jugendlichen vor der Familie zu retten, während dieser versucht, seine Eltern zu retten, und sein Verhalten – falls nötig – auf die Spitze treibt, ganz gleich, was im Übergangsheim geschieht.

Die ursächliche Situation

Um bereits früher Gesagtes zu wiederholen: man kann davon ausgehen, daß es viele Gründe gibt, warum ein junger Mensch auf die falsche Bahn gerät. Es können unglückselige Verstrickungen da sein mit Banden, mit drogensüchtigen Freunden, mit Krisen in der Schule, mit tragischen Liebesgeschichten, mit Freunden, die sich etwas angetan haben, und so fort. Die Peer-Kultur hat einen gewaltigen Einfluß auf junge Leute und kann vermutlich genug sozialen Konflikt erzeugen, um zu Verhaltensproblemen zu führen. Für schwere Pobleme jedoch und für Therapiezwecke ist es das beste, eine einfache, auf Familienbeziehungen beruhende Erklärung anzunehmen. Man sollte annehmen, daß der junge Mensch in ein Familiendreieck verstrickt ist und daß sein abnormes Verhalten eine Reaktion auf eine Krise zwischen diesen engen Bezugspersonen darstellt. Typisch ist, daß er sich unter dem Druck befindet, sich loszulösen und das Dreieck zu verlassen, wobei ihm gleichzeitig unangenehme Konsequenzen drohen, wenn er es wirklich tut. Seine Lösung besteht darin, entweder zusammenzubrechen oder sich so daneben zu benehmen, daß das Dreieck sich durch die Beschäftigung mit ihm stabilisiert.

Bei diesem Therapieverfahren hier soll die erste Phase vorrangig auf diese zweite vorbereiten, damit das Problem in der Familie gehalten wird, die sich reorganisiert, um den jungen Menschen zur Unabhängigkeit zu bringen. Wie man den jungen Menschen so loslöst, daß das Problemverhalten nicht notwendig ist, um die Familie zu stabilisieren – dies kann einfach erklärt, aber nur mit Schwierigkeiten erreicht werden. Es ist notwendig, (1) die Hierarchie so zu korrigieren, daß der junge Mensch in einer niedrigeren Position ist als die Eltern, und (2) die Eltern nicht metaphorisch über das Problemkind, sondern vielmehr direkt miteinander kommunizieren zu lassen. Manchmal finden diese beiden Schritte auf einmal statt. Meistens jedoch ist es notwendig, erst den Eltern die Erziehungsgewalt über den jungen Menschen zu übertragen und dann Schritt für Schritt die Schwierigkeiten zwischen den Eltern zu lösen.

Ist die erste Phase der Therapie erfolgreich, so haben die Eltern bei der Heimkehr des jungen Menschen aus der Institution die Erziehungsgewalt inne. Sie kommunizieren auch direkter miteinander, zunächst über die Regeln für ihren Sohn oder ihre Tochter, und dann über andere Fragen. Der Therapeut hat sofort auf normale Aktivitäten gedrängt – wie Studium und Arbeit –, und die Familie ist mit dem Grundthema konfrontiert, der Möglichkeit, daß ihr Kind selbständig wird und das Elternhaus verläßt und so das Dreieck auflöst. An diesem Punkt kommt es zu Störungen bei den Eltern: sie haben Schwierigkeiten, sich über die Führung des Kindes zu einigen und direkt miteinander zu kommunizieren. Gelangen sie an dem Punkt an, wo sie sich zu trennen drohen, eskaliert der junge Mensch sein Verhalten und hat einen Rückfall. Damit ist die Therapie in die zweite Phase eingetreten, und die Aufgabe des Therapeuten besteht darin, den Rückfall zu nutzen, um der Familie zu helfen, in anderer Weise ihre Probleme zu lösen als dadurch, daß ein Mitglied zum Invaliden gemacht wird. Der Therapeut fordert die Eltern auf, die Erziehungsgewalt über den jungen Menschen zu übernehmen, und fügt damit die Eltern über die direkte Kommunikation miteinander zusammen. Die Eltern schwanken zwischen der Aufgabe, ihr Kind zum Normalsein zu ermutigen, und der Furcht vor den Konsequenzen. Es sind zwei Faktoren, die den Eltern in dieser Phase helfen. Einer ist eine persönliche Beziehung zum Therapeuten. Ist der Therapeut, statt nur beruflich beteiligt zu sein, auch persönlich beteiligt, so werden sich ihm die Eltern in ihrer schwierigen Lage zuwenden und ebenfalls motiviert sein, sich zu engagieren. Es ist für den Therapeuten z. B. oft hilfreich, die Familie am Anfang der Therapie zu Hause zu besuchen. Die Bereitschaft des Therapeuten, sich zu engagieren, wie auch der persönliche Aspekt des Besuches erhöhen bei den Eltern die Bereitschaft, sich bei Schwierigkeiten an ihn und nicht an jemand anderen zu wenden. Ein Hausbesuch unter diesen Bedingungen wird am besten als Mittel zur Kontaktaufnahme definiert; man sieht sich dabei das Elternhaus an, und das Essen sollte geselligen Charakter haben. Diskussionen über Probleme sollten dem Therapieraum vorbehalten sein; zu Hause sollten nur positive Aspekte der Familie betont und genossen werden.

Ein weiterer Faktor, der die Eltern in der zweiten Phase motiviert, ist das Maß der Anstrengungen, die sie in der ersten Phase investiert haben. Haben sie miteinander und mit ihrem Kind gerungen, um die Situation in Ordnung zu bringen, so reagieren sie auf das anschließende Versagen wie jemand, der in den Erfolg investiert hat. Das Beispiel von Drogensüchtigen mag dies veranschaulichen. Wenn sich Süchtige in einer Klinik ohne aktive Beteiligung der Familie einer Entziehungskur unterziehen, so sind die Familienmitglieder nur Zuschauer. Schießt der junge Mensch wieder, so sind sie darüber enttäuscht, daß er, wie schon so oft zuvor, rückfällig wurde, aber das Problem ist im wesentlichen Sache der Experten für Drogenmißbrauch. Wird die Entziehungskur jedoch daheim vorgenommen und sorgen die Eltern dabei für den jungen Menschen – wie ich es in einem Therapieprogramm für Süchtige gefordert habe –, so ist ein ganz anderes Ergebnis möglich. Nachdem sie Leid und Not des Entzugs mitgemacht haben, sind die Eltern über ihre vergeudeten Mühen ungehalten, wenn der junge Mensch wieder Heroin schießt. Es ist daher wahrscheinlicher, daß sie wegen ihrer vorausgehenden Investition auf ein drogenfreies Leben dringen.

Fehler

Es ist leichter darauf hinzuweisen, was ein Therapeut in dieser Situation vermeiden sollte, als ihm zu sagen, was er tun sollte, denn es kommt immer wieder zu unvorhergesehenen Situationen. Ein paar übliche Fehler – in dem Sinne, daß sie eher zu Schwierigkeiten als zu Erfolgen führen – lassen sich hier beschreiben.

1. Jedwede Behandlung, die einen Menschen als anormal definiert, perpetuiert das Problem. Die Familie erstarrt in diesem Lebensabschnitt: das Kind bleibt zu Hause, und die Eltern bewegen sich nicht zur nächsten Phase ihrer Ehe weiter.

2. Es ist ein Fehler, den Eltern zu erklären oder zu interpretieren, was nach Meinung des Therapeuten vor sich geht. Es ist besser anzunehmen, daß sie wissen, was abläuft, und daß sie nicht anders können, als sich so zu verhalten. Legt man den Eltern dar, daß sie sich wegen ihrer Eheprobleme am Kind festhalten, so verteidigen sie sich gegen eine solche Anschuldigung, indem sie beteuern, daß eigentlich das Kind das Problem sei. Indem die Eltern über diese Anschuldigung in Aufruhr geraten, bricht das Kind in Fehlverhalten aus, um sie zu stabilisieren. Sodann kann jeder erklären, daß offensichtlich der junge Mensch und nicht die Eltern das Problem sind.

Es ist manchmal nützlich, explizit darzulegen, daß der Jugendliche aus der Furcht heraus, die Eltern könnten sich trennen, sich danebenbenimmt, aber der Therapeut sollte dies nur machen, wenn er solch eine gute Beziehung zu den Eltern hat, daß sie die Richtigkeit dieses Gedankens anerkennen und mit ihm umgehen können. (Das Gespräch in diesem Kapitel veranschaulicht ein solches Vorgehen.) Der Zweck einer solchen Bemerkung ist nicht, ihnen zu einem Verständnis des Geschehens zu verhelfen, sondern sie zu zwingen, sich direkter mit dem Thema auseinanderzusetzen.

3. Es ist meistens ein Fehler, Aufgaben undefiniert und Fragen ungeklärt zu lassen. Der Therapeut muß den Fokus auf konkrete »bits« des Verhaltens richten, um den Fokus der Therapie aufrechtzuerhalten. Diskutiert man Kindererziehung oder die Probleme junger Leute von heute oder andere allgemeine Themen, so perpetuiert man eine in abnormer Weise stabile Situation. Zu Veränderungen kommt es, wenn Handlungen definiert, Fristen für ihren Vollzug gesetzt werden und spezifische Konsequenzen eintreten, wenn bestimmte Dinge nicht ausgeführt werden.

4. Der durchschnittliche Therapeut sollte nicht versuchen, klug zu sein, eine findige Direktive zu geben, oder eine paradoxe Intervention

auszuprobieren. Seine Erfolgsaussichten sind gut, wenn er den Schwerpunkt klar und einfach darauf richtet, daß der junge Mensch zur Schule bzw. Arbeit geht und daß die Eltern die Erziehungsgewalt über jemanden innehaben, der bei ihnen zu Hause lebt.

5. Der Auszug des jungen Menschen aus dem Elternhaus sollte nicht als Drohung gegen die Eltern verwendet werden, aber zugleich muß die Aussicht – vorzugsweise beiläufig – während der ersten Sitzungen erwähnt werden, damit jeder weiß, daß dieses Ereignis letzten Endes hingenommen werden muß. Droht jedoch der Jugendliche, das Haus zu verlassen, oder sagen die Eltern, dies sollte er eigentlich tun, so sollte der Therapeut sofort sagen, daß es damit keine Eile habe und daß das Weggehen des Kindes ordentlich organisiert werden müsse.

Im allgemeinen verfährt man so, daß man die Eltern drängt, die Erziehungsgewalt zu übernehmen, sich dann zurückzieht und sieht, ob sie spontan Verantwortung übernehmen. Wenn nicht, so muß der Therapeut sie wieder drängen. Eines der Ziele besteht darin, sie spontan ihre Ehe als ihre Angelegenheit und nicht die des Kindes definieren zu lassen. Sagen sie dies, so ziehen sie eine Generationslinie und korrigieren damit die Hierarchie und befreien den jungen Menschen aus dem Dreieck mit ihnen.

Eine Therapiesitzung aus der zweiten Phase

Im folgenden Fall findet die zweite Phase der Therapie weniger über mehrere Sitzungen, als vielmehr innerhalb eines einzigen Gesprächs statt. Die Familie ist diejenige, welche anläßlich der ersten Phase besprochen wurde (siehe Kapitel 5). Es sind nun ungefähr neun Wochen seit der Entlassung vergangen, und bis dahin hatte Annabelle alles gut gemacht. Sie war zur Schule gegangen, hatte gearbeitet und die elterlichen Vorschriften befolgt. Die Eltern hatten mit der Trennung gedroht, wurden aber gebeten, noch einige Monate bis Ende Juni zusammenzubleiben, wenn die Tochter ihren Oberschulabschluß machen würde. Sie haben sich damit einverstanden erklärt und sind gegenwärtig selbst als Paar wegen ihrer Eheschwierigkeiten beim Therapeuten.

An diesem Punkt taucht ein Problem auf und leitet die zweite Phase ein. Supervisor und Therapeut treffen sich vor einer Notfallsitzung für die Familie, um das weitere Vorgehen zu besprechen. Das Mädchen hatte Schwierigkeiten gemacht und es drohte eine Rehospitalisierung.

Lande: Nachdem wir sie Montag abend gesehen hatten, bekam ich am nächsten Tag einen Anruf von der Mutter, daß Annabelle die ganze Nacht nicht geschlafen und sie wachgehalten hätte. Und die allgemeine Feindseligkeit, die sie mir gegenüber zeigte, hat sich so weit auf alle Leute übertragen, daß sie ein paar ihrer Lehrer gesagt hat, sie sollten »sich verpissen«, und aus der Schule geworfen wurde. Sie war im Grunde zu jedem feindselig, auch zu ihrem Freund, und es schien keine besondere Reaktion auf etwas zu sein, was in der Therapie ablief. Die Eltern waren sehr, sehr betroffen. Sie hat sich wirklich ganz schön wild aufgeführt – einmal hat sie ihre Mutter geschlagen. Die ganze Familie hat sich eine Woche lang nur um sie gedreht. Da ich Sie am Dienstag nicht erreichen konnte, beschloß ich, sie auf eine niedrige Dosis an Medikamenten zu setzen, zum Teil deswegen, weil sie sie die ganze Nacht wachhielt. Ich dachte, die Geduld der Familie sei allmählich am Ende. Und in dieser Nacht schlief sie durch, und dadurch, daß sie schlief, schienen sie eher in der Lage, auf sie aufzupassen. Sie haben die Krise wirklich gut überstanden, zumindest als ich übers Wochenende mit ihnen sprach. Die Mutter machte einige sehr positive Bemerkungen über ihren Mann, wie stark er gewesen sei, wie sehr er sie unterstützt habe.

Haley: Und das mit dem Abendessen haben Sie nicht durchgeführt?

(Der Therapeut hatte einen Hausbesuch und ein Abendessen bei der Familie verabredet)

Lande: Ich habe das mit dem Abendessen nicht durchgeführt, weil mehrere Dinge zusammenkamen. Während der Krise war ich mir nicht sicher, ich hätte es wohl doch tun sollen. Die Mutter rief mich an und sagte, sie würde eigentlich nicht kochen, sie wäre die ganze Zeit mit Annabelle beschäftigt. Und ich war letzte Woche krank, deshalb ergriff ich die Gelegenheit, mich zu entziehen. Ich hätte es wahrscheinlich durchführen sollen.

Haley: Ja, sie sollten alles durchführen, was Sie während der Krise planen, wenn Sie können. Denn es macht das Ganze stabiler. Was die Medikamente betrifft, so sind Sie mit ihnen wohl etwas tricksig umgegangen. Ich schlage vor, daß Sie bei diesen Leuten absolut gerade und direkt sind, was die Dinge betrifft, die Sie getan wissen wollen. So einfach und klar und direkt wie Sie nur können, in einer so komplexen Situation wie dieser.

Lande: Ja.

Haley: Was haben Sie vor, wenn sie jetzt reinkommen?

Lande: Okay. Da sind einige Tagesordnungspunkte, die sich so ungefähr von selbst entwickelt haben. Einer davon ist das Telefongespräch, das ich mit der Mutter führte und wo es um Annabelles Schule ging. Sie sagte, Annabelle sei wegen der Schule ziemlich durcheinander. Und ich sagte, dazu hätte sie auch allen Grund. Und daß ich möchte, daß sie das als realistische Besorgnis wegen ihres Schulabschlusses nimmt, als Gefühl, daß sie nicht hinter ihrer Klasse zurückbleiben möchte. Also das möchte ich als etwas behandeln, worüber man sich wirklich Sorgen machen sollte.

Haley: *Ich würde Ihnen zustimmen, daß sie sich wegen der Dinge, die man in der Schule leisten muß, Gedanken machen sollte. Aber die Frage ihres schlechten Betragens in der Schule würde ich darauf beziehen, daß die Eltern peinlich berührt sind. Das läuft darauf hinaus, sie Regeln machen zu lassen, die bestimmen, was sie zu dulden bereit sind, um sich nicht unbehaglich zu fühlen. Daß sie keine Tochter in der Schule haben sollten, die ihnen Peinlichkeiten bereitet. Wenn sie also vorhat, sie in eine peinliche Lage zu bringen, so kann sie daheim bleiben. Dann ist es nicht zu Annabelles Wohl, sondern deswegen, weil sie keine Tochter in der Schule haben sollten, die sie in Peinlichkeiten bringt, indem sie ihren Lehrern sagt, sie sollten »sich verpissen«. Und ich glaube, je mehr Sie die Sache darauf ausrichten, was gut für die Eltern ist und was sie dulden, und je weniger Sie sich darum kümmern, wie durcheinander das Mädchen ist, desto besser sind Sie dran.*

Die Begründung hierfür ist wie folgt: Wird die Entscheidung, zur Schule zurückzukehren, vom Verhalten und dem Geisteszustand der Tochter abhängig gemacht, so hat die Tochter die Macht, da die Eltern nur darauf warten können, daß sich ihr Geisteszustand bessert, und somit handlungsunfähig sind. Formuliert man das Problem im Sinne der Möglichkeit, daß die Eltern in eine peinliche Lage gebracht werden, dann sind sie diejenigen, denen es zu entscheiden obliegt, wann sie zur Schule zurückgeht, und sie haben so die Autorität.

Lande: *Wir haben darüber gesprochen, ob man explorieren sollte, was das Ganze ausgelöst hat.*

Haley: *Ich glaube, daß Sie das ein bißchen explorieren müssen. Ich glaube, Sie müssen anfangen, in Annabelles Gegenwart auf einige der Eheprobleme einzugehen. Was ich mir erhoffe, ist, daß es Ihnen möglich ist, in Annabelles Gegenwart das Trennungsproblem offen zu diskutieren, denn das ist vielleicht nicht gemacht worden. Vielleicht entschließen Sie sich, an einem bestimmten Punkt die Kinder hinauszuschicken. Ich wäre versucht, die Jungen wegzuschicken, nachdem Sie so einiges bereinigt haben, und Annabelle dazubehalten und auf die Eheprobleme einzugehen. Obwohl Sie auch eine Generationslinie ziehen wollen, wollen Sie Annabelle auch als älter definieren. Ich meine, sie steht so in der Mitte.*

Beim Gespräch zugegen sind der Therapeut, die Eltern, die Tochter und zwei Geschwister. Der Therapeut hatte die Eltern gebeten, zwei der älteren Jungen mitzubringen, da er lieber mit einer größeren Familiengruppe arbeite. Statt dessen brachten die Eltern einen fünfzehnjährigen Sohn und eine achtjährige Tochter. Diese Kinder waren kaum im geeigneten Alter für ein Krisengespräch, aber es wurde beschlossen, sie einzubeziehen, wobei die Möglichkeit offengehalten wurde, sie wenn nötig in den Warteraum zu bringen.

Lande: Wie ist es denn zu Hause so gegangen?

Mutter: Wirklich gut heute. Wir hatten einen schönen Tag.

Anna: Wissen Sie was? Ich glaube, alle Fragen, die Sie stellen, sind zu persönlich. (Die Familie lacht)

Lande: Zu persönlich?

Anna: Ja.

Lande: Welche Art von Fragen sollten nicht gestellt werden?

Anna: Grundlegende Fragen. »Das-geht-dich-nichts-an«-Fragen. (Lacht)

Mutter: Wie »es«-Fragen.

Anna: Richtig. Wie »es«-Fragen.

Vater: Wir versuchen wohl, hier ein bißchen persönliche Hilfe zu bekommen, daher hoffe ich, daß er persönliche Fragen stellt.

Anna: Ich will seine persönliche Hilfe nicht.

Vater: Aber ich will sie – und du brauchst sie ohnehin.

Mutter: Wir brauchen seine persönliche Hilfe.

Anna: Ihr Leute braucht seine persönliche Hilfe. Ich brauche seine persönliche Hilfe nicht.

Mutter: Ich brauche sie.

Anna: Dann könnt ihr sie ja haben, denn ich will sie nicht mehr.

Vater: Okay.

Lande: Wenn ich Fragen stelle, die die Rückkehr in die Schule betreffen, ist das persönlich?

Anna: Nein.

Lande: Was – was soll damit geschehen?

Anna: Nichts.

Vater: Also, die Situation ist so. Die Schule will etwas von Ihnen, bevor sie wieder zurückgeht.

Anna: Ein Zeugnis über mein Betragen.

Vater: Oder eine Art Analyse über Anna.

Lande: Eine Analyse.

Mutter: Eine Beurteilung.

Vater: Ja, eine Beurteilung.

Lande: Eine persönliche oder eine unpersönliche?

Anna: Ich glaube, sie wollen eine persönliche, ich weiß nicht. Mir ist es eigentlich egal, was sie sollen. Ich hasse diese Schule. Sie stinkt. Sie riecht wie Abfall.

Lande: Nun, ich – Sie wollen also damit sagen, daß es an mir liegt, ob sie wieder in die Schule geht?

Mutter: Ja. (Der Therapeut lacht) Die Schule möchte sie lieber nicht haben, bevor sie nicht eine Beurteilung von Ihnen hat, daß sie imstande ist, bei einem normalen Schulalltag zur Schule zu gehen, und sie hätte auch gerne eine

	Beurteilung von Ihnen, was die Art des Unterrichts betrifft. Ich meine,
	ob es das beste für sie wäre, normal zur Schule zu gehen, oder ob es das
	beste für sie ist, Hausunterricht zu bekommen.
Vater:	*Oder eine Kombination von beidem.*
Lande:	*Haben Sie darüber gesprochen – Sie drei?*
Vater:	*Ja, das haben wir.*
Anna:	*Haben wir das?*
Vater:	*Wir sind nicht sehr weit gekommen, Anna.*
Anna:	*Ich habe nur gesagt, daß ich die Schule hasse. Das ist alles, was ich gesagt*
	habe.
Vater:	*Ich erinnere mich, daß du neulich gesagt hast, daß du Hausunterricht*
	nicht wolltest.
Anna:	*Ich wollte nichts von dieser Schule.*
Vater:	*Ja, aber, ich glaube, wir sind nicht noch mal darauf zurückgekommen,*
	hätten es aber tun sollen.
Anna:	*Auf die Schule zurückgekommen oder auf was zurückgekommen – die*
	Diskussionen.
Vater:	*Wir hätten einfach etwas mehr mit dir darüber sprechen sollen.*
Anna:	*Gut, wenn sie mich zu Hause unterrichten können, dann akzeptiere ich*
	das. Andernfalls gehe ich von der Schule ab.
Lande:	*Okay, ich bin wirklich verwirrt.*
Anna:	*Sie sind meistens verwirrt.*
Lande:	*Ich gerate ziemlich schnell in Verwirrung.*
Anna:	*Das weiß ich.*
Lande:	*Besonders deswegen, denn ich dachte, dir sei es ehr wichtig, dieses Jahr*
	die Schule abzuschließen.
Anna:	*Wie kann ich die Schule abschließen, wenn ich Medikamente nehme?*
Lande:	*Wie meinst du das?*
Anna:	*Wie kann ich die Schule abschließen, wenn ich Medikamente nehme?*
Lande:	*Beeinträchtigt das die Schule?*
Anna:	*Ja, das beeinträchtigt sehr. Es beeinträchtigt mein Sehvermögen, es*
	beeinträchtigt meine Emotionen, es beeinträchtigt alles. Und ich kann
	diese Schule nicht ausstehen.
Mutter:	*Wenn du dich in den normalen Schulalltag einfügen willst, dann kannst*
	du doch der Schule keine Disziplinprobleme mehr machen.
Anna:	*Wer ist ein Disziplinproblem? Sie sind diejenigen, die das Problem sind.*
Mutter:	*Wenn du die Schulordnung nicht befolgst.*
Anna:	*Dann werde ich nicht zur Schule zurückgehen, und zwar endgültig.*
Lande:	*Wissen Sie, worüber ich mir Sorgen mache: weil ich glaube, daß ich mich*
	da ihrem Denken anschließe, daß . . .
Anna:	*Frage. Warum sind Stuart und Sarah hier?*
Lande:	*Entschuldige mich einen Augenblick, Anna. – Das muß für Sie wohl recht*
	peinlich gewesen sein, was da mit Anna passiert ist.
Anna:	*Das war es sicher.*

Mutter:	*Also, ich will mal sagen . . .*
Anna:	*Ich hab' meine Meinung gesagt und euch in Peinlichkeiten gebracht.*
Mutter:	*Es ist wohl peinlich, es ist bestimmt sehr peinlich, aber ihr Wohlergehen ist viel wichtiger.*
Lande:	*Ich meine aber, daß Sie um Ihrer selbst willen – weil ich glaube, daß Ihre Gefühle sehr wichtig sind, daß Sie die Sicherheit haben müssen, daß Sie nicht wieder in eine peinliche Lage kommen, wenn Anna zur Schule zurückgeht. Ich teile vollkommen Ihre Meinung, daß es ein Ziel ist, daß Annabelle in eine normale Schule geht und sich normal benimmt.*
Mutter:	*Stimmt. Wir müssen diese Versicherung haben.*
Anna:	*(Unterbricht) Ich habe mich in diesem Büro ganz normal benommen. Ich bin nur da gesessen und habe ihnen gesagt, was ich von ihnen halte, was ich von ihren Vorschriften halte, was sie meiner Meinung nach tun sollen. Und ihr wißt, was sie gesagt haben. Ja, du kannst zur Schule gehen, aber nicht in diese hier. Ich habe gesagt: »Nein, mein Lieber, wenn ich die Schule abschließe, dann schließe ich diese Schule hier ab.«*
Vater:	*Okay, Annabelle, wir müssen nicht alles wiederholen, was passiert ist.*
Anna:	*Doch, das müssen wir. Weshalb sind wir dann überhaupt hier?*
Vater:	*Nun, wir sind hier, um darüber zu sprechen, wie wir dazu stehen, nicht darüber, was geschehen ist. Aber das gehört dazu, ja.*
Mutter:	*Liebes, meinst du, du könntest wieder in die Schule gehen, ohne einen großen . . .*

(Die Tochter macht gegenüber ihrem Vater das »Du-spinnst-wohl«-Zeichen an der Schläfe.)

Anna:	*Das ist für die Leute hinterm Spiegel.*
Mutter:	*Hey, Anna? Meinst du, du könntest wieder in die Schule gehen, ohne daß es wieder zu einer peinlichen Situation kommt?*
Anna:	*Peinlich für wen?*
Mutter:	*Für uns.*
Anna:	*Das bezweifle ich.*

Das spezielle Problem für den Therapeuten kann in folgender Weise formuliert werden: Man kann davon ausgehen, daß das verrückte Verhalten der Tochter von einer Krise in der Ehe der Eltern herrührt, die Instabilität in die Familie gebracht hat. Konfrontiert der Therapeut die Eltern mit diesem Gedanken, so ist es möglich, daß sie ihn abstreiten und die Tochter verantwortlich machen, indem sie sagen, das Problem liege bei ihr. Das ist eine typische Reaktion, wenn ein Therapeut sich mit einem Jugendlichen gegen die Eltern verbündet. Wenn dies passiert, kann das Familiendreieck nicht aufgelöst werden, und das Mädchen wird wahrscheinlich rehospitalisiert. Dann muß die Therapie wieder von neuem beginnen. Spricht der Therapeut jedoch das Eheproblem nicht an, sondern versucht statt dessen die Eltern dazu zu bringen, daß sie es spontan ansprechen, so kann es sein, daß sie es nicht tun. Auch wird sich das Mädchen selbst zum Thema machen, damit dem Ehekonflikt nicht auf den Grund gegangen wird. Je instabiler die Ehe ist, desto mehr Schwierigkeiten wird das Mädchen in ihrem Leben und auch im Therapiegespräch machen. Sie wird den Therapeuten ablenken, und wenn er sich von ihr provozieren läßt und auf die Konfrontation mit ihr einzugehen versucht, so wird er entdecken, daß er sich weniger mit dem Eheproblem als vielmehr mit ihr beschäftigt. Die Aufgabe des Therapeuten besteht darin, die Eltern zu veranlassen, die Ehekrise anzusprechen, ohne daß die Tochter dies verhindert. Der Supervisor schlägt über Telefon vor, der Therapeut solle die zentrale Position des Mädchens schwächen, indem er mit den Geschwistern spricht.

Anna: *Ich kann mich nicht beherrschen, wenn ich unter Medikamenten stehe. An dem Tag hatte ich eine Zigarette geraucht, und ich habe mich wirklich beschissen gefühlt, weil ich deswegen suspendiert wurde, denn ich rauche normalerweise Zigaretten, und ich sehe nicht ein, warum ich in der Schule nicht rauchen darf, obwohl ich zu Hause rauche.*

Vater: *Nun, Anna, der Grund dafür, daß du das nicht darfst, ist der, daß du zu den Schülern gehörst und die Vorschriften befolgen mußt –*

Anna: *(Unterbricht) Dann gehöre ich eben nicht zu den Schülern und befolge dann eben auch nicht die Vorschriften.*

Vater: *– das gilt für jeden dort.*

Anna: *Gut, kann's auch nicht ändern. Dann gehe ich eben nicht mehr in diese Scheißschule.*

Lande: *In welcher Klasse bist du, Stuart? (Der fünfzehnjährige Sohn)*

Stuart: *In der zehnten Klasse.*

Lande: *Gehst du in dieselbe Schule wie Anna?*

Anna: *Natürlich. Was hältst du von der Schule, Stuart?*

Stuart: *So ungefähr das gleiche. Geführt wird die – nicht mal Busse haben sie.*

Anna: *Sie hat nicht mal Busse, und die Leute bezahlen für diese Busse.*

Stuart: *Sie ist in Ordnung. Sie ist besser als – es ist wohl die beste Schule, aber sie ist immer noch nicht sehr gut.*

Anna: *Sie ist besser als Galmore, sie ist besser als . . .*

Vater: *(Zum Sohn) Nun, was gefällt dir daran nicht?*

Lande: *Lassen Sie mich, vielleicht kann ich helfen . . .*

Anna: *Wie sie geführt wird.*

Stuart: *Es sind nur kleine Sachen. Sie sind wirklich nicht so wichtig, aber Sie wissen ja.*

Lande: *Stuart, laß mich deinem Vater beim Fragen helfen, denn du bist dieses Jahr so eine Art Experte, was diese Oberschule betrifft, denn du besuchst sie. Was meinst du – deine Schwester ist in der zwölften Klasse, was ist deine Meinung?*

Stuart:	Worüber?
Lande:	Wir sprechen darüber, ob sie in die Schule zurück soll – über das Für und Wider.
Anna:	Ich gehe nicht in die Schule zurück, wenn es dort so sein muß.
Lande:	Hast du irgendwelche Vorstellungen dazu?
Anna:	Wenn ich die Scheißvorschriften befolgen muß, dann gehe ich nicht zurück.
Mutter:	Was meinst du, was das beste für sie wäre?
Stuart:	Ich weiß nicht. Wahrscheinlich, in die Schule zurückzugehen.
Mutter:	Meinst du, es ist wichtig, daß sie ihren Abschluß macht?
Stuart:	Ja, schon.
Anna:	Es muß sein. Ich brauche ein Diplom, um irgendeinen anständigen Job zu bekommen. Und ich will einen Job, wenn ich aus der Schule komme.
Mutter:	Du meinst also, es ist wichtig.
Anna:	Ich werde nicht imstande sein, den ganzen Tag im Haus herumzuhängen, weil –
(Das Telephon läutet und der Therapeut hebt ab)	
Anna:	Ich wünschte, Sie würden von dem Telefon wegbleiben, es stört mich.

Die Tochter dominiert weiterhin die Sitzung und provoziert den Therapeuten gegen seinen Willen. Der Supervisor schlägt vor, daß der Therapeut dem Vater die Erziehungsgewalt über das Mädchen übertragen soll. Dies versetzt ein Elternteil in eine Autoritätsstellung, was das Ziel ist, und zudem bezieht es die Tochter weniger in einen Kampf mit dem Therapeuten als vielmehr in einen Familienkampf ein.

Lande:	Vielleicht liegt einer der Gründe, warum es schwer ist, jedermanns Weisheiten zu nutzen, darin, daß Anna dauernd irgendwie . . .
Anna:	Dazwischenschießt.
Lande:	Ja. (Zum Vater) Vielleicht können Sie Anna einen Moment lang helfen, weil hier viele Leute sind, die Erfahrungen mit der Schule haben und Anna recht gut kennen. Ich habe immer noch – Ich weiß immer noch nicht genau, was du meinst, Stuart, denn du kennst die Schule und was sie verlangt und was nicht.
Stuart:	Mm – äh – ich weiß nicht.
Lande:	Ist es eine recht strenge Schule?
Stuart:	Ja, so ziemlich. Man muß nämlich ruhig sein und ruhig dasitzen und alles. Man kann nicht rumrennen und die Vorschriften verletzen oder irgendwas. Und wenn man nämlich die Bestrafung, die sie einem geben, nicht akzeptieren kann, wenn man die Vorschriften verletzt . . .
Anna:	Dann lassen sie dich nachsitzen.
Vater:	Stu ist jetzt in seinem Element.
Stuart:	Richtig, dann, glaube ich, kann man mit der Schule nicht zurechtkommen.

Mutter:	*Kommst du gut zurecht?*
Stuart:	*Ja.*
Anna:	*Aber es ist schwer, nicht wahr.*
Stuart:	*Ziemlich.*
Anna:	*Es ist schwer bei der Art, wie die Lehrer einen behandeln. Die Lehrer behandeln einen wie ein Baby, aber wenn du dich wie ein Erwachsener verhältst . . .*
Vater:	*Anna, laß jetzt Stuart sprechen.*
Lande:	*Es ist schwer, die Fragen zu beantworten, weil Annas Sichtweise, die sicherlich sehr wichtig ist, die einzige ist, die zum Ausdruck kommt.*
Anna:	*Das ist verdammt richtig, denn ich habe den Eindruck, ich bin die einzige hier, die sich da rausziehen kann.*
Vater:	*Ich habe nicht verstanden.*
Lande:	*Ich sagte, einer der Gründe dafür, daß es so schwer ist, diese Art von Fragen zu lösen, liegt darin, daß Annas Sichtweise, die sicherlich sehr wichtig ist, die einzige ist, die zum Ausdruck kommt, weil Anna allen anderen das Wort abschneidet.*
Vater:	*Ja, sie dominiert alles.*
Anna:	*Ich dominiere alles, was ich tue.*
Vater:	*Nein, das tust du nicht, Liebes.*
Anna:	*Doch. Wenn ich beim Essen sitze, dann dominiere ich den ganzen Tisch. Ich mache das Haus sauber und dominiere das Haus.*
Vater:	*Sachte, sachte.*
Anna:	*Wie kann ich sachte sein, wenn ich unter Medikamenten stehe?*
Vater:	*Ich glaube, du kannst es, wenn du dich darum bemühst.*
Anna:	*Meine Augen tun weh.*
Lande:	*(Nach einer Pause) Dies scheint nach aller Ansicht noch lange keine gelöste Frage zu sein, glaube ich.*
Vater:	*Ich glaube, alle außer Anna betrachten die Sache als gelöst.*
Anna:	*Genau. Und ich bin diejenige, die alles tun muß! Warum müßt ihr alle Entscheidungen für mich treffen?*
Vater:	*Also, ich will mal sagen – wenn sie soweit ist, daß sie wieder in die Schule kann –, da ist ihre Einstellung dazu wichtig. Ich glaube nicht, daß sie schon soweit ist.*
Lande:	*Solange noch die Gefahr für Sie beide besteht, daß sie Sie in Peinlichkeiten bringen könnte.*
Mutter:	*Obendrein weiß ich nicht, wie stark die Schule eine Rolle gespielt hat bei . . .*
Anna:	*Bei meinem Nervenzusammenbruch.*
Mutter:	*Bei der Art und Weise, wie sie letzte Woche reagiert hat, denn sie ist wirklich sehr ruhig, seit sie weiß, daß sie eine Weile nicht mehr in die Schule zurückgehen kann.*
Anna:	*Mit anderen Worten, ich habe meine Suspendierung so genossen, daß ich meine, wenn ich zurückgehe, lasse ich mich mit Absicht suspendieren.*

217

Mutter:	*Hast du dich absichtlich suspendieren lassen?*
Anna:	*Nein, ich habe einfach gemacht, was ich gemacht habe. Ich wollte eine Zigarette rauchen, und sie sind zu mir gekommen und haben gesagt: »Du rauchst? Entweder sitzt du nach oder du wirst suspendiert.« Ich habe gesagt: »Zum Teufel, Mann, ich sitze nicht nach.«*
Lande:	*(Zum Vater) Vielleicht können Sie uns helfen. Annabelle scheint – vielleicht könnten Sie ihr dadurch helfen, daß Sie andere in der Familie zu Wort kommen lassen.*
Vater:	*Anna, sieh mal, wir sind hier fünf. Wir alle haben –*
Anna:	*Okay. Dann laß Sarah reden, ich will hören, was sie zu sagen hat.*
Vater:	*Sieh mal, du bist hier nicht der Moderator in dieser Sitzung. Sitz ruhig und sei still!*
Anna:	*Jawohl, mein Herr!*
Vater:	*Frech.*
Anna:	*Wie's beliebt, mein Herr.*
Vater:	*Dann tu' endlich, was mir beliebt.*
Anna:	*Sicher, jederzeit. Man nennt's Frechheit.*
Vater:	*Du mußt wohl immer das letzte Wort haben, du bist streitsüchtig.*
Anna:	*Das weiß ich.*
Lande:	*Das Thema, das Sie ansprechen, scheint zentral zu sein, und ich weiß gewiß keine Antwort. Vielleicht können alle hier helfen. Was ist letzte Woche passiert? Das wäre im Hinblick auf die Zukunft wichtig.*
Mutter:	*Nun, am Sonntag ist sie ziemlich aus der Fassung geraten. Sie hat geweint und wurde ziemlich feindselig und streitlustig . . .*
Lande:	*Was . . .*
Mutter:	*Und am Montag ist sie nicht zur Schule gegangen.*
Lande:	*Was ich meine, vielleicht habe ich meine Frage nicht klar genug formuliert – Sie haben darüber spekuliert –, wie das Ganze überhaupt erst ausgelöst wurde?*
Mutter:	*Nun, ich habe mir gedacht, sie verlangte, die ganze letzte Woche in die Schule gehen zu dürfen, und es war ziemlich – äh – wir mußten sehr darauf bestehen, daß sie nicht geht, weil sie letzte Woche nicht gehen konnte. Sie war nicht . . .*
Lande:	*Darf ich Sie unterbrechen? Es ist meine Schuld, ich möchte es noch einmal versuchen. Was mich interessiert, ist – daß etwas am Sonntag, oder Samstag oder irgendwann letzte Woche passierte – nicht diese Woche, sondern am Wochenende letzter Woche.*
Mutter:	*Sie wurde am Dienstag wegen unverschämten Verhaltens suspendiert.*
Lande:	*Ja, aber noch davor – aber noch davor ist etwas passiert, was Annabelle aus der Fassung gebracht und in Ängste versetzt hat.*
Anna:	*Wollen Sie wissen, was es war? Ich sage Ihnen, was es war. Ich war bei der Arbeit und ich hatte meine Periode und ich hatte Krämpfe. Ich hatte keine Lust, länger bei der Arbeit zu bleiben. Deshalb rief ich meinen Vater an und er sagte: »Hör mal zu, Ed hat das Auto, du kannst also*

218

	Arnold (ihren Freund) anrufen.« Und ich bin ausgeflippt und habe gesagt: »Wenn ich Arnold angerufen hätte, dann hättest du mich angeschrien.« Und so habe ich Arnold angerufen.
Vater:	Da war noch etwas, was davor kam.
Anna:	Würdest du mich ihm vielleicht erzählen lassen, was passiert ist, damit er es analysieren kann?
Vater:	Okay, Liebes, aber ich glaube, du hast ihm das schon zu Anfang letzter Woche erzählt.
Anna:	Wie dem auch sei, ich geriet also aus der Fassung und fing zu weinen an, und weinte und weinte. Und ich habe Arnold angerufen und Arnold war auch nicht da. Dann habe ich Mrs. Henderson gebeten, mich abzuholen. Dann habe ich dem alten Herrn gesagt, daß er sich mal besser was einfallen läßt. Weil ich wüßte, was jetzt mit mir nicht stimmt. Dann hat er gesagt: »Was meinst du, was soll ich . . .«

Dieses Gespräch veranschaulicht ein entscheidendes Phänomen. Das junge Mädchen benimmt sich daneben und opfert sich, um die Eltern nicht nur dann zu retten, wenn sie im Leben sich in Schwierigkeiten befinden, sondern auch in den Moment-zu-Moment-Interaktionen einer Therapiesitzung. Der Therapeut hat angedeutet, daß er dem, was die Tochter aus der Fassung gebracht hat, auf den Grund gehen wird. Vermutlich wurde diese Verwirrung durch einen elterlichen Konflikt ausgelöst, den die Eltern fallenlassen mußten, um sich mit *ihr* zu beschäftigen. In diesem Gespräch hier wird die Tochter jeden Versuch unternehmen, um den Therapeuten und die Eltern abzulenken, damit sie sich nicht mit den elterlichen Spannungen, sondern vielmehr mit ihr befassen. Hier lenkt sie sie ab, indem sie sich verrückt verhält und abschweift. Eine weitere Technik besteht darin, einen Streit mit einem der Eltern anzufangen. Die Tatsache, daß sie »Verschleppungspolitik« betreibt, zeigt an, daß es einen elterlichen Konflikt geben muß, den sie verbirgt.

Lande:	Ich werde allmählich konfus.
Vater:	Nachdem sie heimkam, hat sie's mir erzählt.
Anna:	Ja . . .
Mutter:	Kann ich dazu etwas sagen?
Anna:	Nein.
Mutter:	Darf ich dazu etwas sagen?
Anna:	Sag was dazu.
Mutter:	Was ich dazu sagen will, ist pure Spekulation, aber letzte Woche hast du auf alles ziemlich gereizt reagiert.
Anna:	Ich habe alle meine Schulfächer versäumt.
Mutter:	Bis wir dich nicht mehr zur Schule gehen ließen. Nachdem die Schule

aus dem Weg war und dein Job aus dem Weg war, seitdem bist du sehr
ruhig.

Anna: *(Zum Therapeuten) Ich habe meinen Job aufgegeben.*

In dieser Situation besteht die Gefahr genau darin, was die Mutter
ausgedrückt hat – darin, daß zu Hause alles gut und schön ist, nachdem
die Tochter Schule und Arbeit aufgegeben hat und, durch Medikamente
ruhiggestellt, zu Hause sitzt. Das therapeutische Problem liegt nun nicht
darin, wie man das Mädchen ruhigstellt, sondern darin, wie man es aus
einer abnormen Situation befreit, damit es normalen Tätigkeiten nachgehen
kann.

Mutter: *Nachdem also dein Job und die Schule weg waren, warst du zu Hause*
sehr umgänglich . . .

Vater: *Also wie ich gerne . . .*

Anna: *Im Haus – ich bin eine häusliche Person.*

Mutter: *Vielleicht hat sie nämlich das alles veranstaltet, weil sie wollte, . . .*

Lande: *Nun, gerade das versuche ich mit Hilfe der hier Anwesenden*
herauszufinden – ob irgendwo etwas passiert ist, das Anna fertiggemacht
hat.

Anna: *Fragen Sie doch Sarah etwas, sie soll nicht umsonst hier sitzen.*

Mutter: *Es war alles sehr erschreckend, nicht wahr, Sarah?*

Anna: *Oh, aber Sie haben nicht mitgekriegt, wie ich ausgeflippt bin.*

Lande: *Ich wußte etwas vom Gespräch mit deiner Mutter her.*

Anna: *Sie erzählt alles so verdreht.*

Lande: *Sarah, Stu – weiß irgend jemand etwas darüber, was passiert ist, das Anna*
so angst gemacht hat?

Anna: *Ja.*

Lande: *Ist es ein Geheimnis für dich, Sarah?*

Anna: *Mann, das waren die ganze Zeit die Medikamente.*

Vater: *Ich glaube, es gab da einige Sachen. Eine, glaube ich, war, daß wir*
versuchten, probeweise die Medikamente abzusetzen, und wir haben das
auch getan, und ich glaube, es hat nicht geholfen, und zweitens – äh –
ich weiß nicht genau, aber . . . (Pause)

Anna: *Er hat mir ständig die Pille aufgezwungen und dauernd gesagt: »Nimm*
sie, nimm sie«, und wissen Sie, was er einmal mit mir gemacht hat?

Vom Zögern des Vaters und der Rettungsaktion der Tochter her kann
man annehmen, daß der Vater im Begriff war, einen vorausgehenden
Konflikt mit der Ehefrau anzusprechen. Aber weil der Therapeut
konsequent mit den Eltern paktiert hat, ist der Vater imstande, die
Rettungsoperation der Tochter abzulehnen und auf das Eheproblem
zurückzukommen.

Anna: (*Fährt fort*) *Ich wollte gerade essen, und er und seine Frau tranken Martini. Da hab ich gesagt:* »*Kann ich jetzt essen?*« *und er sagte:* »*Nein, wir wollen noch etwas warten.*«

Lande: (*Zum Vater*) *Ich glaube, Sie müssen Annabelle helfen, bei der Sache zu bleiben. Denn wir reden darüber, was ein paar Tage vor alledem passiert ist.*

Vater: *Ja, sehen Sie, das war nur ein paar Tage vor . . .*

Anna: *Ich erzähle dir, was passiert ist, würdest du vielleicht zuhören?*

Vater: *Gut, Anna.*

Anna: *Ich habe mich an den Tisch gesetzt, um zu essen. Da hat Papa gesagt:* »*Steh vom Tisch auf*«, *und ich habe gesagt,* »*Nein*«. *Und wissen Sie, was er getan hat? Er kam rüber und hat mir den Stuhl weggezogen. Und ich saß auf dem Fußboden und habe geweint und geweint, und dann hat er gesagt, Arnold könnte nicht rüberkommen, und ich habe geweint und geweint. Und dann habe ich Arnold angerufen, und Arnold ist trotzdem rübergekommen, und sobald Arnold da war, Mensch, da habe ich zu weinen aufgehört.*

Vater: *Um auf das zu kommen, was die ganze Sache ausgelöst haben könnte, also ich glaube, daran waren so einige Dinge beteiligt, eigentlich weiß ich es nicht genau, es ist bloß eine Spekulation meinerseits. Einmal – äh – einmal war da die Tatsache, daß sie die Medikamente abgesetzt hatte, und zum anderen gab's einige Streitereien, die Jane (seine Frau) und ich hatten – die sie wahrscheinlich mitgekriegt hat.*

Die Tochter macht eine Geste der Verzweiflung, als ob sie ausdrücken möchte, daß er auf jeden Fall fortfahren wird, so sehr sie ihn auch davon abzuhalten versucht.

Lande: *Die Streitereien, die Sie beide hatten?*

Vater: *Ja.*

Schließlich ist die Spaltung zwischen den Eltern von einem der beiden doch angesprochen worden. Das Ziel des Therapeuten besteht darin, die Familie zu reorganisieren, und wenn die Eltern die Erziehungsgewalt übernehmen sollen, so müssen sie ihre Schwierigkeiten miteinander eingestehen und verhandeln. Leugnen sie ihre eigenen Probleme und beharren sie darauf, daß das ganze Problem bei der Tochter liegt, so kann die Familie nicht reorganisiert werden. Wenn die Eltern einander angreifen, können sie nicht die Erziehungsgewalt übernehmen, so wie jede Führerschaft scheitern wird, wenn sie in einer emotionalen Schlacht uneins wird. Die ganze Akzentuierung der Bedürfnisse und Rechte der Eltern durch den Therapeuten, auch wenn dabei die Rechte der Tochter auf ein Minimum reduziert wurden, war eine Vorbereitung für den Zeitpunkt, zu dem die Eltern bequem eingestehen konnten, daß die Spaltung zwischen ihnen ein Problem der Familie sei. Daß sie eigene Sitzungen beim Therapeuten hatten, um ihre Differenzen auszudiskutieren, macht es nicht weniger wichtig, daß sie diese in Gegenwart der agitierten Tochter behandeln, die sie von den Eheproblemen abzulenken sucht. Dies bedeutet jedoch nicht, daß der Therapeut sofort den Ehekampf begrüßen und explorieren sollte. Es besteht für ihn immer noch das Problem, was man dagegen machen soll. In seinem weiteren Vorgehen normalisiert er den Kampf, indem er ihn in groben Zügen mit allen bespricht.

Anna: *Ich kann es nicht ausstehen, wenn sie streiten. Sie streiten, und es macht soviel Lärm und Aufruhr, weil er gereizt wird und es an ihr und an ihm und an mir (seufzt) ausläßt. Ich kann's nicht ausstehen.*

Lande: *Waren sich alle Kinder bewußt, daß da ein Streit stattfand?*

Vater: *Nun, der eine, den ich im Kopf hatte, war spät am Abend, aber ich glaube, ich weiß nicht, ob sie ihn gehört hat oder nicht – sie war im Bett.*

Anna: *Ich höre alle eure Streitereien.*

Lande: *Was ist mit Stu und Sarah?*

Mutter: *(Zu Stu) Was sagst du dazu?*

Stu: *Zu was?*

Die Reaktion des fünfzehnjährigen Stuart auf den Streit der Eltern ist die klassische Art für ein Kind, in seiner eigenen Generation zu bleiben und sich aus einem Dreieck mit den Eltern herauszuhalten. Die gestörte Tochter jedoch hält ihren Bruder für unverantwortlich, wenn nicht gemein, weil er nicht versucht, die Ehe der Eltern zu retten. Der Unterschied in der Situation der Geschwister beleuchtet, wie ein Kind in einer Familie verrückt werden kann und das andere nicht.

Mutter: *Was meinst du zu den Streitereien?*

Stu: *Wessen Streitereien?*

Mutter: *Die zwischen Papa und mir*

Stu: *Ich . . .(Pause)*

Vater: *Rück's heraus, du kannst es uns sagen.*

Mutter: *Was weißt du? Du ziehst dich davon zurück, hm?*

Stu: *Mm-hmm.*

Anna: *Du meinst, es macht dir nicht einmal was aus?*

Stuart: *Nein, nichts.*

Anna: *Es macht dir nicht mal was aus, wenn sie streiten?*

Stu: *Nein.*

Anna: *Das leuchtet ein.*

Mutter: *Ja, Freitagabend hatten wir – ja, Freitag und fast den ganzen Samstag hatten wir . . .*

Vater:	*Dieses Wochenende oder das Wochenende davor?*
Mutter:	*Das Wochenende – dieses Wochenende.*
Vater:	*(Gereizt) Na, wir sprechen über das Wochenende davor. Was hat bei ihr die Schulprobleme ausgelöst?*
Mutter:	*Ich weiß nichts von dem Wochenende davor. Ich weiß nicht, was …*
Anna:	*(Unterbricht) Aber ich. Ich habe die Medikamente nicht genommen.*
Lande:	*Ich fand interessant, was Stu gesagt hat. Es ist interessant, was in vielen Familien passiert, wenn Eltern sich streiten, wie verschieden verschiedene Kinder reagieren. Du hast gesagt – ich konnte nicht ganz folgen –, daß du dich zurückziehst, oder …?*
Stu:	*Ich sage nichts, ich halte mich da raus. Ich bin einfach still.*
Mutter:	*Du machst dich rar.*
Stu:	*Ich warte, bis es vorbei ist.*
Lande:	*Wie …*
Anna:	*Er wird der ‚Rumhänger‘ genannt.*
Lande:	*Der Rumhänger?*
Anna:	*Er hängt nur herum. Er kümmert sich überhaupt nicht ums Haus.*
Lande:	*Er hängt also rum?*
Anna:	*Er hängt nur rum. Wenn er etwas tun soll, dann nörgelt er nur darüber, aber er tut es. Und er nörgelt fünf Stunden lang darüber, und man muß ihm sagen, er soll den Mund halten.*
Lande:	*Aber gehst du aus dem Zimmer, meine ich, wenn Mama und Papa Streit haben?*
Stu:	*Ja, wenn ich kann – ich geh’ einfach aus dem Zimmer.*
Mutter:	*Du schiebst es weg, oder?*
Stu:	*Nein.*
Lande:	*Sarah, was machst du, wenn Mama und Papa sich streiten?*
Sarah:	*Nichts.*
Lande:	*Nichts? Beteiligst du dich, oder siehst du fern, oder …*
Sarah:	*Meistens sehe ich fern.*
Lande:	*Das tust du also dann?*
Sarah:	*Ich bin meistens schon dabei.*
Lande:	*Du bist schon beim Fernsehen. Stellst du’s etwas lauter? Bist du mehr wie dein Bruder oder deine Schwester? Wenn Mama und Papa streiten?*
Sarah:	*Ich weiß nicht.*
Lande:	*Du weißt nicht? (Pause) Das ist interessant – ich glaube, bei so vielen Kindern hat man die Gelegenheit, zu sehen … äh … sie müssen wohl auf eine Menge verschiedener Dinge unterschiedlich reagieren.*
Mutter:	*Das tun sie.*
Vater:	*Ich glaube, es ist ihnen ein bißchen peinlich, jetzt im Moment frei ihre Meinung zu sagen. Sowohl Sarah als auch Stuart. Ich habe so das Gefühl.*
Lande:	*Es ist ihnen peinlich, daß …*
Vater:	*Daß sie da sind.*
Lande:	*Daß Sie beide streiten?*

Vater:	*Oh ja, das wahrscheinlich, aber sie können das nicht so direkt äußern.*
Lande:	*Sie wollen Ihre Gefühle nicht verletzen?*
Vater:	*Ja, wahrscheinlich.*
Lande:	*Ist es ein Geheimnis, daß Sie streiten?*
Vater:	*Nein, das glaube ich nicht.*
Mutter:	*Ich glaube nicht.*
Anna:	*Sie versuchen, ein Geheimnis daraus zu machen, aber es funktioniert nicht.*
Vater:	*Wie versuchen wir, ein Geheimnis daraus zu machen?*
Anna:	*Ihr schließt alle Fenster und Türen, damit es die Nachbarn nicht hören.*
Mutter:	*(Gelächter) Ja.*
Anna:	*Mensch, ich habe die Nachbarn schon so oft streiten gehört und mir ist das völlig egal, ob die Nachbarn streiten. Aber mir ist es nicht egal, ob du und Mama streiten.*
Vater:	*Das weiß ich, Liebes – ich glaube . . .*
Anna:	*Ich versuche die ganze Zeit, dir zu sagen, du sollst den Mund halten, aber du sagst einfach: »Anna, du hältst den Mund, du setzt dich und du hältst den Mund.«*
Mutter:	*Anna, Anna, du bist nicht verantwortlich.*
Anna:	*Aber ich fühle mich verantwortlich. O Gott, wie kann ich euch nur dazu bringen, auf mich zu hören?*
Mutter:	*Warum fühlst du dich verantwortlich?*
Anna:	*Was ist das für ein Geräusch?*
Vater:	*Das sind deine Dinger da unten. (Annabelle schaukelt mit den Beinen und sie hat Nadeln an den Hosenaufschlägen, die gegeneinander klappern) Du trägst da wirklich ein ganzes Arsenal von diesen Nadeln rum.*
Anna:	*Ich habe die einfach gefunden. Ich habe sie einfach wo hingetan, weil ich nicht wußte, wo sie hingehören.*
Vater:	*Anna hat fürchterlich viele – mhm – Ängste in dieser Richtung, und das verursacht im Haus viele Probleme.*
Lande:	*Ängste in welcher Richtung?*
Vater:	*Nun, ich weiß nicht, ob dies das richtige Wort ist, aber sie . . .*
Anna:	*Ängste ist das richtige Wort.*
Vater:	*Okay, aber sie ist sehr darum bekümmert, wie wir miteinander auskommen. Und sie hat ganz feste Vorstellungen dazu, wie die Dinge ablaufen sollen. Und wenn sie nicht so ablaufen, wie sie es gerne haben möchte, dann wird sie sehr feindselig.*
Anna:	*Nein, nicht feindselig.*
Vater:	*Also Anna, wenn du nur richtig hinsiehst, etwa: »Willst du jetzt gleich essen?«*
Anna:	*(Zum Therapeuten) Sie haben Ihre Streichhölzer fallen lassen.*

224

Vater:	*Und ich sagte: »Wir werden in ein paar Minuten essen«, und du hast darauf bestanden, daß wir gleich essen, und mit der Zeit würdest du im Haus das Regiment führen, wenn wir dich lassen würden.*
Anna:	*Ich führe durchaus das Regiment.*
Vater:	*Sicher könntest du dein eigenes Heim führen – und es schön in Ordnung halten. Aber ich will nicht, daß du in meinem das Regiment führst.*
Anna:	*Mann, ich kann nicht anders, denn du führst es nicht in der richtigen Weise.*

Vater lacht. Es klopft an der Türe, und der Therapeut geht hinaus, um mit dem Supervisor zu sprechen. Während sie den Gang auf und ab gehen, beschließen sie, die Drohung der elterlichen Trennung explizit zu machen, und zwar als Möglichkeit, die Macht der Tochter in der Hierarchie zu reduzieren. Man kann davon ausgehen, daß die Familie sehr gut weiß, was hinter dem Problem steht, und daß das wahre Problem darin besteht, daß niemand imstande ist, es zu lösen. Daher ist die Bemerkung, die der Therapeut macht, keine Interpretation in dem Sinne, daß sie der Familie eine Entdeckung über sich selbst anbietet. Jeder weiß, daß das Mädchen auf die Drohung der elterlichen Trennung reagiert. Der Zweck der Bemerkung besteht nicht darin, die Familie zu belehren, sondern die Sequenz abzublocken, bei der ein verborgener elterlicher Konflikt zu gestörtem Verhalten bei der Tochter führt. Als das Thema angesprochen wird, setzt die Tochter ihre Versuche fort, den Therapeuten davon abzulenken.

Lande:	*Das Thema, worüber hier alle zu sprechen scheinen – ich bin mir da nicht hundertprozentig sicher, aber ich möchte es gerne als Hypothese in den Raum stellen –, ist etwas, was Sie alle auf verschiedene Art und Weise sagen; daß Ihrer beider Streit seine Auswirkungen auf alle hat, besonders auf Annabelle.*
Anna:	*Ganz bestimmt, besonders bei diesen Medikamenten.*
Lande:	*Deshalb würde ich – ich bin mir ziemlich sicher, daß bei allem, was da abläuft, Annabelle nicht so gut damit umgehen kann wie Stu –, sie kann nicht einfach hinausgehen, wenn sie Sie beide so heftig streiten hört, daß sie Angst hat, Sie werden sich trennen. Ich weiß nicht, was in ihrem Kopf vorgeht, aber ich glaube, das ist es, was ihre Angst steigert.*
Vater:	*Ja, in der einen Nacht, in der sie die ganze Nacht wach war und sich sehr fürchtete, da hat sie das immerzu gesagt – daß sie nicht will, daß wir uns verlassen und auseinandergehen. Deshalb glaube ich, daß sie sich sehr viel Sorgen darum macht.*
Lande:	*Das würde meine Hypothese erhärten.*

Als offenkundig wird, daß das Mädchen infolge einer Trennungsdrohung der Eltern aus der Fassung geriet, versucht sie noch einmal, den Therapeuten abzulenken. Sie spricht etwas an, was für einen jungen Psychiater von Interesse sein könnte. Er reagiert darauf, indem er bei der Sache bleibt.

Anna: (Unterbricht) Wollen Sie wissen, was ich gesehen habe, Doktor?

Lande: Nun ja – Ich interessiere mich mehr für das Problem zwischen deinen Eltern . . .

Anna: Wissen Sie, was ich gesehen habe? Ich habe Geister in meinem Zimmer gesehen.

Lande: Sehen Sie, was ich mich gefragt habe: Wenn Sie beide streiten, wenn Annabelle Angst bekommt und durcheinander gerät und Dinge sieht und Vorstellungen hat – ob das nicht eine Art und Weise ist, wie sie Ihnen beiden sehr hilft, indem sie Sie nämlich dazu bringt, einig zu sein und zusammenzurücken. Fängt sie an, sich absonderlich zu verhalten, so hilft das Ihnen beiden, zusammenzukommen.

Anna: Nein, sie geraten dadurch nur noch weiter auseinander. Außer heute, als wir uns im Restaurant trafen. Papa hat kein böses Wort zu Mama gesagt, denn ich mußte es alles aus ihm herausziehen, ich habe gesagt: »Um welche Zeit warst du hier? Hast du lange auf uns gewartet? Das tut uns wirklich leid, Mensch. Wir haben mit dieser Dame rumgetan, wir konnten nicht die richtigen Farben finden.«

Vater: Annabelle, du hättest dir deswegen keine Sorgen machen brauchen, ich hatte nicht vor, böse zu werden.

Anna: Du hast so sauer ausgesehen.

Vater: Ich habe nicht sauer ausgesehen.

Anna: Du sagtest, du wärest nicht gerne ein Hanswurst – jemand, der das Essen bestellt und wartet, weil wir uns verspäten.

Vater: Das ist wahr, das wäre ich nicht gerne. Das heißt aber nicht, daß ich sauer war.

Anna: Aber du hast so ausgesehen, als seist du sauer.

Lande: Ich glaube, alles das besagt, daß meine Idee ziemlich genau in die richtige Richtung geht. Annabelle hat große Angst, daß Ihr Streiten bedeutet, daß Sie sich trennen wollen, und sie versucht wirklich – wenn auch nicht immer bewußt –, Sie beide zusammenzuhalten. Und die Art und Weise, wie sie das macht, ist . . . irgendwie . . .

Anna: Extrem.

Lande: (Fährt fort) – Extrem, ja. Sie ist eine Art Extrem, aber auch eine kreative Person.

Das Mädchen versucht, ein Wort zu sagen, aber hat Schwierigkeiten, vielleicht weil sie einen aus »Kreativ« und »kurativ« (heilsam) zusammengesetzten Neologismus zu schaffen sucht.

Anna:	Extrem und kreativ-kurativ.
Lande:	Damit Annabelle wieder in die Schule gehen kann und die Situation sich stabilisieren kann, muß sie wirklich das Gefühl haben, daß das nicht gleich jetzt passiert: daß Sie beide sich jetzt nicht trennen werden.
Anna:	Sie werden sich nicht trennen. Sie werden sich nicht trennen, weil wenn sie sich trennen, wissen Sie, was ich dann tue? Dann bringe ich mich um. Ich schwöre, wenn sie sich trennen, dann lege ich Hand an mich.
Mutter:	Warum?
Anna:	Weil die Kleinen euch brauchen. Die Kleinen brauchen die Liebe – ich schwöre, wie könnt ihr Liebe zeigen.
Vater:	Liebes, wir werden uns nicht trennen.
Anna:	Darum mache ich mir keine Sorgen, denn ich weiß, daß ihr euch nicht trennt, aber es sind einfach eure dummen kleinlichen Streitereien. Besonders die, bei denen es um mich geht: »Kann Anna heute abend ins Kino gehen?« »Ich weiß nicht, sprechen wir darüber. Meinst du, daß Anna mit Arnold ins Kino gehen kann?« »Ich weiß nicht. Kann Anna mit Arnold ins Kino gehen?«
Lande:	Ich glaube, Anna muß jetzt von Ihnen beiden hören, wahrscheinlich mit lauterer Stimme, daß dies im Moment nicht geschehen wird – zwischen Ihnen beiden. Denn wenn nicht – ihre Phantasien – jedesmal wenn Sie einen kleinen Streit haben . . .
Vater:	Ich glaube, das ist ein Problem. Selbst wenn wir über etwas sprechen und uns nicht einig sind, betrachtet sie es schon als Streit.
Lande:	Genau deswegen, meine ich, muß sie von Ihnen hören, daß dies nicht den Tatsachen entspricht.
Anna:	So?
Mutter:	Nun, ich meine, es ist wichtig, daß sie weiß, daß wir beide uns nicht trennen werden, aber es ist noch wichtiger, daß wir kein unerträgliches Verhalten hinnehmen müssen, nur weil wir uns nicht trennen können.
Lande:	Unerträgliches Verhalten . . .
Mutter:	Nun, ich glaube, es gibt auch Grenzen für das, was man hinnehmen sollte, um zusammenzubleiben.
Lande:	Vom anderen, meinen Sie.
Anna:	Wie kommt's dann, daß ihr versucht, Arnold und mich auseinander zu bringen?
Vater:	Aber das machen wir doch nicht, Liebes.
Anna:	Aber es scheint jedenfalls so, bei allen diesen Vorschriften und Einschränkungen, die ihr mir und ihm auferlegt. Es hört sich so an, als würdet ihr ihm überhaupt nicht trauen.
Vater:	Nun, Arnold und ich hatten neulich eine große Aussprache. Er versteht mich. Hat er mit dir darüber gesprochen?
Anna:	Nein, das hat er nicht.
Vater:	Nun, dann . . .

Dies ist ein typisches Manöver einer jungen Problemperson. Wenn die Eltern einen Ehekonflikt ansprechen, wie das oben erwähnte »unerträgliche« Verhalten, fängt das Mädchen mit einem von beiden einen Streit an.

Lande: (Unterbricht) Es ist interessant, wie nützlich sich Annabelle in der Familie macht. Eine Art, wie sie das tut, ist, alles auf sich zu vereinigen. Es ist sehr schwer, auch nur einen kleinlichen Streit um einen Hamburger zu haben, wo sie doch wirklich eine Künstlerin ist, wenn es darum geht, alles auf ihre eigene Art und Weise auf sich zu ziehen und zusammenzuhalten.

Anna: So hat mich meine Mutter früher immer genannt, eine Künstlerin, und ich konnte nicht verstehen, warum.

Lande: (Zur Mutter) Wir müssen wohl auf derselben Wellenlänge liegen.

Mutter: Du bist sehr talentiert, Annabelle.

Lande: Sie arbeitet fast rund um die Uhr daran – wenn sie für ihre Dienste Geld verlangen würde, so käme das sehr teuer – wirklich zu helfen – Sie wissen, daß sie ahnt, daß Sie beide nämlich ihre Hilfe brauchen, um Ihre Ehe zusammenzuhalten.

Anna: Sie meinen nämlich, daß ich eigentlich ihre Hilfe brauche. Aber ich brauche eure Hilfe nicht, eure Zeit ist abgelaufen. Ich bin jetzt eine Frau – ich bin erwachsen. Und ich brauche nichts von euch – außer eurem Essen, eurem Fernsehen, eurem Haus, euren Geräten und allen euren materiellen Dingen.

Mutter: (Lacht) Das ist ganz schön viel.

Vater: Wahrscheinlich hast du recht.

Anna: Wenn ich raus könnte, würde ich sofort raus gehen, ich würde gehen und mein eigenes Haus kaufen und ich würde in meinem eigenen Haus wohnen.

(Das Telefon läutet und der Therapeut nimmt ab)

Die Tochter hatte gesagt, daß sie sich umbringen werde, wenn sich die Eltern trennen. Diese Aussage muß man irgendwie aufgreifen. Die Eltern sollten die Selbstmorddrohung nicht als Entschuldigung für ihr Zusammenbleiben verwenden. Dies hält die Tochter in der Mitte ihrer Ehe, aber sie kann nur normal werden, wenn sie aus dem Kampf der Eltern in ein Leben mit Gleichaltrigen befördert wird. Das Ziel der Therapie besteht darin, die Familie zu reorganisieren, wobei die Eltern eine Generationslinie ziehen und die Tochter aus ihrer Ehe heraushalten müssen. Der Therapeut wird versuchen, die Eltern zu diesem Zeitpunkt zusammenzuhalten, aber ihre Entscheidung, sich zu trennen oder zusammen zu bleiben, sollte nicht von der Gesundheit der Tochter abhängig gemacht werden. Eine Intervention hinsichtlich dieses Problems sollte mehr als ein intellektueller Kommentar sein. Der Therapeut muß sich auf die Tochter einlassen, wenn er sie aus der Ehe der Eltern heraushalten will. Um es anders auszudrücken, er muß zuerst die Tochter in der Familienhierarchie heruntersetzen; dann erst sind die Eltern imstande, seiner Führung zu folgen. Deshalb fragt der Supervisor den Therapeuten, ob er meine, daß er wütend auf das Mädchen werden könne. Er sagt, das könne er. Der Supervisor empfiehlt dem Therapeuten, böse auf das Mädchen zu werden, wenn sie ihr Recht auf Unabhängigkeit fordert, aber zugleich unfairerweise die Eltern ihres Rechts auf Unabhängigkeit enthebt.

Anna: *Willst du nicht über die Medikamente sprechen?*

Vater: *Im Moment nicht.*

Anna: *Aber ich.*

Mutter: *Irgendwann müssen wir über die Medikamente sprechen.*

Anna: *Wir haben zehn Minuten, um über die Medikamente zu sprechen.*

Lande: *Da sind noch andere dringende wichtige Dinge, die hier ablaufen.*

Anna: *Da sind keine anderen Dinge, die Medikamente sind es, die meine Nerven kaputtmachen . . .*

Vater: *Dr. Lande führt hier den Vorsitz.*

Anna: *Dr. Lande ist dumm. Er weiß überhaupt nichts.*

Vater: *Annabelle!*

Mutter: *Bist du wohl still, Annabelle?*

Anna: *Nein.*

Mutter: *Ich möchte reden, ich möchte die ganze Zeit reden (Lacht).*

Anna: *Dann rede doch. Du hast zehn Minuten.*

Vater: *Verdammt noch mal, Annabelle, sei still!*

Anna: *Verdammt noch was?*

Vater: *(Flüstert) Noch mal. Jetzt sei still.*

Anna: *Was ist ,noch mal'?*

Lande: *Hier sind ein paar wichtige Dinge zur Sprache gekommen. Eines davon ist, daß Sie (Zur Mutter) das Gefühl haben, es gibt einige unerträgliche Verhaltensweisen, mit denen sie sich abfinden müssen . . .*

Mutter: *Richtig.*

Anna: *Was ist heute passiert, Mama?*

Lande: *Ich habe dieses Gefühl, weil Anna einige interessante Punkte zur Sprache bringt. Manche davon sind schwer zu verstehen, so wie sie herauskommen. Einerseits sagt sie, sie hat da solche Vorstellungen, was wirklich seltsam ist, daß sie unabhängig und erwachsen sein sollte, ihr eigenes Haus haben und von Ihnen respektiert werden sollte – was für mich sehr viel Sinn ergibt. Im gleichen Augenblick sagt sie, wenn Sie beide sich jemals trennen, dann wird sie sich umbringen.*

Anna: *Warum soll ich weiterleben, wenn meine Eltern . . .*

Lande: *(Unterbricht) Das macht mich wirklich wütend, weil das eines der dümmsten Dinge ist, das ich je gehört habe.*

Anna:	*Ja, es ist sehr dumm.*
Lande:	*Du möchtest, daß deine Eltern – du möchtest unabhängig von deinen Eltern sein, was recht und billig ist, aber du gibst ihnen keine Möglichkeit, unabhängig von dir zu sein. Ich verstehe nicht warum, wenn sie etwas tun wollen, was sie –*
Anna:	*Weil sie sich so viele Sorgen um mich machen und alles, deshalb ist es meine Angelegenheit.*
Lande:	*Ja, aber wenn sie etwas tun wollen – wenn sie je beschließen sollten, etwas zu unternehmen – also daß du das dann zu deiner Sache machst, indem du dich umbringen willst –, das ist das Dümmste, was ich je von jemandem gehört habe.*
Anna:	*Schon gut, aber warum sollte ich weiterleben, wenn meine Eltern nicht mehr zusammenleben?*
Vater:	*Dein Leben hängt nicht davon ab, Liebes.*
Lande:	*Das sehe ich nicht ein – wenn du dein eigenes Leben und deine Unabhängigkeit hast, dann müssen auch sie als erwachsene Menschen behandelt werden.*
Anna:	*Sie benehmen sich nicht wie Erwachsene.*
Mutter:	*Gut, damit hast du vielleicht recht, aber dennoch versuchen wir, erwachsen zu sein, und wir brauchen – wenn wir uns trennen, so heißt das noch lange nicht, daß du uns beide nicht mehr hast.*
Lande:	*Das Problem ist, daß Sie beide sich jetzt nicht trennen, sondern unerträgliches Verhalten auf beiden Seiten hinnehmen; das Wort »unerträglich« bedeutet hier »nicht zu ertragen«. Aber Annabelles Gesundheit scheint irgendwie damit verbunden zu sein.*
Anna:	*Meine Augen tun mir weh.*
Lande:	*Hier schwirren nämlich Vorstellungen herum, die man wirklich einmal zurechtrücken muß.*
Mutter:	*Ja.*
Lande:	*Einmal haben wir hier das Problem, daß die Leute das Gefühl haben, daß sich so manches ändern muß, damit sie zusammenleben können, was so eine Art Grundregel für das Leben in einer Familie ist. Und dann muß klar sein, um wen es bei der ganzen Sache eigentlich geht. Ich meine (zu den Eltern), es sieht so aus, als ob das eine Sache zwischen Ihnen beiden und nicht für die Kinder ist.*
Mutter:	*Ja, das meine ich auch.*
Lande:	*Und irgendwie ist Annabelle da hineingezogen worden – sie empfindet es so, als sei sie darin gefangen.*

Die Fähigkeit des Therapeuten, Ruhe zu bewahren und sowohl mit der Tochter als auch mit den Eltern zu koalieren, ist hier gut veranschaulicht. Obwohl der Therapeut unter Druck ist – wo doch die Familie sich in der Krise befindet, ein Supervisor sich einmischt und die Tochter grob und provokativ ist – gelingt es ihm, das Mädchen nicht anzugreifen, sondern sie vielmehr als jemanden zu beschreiben, der in eine Situation verwickelt ist, und zwar ebenso wie die Eltern darin verwickelt sind.

Anna: *In der Mitte gefangen.*
Mutter: *Kann ich Ihnen etwas sagen, daß . . .?*
Lande: *Natürlich.*
Mutter: *Jahrelang fragte mich Annabelle:* »*Warum läßt du dich nicht von Papa scheiden?*« *Das ging mehrere Jahre so. Dann habe ich mich an eine Eheberatung gewandt, und wir haben versucht, an unserer Beziehung zu arbeiten, und aus Annas Sicht hatte sich vieles gebessert, denn sie hat mir nämlich gesagt, es hätte sich gebessert. Jetzt, so glaube ich, hat sie so eine Art Schuldgefühl wegen dieser vergangenen Jahre. Jetzt meint sie, ich hätte mir ihre Gedanken zu stark zu Herzen genommen, was aber nicht der Fall ist. Ich werde nämlich meine eigenen Entscheidungen treffen.*
Lande: *Ich glaube, das muß sie von Ihnen deutlich hören. Ich glaube, Annabelle muß diese Botschaft hören.*
Anna: *Ich höre sie, ich höre sie.*
Lande: *Ich glaube nicht, daß du das wirklich tust.*
Mutter: *Ob du mich nun aufforderst, bei deinem Papa zu bleiben, oder ob du mich nun aufforderst, mich von ihm zu trennen – ich richte mich nicht unbedingt danach.*
Anna: *Ich weiß.*
Mutter: *Was die Frage betrifft, was das beste für mich und die Familie ist, so werde ich meine eigenen Entscheidungen treffen.*

Die Aussage der Mutter kann als Wendepunkt in der Sitzung und in der Therapie schlechthin betrachtet werden. Das Ziel bestand darin, daß die Eltern die Erziehungsgewalt übernehmen und die Tochter aus ihren Eheschwierigkeiten heraushalten. Als die Mutter ihre Rechte definiert, vermindert sie die Macht der Tochter in der Familie. Das Mädchen handelt schnell, um sich in die Ehe einzumischen, indem sie etwas zur Sprache bringt, das Vater und Mutter entzweien kann und somit ihre eigene Macht steigert. Der Therapeut handelt ebenso schnell, um das Mädchen auf ihre richtige Position in der Hierarchie herunterzustufen. Von diesem Zeitpunkt an beginnt das Mädchen, sich mehr wie eine normale Tochter zu verhalten, und die Familie stabilisiert sich.

Anna: *Wie kommt's dann, daß du Papa jedesmal fragen mußt, wenn du etwas willst?*
Mutter: *Nun, ich versuche, Rücksicht auf deinen Papa zu nehmen.*

Lande:	(Unterbricht) Also, Sie sitzen hier und rechtfertigen da, was Sie mit Ihrem Mann machen, gegenüber Ihrer achtzehnjährigen Tochter. Das sehe ich nicht gerne, und zwar wegen Ihnen.
Mutter:	Das ist ein gutes Argument.
Anna:	(Unterbricht) Doktor, wer legt eigentlich Wert auf das, was Sie glauben?
Vater:	Ich.
Mutter:	Ich auch.
Lande:	Hoffentlich ein paar Leute, die ...
Anna:	Also ich lege keinen Wert darauf.
Lande:	Ich wünschte, das würdest du aber.
Vater:	Ich lege jedenfalls Wert darauf.
Anna:	Du?
Vater:	Du hast verdammt recht. Jetzt sei still.
Anna:	Ja, mein Herr. (Zum ersten Mal im Gespräch lacht sie)
Lande:	(Zu Sarah) Deine Schwester ist eine Komikerin, nicht wahr? Sie ist die Lustige in der Familie?
Sarah:	Nein.
Mutter:	Sie hat aber doch in der Familie ziemlich viel Gewicht, nicht wahr, Sarah?
Lande:	Das möchte ich wetten. Du hast mindestens drei Eltern, wette ich.
Anna:	Sicher hat sie die.
Lande:	Jeder versucht, erwachsen zu sein – die Eltern zu sein in dieser Familie.
Mutter:	Wir haben zu viele Eltern, das ist jedenfalls sicher. (Lacht)
Anna:	Ich werde als mütterlicher Typ bezeichnet.
Lande:	Ja, das bist du, aber ich glaube ...
Mutter:	Mütterlicher als Mutter, glaube ich. (Lacht)
Anna:	Ich wollte, daß Mama mit mir aufsteht und Frühsport macht. Was hat sie aber gemacht? Geschlafen und mich ihr Kaffee machen lassen.
Mutter:	(Lacht) Das war ein echter Service heute.
Lande:	Ich glaube, Sie müssen entscheiden, (lacht) ob Sie sich zurückziehen können und ihre Aufgabe übernehmen.
Anna:	Wissen Sie, was sie gemacht hat? Eine dreiviertel Stunde später? Frühsport. (Gelächter)
Lande:	Ich weiß nicht, was sie ohne dich machen sollen, wenn du einmal weggehst und deine eigene Familie gründest.
Anna:	Das weiß ich auch nicht. Sie werden wohl auseinanderbrechen, wenn sie das wollen.
(Später im Gespräch)	
Anna:	Mit anderen Worten, ich mag Leute aus New York nicht, weil ich Vorurteile habe.
Mutter:	Vorurteile?
Vater:	Die hast du, das stimmt.
Anna:	Richtig, das stimmt, ich habe Vorurteile, bin ein verklemmtes stures, dummes unreifes kleines Mädchen. Versuche, mich wie eine Erwachsene zu benehmen. Kann ich aber nicht, weil es zu viele Vorschriften gibt ...

Vater:	Okay, Anna, laß uns ein bißchen auf etwas anderes kommen.
Anna:	Wir haben nur noch drei Minuten. Worüber können wir sonst noch sprechen?
Vater:	Sei still! (Die Tochter lacht)
Lande:	Ich glaube, das ist ein Gebiet, was –
Anna:	Ich kann's kaum erwarten, daß Sie mal zu uns zum Essen kommen. (Sie nimmt Bezug auf die Einladung zum Essen für den Therapeuten)
Lande:	– heute abend nicht mehr bereinigt werden kann. (Lacht) Ich kann's auch kaum erwarten.

(Alle lachen)

Mutter:	Ich werde Ihr ganzes Essen vorkosten müssen.
Lande:	Läßt du mich auf dein eigenes Terrain, Annabelle?
Anna:	Was ist ein Terrain?
Vater:	Du weißt nicht, was ein Terrain ist? Dein eigenes Gebiet. Dein eigener Grund.
Anna:	Ist ein Terrain nicht ein Bursche, der ...
Lande:	Jetzt landet sie eine gute Bemerkung.
Anna:	Ist ein Terrain nicht ein Bursche, der ein bißchen zurückgeblieben ist?
Vater:	Nein, das ist ein Kretin. Ein Terrain ist zum Beispiel ein Fußballfeld oder so was.
Lande:	Ich glaube, Annabelle wußte, was sie sagte.
Vater:	Mm-hmm.
Lande:	Annabelle muß eben immer das letzte Wort haben. Wir werden schon sehen, was bei dir zu Hause passiert.
Anna:	Ganz bestimmt werden wir das.
Lande:	(Mit tiefer Stimme) Ganz sicher, junge Dame.
Anna:	Sie hören sich wie mein Vater an.
Lande:	So? (Zu den Eltern) Die Frage, wessen Ehe das ist und wer hineingezogen wird – die wird wohl jetzt nicht gelöst –, aber jedenfalls sind die Grenzen gezogen worden. Was die Schule betrifft, so meine ich, daß Anna erst dann wieder in die Schule zurück sollte, wenn Sie beide das Gefühl haben, sie wird Sie beide auf keinen Fall in eine peinliche Lage bringen. Die Entscheidung liegt also bei Ihnen. Wenn Sie die zusammen getroffen haben, nehmen Sie bitte Kontakt mit mir auf. Dann werden wir darüber sprechen, und ich werde alles, was die Schule von mir verlangt, erledigen. Aber Ihre Entscheidung sollte ganz davon abhängen, ob Ihnen wohl dabei zumute ist, wenn Anna wieder in die Schule geht, denn Sie sind es nämlich, die Anna kennen und mit ihr zusammenleben. Was also geschehen soll, das richtet sich ganz danach, ob Sie sich wohl dabei fühlen.

Nach diesem Therapiegespräch kehrte die Tochter wieder in die Schule und zu ihrer Teilzeitarbeit zurück. Im Juni schloß sie die High School ab. Mit der Familie ging alles gut, und die Therapie wurde ausgesetzt.

Im August trennte sich die Mutter vom Vater. Sie siedelte mit den drei kleinsten Kindern in einen anderen Staat über und ging arbeiten. Das Ehepaar unternahm einen Versöhnungsversuch, trennte sich aber dann wieder. Während dieser Zeit sah der Therapeut den Vater und die Kinder zu ein paar Sitzungen, um dem Vater zu helfen, den Haushalt zu organisieren. Es wurde auch als wichtig betrachtet, darauf zu achten, daß Annabelle nicht ihre Mutter ersetzte. Dies geschah auch nicht, sondern sie teilte statt dessen die Hausarbeit mit ihren Brüdern, hatte rege soziale Kontakte und arbeitete. Der Therapeut sprach während dieses Zeitraumes mit der Mutter. Sie sagte, sie wolle nicht zu ihrem Mann zurück, aber habe Schwierigkeiten, zu arbeiten und gleichzeitig für die Kinder zu sorgen.

Ein Jahr nach der Therapie wurde die Mutter depressiv und verbrachte kurze Zeit auf einer psychiatrischen Station. In dieser Zeit besprach sie ihre Lebensgeschichte; sie berichtete, sie sei in einem »verklemmten« Haus aufgewachsen, in eine »verklemmte« Schule gegangen, habe eine beschränkte Arbeit verrichtet und habe dann geheiratet und acht Kinder gehabt – nicht aus freier Wahl, sondern aufgrund religiöser Überzeugungen. Zu dem Zeitpunkt, als Annabelle ihre Krise hatte, fragte sich die Mutter, ob sie bis dahin nicht ihr Leben vertan hätte und für den Rest ihres Lebens etwas anderes suche. Später zog sie alleine in einen anderen Staat um und arbeitete als Lehrerin.

Annabelles Krise drückte das Familienproblem aus, indem sie die Wahnvorstellung schuf, schwanger zu sein – mit Zwillingen –, und sich mit dem Gedanken an eine Abtreibung beschäftigte. Sie äußerte den Gedanken, daß sie sich opfern werde, indem sie sich umbrächte, sollten sich die Eltern trennen und die Kinder verlassen. Ihr verwirrter Zustand zwang die Mutter, bei Mann und Kindern zu bleiben, weil alle sich mit Annabelle beschäftigen mußten. Als Annabelle aus dem Eheproblem eliminiert wurde, ging die Mutter weg. Als die Mutter feststellte, daß sie nicht zugleich arbeiten und für die kleinen Kinder sorgen konnte, kehrte sie zu ihrem Mann zurück, wurde aber depressiv und zog zuletzt weit von der Familie weg, um zu arbeiten und alleine zu leben. Später ließ sie sich von ihrem Mann scheiden.

Während einer Nachuntersuchungsperiode von vier Jahren war zu erfahren, daß Annabelle sich gut machte und keinerlei psychiatrische Probleme hatte, obwohl sie in einen schweren Unfall verwickelt war und eine körperliche Verletzung hatte, die es ihr schwer machte, Arbeit zu finden. Zwei Jahre nach Beendigung der Therapie war sie in eine eigene Wohnung gezogen und erhielt sich selbst.

Vater und Mutter waren immer noch getrennt. Alle Kinder kamen in Schule und Universität gut voran.

Kapitel 9
Der Therapieverlauf:
Ein Fall von Heroinsucht

Eine Möglichkeit, die Therapie mit einer Familie zu beginnen, in der ein Kind auffällig wurde, besteht darin, daß man die Eltern dazu bringt, miteinander über das betreffende Kind zu sprechen. Der Schwerpunkt liegt dann darauf, daß die Eltern gemeinsam die Führungsverantwortung in der Familie übernehmen. Die Kommunikation über das Kind und die gemeinsame Vorrangstellung in der Familienhierarchie kann die Uneinigkeit zwischen ihnen beenden. Ein anderer Therapiebeginn besteht darin, daß man die Eltern veranlaßt, sich in der Verantwortung für das Kind abzuwechseln. Es lassen sich Konflikte zwischen ihnen vermeiden, wenn jeder während einer bestimmten Zeit die Erziehungsgewalt über das Kind übernimmt, welches das Problem zeigt. Wenn der eine die Verantwortung übernommen hat, soll sich der andere heraushalten. Ein solches Vorgehen macht es für den Jugendlichen schwieriger, zwischen den Eltern gefangen zu sein oder sie gegeneinander auszuspielen. So steht dann immer eine Person an der Spitze der Hierarchie, aber es ist keine bestimmte, da die Eltern sich abwechseln.

Bei einem weiteren Therapieanfang entscheidet der Therapeut, welcher Elternteil stärker mit dem Jugendlichen befaßt ist und welcher mehr am Rande steht. Er übergibt dann die Erziehungsgewalt dem eher am Rande stehenden Elternteil (erste Phase). Der andere Elternteil wird opponieren oder gar zum Angriff übergehen, indem er die Eheprobleme aufs Tapet bringt (zweite Phase). Dieses Vorgehen wählt man gemeinhin bei Familien, die Probleme mit Minderjährigen haben, aber auch bei vielen Familien mit jungen Erwachsenen[1]. Es funktioniert am besten bei Familien, die im mitmenschlichen Umgang nicht sehr subtil sind wie etwa bei Familien mit Drogensüchtigen.

---

1 Die Phasen dieses Ansatzes sind in *J. Haley,* Direktive Familientherapie. Strategien für die Lösung von Problemen, München: Pfeiffer, 1977, beschrieben.

Ein an den sozialen Problemen orientierter Ansatz wurde früher als für die Therapie von Schizophrenen ungeeignet betrachtet, weil diese Patienten »sich aus der Realität zurückzögen« oder »in einer anderen Welt lebten«. Doch erwies sich die Familientherapie bald als das beste Vorgehen, als man einmal die Bedeutung der Familie erkannt hatte. Auch Drogensüchtige hielt man für ungeeignet für Familientherapie, weil sie in einer an der Peer-Group orientierten Straßenwelt lebten. Jahrelang sah die Behandlung so aus, daß man nicht die Familie, sondern vielmehr Mitdrogensüchtige zu Gruppen zusammenfaßte. Erst in den letzten Jahren erkannte man, daß der Heroinsüchtige sehr viel mehr mit seiner Familie verstrickt ist, als man vorher gewußt hatte, und daß eigentlich eine an Familien orientierte Therapie die effektivste ist. Die Initiatoren eines der erfolgreicheren Forschungsprojekte zur Familientherapie nennen die folgenden Zahlen aus einer Übersichtsstudie, die sie 1972 bei fünfundachtzig Heroinsüchtigen am Philadelphia Veterans Administration Drug Dependence Treatment Center durchführten. Sie berichteten, daß von den Süchtigen »mit lebenden Eltern 82% ihre Mütter und 59% ihre Väter zumindest wöchentlich sahen, 66% entweder bei den Eltern lebten oder ihre Mütter täglich sahen«[2]. Das Durchschnittsalter dieser Männer betrug 28 Jahre und alle waren zuvor schon einmal zum Militärdienst von zu Hause weggewesen. Zu ähnlichen Ergebnissen kamen auch andere Forscher, die die Familienkontakte von Heroinsüchtigen untersuchten[3]. Erkennt man erst einmal, daß Heroinsüchtige mit ihren Familien verkettet sind, so wird offenkundig, daß man bei der Therapie diese Familien systematisch einbeziehen muß.

Im folgenden Fall wurde dem Vater durch die Intervention die Erziehungsgewalt für die erste Phase der Therapie übergeben, und zwar wurde dadurch zunächst die Mutter vom Sohn losgelöst. Der Sohn war seit fünf Jahren heroinsüchtig und hatte kurz zuvor ein Methadonprogramm angefangen. Das Familieninterview wurde bereits an früherer Stelle *(Kapitel 6)* beschrieben und zitiert. Nach Beginn des Interviews ließ der Therapeut die Kinder hinausgehen und handelte mit den Eltern eine neue Vereinbarung aus, daß sie weiterhin zur Therapie kämen, um ihrem Sohn zu helfen. Der Therapeut war *Sam Kirschner*, Ph. D. Dieser Fallbericht

---

2 *M. C. Stanton* & *T. C. Todd*, »Structural Family Therapy with Heroin Addicts«, in *E. Kaufmann* & *P. Kaufmann* (eds.), The Family Therapy of Drug and Alcohol Abusers, New York, Halsted, 1979.

3 *G. F. Vaillant*, »A Twelve-Year Follow-up of New York Narcotic Addicts: I. The Relation of Treatment to Outcome«, Amer. J. Psychiatr., 1966, 122, 727–737.

basiert auf einem Filmskript von Ausschnitten aus der Therapie, welches ich mit ihm zusammen herausgegeben habe[4].

Nachdem der Therapeut mit den Eltern allein gesprochen hatte, brachte er den heroinsüchtigen Sohn und zwei jüngere Geschwister zurück in den Therapieraum. Der Süchtige thematisierte immer noch die Drohung der Eltern, sich zu trennen, als er mit dem Therapeuten ins Zimmer zurückkam.

Kirschner: *(Zum Sohn) Was ich zu sagen habe, habe ich Ihnen bereits im Gang gesagt: daß die Dinge, die zwischen Ihren Eltern ablaufen, wenig mit Ihnen zu tun haben.*
Sohn: *Gut.*
Kirschner: *In Ordnung?*
Sohn *In Ordnung. Ich kann das wie am Schnürchen. Die mögen sich nicht.*
Mutter *Das stimmt nicht.*
Sohn *Nun, ich weiß nicht, was stimmt. Wißt ihr's? Was stimmt?*
Kirschner: *Sagen wir es folgendermaßen. Wenn sie miteinander nicht auskommen, so nicht unbedingt wegen Ihnen. Ist das eine zutreffende Aussage?*
Vater: *Ganz gewiß.*
Kirschner: *Okay, das ist eine zutreffende Aussage.*
Sohn *Oh, nein, es ist nur zu 90 Prozent wegen mir, wie wär's damit?*
Mutter: *Nein, da hast du nicht recht.*
Sohn *Fünfzig?*
Mutter: *Falsch.*
Sohn: *Oh, Scheiße, du weißt nicht, was los ist, Mann. Sieh mich wenigstens realistisch. Ich habe dir –*
Vater: *Oh, ja.*
Sohn: *– das Herz gebrochen?*
Vater: *Oh, ja, das hast du wohl.*
Sohn *Jedenfalls ist dein Junge nie eingelocht worden – dieses schnelle, wieselige kleine Arschloch ist nie eingelocht worden, dieser blöde Hund, aber er war 'n Junkie, ist zu 'nem Junkie geworden, verstehst du das? Wie sollst du das auch verstehen, mein eigener Vater. Versteh das doch alles. (Weint) Weißt du, durch was für 'ne Hölle ich gehe? Haßt euch doch nur, ich scheiß mich nicht drum, ich versuch', meinen eigenen Kram zu machen. Ich versuch's zu schaffen, und das ist ganz schön schwer, Mann.*
Kirschner: *Okay, erzählen Sie – warum erzählen Sie Ihren Eltern nicht, was Sie durchmachen?*

4 Diese Therapie war Teil eines Forschungsprojekts, das von *M. D. Stanton* zusammen mit *T. C. Todd* als Berater geleitet wurde. Die Langzeit-Therapieergebnisse sind in *M. D. Stanton* & *G. Zug*, »Case History of a Male Addict and his Family«, einem Bericht für die Services Research Branch of the National Institute on Drug Abuse, 1978, angegeben.

Sohn: *Die wollen diese Scheiße nicht hören.*
Kirschner: *Aber sie hören jetzt zu.*
Sohn: *Die wollen, daß ich immer gut gelaunt bin.*
Kirschner: *Sie hören zu.*
Sohn: *Die machen doch nur, was sie wollen.*
Kirschner: *Sie hören zu, sie hören jetzt zu. Erzählen Sie Ihren Leuten, was Sie durchmachen.*

Man könnte es als Fehler betrachten, wenn der Therapeut den jungen Mann ermutigt, seine Gefühle auszudrücken, falls der Therapeut dies mit der Vorstellung tut, der Ausdruck von Gefühlen sei heilsam. Jeder Süchtige hat schon einmal Erfahrungen mit Gruppentherapie gemacht, wo der Ausdruck von Emotionen gefördert wird; daher wird der Süchtige es gut machen, aber es ist für die Therapie irrelevant. Es macht eine Sitzung aufregender, aber es können Dinge gesagt werden, die es schwierig machen, die Familie zu organisieren, damit sie sich verändert. Dieser Therapeut ermutigt den Süchtigen, seine Verzweiflung auszudrücken, weil es die Kluft zwischen dem Süchtigen und den Eltern zu überbrücken hilft. Er vertritt die Ansicht, daß die meisten Süchtigen einfach nicht glauben, daß Eltern den Kampf mit der Sucht verstehen können.

Kirschner: *Sagen Sie Ihren Leuten, was Sie durchmachen.*
Sohn: *Die Hölle, Mann, die Hölle.*
Kirschner: *Okay. Was läuft ab?*
Sohn: *Es ist so: Erst bin ich clean, aber sobald das Wort »dope« aufkommt, setzt alles aus. Ich denke an niemanden – dich – sie – niemanden. Nur an Miss Heroin.*
Kirschner: *Sie waren clean – Sie waren clean –*
Sohn: *Miss – wenn ich high bin –*
Kirschner: *Hey, wie lange waren Sie clean?*
Sohn: *Zwei Monate.*
Kirschner: *Okay.*
Sohn: *Und ich hab's umsonst bekommen, nicht mal von Tommy oder Marion. Die werden high, aber die wissen, wie sie's kontrollieren können, ich bin ein Vielfraß.*
(Später im Gespräch)
Kirschner: *Sobald Sie einen Job bekommen, meinen Sie. Ihr Plan ist also, einen Job zu suchen, etwas Geld zu verdienen und dann auszuziehen, stellen Sie sich's so vor?*
Sohn: *Ich will nicht ausziehen.*
Kirschner: *Sie wollen nicht ausziehen?*
Sohn: *Ich glaube nämlich, daß er (der Vater) auch Hilfe braucht. Sie brauchen beide Hilfe, so wie ich Hilfe brauche.*

Kirschner: Das ist ein anderes Problem. Wir haben darüber schon gesprochen, als Sie weg waren.

Sohn: Nein, er könnte jetzt sofort tot umfallen. Daran denke ich nämlich. Mehr als an mein eigenes Problem. So flüchte ich mich, ich überlege, wie ich meinem Vater und meiner Mutter helfen kann – wie ich ihnen Probleme vom Hals schaffe. Aber ich bin verrückt. Das ist verrückt, daß ich gleichzeitig high bin und daran denke, wie ich ihnen helfen kann.

Der Sohn beschreibt die Situation treffend. Wenn er high ist und Drogen nimmt, denkt er daran, wie er seinen Eltern helfen kann. Der Therapeut macht in diesem Moment genau das Richtige: er diskutiert nicht, ob der Vater Hilfe braucht (etwas, was der Sohn besser als der Therapeut versteht), vielmehr bietet er an, sich der Probleme des Vaters anzunehmen. Dies muß getan werden, um den Sohn zu befreien. Der Experte, der für seine Arbeit bezahlt wird, muß dem Vater helfen, während der Sohn befreit wird, um sein eigenes Leben zu führen.

Kirschner: Hey, George, könnten Sie mir einen Gefallen tun? Tun Sie mir einen Gefallen. Übergeben Sie mir bitte die Angelegenheit. Ich werde mich um die Gesundheit Ihres Vaters kümmern.

Sohn: (Weint) Ja, aber er hat mich gemacht. Er hat nicht Sie gemacht, Mann.

Kirschner: Das ist klar, also was soll das?

Sohn: Komme ich mit diesem Satz an?

Kirschner: Ich höre Sie.

Sohn: Er hat mich gemacht.

Kirschner: Gut, Also was müssen Sie . . .?

Sohn: Es macht mir was aus.

Kirschner: Ich weiß, daß es Ihnen was ausmacht. Okay, ich . . .

Sohn: Mehr als es irgend jemand anders was ausmacht.

Kirschner: Ich will eine Übereinkunft mit Ihnen treffen. Wenn Sie sich Sorgen um die Gesundheit Ihres Vaters machen, gut, ich weiß, daß Sie das tun, aber überlassen Sie mir das Ganze. Und kümmern Sie sich um Ihre eigenen Angelegenheiten.

Sohn Sobald sie umziehen, wird alles cool sein. Wie ein gemütliches Heim. Ich komme herein, ich will gehen, will bei einer Frau bleiben, die drei Kinder hat. Wenn's mir Spaß macht, möchte ich bleiben. Ich bin fünfundzwanzig. (Zur Mutter) Ich fühle mich so, als müßte ich in der Armee Bericht erstatten, aber ich will dich anrufen, denn ich weiß, daß du dir Sorgen machst, daß du nicht schläfst, du bist so nervös. Du verstehst, Mama, warum ich meine Mama anrufe. »Mama, ich bin bei so-und-so, es war schön letzte Nacht, und mir geht es gut.« Wie hört sich das für eine sechsundzwanzigjährige Frau an? Das hört sich so an, als würde ich mich bei meinem Sergeant melden.

Der Therapeut muß die Führung übernehmen und das Handeln organisieren, wenn Veränderungen stattfinden sollen. Das Ziel der Therapie ist, eine Generationslinie zu ziehen; die Eltern sollen in bezug auf den Sohn zusammenhalten, ohne daß einer von beiden seine Position verlagert und sich mit dem Sohn gegen den anderen verbündet. Ein erster Schritt auf dieses Ziel hin besteht darin, den Elternteil, der mehr am Rande zu stehen scheint, aufzufordern, die Verantwortung für den Sohn zu übernehmen. Der Therapeut leitet den Vater dazu an, die Erziehungsgewalt über den Sohn zu übernehmen, und er fordert die Mutter auf, über den Vater mit dem Sohn zu kommunizieren. Der Vater wird somit in die Mitte der intensiven Beziehung zwischen Mutter und Sohn gerückt. Obwohl dieser Schachzug so definiert wird, als geschehe er zum Wohle der Mutter, wird sie vermutlich darauf reagieren, indem sie ihre frühere Verstrickung mit dem Sohn aktiviert. Der Therapeut muß dies abblocken. Gelingt es dem Therapeuten, den Vater in der Position zwischen Mutter und Sohn zu halten, so ist das der erste Schritt auf einen Bund zwischen Mutter und Vater hin, der letzten Endes entstehen soll.

Kirschner: *Ich würde gerne etwas ausprobieren. Okay, da George so aufgewühlt ist, würde ich gerne etwas ausprobieren.*

Sohn: *Ich bin nicht aufgewühlt, ich hab' gerade Spaß. Ich fühle mich wirklich wie ein Irrer.*

Kirschner: *Ich würde, ich würde gerne, äh – (Lange Pause) Ja, das würde ich gerne ausprobieren – eine Woche lang. Nur eine Woche lang als Experiment für zu Hause. (Zur Mutter) Wenn Sie irgendwelche Klagen haben, oder wenn Sie George überwachen wollen, oder was Sie auch tun wollen – sagen Sie Ihrem Mann, daß er es tun soll.*

Sohn: *Alle überwachen mich, Sam.*

Kirschner: *Langsam, langsam.*

Mutter: *Nun, das ist kein Problem, denn worum ich ihn auch bitte, er sagt es mir.*

Vater: *Du hast uns die Erlaubnis gegeben, zu ...*

Sohn: *Ich sage –*

Kirschner: *(Redet dazwischen) Nein, nein, nein, nein.*

Sohn: *Als ich letztes Mal nämlich high war –*

Kirschner: *(Zur Mutter) Aber ich will nicht, daß Sie es machen.*

Sohn: *(Fährt fort) – und wie ich darauf abgefahren bin – sag ihm, daß ich high werde. Ich will's dir sagen, weil du's nicht verstehst.*

Kirschner: *(Spricht weiter mit der Mutter, während der Sohn mit dem Vater spricht) Ich will Ihnen eine Ruhepause gönnen. Ernsthaft, ich will Ihnen eine Ruhepause verschaffen. Ich meine es so. Sie haben so viel im Kopf, Sie haben so viel –*

Mutter: *Er bietet mir das an, er sagt es mir. Er (der Vater) sagt zu mir: »Bitte,*

sei still. Wenn etwas nicht stimmt, dann sag's mir, ich rede dann mit ihm.«
Aber scheinbar kann ich nicht ruhig bleiben.

Kirschner: *Okay, einen Moment –*
Mutter: *Ich habe das Gefühl, daß ich die einzige bin, die ihn bessern wird, aber trotzdem habe ich das Gefühl, ich verschlimmere alles.*
Kirschner: *Einen Moment. Okay, Okay, versuchen wir's anders . . .*
Sohn: *(Redet dazwischen) Du mußt es machen, das weiß ich, Mama, weißt du, wie weh es mir tut, wenn ich Dope nehme, mh?*
Kirschner: *Einen Moment, George, wir probieren etwas aus.*
Mutter: *Ich habe nicht das Gefühl, daß er (Vater), er (zweiter Sohn) oder er (dritter Sohn) fähig sind, ihm zu helfen.*
Kirschner: *Nun, was Sie im Augenblick ausprobieren, funktioniert offenbar nicht. Okay? Sehen wir uns die Tatsachen an – es funktioniert nicht. Sie kümmern sich darum, aber so, wie Sie es anpacken, funktioniert es nicht. Das ist alles. Sie haben so viel im Kopf, vielleicht funktioniert es deswegen nicht. Sie haben jetzt ohnehin viel im Kopf, oder?*

Wenn Eltern eine Störung bei ihrem Kind perpetuieren, muß der Therapeut verändern, was sie tun. Manchmal muß er auch Einwände erheben gegen die Art und Weise, wie sie es tun. Wird aber dabei impliziert, daß mit dem Charakter der Eltern etwas nicht stimmt, so kann es passieren, daß sehr viel therapeutische Zeit vergeudet wird, indem die Eltern ihre Unschuld oder dem Therapeuten seinen Irrtum nachzuweisen suchen. Erhebt der Therapeut sachliche Einwände gegen die *Operationen* der Eltern, so werden sie den Einwand akzeptieren. Bei folgender Bemerkung gegenüber der Mutter gelang es dem Therapeuten, sie zu korrigieren, ohne verletzend zu sein.

Mutter: *Mm-hmm.*
Kirschner: *Ich hätte also gerne, daß Sie sich um Ihre eigenen Dinge kümmern, und wenn Sie sich bei George über etwas Sorgen machen, sagen Sie es Ihrem Mann und lassen Sie ihn es George sagen. Okay? Ist das recht so?*
Mutter: *Ja.*
Sohn: *Er hat es mir auch ganz gut gesagt.*
Kirschner: *Okay. langsam.*
Sohn: *Und ich hab's ihm gesagt. Wir kommen gut miteinander aus, sind wir nicht besser denn je miteinander ausgekommen, Papa?*
Kirschner: *Langsam, George, langsam. (Zum Vater) Sind Sie bereit, dies zu tun?*
Vater: *(Verwirrt) Sagen Sie das noch einmal.*
Kirschner: *Wenn Ihre Frau irgend etwas hat, worüber sie sich bei George Sorgen macht, wenn sie etwas fragen möchte, eine Information haben will oder was auch immer, wären Sie dann bereit, es an ihrer Stelle zu tun?*
Vater: *Gewiß.*

Der Vater stimmt eindeutig zu, und in seiner nächsten Aussage übernimmt der Vater schon die Verantwortung für den Sohn.

Kirschner: *Sie sind bereit.*

Sohn: *(Zur Mutter) Wann zieht ihr in den Süden?*

Mutter: *Wir haben uns dort ein Haus angesehen.*

Vater: *(Zum Sohn) Hast du am Montag deine Medizin bekommen?*

Sohn: *Nein, denn ich war – verdammt, ich kann meine Medizin nehmen, auf die ich jetzt eingestellt bin. Du weißt, daß Methadon mich zum Reden bringt, mich zum Wahnsinn treibt. Wie man so, ich bin dopey.*

Vater: *Bist du zur Klinik gegangen?*

Sohn: *Methadon hält achtzig Stunden vor, Papa. Ich kann vier Tage lang damit auskommen, ohne daß mir übel wird.*

Mutter: *Wie kommt's daß du dann jeden Tag gehst?*

Sohn: *Warum? Weil ich muß, das ist Gesetz, das ist Gesetz.*

Mutter: *Also warum –*

Vater: *Aber du bist nicht gegangen –*

Kirschner: *(Zur Mutter) Langsam, da haben wir's wieder, Sie fragen ihn wieder Mr'. Sie haben ihn wieder gefragt.*

Sohn: *Nein, bin ich nicht – denn ich war . . . ich bin einfach nicht gegangen. Ich war bei 'nem Mädchen. Und ich war – gut, ich hätte wohl woanders sein sollen.*

Vater: *Du bist nicht ehrlich zu ihnen, denn du mußt . . .*

Sohn: *Ich habe dich angelogen.*

Vater: *Läßt du mich mal eine Minute reden? Sie müssen den Urintest machen, stimmt's Hast du ihn am Montag gemacht? Hast du Schwierigkeiten mit dem Urinieren?*

Die Direktive, daß die Mutter nur über den Vater mit dem Sohn kommunizieren soll, erscheint einfach, jedoch ist sie eine grundlegende Intervention, und der Erfolg der Therapie wird von dem Geschick des Therapeuten abhängen, diese durchzusetzen. Im Therapiezimmer wird der Therapeut zu einem Verkehrspolizisten der Kommunikation: er ermutigt Vater und Sohn, miteinander zu sprechen, und hält die Mutter davon ab, mit dem Sohn über dessen Probleme zu kommunizieren. Der Therapeut muß beständig verhindern, daß die Trägheit des Systems einen Rückfall in eine intensive Mutter-Sohn-Beziehung verursacht, bei der der Vater am Rande steht. Man kann damit rechnen, daß alle drei Familienmitglieder Maßnahmen ergreifen werden, um zum vorigen System zurückzukehren. Diese Maßnahmen können z. B. Drohungen, die Therapie zu verlassen, enthalten.

Sohn:	*Nein, Mensch. Sie haben ihn nicht gemacht, die wußten, daß ich Heroin genommen hatte. Ich habe es Henry gesagt. Ich habe gesagt: »Ich habe Heroin genommen.« Ich mach's so oft, daß ich's vergessen habe. Aber meistens vergesse ich es nicht, ich drücke –*
Vater:	*(Unterbricht) Wann hast du's getan, am Sonntag?*
Sohn:	*(Fährt fort) Es tut mir weh, wenn ich high werde. Hat das Sinn? Ich kann's mir auch nicht erklären, Mama.*
Vater:	*(Unterbricht) Wann hast du's getan? Letzten Sonntag?*
Sohn:	*Nein, Samstag.*
Vater:	*Du hast es vergangenen Samstag getan?*
Mutter:	*Wieder.*
Kirschner:	*(Hält die Mutter vom Reden ab) Sachte, sachte.*
Vater:	*Warum?*
Sohn:	*Warum? Warum und wieder? Ich weiß es nicht. Es war einfach da. Niemand versteht's.*
Vater:	*(Zum Therapeuten) Verstehen Sie das mal.*

(Später im Gespräch)

Sohn:	*Ich komme nicht wieder, Sam, das sage ich ihnen.*
Sohn Nr. 3:	*Aber ich komme wieder.*
Sohn:	*Ich bitte Henry (seinen Drogenberater) um Medizin. Du kannst wiederkommen, aber ich komm' nicht.*

Der Therapeut reagiert einfach und richtig auf die Drohung des jungen Mannes, indem er sie persönlich nimmt.

Kirschner:	*Ich will, daß Sie wiederkommen. Ich will, daß Sie wiederkommen. Ich will, daß Sie wenigstens noch eine Woche wiederkommen, damit ich sehe, wie es eine Woche lang funktioniert.*
Sohn:	*Sobald ich nämlich – Ich nehm' ein Darlehen auf und gehe weg von ihnen. Nachdem ich weg bin –*
Mutter:	*Du könntest von niemandem ein Darlehen aufnehmen.*
Sohn:	*Nein? Wollen wir wetten?*
Mutter:	*Die einzige Möglichkeit, wie du zu Geld kommst, ist, daß du Heroin an deine Freunde verkaufst.*
Sohn:	*Oh, es gibt Möglichkeiten, Mama. Ich werde mich plagen und mühen.*
Kirschner:	*(Unterbricht) Hey, George, noch eine Woche, (pfeift) Hey, George, noch eine Woche. Ich will sehen, was dabei herauskommt.*
Sohn:	*Ich will nicht kommen, Sam. Sie können sich mit denen unterhalten.*
Kirschner:	*Dann werde ich eben mit Ihnen allein sprechen.*
Sohn:	*Ja, – mh – das mache ich.*
Kirschner:	*Okay, schön. Ich sage Ihnen was –*
Sohn:	*Niemand versteht mich, ich bin ein Irrer. Wissen Sie, ich bin zurückgeblieben. Ich bin ein Irrer, ich habe eine Krankheit –*
Sohn Nr. 3:	*Du willst es sein.*

Sohn: Oh, ja, ich will es sein, sicher.

Sohn Nr. 3: (Weint) Wofür sagst du es dann immerzu, mh? Wie kommt das? Es ist
              echt lustig, nicht wahr?

Sohn: Da haben wir's – ich wußte, daß du weinen würdest.

Sohn Nr. 3: Ach, hau ab, Mann, hau ab.

Sohn: Er hat wohl recht.

Sohn Nr. 3: Ich habe recht. (Läuft aus dem Raum und weint)

Sohn: Er hat recht. (Steht auf) Du hast recht, komm doch rein und setz dich.

Kirschner: Er läuft nicht weg.

Sohn: Ist mir egal, wo er hingeht. Ist mir egal.

Vater: Dir ist alles egal.

Sohn: Mir ist alles egal, ich will –

Vater: (Redet dazwischen) Ihm ist einfach alles egal.

Sohn: Ich hab' die Leute hier so viel gequält, ich will mir nichts mehr daraus
              machen. Deshalb will ich weggehen.

Vater: (Steht auf wie der Sohn) Sam, wir halten Sie nur auf.

Kirschner: Sie halten mich nicht auf. (Als der Sohn zur Tür hinausgeht) Wohin gehen
              Sie jetzt?

Sohn: Ich fahr' per Anhalter nach Hause. Ihr braucht mich nicht mitzunehmen.

Für den Therapeuten ist es immer problematisch, wenn jemand
aufgewühlt das Therapiezimmer verläßt. Wenn es sich um den
Jugendlichen mit dem Problem handelt, muß er sich entscheiden, ob er ihn
zurückbringen, und wenn ja, ihn holen soll. Zuweilen sollte der Therapeut
bloß mit den Eltern fortfahren. Er sollte den Abgang des jungen Menschen
als Hinweis nehmen, daß die Eltern mit dem Therapeuten reden müssen.
In diesem Fall hatte der Therapeut schon mit den Eltern alleine gesprochen,
und daher erschien es nicht angebracht, so zu reagieren. Normalerweise
ist es am besten, Vater oder Mutter hinter dem Jugendlichen
herzuschicken. Damit wird das Familienproblem als Hierarchie-Problem
definiert. Der Therapeut sollte immer denjenigen Elternteil hinter dem
Kind herschicken, dem er die Erziehungsgewalt übertragen will. In diesem
Fall ist es unklar, ob der Vater, wenn aufgefordert, imstande gewesen wäre,
den jungen Mann zurückzubringen, oder ob er selbst nur so halbherzig
da war, daß er vielleicht selbst weggegangen wäre. Der Therapeut handelt
so, wie es angebracht erschien: er holt den jungen Mann selbst zurück. Der
Problemsohn und die beiden anderen Söhne kommen wieder herein, um
das Gespräch fortzusetzen. Möglicherweise beeinflußte die Entschlossen-
heit, den jungen Mann fest einzubeziehen, den Vater darin, so zu handeln,
wie er es später tat, als er den Sohn verfolgte.

Kirschner: (Setzt sich) Wir haben hier noch mehr Scheiße, über die wir sprechen müssen. Okay. (Zum Vater) Haben Sie eine Zigarette?

Vater: Ja.

Kirschner: (Zum Sohn) Okay, Sie sind durcheinander, deshalb möchte ich, daß Sie nicht aus dem Haus gehen.

Sohn: Nein.

Vater: Bist du am Montag in die Klinik gegangen?

Sohn: Was?

Vater: Bist du in die Klinik gegangen?

Sohn: Nein, ich bin nirgends hingegangen. Ich will nirgendwohin.

Kirschner: Sind Sie diese Woche in der Klinik gewesen?

Sohn: Hm? Da ich dieses Mal high wurde – oh, ja, ich war heute abend dort. Henry – ich werde mit ihm sprechen und ihn noch einmal bitten, Nachsicht mit mir zu haben – ich verhalte mich nämlich nur wie ein Arschloch. Ich versuch's ständig, aber es sieht so aus, als würde ich es nicht versuchen. Es sieht so aus, als würde ich doppelzüngig reden. Ich versuch's wirklich, aber manchmal ist es unmöglich.

Kirschner: Ich verstehe.

Sohn: Sie verstehen?

Kirschner: Ich verstehe.

Sohn: Niemand glaubt es, wie – ganz plötzlich sagt jemand (flüstert) »Ich hab, guten Stoff.« Alles setzt aus! (Streift seinen Mantel ab) Mein Mantel fällt runter, alle meine Kleider, ich bin nackt, nur das eine ist noch da. »Baby, ich werde nett sein.« Nur das ist noch da, so wirkt das auf einen.

Mutter: (Zum Therapeuten) Ist das eine Geisteskrankheit?

Kirschner: (Zur Mutter, dazwischenredend) Verstehen Sie das?

Mutter: Das ist keine Geisteskrankheit?

Sohn: Das ist eine Geisteskrankheit.

Mutter: Nein, ich verstehe das nicht.

Sohn Es ist eine Krankheit, es ist eine Seuche.

Mutter: Ich verstehe nicht.

Kirschner: Langsam. Sie sagen, Ihre Mutter und Ihr Vater verstehen nicht, wie schwer es ist.

Sohn: Das tun sie nicht.

Kirschner: Verstehen Sie, wie schwer es für ihn ist, dem zu widerstehen?

Mutter: Nein.

Sohn: Sie verstehen's nicht. Ich liebe sie, aber –

Mutter: (Unterbricht) Nicht, wenn ein Junge sagt, er liebt mich, und er liebt seinen Vater, und er will –

Sohn: (Unterbricht), steht und ruft. Aber ich vergesse euch vollkommen, wenn ich mein Schätzchen »Heroin« treffe.

Mutter: Nun, dann kannst du ruhig deine Klamotten packen und mit deinem Schätzchen verschwinden!

Bis zum Ende dieses Erstinterviews ist der therapeutische Plan festgelegt worden. Der Therapeut hat einen Vertrag mit der Familie und einen Plan, dem es zu folgen gilt. Er möchte, daß der Vater sich an den Sohn wendet und daß die Mutter sich wegen der Probleme des Sohnes an den Vater wendet. Es ist vorauszusehen, daß dies zu ehelichen Spannungen und Trennungsdrohungen führen wird. Passiert dies, so wird der Sohn rückfällig, um die Eltern zu retten. Der Therapeut muß den Eltern helfen, sowohl ihre Beziehung zu ihm als auch ihre Beziehung zueinander zu festigen. Der Fokus sollte auf dem Problem liegen, welches die Familie zu lösen wünscht: der Sucht.

Beim zweiten Gespräch spricht der Therapeut nur mit den Eltern.
Kirschner: Die nächsten vier Wochen werden hart sein.
Mutter: Für Georgie?
Kirschner: Und ich wollte Sie im voraus darauf vorbereiten, damit Sie wissen, was Ihnen bevorsteht. Es wird eine sehr harte Zeit werden. Je nachdem, was wir heute beschließen – wie Sie am besten auf mich zurückgreifen können – daß sichergestellt ist, daß der Junge die nächste Zeit von Drogen wegbleibt –, würde ich also sagen, daß die nächsten vier Wochen entscheidend sein werden. Sie wissen, wie er auf den Entzug reagieren wird, und so weiter.

Während der zweiten Woche stand der junge Mann unter Entzug und wurde von einer massiven Dosis Methadon heruntergenommen. Wie im folgenden Gespräch berichtet, hatten die Eltern einen Streit, bei dem die Mutter mit Geschirr warf. Bald darauf schoß der Sohn Heroin, und der Vater geriet in einen tätlichen Kampf mit ihm. Die erwartete Sequenz fand innerhalb einer Woche statt: der junge Mann besserte sich; die Eltern hatten einen Streit; der junge Mann wurde rückfällig. Neu daran war, daß der Vater sich aktiv daran beteiligte, den jungen Mann davon abzuhalten, Heroin zu nehmen.

Der Therapeut, die Eltern und der Sohn sind beim Gespräch anwesend.
Kirschner: Sie sind beruhigt.
Mutter: Ja.
Kirschner: Wie kommt's daß Sie beruhigt sind?
Mutter: Wenn alles gut geht, dann geht's mir auch gut.
Kirschner: Sie hatten also neulich einen stürmischen Abend.
Mutter: Mm-hmm.
Sohn: So stürmisch war's auch wieder nicht.
Kirschner: (Zum Vater) Ich kann sehen, daß Sie sich wirklich anstrengen, um aus diesem Jungen das zu machen, mh – was er sein könnte.

Vater:	*Es geht bei ihm um Leben oder Tod.*
Kirschner:	*Sie werden durchhalten, oder? Sie werden wirklich . . .*
Vater:	*Wenn er diesmal nichts tut . . . dann komme ich nicht . . .*
Kirschner:	*(Zur Mutter) Sie sind wohl ganz schön stolz auf ihn, mh?*
Mutter:	*Mm-hmm.*
Vater:	*Ich weiß nicht, warum.*
Kirschner:	*Waren Sie stolz auf ihn?*
Sohn:	*Worauf warst du stolz?*
Mutter:	*Nun, ich hab's nicht verhindert.*
Sohn:	*Du hast was nicht verhindert?*
Mutter:	*Ich wußte natürlich, keiner von beiden würde den anderen wirklich verletzen.*
Kirschner:	*(Schneidet George ab, der gerade spricht) Einen Moment mal, George.*
Mutter:	*Er würde seinen Vater nie verletzen.*
Kirschner:	*Gut.*
Mutter:	*Und er hätte es gekonnt.*
Kirschner:	*Ich weiß, daß er es gekonnt hätte.*
Mutter:	*Er hätte es gekonnt. Er hätte ihn umbringen können.*
Vater:	*Und seit Montag oder Dienstag bin ich ein Invalider. (Alle lachen)*
Sohn:	*Nein, so ist es nicht. Er ist mir auf der Straße hinterhergegangen, ist mir ständig hinterhergegangen auf der Straße. »Komm, du Bastard. Komm zurück. Hast du Angst? Nein? Willst du umgebracht werden?«*
Vater:	*Ich sagte: »Ich will mit dir reden.«*

So wie der Therapeut dem Sohn nach dem Erstinterview nachging und ihn zurückholte, so geht der Vater dem Sohn in dieser Situation nach.

Sohn:	*Mit dir reden, ja, und noch 'nen Schlag fangen. (Demonstriert einen Schlag) Wie wär's mit dem? Das hat meinen Kopf so zum Wirbeln gebracht. (Lacht) Zweimal. Du hast mir beigebracht, wie man linke Haken verpaßt. Du hast deine Rechte so locker runterfallen lassen, daß sie genau auf meinem Kinn landete. Tut's weh da?*
Kirschner:	*Aber was ist damit, daß Ihr Vater sich wirklich anstrengt, Sie bei der Stange zu halten, und dafür sorgt, daß Sie selber tun, was gut für Sie ist?*
Sohn:	*Eigentlich – Ich schätze das, aber ich habe neulich abend gar nichts gemacht. Ich bin nur dagestanden. Ich ging hinein, und ganz plötzlich kamen Lampen und alles mögliche geflogen.*
Vater:	*Du weißt, was es eigentlich ist. Du weißt, wie glücklich wir waren – letztes Mal, als wir über ihn sprachen, waren wir so glücklich, es lief alles gut mit ihm. Und wir haben das mit dem äh – »Atressin«, oder wie's heißt, durchgestanden. Und dann gibt er so mir nichts dir nichts alles auf. Da scheint also – mh – ein kleiner medizinischer Fehler gemacht worden zu sein.*
Kirschner:	*Mm-hmm.*

Es ist wichtig, daß ein Therapeut mit seinen Fachkollegen Abmachungen trifft, damit ohne seine Erlaubnis nichts Medizinisches unternommen wird. Werden Verwahrungen und Medikamente ohne seine Erlaubnis angewandt, so wird der Therapeut scheitern. In diesem Fall wurden diese medizinischen Absprachen zu Beginn der Therapie nicht getroffen. Während der zweiten Woche mußte der junge Mann von Methadon abgesetzt und auf ein Medikament gesetzt werden, daß bei ihm zu einer Abwehr gegen Heroin führen würde. Dieses Experiment wurde ohne Rücksicht auf die Therapie unternommen und ging schlecht aus. Der junge Mann drückte wieder Heroin – vielleicht infolge der medikamentösen Behandlung, vielleicht infolge von Schwierigkeiten in der Familie.

Der Therapeut sollte seine Fachkollegen nicht verurteilen, sondern sollte an ihrem Handeln etwas Positives finden, wie er es hier tut, als er auf das Thema zurückkommt.

Vater: *Es schien also so, daß dieser kleine medizinische Fehler ihm eine Ausrede verschafft hat.*

Kirschner: Mm- hmm.

Vater: *Jetzt bin ich fast vollkommen sicher, daß er, nachdem er aus dem Krankenhaus gekommen ist, wieder gedrückt haben muß. Stimmt's, George?*

Sohn: *Einmal.*

Vater: *Einmal. Da haben wir's. Du brauchtest eine Ausrede.*

(Später im Gespräch)

Kirschner: Ich habe Ihnen ja gesagt, daß es eine harte Woche werden würde.

Mutter: *Ja, das haben Sie gesagt, aber ich habe mir vorgestellt, eine Woche . . .*

Vater: *Als wir hierher kamen, war er aus dem Krankenhaus entlassen worden. Und das hat mich enttäuscht: er hat alles darangesetzt, alle diese Anstrengungen, und dann hat er einfach . . .*

Mutter: *Das dritte Mal (bezieht sich auf die Entziehungskur). Sieht er nicht großartig aus?*

Kirschner: Ein bißchen müde, aber gut. Wirklich gut, ja.

Mutter: *Er sieht gut aus, und er sagt zu mir, daß –*

Kirschner: (Unterbricht und wendet sich dem Vater zu) Warten Sie einen Moment. Einen Moment mal. Sie sagten, das sei Energieverschwendung.

Sohn: *Es war keine Energieverschwendung.*

Mutter: *Es ist eine Verschwendung, weil er nichts tun will.*

Vater: *Nachdem er doch in diesem Krankenhaus war.*

Sohn: *Ich will kein Netroxon nehmen.*

Kirschner: Er hat einen Entzug durchgemacht, also war es keine Verschwendung.

Mutter: *Nun, wir dachten halt, . . .*

Sohn: *Ich war auf vierzig Milligramm. Innerhalb von sechs Tagen runterzukommen, wißt ihr, was das ausmacht? Wißt ihr, was das*

bedeutet – vierzig Milligramm? Wenn du und er (meint seinen Vater)
es teilen würdet, würdet, würdet ihr sterben.
Mutter: *Ja, genau das will ich sagen . . .*
Kirschner: *Also zunächst einmal, es ist keine Verschwendung gewesen, denn er hat*
ja entzogen. Das ist das erste, also sein Organismus war sauber, und das
ist wichtig.
Vater: *Und jetzt ist sein Organismus wieder verseucht.*
Sohn: *Nein, das stimmt nicht. Das war nur letzte Woche so, letzten Freitag.*

Der Therapeut versucht, den Fokus auf die Ehe der Eltern zu verlagern,
denn er möchte die zweite Phase der Therapie herbeiführen.

Kirschner: *Also was – machen wir uns wieder an die Arbeit. Also mit anderen*
Worten, er war zwischen Ihnen beiden eingekeilt, und hat alles noch
schlimmer gemacht, als es ohnehin schon war, oder?
Mutter: *Es macht alles andere noch schlimmer.*
Kirschner: *Okay, es macht alles andere noch schlimmer.*
Mutter: *Stimmt, es macht alles andere schwieriger.*
Kirschner: *Okay. Nun ist die Frage – die Frage ist, wie lange wollen Sie sich das*
noch bieten lassen, daß George Ihnen beiden das antut? Sie ziehen also
in ein neues Haus, und ich verstehe das so, daß das ein Neubeginn für
Sie ist.

Es ist immer gut, in der Therapie auf einen »Neubeginn«, der einen
Wendepunkt darstellt, zu verweisen. Später im Gespräch versucht es der
Therapeut mit einem anderen Ansatz für die Eheprobleme der Eltern.

Kirschner: *(Zur Mutter) Wenn also jetzt Ihr Mann die Aufgabe übernimmt, seinen*
Sohn zurechtzubiegen, und zwar in Zusammenarbeit mit mir, wird Sie
das zufriedenstellen? Was muß nach Ihrer Ansicht sonst noch getan
werden? Ich mache mir Sorgen, denn Sie haben im Moment viel im Kopf.
Sie ziehen um, Sie haben allerhand zu tun, Sie haben Ihre Berufsarbeit,
Sie haben einen Haufen Verantwortung – ich habe immer noch
Bedenken, ob Sie sich nicht zuviel Sorgen machen.
Vater: *Sie kann ihn nicht raussetzen, sie kann den Gedanken nicht ertragen, daß*
er sich auf der Straße herumtreibt, so, als ob er nirgends hingehört, oder
daß er zu stehlen anfängt, oder – das ist also ihr Problem. Sie muß stark
sein. Wenn er nicht vorhat, sich selbst zu helfen – ich habe nicht die
Absicht, einen Invaliden bei mir zu Hause zu beherbergen. Ich meine,
wenn er keine Arme und Beine hätte, dann wäre das was anderes.
Mutter: *Und wißt ihr, was ich mir gedacht habe? Daß ich ihn (Vater) verlasse*
und ihn (den Sohn) mitnehme.
Kirschner: *Mm-hmm.*
Vater: *Und wißt ihr, was ich mir dachte? Daß ich das tun würde: daß ich sie*
verlassen würde und ihn ihr überlassen.

Der Therapeut hat es hier mit einem besonders schwierigen Problem zu tun. Die Mutter hat das Grundproblem klar herausgestellt: sie ist versucht, die Generationslinie zu ignorieren und mit dem Sohn zusammenzuleben. Der Vater stimmt dem bloß zu. Anstatt danach zu trachten, eine Generationsgrenze zwischen sich selbst und dem Sohn zu ziehen, akzeptieren die Eltern eine absolut wirre Hierarchie innerhalb eines klassischen ödipalen Dreiecks. Ob der Therapeut die Situation nun als praktisches oder philosophisches Problem diskutiert, sein Problem besteht darin, eine haltbare Lösung zu finden. Der Therapeut wählt eine Alternative, die den Vorschlag der Mutter als inadäquat abtut.

Kirschner: Wissen Sie, was ich glaube? Das ist die beschissenste Idee, die ich je gehört habe.

Mutter: Das weiß ich. (Alle lachen)

Vater: So – so empfinde ich es auch.

Kirschner: Was kann Ihr Mann tun, um Ihre Sorgen wegen Ihres Sohnes zu mildern?

Mutter: Er kann nichts tun. Er (der Sohn) muß es tun. Er –

Kirschner: Nein, nein, wir werden arbeiten. Ich arbeite einzeln mit Georgie, und wir werden uns alle gemeinsam treffen. Aber was kann Ihr Mann für Sie tun, damit Sie sich weniger Sorgen machen? Außer daß er Georgie hilft und mit ihm redet und so, und ihn überwacht, und all dieses Zeug. Was kann er für Sie tun? Was kann Ihr Mann für Sie tun?

Mutter: Er kann nichts für mich tun, denn ich meine, daß ich die einzige bin, die das tun kann.

Vater: (Zur Mutter) Ich weiß nicht, da komme ich nicht mit. Ich verstehe nicht, was du meinst.

Mutter: Ich meine, daß ich meine Sache besser machen kann als du.

Kirschner: Mh-hmm.

Vater: Die Sache mit Georgie?

Mutter: Ich glaube, ich kann's besser.

Sohn: Du gibst zu leicht nach.

Kirschner: Da haben wir's. Sie sagen, Sie seien diejenige, die die Sache machen kann, Sie wollen also Ihrem Mann nicht die Verantwortung übergeben. Sie haben Angst, daß er alles hinschmeißt und George aus dem Haus wirft, und Sie aus der Fassung geraten und sich mit George davonmachen.

Mutter: Ja – ja, ich glaube, das würde ich machen.

Kirschner: Ja, stimmt, ja.

Mutter: Aber ich weiß nicht, wie ich es je schaffen könnte.

Kirschner: Gut, aber ich beschreibe, was in Ihrem Kopf abläuft, oder? So läuft es in der Phantasie ab.

Mutter: Mm-hmm.

Kirschner: Und ich sage Ihnen und George – George senior hat es bereits gesagt:

daß er – weil er ein Mann ist –, die Probleme seines Sohnes besser versteht,
und was er im Leben braucht – besser versteht als Sie, obwohl Sie seine
Mutter sind.

Später im Gespräch faßt der Therapeut zusammen, was nach seiner
Meinung der Mann sagen sollte, aber nicht gesagt hat.

Kirschner: Was Sie also sagen, was Sie also sagen, ist, Sie möchten daß Ihr Sohn ein
anständiges Leben führt, damit Sie Ihrer Frau näherkommen können,
wollen Sie das sagen?

Der Therapeut geht davon aus, daß die Eltern und er dieselben
Ergebnisse wollen. Er definiert die elterliche Aufgabe so, als beeinträchtige
sie das eheliche Zusammenleben. Die Erwähnung dieser Beinträchtigung
erzeugt aber bei den Eltern nicht die Bereitschaft, vom Elternproblem auf
das Eheproblem umzuschalten. Als der Therapeut es als Ziel herausstellt,
daß die Eltern als Mann und Frau einander näherkommen sollten, kommt
es zu bedeutsamen Pausen und anderen Anhaltspunkten dafür, daß sie es
vorziehen, über den Problemsohn miteinander umzugehen.

Vater: *Wenn ich ihn nur zurechtbiegen könnte, würde ich mit ihm noch mal*
von vorne anfangen im neuen Haus – so, als ob er wieder ein Kind wäre.
Kirschner: Wenn er ein anständiges Leben führen würde, dann würden Sie Ihrer
Frau näherkommen, wollen Sie das sagen?
Vater: *(Nach einer Pause) Ja, natürlich. Wenn Zufriedenheit und Frieden im*
Haus herrscht, mh – dann würde alles ins Lot kommen.
Kirschner: (Zur Mutter) Wollen Sie das auch?
Mutter: *(Nach einer Pause) Ja, das würde ich für ihn wollen. Aber so kann's nicht*
werden, solange er (der Sohn) nicht in Ordnung kommt. Denn ich fühle
mich einfach nicht gut, alles andere ist mir egal.
Kirschner: Ich weiß, ich weiß. Okay, dahin – dahin wollen wir also. Wir wollen,
daß er ein anständiges Leben führt und Sie beide sich näherkommen.
Vater: *(Nach einer Pause) Genau.*
Kirschner: Und sie sind – wie Sie ausgeführt haben, sind sie stark miteinander
verkettet. Beide sind stark voneinander abhängig.

Für den Therapeuten ist es besser, das Zögern der Eltern als Hinweis
dafür zu nehmen, daß er Arbeit leisten muß, um sie zusammenzubringen.
Diese Botschaften geben nicht nur an, wie die Eltern empfinden, sie bilden
auch Leitlinien für den Therapeuten und sollten in dieser Weise aufgefaßt
werden. Der Therapeut verfolgt dieses Thema, indem er die Eltern in die
Zunkunft versetzt.

Kirschner: Okay, sagen wir, er bekommt den Job. Okay, dann fängt er ungefähr einen Monat zu arbeiten an. Alles läuft gut. Was wollen Sie dann? Ich möchte, daß Sie es George sagen. Was wollen Sie, daß George dann tut?

Vater: Sein Geld spart.

Kirschner: Sagen Sie's ihm, sagen Sie's ihm.

Vater: Spar dein Geld. Kauf, was du willst, die Dinge, die du haben willst, das wäre schön – wunderbar. Du gibst deiner Mutter ein bißchen Geld für das Essen. Und damit hat's sich.

Kirschner: Sie wollen, daß er zu Hause bleibt?

Vater: Ja, solange er –

Sohn: Ich möchte gerne, Sam, um die Wahrheit zu sagen.

Vater: Er kann für den Rest seines Lebens bei uns bleiben. Natürlich würden wir ihn gerne verheiratet sehen, daß er Kinder hat und alles.

Sohn: Sie haben ja niemanden, sehen Sie.

Kirschner: (Bemerkt, daß die Frau den Kopf schüttelt) Ihre Frau ist da anderer Meinung.

Vater: Oh, sie ...

Mutter: Ich möchte nicht, daß er heiratet.

Vater: Sie möchte ihn nicht verheiratet sehen. Sie will ihn für den Rest ihres Lebens.

Sohn: Sie hat niemanden.

Vater: (Zum Therapeuten) Sie – Sie haben's mißverstanden. Sie will ihn den Rest ihres Lebens. Das will ich auch, solange er clean ist.

Sohn: Clean?

Kirschner: Sie wollen, daß er den Rest seines Lebens bei Ihnen wohnt?

Die Werte des Therapeuten – die repräsentativ für die Gesamtkultur sind – sind denen der Eltern entgegengesetzt. Um den Süchtigen loszulösen, macht der Therapeut seine Werte in einer Weise geltend, die zu einer konstruktiven Veränderung führen kann.

Sohn: Sicher.

Mutter: Warum nicht?

Sohn: Solange ich clean bin, das habe ich Ihnen gesagt, Sam.

Kirschner: Wie wäre es, wenn er heiratet und eine Familie hat, damit Sie Enkelkinder haben?

Sohn: Sie machen sich nichts daraus.

Mutter: Wenn das passiert – was kann ich dagegen tun? Aber ich hätte es lieber, wenn er bleibt.

Vater: Nehmen wir an, ich werde senil, ich fange an, senil zu werden, ich werde in dieses Alter kommen.

Mutter: Besonders, wenn er Kinder hat – Ich möchte nicht, daß irgendeines meiner Kinder Kinder hat.

252

Kirschner: Warum nicht?
Mutter: Ich möchte es einfach nicht.
Kirschner: Wenn ich Sie richtig verstehe, wollen Sie ihn bei sich haben und für den Rest seines Lebens sich um ihn kümmern?
Vater: Ich werde mich nicht um ihn kümmern.
Sohn: Natürlich, natürlich, ich will ...
Kirschner: Sie werden für ihn sorgen müssen und alles was damit zusammenhängt.
Mutter: Ich muß für mich selbst sorgen und für meinen Mann, was bedeutet also einer mehr?
Vater: Wenn er soweit ist, daß er gehen kann.
Sohn: Die einzige Möglichkeit.
Mutter: Ja, es liegt nur bei ihm. Ich bestehe nicht darauf.
Kirschner: Warten Sie, was Sie aber sagen, ist, daß Sie es lieber hätten, daß er den Rest seines Lebens bei Ihnen lebt.
Vater: Nein, sie hätte es nur lieber, wenn er nicht heiratet.
Kirschner: Einen Moment, das wollen wir herausfinden.
Mutter: Nein, wenn er beschließt, daß er alleine leben will, und man weiß, daß alles in Ordnung ist, dann ist es gut. Natürlich kann er seine eigene Wohnung haben. Es gibt manches, das er gerne machen würde und was er bei mir zu Hause nicht tun könnte.
Kirschner: Wäre es für Sie okay, wenn er auszöge?
Mutter: Ja, wenn er das will, natürlich.
Kirschner: (Zum Vater) Was ist mit Ihnen?
Vater: Gewiß doch.
Sohn: Ist das ein Ziel?
Vater: Das ist ein echtes – ja, das ist sein Ziel. Das ist unser Ziel, daß er ein anständiges Leben führt, das ist unser Ziel.

Durch seine Ausdauer überzeugt der Therapeut die Eltern davon, daß sie ihren Sohn aufgeben und miteinander auskommen müssen, selbst wenn sie meinen – wie der Sohn sagt –, daß sie niemand anders haben. Die Ausdauer innerhalb der Stunde zahlt sich letzten Endes aus, wie sich zeigt. An diesem Punkt trennt der Therapeut den Sohn physisch von den Eltern.

Kirschner: Setzen Sie sich zu mir. (Er zieht den Stuhl herüber und sie sitzen da und beobachten die Eltern, wie sie sich unterhalten.)
Sohn: Das ist lächerlich.
Kirschner: Langsam, wir werden das jetzt beobachten. Langsam, langsam.
Sohn: Ich sehe es die ganze Zeit, Sam.
Kirschner: Langsam.
Sohn: Ich muß nicht hinstarren und zuschauen.
Kirschner: Okay, ich möchte, daß Sie sich heraushalten. Könnten Sie als Eltern bitte besprechen, was Sie für Ihren Sohn im Sinn haben, und zu einer Einigung

	darüber kommen. Insbesondere, was Sie sich als Ziel für Georgies Zukunft vorstellen. Ich möchte, daß Sie – sagen Sie's ihr, nicht mir.
Vater:	*Das einzige, worin wir nicht übereinstimmen, ist, daß sie nicht will, daß er heiratet. Sie meint immer noch, wenn er clean wäre, würde er sich ein Mädchen suchen.*
Mutter:	*Wie kann man überhaupt sagen, man will nicht, daß jemand heiratet, wenn derjenige nicht einmal eine Freundin hat, wenn keine Freundin da ist, wenn nie eine da war, nichts dergleichen, nichts, was daran herankäme. Wie kann ich überhaupt wissen, wie ich empfinde?*
Sohn:	*Woher weißt du, daß ich nicht nahe daran war?*
Kirschner:	*Einen Moment.*
Mutter:	*Ich weiß, mit wem du nahe daran warst, mit der einen, mit der die ganze Scheiße angefangen hat!*
Kirschner:	*Sie sprechen jetzt wieder mit Ihrem Sohn statt mit Ihrem Mann.*

(Später im Gespräch)

Kirschner:	*Sie wollen, daß er sich in einer guten Gegend eine Wohnung nimmt.*
Vater:	*Richtig.*
Kirschner:	*Wenn er einmal soweit ist. Ist es das, was Sie wollen?*
Mutter:	*Was mich betrifft, so bin ich einverstanden.*
Kirschner:	*Das ist gut.*
Mutter:	*Mm-hmm.*
Kirschner:	*Und darauf wollen Sie hinarbeiten.*
Mutter:	*Worauf hin?*
Kirschner:	*Daraufhin, daß er vorbereitet ist, daß er nicht vorzeitig von zu Hause weggeht. Wenn er geht – daß dann Ihr Mann ihm dabei hilft, sich vorzubereiten, die Finanzen mit ihm durchspricht, ihm zeigt, mit ihm durchgeht, wieviel er braucht. Und daß Sie ihm dann Ihren Segen geben.*

Obwohl manche Therapeuten glauben, das Problem bestehe darin, daß sich die Eltern an das Kind anklammern, sollte man sich am besten bewußt bleiben, daß das Kind sich auch an die Eltern anklammert. Sobald die Eltern anscheinend bereit sind, den Sohn ziehen zu lassen, reagiert er mit einem gewissen Widerstreben.

Sohn:	*Sie meinen zwar, sie brauchen mich nicht, aber sie werden mich doch brauchen.*
Mutter:	*Warum?*
Vater:	*Warum?*
Sohn:	*Ihr werdet mich brauchen.*
Mutter:	*Wofür?*
Vater:	*Wofür?*
Sohn:	*Ihr wißt es noch nicht.*

Mutter:	*Aber du mußt doch irgendwelche Vorstellungen haben, George. Du jagst mir so richtig Angst ein, als ob du wüßtest, daß ich eine Art Krebs habe oder so was und sterben muß.*
Vater:	*Du meinst, ich falle vielleicht tot um, und deine Mutter braucht dich vielleicht.*
Mutter:	*Hey, weißt du, wie schön – ich hätte gerne (lacht) meine eigene Wohnung.*
Kirschner:	*Können Sie Ihrem Sohn sagen, daß Sie ihn nicht brauchen?*
Mutter:	*Ich brauche ihn nicht.*
Kirschner:	*Okay, sagen Sie's ihm. Sagen Sie ihm das.*
Mutter:	*Ich glaube nicht, daß irgend jemand irgend jemanden braucht, wenn man sich selbst hat.*
Kirschner:	*Sagen Sie George, daß Sie ihn nicht brauchen.*
Mutter:	*Das habe ich ihm schon gesagt, als wir mit dem Auto hierher fuhren.*
Kirschner:	*Sagen Sie's ihm.*
Mutter:	*Gut. Ich brauche dich nicht, George.*
Kirschner:	*(Redet dazwischen) Sagen Sie ihm auf die direkteste Art und Weise, daß Sie ihn nicht brauchen, daß Sie ihn, wenn er clean und gesund ist, nicht um sich herum haben wollen, weil Sie ihn nicht brauchen.*
Vater:	*Wir lieben ihn, aber wir brauchen ihn nicht. Er braucht sich selbst.*
Sohn:	*Jetzt.*
Vater:	*Jetzt? Später.*
Mutter:	*Du brauchst dich die ganze Zeit selbst.*
Vater:	*Wir brauchen einander.*
Kirschner:	*Sie wollen, daß er bei Ihnen lebt und sich um Sie kümmert, wollen Sie das?*
Mutter:	*Nicht für den Rest seines Lebens, nein.*
Kirschner:	*Das wollen Sie nicht.*
Mutter:	*Nicht wenn wir zwei alte Leute sind, was können ihm zwei alte Leute nützen?*

Das dritte Gespräch war ein Wendepunkt in der Therapie. Am Anfang des Gesprächs sagte die Mutter folgendes über Söhne, die bei ihrer Mutter leben:

Mutter:	*Es gibt so viele Familien, wo die Söhne noch bei den Eltern wohnen, und sie sind glücklich. Diese Jungs kommen und gehen, wie es ihnen gefällt. Manchmal kommen sie zum Wochenende nicht nach Hause . . . Ich kenne einen Burschen, der dort arbeitet, wo mein anderer Sohn arbeitet, seine Tante arbeitet an meiner Arbeitsstelle. Dieser Junge ist ungefähr achtundzwanzig oder dreißig Jahre alt und lebt bei Mutter und Vater. Ich nehme an, weil sie alt sind. Er hat ältere Schwestern, die verheiratet sind. Bei diesen Leuten gibt es keine Probleme.*

Gegen Ende des Gesprächs, nach den ausdauernden Bemühungen des Therapeuten, sagte die Mutter:

Mutter: (Zum Sohn) Vielleicht solltest du dich mal mit Edgar unterhalten, um zu sehen, wie schlecht es ihm geht, weil er bei seiner Mutter lebt. Daß er wünschte, er könnte seine Mutter aus dem Weg räumen. So ist Edgar nämlich ehrlich zumute. Nicht daß er sie nicht lieben würde, er hat einfach keinen eigenen Willen. Überhaupt keinen. Er wäre liebend gerne verheiratet. Und Edgar hätte heiraten können. Und Robert auch. Robert will nicht einmal in dem Haus wohnen, wo seine Mutter war.

Vater: Edgar hat ein elendes Leben zu Hause.

Mutter: Er ist so unglücklich, Edgar, es ist bemitleidenswert. Das ganze Lachen und Witzemachen, das ist nur eine Fassade. Rede nur mit Edgar, und du siehst, wie er sich fühlt.

Die Therapiegespräche drehen sich weiter schwerpunktmäßig um Arbeit, Studium und Loslösung von den Eltern. Die Eltern werden aufgefordert, mehr miteinander zu reden – zuerst über den Sohn und dann über andere Aspekte ihres Lebens. Drei Wochen später, in der siebten Sitzung, zeigen sich immer weitere Fortschritte.

Kirschner: Ihr Sohn hatte ein ungeheueres Verlangen nach Heroin. Wenn er aber kein Heroin nimmt, so bedeutet das, daß große Veränderungen stattfinden. Das bedeutet es. Und es bedeutet, daß das, was Sie zu Hause machen und was wir hier machen, ihm auf die Beine hilft.

Vater: Das sage ich auch.

Mutter: (Zum Sohn) Also ich sage dir, ich will nicht, daß du mit diesem Burschen zusammen bist.

Sohn: Ich bin zusammen, mit wem ich will.

Mutter: Aber es macht mich verrückt, denn ich mag diesen Jungen nicht. Und weißt du was ...

Kirschner: Aber Sie müssen nicht mit ihm ausgehen.

Mutter: Ja, aber er wird ihn wieder verführen, ich weiß es. Er hat so seine Methoden, Sie können sich nicht vorstellen, wie ...

Vater: Wenn er ihn wieder verführt, dann ist das sein Problem.

Mutter: Es ist wirklich ein schlechter Mensch.

Kirschner: Hören Sie auf das, was Ihr Mann sagt. Sagen Sie's Ihrer Frau noch mal.

Vater: Das ist sein Problem. Das ist alles. Wenn er eine Nacht nicht heimkommt, so ist das sein Problem.

Sohn: Stimmt.

Kirschner: Was meinen Sie?

Vater: Was ich meine? Ich möchte nicht, daß er über Nacht wegbleibt, wenn er bei uns wohnt und er in Behandlung ist, ich will nicht, daß er über Nacht wegbleibt.

Kirschner: Gut. Machen wir also –

Vater: Das ist alles.

Kirschner: Machen Sie also eine Vorschrift.

Mutter: Ich habe ihm das gesagt.

Sohn: Ihr macht einem Sechsundzwanzigjährigen keine Vorschriften (sein Alter).

Mutter: Wir müssen uns auch an Vorschriften halten, ich und dein Vater müssen hierher kommen, wir müssen allerhand tun, um dir zu helfen.

Kirschner: (Zum Sohn, der in einen Spiegel schaut und sich die Haare kämmt) Hey, George, könnten Sie für einen Moment Ihre Körperpflege unterbrechen für die wichtige Verabredung, die Sie hier haben?

Sohn: Ich habe keine Verabredung. Ich bin hier, um über mich selbst zu sprechen.

Kirschner: Ihre Leute – Ihre Leute sagen, daß sie nicht wollen, daß Sie über Nacht weg bleiben.

Sohn: Ach so? Das ist ein Grund, warum ich mir eher eine Wohnung nehme, als ich zuerst dachte. Die brauchen mich nämlich nicht. Die brauchen mich nicht, damit ich die Arbeit mache, die ich selbst mache. Ihr braucht – ihr braucht mich nicht. Ihr sagt mir nur, daß ihr mich nicht braucht.

Kirschner: Wieso verstehen Sie es auf diese Weise?

Sohn: So habe ich es nun einmal verstanden.

Kirschner: Wie erklären Sie sich das?

Sohn: Denn wenn ich – wenn ich schon die Arbeit für sie mache, kann ich auch über Nacht weg bleiben.

Kirschner: Sie sagen nicht, daß Sie nicht ausgehen können, Sie sagen, Sie werden dann –

Sohn: Über Nacht.

Kirschner: Ja, da sind sie strikt.

Wie die Eltern und der Sohn dem Trennungsproblem ins Auge sehen, wird es für sie realer. Es kommt zu keinem Rückfall und die Besserung dauert an. Drei Wochen später arbeitet der junge Mann und macht Pläne für ein Studium und für einen Umzug in seine eigene Wohnung. Man kann vorhersagen, daß die Eltern Konflikte miteinander entwickeln werden, wenn die Zeit der Trennung vom Sohn näherrückt. Sie sprechen davon, sich zu trennen oder jemanden an die Stelle des Sohnes zu setzen.

Sohn: Ich habe genug von dieser Scheißgegend, sie macht mich krank. Ich ziehe in den Osten, suche mir dort oben irgendwo eine schöne kleine Wohnung. Und von dort aus gehe ich zur Arbeit.

Vater: Okay.

Sohn: Dann weißt du, wo ich bin, im Appartementhaus, oder, wo ich dann bin, gibt es eine Telefonzelle und du kannst mich anrufen, wenn du Hilfe oder sonst was brauchst.

Kirschner: Gut. Der erste Schritt für Sie besteht also darin, daß Sie sich eine Arbeit suchen.

Vater: Und der zweite Schritt: sie muß ihre Meinung ändern, was ihre Entscheidung betrifft, nicht mehr hierher zu kommen.

Kirschner: Okay, George . . .

Mutter: Ich komme die nächsten paar Wochen nicht. Du gehst hin.

Kirschner: (Zum Sohn) George, würden Sie uns für einen Moment entschuldigen? Ich wäre Ihnen sehr dankbar. Hier, Sie können sich Ihre College-Zeitung vornehmen. Ich werde mich mit Ihnen alleine treffen, wir können dann über einiges sprechen, vielleicht habe ich ein paar Tips, ich habe nämlich im College gearbeitet.

Sohn: Geht in Ordnung. (Er geht)

Kirschner: (Zur Mutter) Sie müssen nicht die ganze Zeit kommen. Gönnen Sie sich eine Verschnaufpause. Wenn Sie meinen, daß dies das beste ist. Denn ich glaube, Sie hatten einen sehr – trotz der Tatsache, daß Sie und George einander aufregen –, Sie hatten einen sehr starken Einfluß darauf, daß es ihm besser geht. Ob Sie es glauben oder nicht.

Mutter: Aber ich halte es nicht mehr aus, das möchte ich Ihnen sagen.

Kirschner: Aber was halten Sie nicht mehr aus?

Mutter: Alles. Ich bin müde. Ich möchte meine Ruhe.

Kirschner: Wie kommt's, daß Sie nie mit Ihrem Mann in dieses Lokal in New Jersey tanzen gegangen sind?

Mutter: Wohin?

Kirschner: Was war das wieder für ein Lokal, von dem Sie uns erzählt haben?

Vater: Ich weiß nicht.

Kirschner: Sie wollen einfach in Ruhe gelassen werden, mh?

Mutter: Mm.

Kirschner: Sie und Ihr Mann sind mit Ihrer Weisheit am Ende.

Mutter: Kommen Sie da jetzt erst drauf?

Kirschner: Durchaus nicht. (Pause) Ich habe George am Telefon etwas erzählt, als ich neulich mit ihm gesprochen habe. Daß eines der Probleme, die Ihr Sohn hat, darin besteht, daß er ständig Angst hat, Sie beide würden sich trennen.

Mutter: Vielleicht wird ihn gerade das herausholen. Das habe ich mir nämlich überlegt.

Kirschner: Nein. Das ist seine größte Furcht.

Mutter: Warum?

Kirschner: Weil er meint, er sei dafür verantwortlich. Und das ist seine größte Furcht, daß die Schuld . . .

Mutter: Nun, offenbar wäre er wirklich verantwortlich.

Kirschner: Das glaube ich nicht. Warum wäre er verantwortlich?

Mutter: Sie glauben nicht? Nun ich weiß nicht, jedesmal wenn dieser Junge in der Klinik war oder nicht daheim war, sind wir gut miteinander ausgekommen.

258

Kirschner: Sie kommen besser aus, wenn er nicht da ist?
Mutter: Ja.
Kirschner: Stimmt das, George, stimmt das?
Vater: (Nach einer kleinen Pause) Ich bin ein bißchen verwirrt.
Mutter: Nur wenn er in der Klinik ist, nicht wenn er sonst irgendwo ist. Denn ich bin immer noch nervös und mache mir Sorgen, wo er ist.
Kirschner: Oh ja, wenn er in der Klinik ist, aber was ist mit der übrigen Zeit?

Dies ist eine typische Reaktion in einer Familie mit gestörten Kindern. Wenn das Problemkind in der Klinik ist, sind das Familiendreieck und die Ehe der Eltern stabil. Behandlung durch Verwahrung und Einschränkung stabilisiert die Familie, indem sie das Problem perpetuiert.

Mutter: Nun, das ist was anderes.
Kirschner: Wie dem auch sei, seine größte Furcht ist jedenfalls, wenn er aus dem Hause ist, ob Sie beide dann auch zusammenleben, irgendwie hat er die unsinnige Furcht, daß er verantwortlich dafür ist, wenn Sie beide sich trennen. Das ist eine ungeheuere Furcht, mit der er lebt, Sie können sich nicht vorstellen, wie mächtig das ist.
Vater: Ich weiß nicht, was sie damit erreichen will, wenn sie denkt, daß wir uns trennen.
Kirschner: Nun, finden Sie's heraus. (Schlägt vor, daß der Vater sie fragt)
Mutter: Es hat nichts mit dir zu tun, es geht um mich. Ich denke über mich nach. Du hast es schön, du machst dir über nichts Sorgen. Du kommst und gehst, wie es dir gefällt, tust, was du willst. Ich will einfach raus. Ich gehe zu meinem Bruder, ich weiß nicht, was du meinst, wohin ich gehe. Ich hoffe, du denkst nicht, ich gehe mit jemandem auf und davon.
Vater: Oh, wenn du's nur tun würdest. Du brauchst jemanden.
Mutter: Ja, gewiß wünschst du dir das!
Vater: Ich schwöre zu Gott im Himmel.
Mutter: Es gibt niemand.
Vater: Ich wünschte, du würdest jemanden finden.
Mutter: Sie sind alle gleich.
Vater: Denn du verdienst nämlich ein besseres Leben, als du gehabt hast, glaube mir. Ganz bestimmt verdienst du das. Mein Ehrenwort darauf, du verdienst wirklich jemanden.
Mutter: (Zum Therapeuten) Wir tun einander leid.
Vater: Du tust mir nicht leid. Ich glaube, es ist dumm.
Kirschner: (Nach einer Pause) Sagen Sie mir, warum es dumm ist. Ich glaube nicht, daß sie es klargemacht hat. Warum ist es dumm, wenn sie weggeht?
Vater: Ich glaube, es wäre die tollste Sache auf der Welt, wenn sie jemanden fände – und auch eine Liebesaffäre hätte.
Kirschner: Sie wollen, daß sie eine Liebesaffäre hat?

Mutter: *Ja, ich könnte eine Liebesaffäre haben, wo doch das alles in mir drinnen aufgestaut ist, oder?*

Vater: *Aber das willst du doch.*

Mutter: *Ich brauch' 'nen anderen Macker.*

Vater: *Der würde das Aufgestaute in deinem Körper und Geist ein bißchen lockern.*

Mutter: *So? Das meinst du, nicht ich.*

Kirschner: *Ich kann's nicht glauben. Sie fordern Ihre Frau zu einer Liebesaffäre auf, und sie sagt nein. (Lacht) Das ist eine seltsame Diskussion.*

Mutter: *Na ja, das ist das Leichteste.*

Kirschner: *Was ist das Leichteste?*

Mutter: *Jemanden zu finden. Es ist leicht für eine Frau.*

Kirschner: *Aber Sie haben's nicht getan.*

Mutter: *Nun ja, ich mache mir nichts daraus. Und er weiß – wenn ich irgend jemanden finde, dann ist er der erste, der es weiß. Denn ich würde weggehen, ich würde keinen Narren aus ihm oder mir machen.*

Kirschner: *Aber Sie haben's nicht getan.*

Mutter: *Nein, es interessiert mich nicht.*

Man sollte nie unterschätzen, wie verstrickt in das Familiendrama ein am Rande stehender Vater eigentlich ist und wie intensiv seine Reaktion auf das Weggehen des Sohnes sein kann. Es ist wichtig, daß eine Diskussion zwischen Vater und Sohn stattfindet, um alte Streitfragen zu bereinigen und dem Sohn zu erlauben, im Zuge seiner Loslösung eine neue Beziehung mit dem Vater anzufangen. Der Therapeut sieht Vater und Sohn alleine.

Vater: *Ich habe es so verdammt satt!*

Kirschner: *Gut.*

Vater: *Er macht mir das Leben zur Hölle. Wer ist er, mir das Leben zur Hölle zu machen?*

Kirschner: *Sie haben recht.*

Sohn: *Ich mache niemandem das Leben zur Hölle.*

Kirschner: *Stimmt, er ist Ihr Sohn.*

Vater: *Du meinst, du machst mir nicht das Leben zur Hölle?*

Sohn: *Wer war's denn, der mir gesagt hat:* »*Ich bin ein Arschloch und du wirst dein Leben lang ein Arschloch sein?*«

Vater: *Das ist der einzige Spruch, den du den ganzen Abend von dir gegeben hast.*

Sohn: *Nur davon träume ich.*

Vater: *Nur davon – meine Güte, nur davon hast du geträumt?*

Sohn: *Ja.*

Vater: *Was für eine schreckliche Aussage das ist.* »*Ich bin ein Arschloch, und er wird sein Leben lang ein Arschloch sein.*« *Mit anderen Worten, ich bin ein dummes Arschloch – ich geb's zu.*

Kirschner: Also gut, wie meinen Sie, fühlt sich Ihr Sohn dabei?
Vater: Er sagt es.
Kirschner: Er fühlt sich mies dabei, oder?
Vater: Er fühlt sich wie ein Arschloch, er ist ein Arschloch wie ich.
Kirschner: Nein, er fühlt sich schlecht dabei, wenn sein Vater so von sich redet. Mehr als wegen dem, was Sie über ihn sagen, fühlt er sich wegen Ihnen schlecht.
Vater: Du bist fünfundzwanzig, ich bin fünfzig, fünfundzwanzig Jahre älter als du.
Sohn: Stimmt.
Vater: Was zum Teufel hab ich denn noch, kaum noch was zum Lachen. Du hast noch alles vor dir.
Sohn: Kaum noch was zum Lachen? Du hast wohl noch was zum Lachen!
Kirschner: Er sagt, Sie hätten wohl noch was zum Lachen.
Vater: Große Scheiße

Der Therapeut hellt geschickt die tragische Atmosphäre des Gesprächs auf.

Kirschner: Ach, kommen Sie, Sie haben noch ein paar gute Golfspiele vor sich.
Vater: Ja, ich habe noch ein paar gute Golfspiele vor mir.
Kirschner: Spielen Sie gut Golf?
Vater: Letzten Sonntag hat mich 'ne Frau geschlagen. 21 zu 18. Sie hat mich wirklich das Fürchten gelehrt.
Kirschner: Sie waren an dem Tag nicht in Form. Sehen Sie, ich stimme Ihnen zu, für niemand ist es gut, wenn er zu Hause bleibt. Da stimme ich zu. Und ich glaube, Sie machen das Richtige. Aber wir müssen es so planen, daß er finanziell gut zurechtkommt.
Sohn: Morgen kann ich draußen sein samt all meinen Sachen.
Kirschner: Nein, ich will aber nicht, daß das so abläuft. Wenn es nämlich so abläuft –
Sohn: Wenn man rauskommt – wenn man fühlt, daß man rauskommt, so soll man so bald wie möglich rausgehen, damit's nicht noch mehr Komplikationen gibt.
Kirschner: Wenn Sie erst in zwei Wochen gehen, gibt's auch nicht mehr Komplikationen. Was für eine Komplikation soll es denn geben?
Sohn: Ich gehe nicht in zwei Wochen. Er braucht mich noch zwei Wochen, so wie er – mh – die schwarze Pest braucht.
Kirschner: (Zum Vater) George, meinen Sie, daß Sie Ihren Sohn noch zwei Wochen aushalten könnten? Wenn wir wissen, daß er auszieht und er ein Zimmer hat, und Sie dafür sorgen, daß seine finanzielle Situation in Ordnung kommt? Glauben Sie, daß Sie noch zwei Wochen mit ihm leben können? Sie wissen, was ich damit meine, ich möchte, daß alles richtig gemacht wird.
Vater: Ganz bestimmt weiß ich, was Sie meinen.

Obwohl die Familie noch ein- oder zweimal mit dem Therapeuten zusammenkam, war die Therapie im Grunde zu Ende; sie hatte nur ein paar Monate gedauert, wobei wöchentlich eine Sitzung stattfand. Der Sohn zog am Ende der Therapie aus. Nach kurzer Zeit trennten sich die Eltern. Der Sohn zog wieder nach Hause zurück, und die Eltern kamen wieder zusammen.

Bei einer Nachuntersuchung nach zwei Jahren waren die Eltern immer noch zusammen. Der junge Mann lebte noch zu Hause. Er hatte eine verantwortungsvolle Arbeit als leitender Angestellter und machte sich gut. Er nahm kein Heroin mehr und hatte auch während des Zeitraumes von zwei Jahren keines mehr genommen.

Bei einer Nachuntersuchung, die vier Jahre später stattfand, war der Sohn immer noch vom Heroin weg und arbeitete; nachdem er am Heimatort in einer eigenen Wohnung gelebt hatte, war er in einen anderen Staat gezogen. Die Eltern waren immer noch zusammen.

Kapitel 10
Ein chronischer Fall

Wenn ein junger Mensch Schwierigkeiten hat, das Elternhaus zu verlassen, so kämpft die Familie vielleicht viele Jahre mit dem Problem. Der sich wiederholende Zyklus, der zwischen Elternhaus und Institution hin und her verläuft, wird chronisch. Sowohl Familienmitglieder als auch Vertreter sozialer Kontrolle werden des Problems überdrüssig und reagieren erbittert, aber es dauert fort. Ist die Problemperson ein Unruhestifter, weigern sich manche Institutionen, sie wieder aufzunehmen und zwingen die Familie, hausieren zu gehen, bis sie eine Einrichtung findet, die das Problemkind akzeptiert. Die finanziell gutgestellte Familie geht manchmal von teueren Privatnervenkliniken zu weniger teuren über und endet schließlich bei einem State Hospital, wo die Verwahrung aus öffentlichen Mitteln finanziert wird. Wenn ein Nervenklinik-Drehtür-zyklus vorliegt, behandeln die Psychiater die Problemperson normaler-weise medikamentös, auch wenn sie wissen, daß die Medikamente nichts helfen oder gar Schäden bewirken können, weil sie nicht wissen, was sie sonst tun können.

Ein neuer Therapeut, der in einen solchen chronischen Zyklus einzugreifen und alle zu einem Neuanfang zu überreden sucht, wird nicht mit Begeisterung begrüßt. Familie und Kollegen haben es zu oft von neuem versucht und sind dabei gescheitert. Manche Fachkollegen sind über den immer wiederkehrenden Kunden so erbittert, daß sie mit keinerlei neuem therapeutischen Plan kooperieren werden.

Ein Therapeut sollte erkennen, daß er es nicht mit einem chronischen Fall, sondern mit einer chronischen Situation zu tun hat, an der sowohl Fachleute als auch Familienmitglieder beteiligt sind. Der Therapeut muß es vermeiden, sich in dem Zyklus zu verfangen und die Situation naiv zu perpetuieren. Ich erinnere mich an eine Familie in New York mit zwei hospitalisierten Töchtern, die seit mehr als zwanzig Jahren in verschiedenen Arten von Therapie waren. Ein frisches Team von Therapeuten war im Begriff, Verfahrensweisen anzuwenden, die schon mehrere Male zuvor fehlgeschlagen waren. Der Vater sagte ziemlich klagend, er sei seit vierundzwanzig Jahren in Therapie, er sein nun über fünfundsechzig Jahre alt und hätte nur noch ein paar Jahre für die Therapie vor sich.

In einer chronischen Situation fängt die Familie zwar oft mit der Therapie an, macht aber kaum irgend etwas, was von ihr gefordert wird. Anweisungen werden irgendwie einfach nicht ausgeführt. Manchmal beginnt die Familie mit einer Übereinkunft, das Problem nicht aus der Familie herauszutragen, aber wenn es Ärger gibt, rehospitalisiert sie das Problemkind, und alles muß von vorne anfangen. Manchmal scheinen sich Erfolge abzuzeichnen, aber sie verflüchtigen sich, und keine Frage wird jemals wirklich gelöst. Manchmal ist der Therapeut nicht sicher, ob wirklich Fortschritte gemacht werden, weil es immer wieder zu Krisen und damit zu Aufregungen kommt, doch das Problemkind erreicht nicht das Ziel, selbst für sich zu sorgen oder enge Beziehungen außerhalb der Familie einzugehen.

Ein Teil der Aufgabe in der chronischen Situation besteht darin, die eingefahrenen Verhaltensweisen der Fachleute und der Familie zu verändern. Alle Beteiligten verhalten sich nach einem eingefahrenen Muster, deshalb nämlich wird die Person, an welcher sich das Problem zeigt, ein chronischer Fall genannt. Es ist wichtig, ein Grundthema zu finden, um die Situation zu verändern, so daß das eingefahrene Muster sich nicht mehr wiederholen kann. Ich erinnere mich da z. B. an eine junge Frau, die regelmäßig von ihren Eltern hospitalisiert wurde, wann immer sie aus der Fassung geriet und sich seltsam verhielt. Sie beklagte sich gegenüber ihren Eltern darüber, daß das Klinikpersonal sie mißhandelte. Dann fühlten diese sich schuldig, weil sie sie hospitalisiert hatten. Die Eltern beschwichtigten sie, bis sie es wieder leid wurden und sie dann wieder rehospitalisierten. Die Situation wurde verändert, als ich die Eltern überzeugte, sie das nächste Mal, wenn sie aus der Fassung gerate, nicht in die Klinik zu bringen. Es ist immer hilfreich, die Person, auf die sich das Problem konzentriert, für die Folgen ihres Handelns verantwortlich zu machen. In einer familientherapeutischen Sitzung sagten ihr die Eltern, wenn sie meine, sie müsse in die Klinik, so könne sie in den Bus einsteigen und dorthin fahren. Die Tochter lehnte dies zornig ab und ging statt dessen zum Haus ihrer Großmutter, was eine neue Familiensequenz auslöste.

Ob der Jugendliche oder der junge Erwachsene, der schon lange ein chronischer Fall ist, nun zu Hause lebt oder nur zweitweilig bei seinen Eltern wohnt, es ist wichtig, die Eltern zu veranlassen, eine Übereinkunft darüber zu erzielen, was sie machen wollen, was immer auch geschieht. Bekommt der Sprößling eine Arbeit und wird hinausgeworfen, werden ihn dann die Eltern bis zum nächsten Job finanziell unterstützen? Wird kein

Versuch unternommen, sich nach einer Arbeit umzusehen, werden sie finanzielle Zuwendungen geben, von denen er leben kann; oder werden sie eine Frist setzen, nach deren Ablauf ihre Unterstützung aufhören wird? Droht der junge Mensch wieder in die Klinik zu kommen, müssen sich die Eltern darüber einigen, was sie tun werden. Sie kommen vielleicht überein, Besuche in der Klinik zu machen oder diese zu unterlassen. Was auch ihr Plan ist, sie müssen dem jungen Erwachsenen sagen, wie es aussieht, damit er oder sie genau weiß, womit er in jedem möglichen Fall zu rechnen hat. Was die Eltern zu tun oder nicht zu tun beschließen, ist weniger wichtig als die Tatsache, daß sie miteinander übereinstimmen und bei allem was sie planen, fest zusammenhalten, so provozierend oder mitleiderregend die Versuche des jungen Menschen, sie auseinanderzubringen oder zu einer Meinungsänderung zu bewegen, auch sein mögen.

Eine Möglichkeit, wie man eine chronische Situation angehen kann, besteht darin, ein klares Problem zu finden, mit dem die Therapie steht oder fällt. Scheitert die Therapie bei diesem Problem, so sollte man sie aufgeben, statt sie in der vagen Hoffnung, irgendwann könne irgendwie etwas erreicht werden, weiterzuführen. Ist das Problem Apathie, so kann ein klarer Plan gemacht werden, bei dem eine Frist gesetzt wird, bis zu der Maßnahmen ergriffen werden sollen. Die ganze Therapie konzentriert sich auf diese Frist. Besteht die Maßnahme im physischen Auszug aus dem Haus, so wird eine Frist für den Auszug gesetzt, alle Vorbereitungen werden getroffen und die Familie wird um dieses Thema herum organisiert.

Der Fall, der hier beschrieben werden soll, konzentrierte sich in dramatischer Weise auf ein spezifisches Thema. Eines der chronischen Probleme bei dem Fall war Gewalttätigkeit, daher konzentrierte sich die Therapie auf die Frage von Waffen und Gewalttaten. Die Familie war schon lange genug mit der sozialen Kontrolle in der Gemeinde verstrickt, um als chronischer Fall betrachtet zu werden. Es gab eine Aufzeichnung darüber, daß sie für die Familientherapie abgelehnt wurde, weil der Sohn als zu primitiv und die Familie als ungeeignet betrachtet wurde. Der Vater war ein Mann aus der Arbeiter-Schicht, er war über fünfzig, und die Mutter war etwa genauso alt. Außerdem waren noch zwei ältere Brüder da, die aus dem Haus waren, und eine neunzehnjährige Tochter, die zu Hause lebte und arbeitete. Ein neunjähriger Bruder kam zu allen Therapiesitzungen, weil er überall dorthin mitging, wohin die Eltern gingen. Der Problemsohn in der Familie war sechsundzwanzig Jahre alt, ein gutaussehender Bursche mit Schnurbart und einem netten Lächeln. Er hatte in der Familie und in der Öffentlichkeit seit acht Jahren Probleme verursacht, seit seiner ersten Institutionalisierung im Alter von achtzehn

Jahren. Er war mehrere Male in Nervenkliniken gewesen. Seine Diagnosen lauteten auf Schizophrenie, paranoider Typ und chronisch paranoide Schizophrenie; sie besagen, daß man ihn in den Kliniken nicht sehr gern mochte. Man nannte ihn auch eine passiv-aggressive Persönlichkeit und etikettierte ihn als Borderline-Fall geistiger Retardierung. Er war von Geburt an taub und konnte nicht sprechen. Es fehlte ihm die verbale Fähigkeit, in der Welt der Hörenden zu funktionieren, und seine Zeichensprache war nicht gut genug, damit er an der Gemeinschaft der Tauben teilnehmen konnte. Außerdem litt er an Epilepsie. Wegen schlechten Betragens war er sowohl aus der Schule als auch aus Institutionen beruflicher Bildung entlassen worden. In den letzten Jahren hatte er Sozialhilfe bezogen. Er arbeitete nicht. Er nahm oft Drogen, was ihn in die Hände der Polizei brachte.

Der Therapeut bei diesem Fall war *Sam Scott,* der die Zeichensprache beherrschte. In den Sitzungen mußte er dem jungen Mann Zeichen geben, während er mit der Familie sprach, und das übersetzen, was der junge Mann sagte. Die Eltern kannten die Zeichensprache nicht, und der junge Mann konnte nicht gut genug Lippenlesen, um adäquat kommunizieren zu können. Die Unterhaltung in der Familie war deshalb sehr rudimentär, sie beschränkte sich auf Gesten und einfache Gedankengänge. Die Therapie wurde im Rahmen eines Ausbildungsprogramms unter Live-Supervision durchgeführt.

Als die Familie überwiesen wurde, war mit einer Krisensitzung zu rechnen. Der junge Mann war – so sagte man – gerade aus einem State Hospital entflohen. Eigentlich hatte er bloß das Krankenhaus verlassen und einen Bus nach Hause genommen. Als der Therapeut die Mutter anrief, sagte sie beiläufig, er sei hereingekommen, habe sich umgezogen und sei irgendwo hingegangen. Es wurde ein sofortiger Termin für ein Erstinterview mit der ganzen Familie verabredet, aber die außer Haus lebenden Söhne und die neunzehnjährige Tochter kamen nicht. Der Therapeut fragte zuerst danach, wie die Eltern und der Sohn miteinander kommunizierten.

Scott: *(Zum Vater) Kann er Sie verstehen, wenn Sie sprechen?*
Vater: *Ich weiß nicht.*
Scott: *Okay, gut.*
Vater: *Es sei denn, er achtet auf meine Lippen.*
Scott: *(Zu Steve, dem Problemsohn) Können Sie verstehen, was er sagt? Können Sie ihn verstehen (Sohn zeigt an, daß er Lippen liest) Gut, wir werden sehen, okay? (Er hat Zweifel, ob der junge Mann gut genug Lippen lesen kann, um zu verstehen)*

(Der Therapeut wendet sich dem Thema der Hospitalisierung zu)

Scott: *Ich weiß, das Ziel der Klinik ist es, den Patienten wieder loszuwerden.*

Vater: *Ja, aber warum läßt man ihn dann vorzeitig gehen?*

Scott: *Ich weiß nicht, was »vorzeitig« ist.*

Vater: *Nun, er war ja nur letzte Woche drinnen.*

Scott: *(Übersetzt in Zeichensprache für den Sohn, während er laut spricht) Er war letzte Woche in der Klinik.*

Vater: *Weil er feststellte, daß er die Disziplin dort nicht mehr aushalten konnte, oder die Reglementierung . . .*

Scott: *(Übersetzt)Hat er nicht gehorcht.*

Vater: *Er entschloß sich, nach Hause zu kommen, und ging fort. Also wie kann man nur jemanden in diesem Zustand laufenlassen? Er weiß nicht mal, was er tut.*

(Später im Erstinterview)

Vater: *In der Klinik hat er nicht die Freiheit, die er zu Hause hat.*

Scott: *(Übersetzt) Hat er nicht die Freiheit, die er zu Hause hat.*

Scott: *Also wie fühlen Sie sich dabei?*

Mutter: *Daß Steve zu Hause ist?*

Scott: *Daß Steve zu Hause ist, ja.*

Mutter: *Ich habe nichts dagegen, daß er zu Hause ist, wenn er nur . . .*

Scott: *(Übersetzt) Sie hat nichts dagegen, daß Sie zu Hause sind.*

Mutter: *Wenn er nur lernen würde, sich zu beherrschen.*

Scott: *Wenn Sie nur lernen würden, sich zu beherrschen. (Übersetzt Steves Zeichensprache) »Nach einiger Zeit will ich eine Wohnung für mich haben.« (Zur Mutter) Was haben Sie noch für Gefühle, Mutter[1]?*

Mutter: *Nun, solange er sich anständig benimmt, habe ich nichts dagegen, er gehört einfach zur Familie.*

Scott: *(Zu Steve) Sie sagt, daß Sie zur Familie gehören und daß es keine Probleme gibt, solange Sie gehorchen. (Übersetzt) »Nein«, sagt er, »es wird keinerlei Probleme geben.«*

Mutter: *Das habe ich schon mal gehört.*

Scott: *Sie sagt, das hätte sie schon viele Male gehört. (Übersetzt Steves Zeichensprache) »Nach einiger Zeit, zuerst einen Scheck.« Ich weiß nichts von einem Scheck.*

Mutter: *Sein Scheck, immer sein Scheck.*

Scott: *Ich weiß nichts von einem Scheck.*

Mutter: *Wissen Sie, warum Steve nach Hause kam? Nicht wegen mir oder wegen ihm (Vater).*

Scott: *Sie sagt, wissen Sie, warum er aus der Klinik nach Hause kam? (Steve macht Zeichen und der Therapeut übersetzt) »Sie mögen die Klinik nicht.«*

---

1 Die Nachfrage des Therapeuten zu Gefühlen basiert auf einer früheren Ausbildung und wird beim hier beschriebenen Ansatz nicht gefördert.

Mutter:	*Wegen seines Schecks.*
Scott:	*Wegen Ihres Schecks. Es ist kein Scheck da.*
Mutter:	*Stimmt.*
Scott:	*(Zu Steve) Kein Scheck. Kein Scheck. Nicht mehr. (Zur Mutter) Aber Sie meinen, wenn er arbeiten und die Regeln im Haus befolgen würde, wäre es okay, wenn er solange zu Hause wohnt, bis er ein Zimmer oder eine Wohnung hat.*
Mutter:	*Ja.*
Scott:	*(Zum Vater) Wie empfinden Sie dabei?*
Mutter:	*Es wird nicht funktionieren.*
Scott:	*(Übersetzt für Steve) Sie sagt, es wird nicht funktionieren. Sie glaubt Ihnen nicht. Sie glaubt Ihnen nicht.*
Vater:	*Das war nämlich das erste Mal, daß wir in sieben Jahren Frieden hatten, als er weg war.*
Scott:	*(Übersetzt) Dies ist das erste Mal in sieben Jahren, daß Sie der Familie keinen Ärger bereitet haben. Das erste Mal jetzt.*
Vater:	*Jedesmal, wenn er weg ist. Nach sieben Jahren muß ich mal Urlaub machen.*
Scott:	*(Macht Zeichen für Steve) Sieben Jahre, kein Urlaub.*
Vater:	*Man kann ihm zu Hause nicht vertrauen.*
Scott:	*Er vertraut Ihnen zu Hause nicht.*
Vater:	*Er putscht sich durch Rauschgift auf, und unser Haus wird ausgeraubt.*
Scott:	*(Übersetzt) Pillen. (Der junge Mann antwortet mit einem Zeichen, mit dem er auf seinen Kopf weist. Der Therapeut übersetzt.) Er sagt, er bekommt von den Pillen Kopfschmerzen.*
Vater:	*(Drückt Erbitterung und Zweifel aus) Mm-hmm.*

(Der Therapeut arrangierte ein Gespräch nur mit den Eltern, um deren Schwierigkeiten im Umgang mit ihrem Sohn zu diskutieren.)

Scott:	*Sie haben wegen Steve so oft in Ihrem Leben Ärger bekommen. Und es ist wie ein Zyklus. Irgend etwas geht schief und er landet in der Klinik, und entweder kommt er nach Hause oder Sie versuchen, ein Zimmer für ihn zu bekommen und er verhält sich gut. Dann geht etwas schief und er kommt in die Klinik. Wie viele Male war er schon in der Klinik?*
Mutter:	*In der städtischen? Ungefähr sechsmal.*
Scott:	*Sechsmal.*
Mutter:	*Und zweimal im State Hospital.*
Scott:	*Bei den zwei Malen, wo Sie davor ein Zimmer für ihn hatten, hatte er da nicht einen Anfall, haben Sie das nicht gesagt?*
Mutter:	*Mm-hmm.*
Scott:	*Und was passierte das zweite Mal?*
Vater:	*Da hat er sich mit Drogen vollgestopft.*
Scott:	*Und wohin ist er von da gekommen?*
Mutter:	*Nach Hause.*
Scott:	*Er kam nach Hause? Und dann haben Sie ihn in die Klinik geschickt?*

268

Mutter:	Richtig.
Vater:	Jenes Mal wurde er nicht geschickt, sondern von der Polizei dorthin gebracht.
Scott:	Mm-hmm.
Vater:	Dann wohnte er in Third Street.
Mutter:	Mm-hmm.
Scott:	Er hatte drei Wohnungen oder zwei?
Mutter:	Zwei.
Scott:	Zwei insgesamt.
Vater:	Bei der einen versuchte er einen Angriff auf die Wirtin. Und da ist er fast umgebracht worden, denn ihr Mann, ihr Bruder und ein Freund von ihnen sind raufgegangen und müssen ihn zusammengeschlagen haben.
Scott:	Mm-hmm.
Mutter:	Ich sehe es so: Steven will seine eigene Wohnung aus dem einfachen Grund, weil er dann machen kann, was er will.
Scott:	Richtig. (Der Therapeut geht davon aus, daß es für einen Sechsundzwanzigjährigen natürlich ist, zu machen, was er will, aber die Mutter meint, er werde sich schlecht aufführen.)
Mutter:	Und wir wissen nichts davon. Aber er wird wieder in Schwierigkeiten geraten. Er kann nicht alleine leben.
Scott:	Okay. Was wir also sagen, ist, daß dies ein Zyklus ist und er in Schwierigkeiten geraten wird. Und was wir gerne machen möchten, ist, den Zyklus irgendwo zu unterbrechen. Wie können wir also den Zyklus aufbrechen?

Eine der Möglichkeiten, einen Zyklus aufzubrechen, sieht so aus, daß man einen Teil davon abblockt. Wenn der Zyklus eine Nervenklinik beinhaltet, ist es möglich, die Sequenz zu verändern, indem man fordert, daß statt dessen ein Gefängnis eingesetzt wird. Nicht nur gibt es im Gefängnis mehr bürgerliche Freiheiten für einen Menschen, sondern es verändert sich außerdem die Situation der Eltern. Die Eltern haben mehr Einfluß auf Klinikpsychiater als auf Gefängnispersonal und verlieren daher mit größerer Wahrscheinlichkeit die Kontrolle über ihren Sprößling, wenn er ins Gefängnis kommt. Da die Eltern Einfluß darauf haben wollen, was mit ihrem Kind passiert, wollen sie nicht, daß es ins Gefängnis kommt. Wenn die Eltern erst einmal das Gefängnis als Alternative akzeptieren, verschwindet die psychische Krankheit, und das Problem wird als disziplinäres definiert. In diesem Fall wurde die Frage des Gefängnisses im Erstinterview aufgeworfen, und die Eltern akzeptierten es. Danach kam die Frage der Geisteskrankheit und Hospitalisierung in der Therapie nicht wieder auf.

Scott: *(Spricht mit den Eltern, während er für Steve übersetzt) Nehmen wir an, er verhält sich nicht in der richtigen Weise. Was werden Sie machen, wenn er sich nicht in der richtigen Weise verhält?*

Vater: *Dann muß er wohl gehen.*

Scott: *(Übersetzt für Steve) Er sagt, Sie müssen dann wohl gehen. Ich würde sagen, Gefängnis, wenn Sie jemanden schlagen. (Zur Mutter) Würden Sie ein Papier unterschreiben, falls er sie schlägt, das ihn ins Gefängnis bringt?*

Mutter: *Ja, noch mal ja, ja.*

Scott: *(Zu Steve in Zeichensprache) Wenn Sie sie schlagen, wird sie ein Papier unterschreiben, und Sie kommen ins Gefängnis. Wollen Sie ins Gefängnis?*

Steve: *Nein. (Zeigt das durch Kopfschütteln an)*

Scott: *Das gleiche mit den Pillen. Das gleiche mit den Pillen. Das gleiche. (Zum Vater) Würden Sie das Papier unterschreiben, wenn er die Regeln bricht?*

Vater: *Ganz bestimmt.*

Scott: *Wenn Sie die Regeln brechen, kommen Sie ins Gefängnis. Was? Machen Sie doch Zeichen. (Übersetzt) Sie setzen die Pillen ab. Also gut, also gut. Können Sie den Regeln in der Familie gehorchen? Können Sie Ihrem Vater gehorchen?*

Ein Zyklus, bei dem Schwierigkeiten beim Verlassen des Elternhauses auftreten, schließt auch ein, daß der Sohn im Krach das Haus verläßt. Könnte der Sohn friedlich ausziehen, so würde sich der Zyklus verändern. Eine Möglichkeit, wie man die Art verändern kann, in der er das Haus verläßt, besteht darin, daß man seine Lebensweise im Elternhaus verändert, indem man nämlich Vorschriften aufstellt, die er zu befolgen hat. Im ersten Familieninterview forderte der Therapeut die Familie auf, eine Liste von Vorschriften für den Sohn zusammenzustellen. Zur zweiten Sitzung kam die Familie mit einer Liste. Die neunzehnjährige Tochter machte einen Vorschlag.

Scott: *(Übersetzt) Bernice fordert Sie hier auf – und Vater und Mutter stimmen zu – nicht ins Schlafzimmer Ihrer Schwester zu gehen, wenn sie »bleib draußen« sagt. (Übersetzt Zeichen) »Er sagt, er klopft an.«*

Bernice: *Er klopft nie an, er klopft nie an.*

Scott: *Sagen Sie's ihm.*

Bernice: *(Zu Steve) Du klopfst nicht an (Macht die Geste des Anklopfens und schüttelt den Kopf), nein, das machst du nicht.*

Als der Therapeut die Eltern auffordert, Vorschriften aufzustellen, erwartet er vom Sohn nicht unbedingt, daß er sie befolgt, und von den Eltern, daß sie sie durchsetzen. Hier geht es ihm zunächst darum, daß sich die Familienmitglieder auf etwas Konkretes konzentrieren können. Die Eltern sollen sich auf Regeln für ihren Sohn einigen und so zum erstenmal in ihrem Leben zu einer Übereinstimmung kommen. Dadurch wird der Sohn entlastet. Stimmen die Eltern nicht überein, so kann die Zwietracht ans Licht kommen und angegangen werden. Der Vorwand, daß alle außer dem Problemsohn in Ordnung sind, gilt dann nicht mehr. Ob die Eltern nun bezüglich des Sohnes übereinstimmen oder nicht, er kann in einer neuen Weise aus dem Haus ausziehen.

Macht man Vorschriften, so kommen dabei auch die positiveren Seiten des Verhaltens des Sohnes zum Vorschein. Es ist wichtig, daß der Therapeut die Kompetenz des Sohnes betont, denn die Eltern werden einem Auszug des Sohnes nicht eher zustimmen, als sie glauben, daß er imstande ist, für sich selbst zu sorgen. Daher muß die einhellige Ansicht der Familie – daß er nämlich unfähig ist – geändert werden. In diesem Gespräch wird deutlich, daß der Sohn verantwortlich genug ist, um sich von den Eltern Geld zu leihen und es zurückzuzahlen, ebenso wie er zu Hause Kostgeld abführen kann. Man sollte auch betonen, daß der Therapeut die Vorstellung, daß der junge Mann ausziehen sollte, nicht forciert, selbst wenn sie zum Fokus der Therapie wird. In dieser Diskussion von Vorschriften wirft der Therapeut die Frage auf, was der junge Mann will, und stellt fest, daß die Eltern nicht darauf erpicht sind, daß er eine Wohnung hat.

Mutter: *Er will eine eigene Wohnung.*

Scott: *Gut, das ist schön, er sollte alleine leben. Er will das. Aber er konnte an der anderen Stelle nicht bleiben, er kam nach Hause zurück.*

Vater: *Sehen Sie die Sache so: Nehmen wir an, er will eine Wohnung, um tun zu können, was ihm gefällt. Was wollen Sie dagegen tun? Denn ich glaube nicht, daß er den Willen hat, »nein« zu sagen.*

Scott: *Mm-hmm. Machen wir nur einen Schritt auf einmal. Sehen wir erst, was mit den Vorschriften in der Familie passiert. Ich habe nichts dagegen, daß Sie eine Wohnung für ihn finden, das ist gut. Aber ich glaube, wir sollten langsam vorgehen.*

Vater: *Es gefällt mir nicht.*

Scott: *Oh, was ist los?*

Vater: *Ich glaube nicht, daß er für sich selbst sorgen kann.*

Scott: *Gut, bis jetzt nicht, dann bleibt er eben zu Hause und lernt, jetzt die Vorschriften auszuhalten, und wir werden sehen, was im weiteren Verlauf passiert. Was ist mit dem Geld leihen?*

Mutter: *Nun, normalerweise gibt er's mir zurück, wenn er seinen Scheck bekommt.*

Scott: *Okay, das macht Ihnen also nichts aus.*

Mutter:	*Nein, wenn ich weiß, daß er's mir zurückgibt.*
Scott:	*Er hat es bis jetzt immer zurückgegeben.*
Mutter:	*Mm-hmm.*
Scott:	*Es ist also okay, wenn er sich Geld leiht. Was ist mit seiner Wäsche?*
Mutter:	*Ich mache sie.*
Scott:	*Kann er sie zu Hause selbst machen?*
Vater:	*Nein.*
Scott:	*Was soll das heißen, nein? Sie wollen diesen Burschen doch auf das Leben draußen vorbereiten, oder? Wollen Sie das nicht?*
Mutter:	*Er kann mit einer Waschmaschine in der Wäscherei umgehen. Er kann eine Waschmaschine benutzen.*
Scott:	*Kann er Ihre Waschmaschine benutzen?*
Mutter:	*Ich weiß nicht, ob er mit meiner zurechtkommt, ich kann mit denen in der Wäscherei umgehen. Ich glaube, er könnte mit meiner zurechtkommen.*
Scott:	*Gut, gut, wenn Sie zu Hause wohnen, können Sie dann Ihre eigene Wäsche waschen? Können Sie das machen? Können Sie bügeln? (Übersetzt) Und Sie zahlen zwei Wochen ... (Zur Mutter) Er gibt Ihnen die Hälfte seines Sozialhilfe-Schecks als Kostgeld für zwei Wochen ab. Macht er das?*
Mutter:	*Mm-hmm.*
Scott:	*Das macht er.*
Mutter:	*Fünfzehn Dollar.*
Scott:	*(Zum Vater) Warum lachen Sie?*
Vater:	*Ich sehe nichts davon. (Er hat offenbar noch nie davon gehört)*
Mutter:	*Die fünfzehn Dollar? Er gibt sie mir. Ich mache die Hausarbeit. Er gibt sie mir.*
Scott:	*(Überrascht) Warten Sie, warten Sie, Mama sagt, sie bekäme alle zwei Wochen fünfzehn Dollar von Ihnen, wenn Sie den Scheck bekommen, und Vater sagt, er sieht nie etwas davon. (Zum Vater) Wie empfinden Sie dabei?*
Vater:	*Hören Sie, wenn ich nicht ...*
Scott:	*Nein, aber Sie sagten, Sie wüßten das nicht.*
Vater:	*Nun ja ...*
Mutter:	*Nein, ich sage dir das immer. Du glaubst mir nicht?*
Vater:	*Nun, im Haus geschehen viele Sachen, die du mir nicht erzählst.*
Mutter:	*Ich mache alles, um den Frieden zu bewahren.*
Vater:	*Frieden oder kein Frieden, wenn er's dir gäbe (Achselzucken), wenn er nicht ...*
Mutter:	*Ja, er macht's und ich erzähl's dir.*
Vater:	*Nee*
Scott:	*Wer versucht, in der Familie den Frieden zu bewahren?*
Mutter:	*Ich*
Scott:	*Und was ist mit Papa?*

272

Mutter:	*Früher war mal so einiges los und ich hab' mir nicht die Mühe gemacht, es ihm zu erzählen. Es ging dabei um Steve.*
Scott:	*Was zum Beispiel?*
Mutter:	*Wenn er mich oder sie (verweist auf die Tochter) zum Beispiel bedroht hat.*
Scott:	*Ja, aber warum haben Sie's ihm nicht erzählt?*
Mutter:	*Nun ja, er hat ein hitziges Temperament.*
Scott:	*Er hat ein hitziges Temperament und wird zornig.*
Mutter:	*Richtig.*
Scott:	*Wenn Steve etwas anstellt.*

Bei einer Familie, die sich in einem qualvollen Zyklus befindet, reagieren die Mitglieder sehr schnell, um die Stabilität der Familie aufrechtzuerhalten, und alles beim alten zu belassen. Hier hat der Therapeut die Tatsache herausgebracht, daß der angeblich inkompetente und verantwortungslose Sohn für Kost und Logis bezahlt. Die Mutter hat dies vor dem Vater verborgen, und er wird langsam wütend auf die Frau, weil sie diese positive Seite des Sohnes verborgen hat. Innerhalb von Sekunden hat die Mutter – mit Hilfe des Therapeuten – die Situation dahingehend umdefiniert, daß sie gutwillig Schlechtes über den Sohn verbirgt, um den Sohn vor der Gewalttätigkeit des Vaters zu schützen. Es gibt noch weitere Familiengeheimnisse – wie man wohl erwarten könnte, wenn ein Mitglied als paranoid diagnostiziert wird. So sagt z. B. der Vater in einer späteren Sitzung dem Sohn nichts von einer Flasche mit Pillen. Die Taubheit des Sohnes macht die Verschleierung möglich, obwohl die Pillen in Gegenwart des Sohnes erwähnt werden.

Vater:	*Also, das bleibt zwischen Ihnen und mir, die Polizei hat ihn auf dem Boulevard erwischt, sie hat ihn durchsucht, und das einzige, was sie bei ihm fand, war das.*
Scott:	*Woher wissen Sie, daß ihn die Polizei angehalten hat?*
Vater:	*Die Jungs haben's mir erzählt. Sie kamen von der Schule heim und sie haben sogar gesagt, er sei aufgeputscht gewesen.*
Scott:	*Mm-hmm.*
Vater:	*Und die Polizei fand also diese Kapsel bei ihm.*
Scott:	*Wenn ihn die Polizei durchsucht hat, dann kann ich ihm ja sagen, was passiert ist. Oder? (Meint damit, er könne das in die Zeichensprache übersetzen, da Steve neben der Mutter dasitzt.)*
Vater:	*Lieber später, wenn Sie entscheiden können, ob ja oder nein, aber ich will nicht, daß er weiß, daß ich das in meinem Besitz habe.*
(Später im Gespräch)	
Vater:	*Man wird high, nicht high, man wird dusselig davon. Wie ein Betrunkener.*

273

Scott:	Ja, das wirft einen nieder, es macht einen sehr schläfrig.
Vater:	Oh, er war dusselig, wie wenn man einen Betrunkenen sieht.
Scott:	Ja, schläfrig, okay. Ich glaube, es wäre gut, wenn Sie ihm sagen, daß Sie die Pillen haben, ich glaube, das wäre angebracht.
Vater:	Nein.
Scott:	Warum nicht?
Vater:	Weil ich solange hinter ihm her bin, bis ich ihn da rausgezogen habe.
Scott:	Was meinen Sie damit, Sie wollen hinter ihm her sein?
Vater:	Ihn weiterhin durchsuchen. Er versteckt sie. Ich weiß, wo er sie versteckt.

Ein weiteres Geheimnis kam zum Vorschein, als die Mutter im Erstinerview sagte, die Sozialhilfe-Schecks des Sohnes seien nicht angekommen. Dann gab sie zu erkennen, daß sie angekommen seien und sie sie versteckt hätte, weil sie sie ihm von Rechts wegen nicht geben konnte. Später, als sich die rechtliche Situation verändert hatte und sie ihm einen Scheck geben konnte, hielt sie ihn weier versteckt.

Mutter:	Ich habe Schecks daheim. Ich kann sie ihm nicht geben. Weil er in einem State Hospital war. Ich darf sie ihm nicht geben.
Scott:	Oh, er bekommt noch immer Schecks?
Mutter:	Ja, aber ich kann sie ihm nicht geben, erst wenn sie mich benachrichtigen.
Scott:	Ach so. In Ordnung, sie sagte, wenn sie Ihren ersten Scheck bekommen – raus. Sie bekommen ein Appartement.

(In einer späteren Sitzung)

Mutter:	Er hat also nicht gewußt, daß ein Scheck für ihn kam. Er weiß nichts davon. Wir halten ihn zurück vor ihm, bis er sein Zimmer hat. Sobald er sein Zimmer bekommt, wird er eingelöst, und er wird alles bekommen. Ich glaube, das ist das beste. Ich laß ihn jeden Tag zum Briefkasten gehen und danach schauen, denn er ist schon gekommen und er weiß es nicht. Ich glaube, das ist das beste.
Scott:	(Zu Steve in Zeichensprache) Wieviel Geld haben Sie jetzt? (Steve macht Zeichen) Sie sind pleite.

Jeden Tag hielt Steve nach dem Postboten Ausschau, während seine Mutter geheimhielt, daß der Scheck schon gekommen war. Einer der Gründe, warum die Mutter Dinge geheimhält, liegt darin, daß sie in einer Weise geschützt wird, die ihr nicht lieb ist, wie später in einem Gespräch nur zwischen Therpeut und Eltern beschrieben wird. Sie sagt, das Leben sei ihr »zur Hölle gemacht« worden.

| Vater: | Steve stand unter Drogen, plus die Getränke, und er meinte, er sei Tarzan. Dann ging er auf den Barmann los. Nun, der Barmann drehte sich um und holte aus und schlug ihn nieder. Hat seine Kinnlade gebrochen. Er muß das schon Tage gehabt haben ... |

274

Mutter:	*Mm-hmm.*
Scott:	*(Zur Mutter) Sie sagten, »sie« . . .*
Mutter:	*Ja, Steven . . .*
Scott:	*Oh, Steven und Ihr Mann haben Ihnen in dem Sommer das Leben zur Hölle gemacht?*
Mutter:	*Nun, mein Sohn Dick war daheim, er war damals noch unverheiratet. Und Steven hat diesen Kampf mit dir angefangen (zum Mann).*
Vater:	*Nein, es hat unten im Erdgeschoß angefangen, ich habe gerade geschlafen.*
Mutter:	*Es fing mit mir an – ja, Dick kam herein, und wie Dick hereinkam, sah er, daß Steven mich bedrohte. Also schlug er Steven. Dann ging Dick nach oben, und die beiden (Vater und Dick) schlugen Steven zusammen, weil er mit ihnen kämpfte. Sie haben ihn ins Krankenhaus gebracht.*
Scott:	*Hat Steven zuerst auf Sie eingeschlagen?*
Mutter:	*Er fing in der Küche an, sobald mein Sohn hereinkam. Dann lag Stevens Bein in Gips, er hatte so einen Draht im Mund, und ich mußte mit ihm zur Überprüfung ins Krankenhaus und zur Untersuchung des Kinns zum Arzt.*
Scott:	*Aber Sie sagten, daß sie Ihnen das Leben zur Hölle gemacht hätten.*
Mutter:	*Ja, das war ja auch die Hölle für mich.*
Scott:	*Erzählen Sie's mir.*
Mutter:	*Jedesmal wenn ich ihn wegen seines Kinns zum Arzt brachte, meinte er, der Doktor würde's herausnehmen. Er konnte nämlich nicht essen, ich mußte alles durch den Mixer geben. Und er machte immer den Arzt wütend, und als er dann mit den Krücken herauskam, hat er mit den Krücken herumgeworfen, wollte einfach nicht ins Auto hinein.*
Scott:	*Wie hat Ihnen denn Ihr Mann das Leben zur Hölle gemacht?*
Mutter:	*Überhaupt bin ich letzten Sommer durch die Hölle gegangen.*
Scott:	*Was Sie sagen, ist, daß Sie ein bißchen Hilfe von Ihrem Mann brauchen.*
Mutter:	*Nun, was sie hätten tun sollen, ich habe ihnen gesagt . . .*
Scott:	*Nur zu, sagen Sie es ihm jetzt.*
Mutter:	*Ich habe es ihm doch gesagt.*
Scott:	*Sagen Sie's ihm für mich noch einmal.*
Mutter:	*Wenn er so ist, versuch einfach, ihn zu beruhigen. Er ist bockig, wenn er unter Drogen steht. Er wird sehr bockig.*
Scott:	*Sagen Sie's ihm.*
Mutter:	*Ich habe es ihm doch gesagt. Er weiß es wohl, ich habe es ihm früher immer wieder gesagt, erinnerst du dich?*
Scott:	*Sagen Sie's ihm noch mal.*
Mutter:	*Ich bin in dem Sommer durch die Hölle gegangen.*

Wenn der Sohn sich gut benimmt, entwickeln sich Spannungen zwischen den Eltern; dann benimmt sich der Sohn schlecht und gibt dadurch den Eltern ein besseres Gefühl füreinander. Dieser Zyklus trat in den ersten

Wochen der Therapie auf. Der Sohn benahm sich; eheliche Spannungen entwickelten sich; der Sohn benahm sich schlecht. Die Eltern griffen dann den Sohn in einer Weise an, die sie zusammenbrachte. Die Eltern berichteten, daß der Sohn sich anständig betragen habe. Als der Therapeut die Vorschriften rekapitulierte, fand er heraus, daß der Sohn eine geringfügige Vorschrift verletzt hatte, indem er in seinem Schlafzimmer geraucht hatte.

Scott:	*Sie haben ihm (dem Ehemann) nichts vom Rauchen erzählt.*
Mutter:	*Diese Woche?*
Vater:	*Nein.*
Mutter:	*Nein.*
Scott:	*Warum?*
Mutter:	*Manchmal straft er mich mit Schweigen, so daß ich ihm nichts anvertrauen kann.*
Scott:	*Sprechen wir also jetzt darüber. Mm? Sie beide sprechen jetzt bitte darüber. Weil wir einmal darüber reden müssen.*
Mutter:	*Mm-hmm.*
Scott:	*Er muß wissen, daß Sie, wenn er im Zimmer raucht, etwas unternehmen werden. Was werden Sie also unternehmen?*
Vater:	*Ich setze ihn raus.*
Scott:	*Sie setzen ihn raus. Wohin?*
Vater:	*Nach draußen.*
Scott:	*Für wie lange?*
Vater:	*Für immer.*
Scott:	*Endgültig?*
Vater:	*Endgültig.*
Scott:	*Das ist im Augenblick ziemlich hart. Das ist ziemlich grausam.*
Vater:	*Ich will nämlich keinen Ärger mehr im Haus haben. Mir steht's bis da oben. Ich hab's satt . . .*
Scott:	*Sie gehen beide einig, daß das getan werden sollte?*
Vater:	*Was kann man denn sonst tun?*
Mutter:	*(Wütend) Du meinst, wenn er eine Vorschrift verletzt, dann willst du ihn einfach rausschmeißen?*
Vater:	*Wenn es . . .*
Mutter:	*Er soll sich etwas Eigenes zum Wohnen besorgen? Meinst du das?*
Vater:	*Einmal muß es ja sein.*
Scott:	*Sie beide – Sie beide müssen sich also einigen.*
Vater:	*Bis jetzt hat er uns, seit er zu Hause ist, überhaupt keinen Ärger gemacht.*

An diesem Punkt begannen die ehelichen Schwierigkeiten. In der nächsten Woche wurde der Sohn nach einer Drogeneskapade nach Hause gebracht, und die Eheschwierigkeiten verschwanden.

Scott:	Die Jungen haben ihn also heimgebracht.
Vater:	Ja, sie fanden ihn auf der Straße.
Scott:	Auf der Straße? (Übersetzt den Sohn, der Unschuld anzeigt) »Ich habe nur Kaffe getrunken.« (Zum Sohn) Ich will vom Vater noch mehr darüber hören, was passiert ist, und dann werden wir mit Ihnen sprechen, Sie können dann einiges erklären, was passiert ist. (Zum Vater) Sie brachten ihn heim, die Jungen und sagten, sie hätten ihn auf der Straße gefunden. War er hingefallen oder was?
Vater:	Oh ja, er lag ganz kalt da und sie mußten ihn heimschleppen.
Scott:	Gut.
Vater:	Und dann mußte ich ihn auf dem Rücken nach oben tragen. Das passiert jetzt schon seit sieben oder acht Jahren.
Scott:	Es ist ungeheuer, es ist eine große Verantwortung, das weiß ich wohl, aber was ich tun will, ist . . .
Vater:	Wenn er sich umbringen will, soll er's machen, man weint einmal und damit hat's sich.
Scott:	Empfinden Sie auch so?
Mutter:	Manchmal schon, glauben Sie mir, jedesmal, wenn er in Schwierigkeiten geriet, und ich die Polente im ganzen Haus hatte und ihn letztes Mal mit Handschellen gesehen habe.
Scott:	Sie müssen sich furchtbar fühlen.
Mutter:	Wissen Sie, wie ich mich fühle?
Scott:	Wie?
Mutter:	Ich war soweit, daß ich sogar meiner Schwester gesagt habe, ich würde lieber mit einem frischen Blumenstrauß auf den Firedhof gehen und wissen, daß er dort liegt und ihm nichts Übles mehr passieren kann. Glauben Sie mir.
Scott:	So also fühlen Sie?
Mutter:	Allerdings fühle ich mich so.
Scott:	Fühlen Sie sich auch so?
Vater:	Allerdings.
Mutter:	Ich weiß, es kann ihm nichts mehr passieren und er kann niemandem mehr Schaden zufügen. Denn das wird nämlich nie aufhören. Weißt du das, oder?
Scott:	Sagen Sie's ihm.

(Der Therapeut verläßt den Raum und geht mit dem Supervisor hinter den Einwegspiegel.)

Vater:	(Zum Sohn) Wenn du stirbst, haben alle ihren Frieden! Alle sind glücklich. Ja, du stirbst, und Mama und ich sind glücklich. Nein, nein, stirb, leg dich ins Grab. Du, ja.
Mutter:	Du wirst wieder in Schwierigkeiten geraten, wenn du alleine wohnst.

Würden die Eltern den Sohn eindeutig verurteilen und ausstoßen, so hätte er vielleicht eine echte Chance, sich von ihnen loszulösen. Statt dessen greifen sie ihn zuerst an und möchten ihn los sein, versuchen aber dann, ihn zurückzuziehen, wenn er weggeht. Der Therapeut sollte annehmen, daß – so oft oder wie gemein die Eltern den Sohn auch angreifen mögen – dem ganzen ein beständiges Wohlwollen zugrunde liegt. Dieses Wohlwollen kommt später im Gespräch heraus, als der Therapeut ins Zimmer zurückkommt.

Vater: *Ich will nichts mit ihm zu tun haben. Mir ist es egal, was mit ihm passiert, ich werde mein Bestes tun, um ihn loszuwerden, wenn er draußen ist, ist er für sich selbst.*

Scott: *Was meinen Sie zu dem, was Ihr Mann gerade gesagt hat?*

Mutter: *Nun, das will ich auch, ich will, daß er seine eigene Wohnung bekommt.*

Scott: *Also was er gerade gesagt hat?*

Mutter: *Ich habe das Steve auch schon gesagt.*

Vater: *Ihre Gefühle sind anders als meine. Sie ist ein bißchen – sie ist die Mutter.*

Scott: *Gut, wir können dem ein bißchen auf den Grund gehen: Sie sagen, sie ist . . .*

Vater: *Sie gibt vielleicht eher nach als ich.*

Scott: *Mm-hmm.*

Vater: *Aber ich glaube, ich habe alles getan, was ich konnte, alles, was in meinen Kräften stand. Als wir anfingen hierherzukommen, hab' ich sogar gemeint, er bräuchte nicht unbedingt eine eigene Wohnung, denn ich meinte, er würde sich vielleicht ändern.*

Scott: *Wie empfinden Sie das, was Ihr Mann gerade gesagt hat, daß es ihm egal ist, was mit ihm passiert, daß er ihn nur aus dem Haus haben möchte, Punkt, aus.*

Mutter: *Nun ja, ich möchte ihn auch draußen haben, aber mir ist es nicht egal, was mit ihm passiert.*

Scott: *Worüber machen Sie sich Sorgen?*

Mutter: *Ich würde mich auch ängstigen, ich würde mich um ihn ängstigen, ganz gleich –*

Scott: *(Zum Vater) Wird Ihnen das Probleme bereiten, wenn sie sich ängstigt?*

Mutter: *Nein, ich mache es nicht zum Problem für ihn.*

Scott: *Warum nicht?*

Mutter: *Nun, weil ich so bin, wie ich bin, und er ist so, wie er ist. Wir denken oder handeln nicht gleich. Viele meiner Gefühle behalte ich innen für mich. Ich bin nicht der Typ, der weint oder schreit oder so was. So bin ich eben.*

Scott: *Glauben Sie, er weiß, wie Sie empfinden?*

Mutter: *Ich glaube ja.*

Vater: *Ich weiß es.*

Scott: *Natürlich weiß er's, sehen Sie sein Gesicht an.*

Mutter: *Ich sage Ihnen, als er in der Klinik war, ging er ihn immer besuchen, nicht*

	ich. Ich ging nicht. Wenn er auf Wochenendurlaub nach Hause kam, war er daheim. Aber ich bin nie mit ihm zurückgegangen.
Scott:	*Sie kennen diese ganze Sache mit dem Gefühle drinnen behalten.*
Mutter:	*Ja, so bin ich eben, ich war schon immer so. Sogar als ich noch ledig war, deshalb konnte mich niemand ändern.*
Scott:	*Ich möchte Sie nicht verändern, ich finde, Sie sind so, wie Sie sind, ganz reizend.*
Vater:	*So ist sie.*
Scott:	*Reizend? Wollen Sie das sagen?*

Um den Zyklus zu durchbrechen, mußte der Sohn sich lange genug anständig betragen, damit die Eheprobleme zum Fokus der Therapie werden konnten. Den Sohn zu motivieren, sich gut zu betragen, war ein Problem. Da das Hauptinteresse des Sohnes im Leben Geld war, wurde Geld eingesetzt, um gutes Betragen auszulösen. Der Therapeut schloß mit dem jungen Mann eine Wette ab, daß dieser nicht von Drogen wegbleiben könne. Die siebte Sitzung war dem Abschluß dieser Wette gewidmet. Die Eltern beobachteten, wie Therapeut und Sohn die Wette aushandelten. Der Therapeut legte auf einer Tafel die Tage nieder. Der Vater wurde aufgefordert, die Wetteinsätze zu verwalten. Der Therapeut faßte die Angelegenheit gegenüber Steve folgendermaßen zusammen: »Geraten Sie in Schwierigkeiten, verlieren Sie fünf Dollar. Wenn Sie keine Drogen nehmen, gewinnen Sie fünf Dollar. Haben Sie fünf Dollar? Legen Sie sie dahin.«

Der Sohn gewann die Wette, indem er während der zweiwöchigen Periode in keinerlei Schwierigkeiten mit Drogen geriet. Danach wurde die Wette mit der doppelten Zeit wiederholt. Wieder gewann der Sohn, was insgesamt eine störungsfreie Zeit von sechs Wochen ergab. Indem er sich gut benahm, entwickelten sich Spannungen zwischen den Eltern. Anstatt daß sie jedoch einen Streit hatten, auf den sich der Therapeut hätte konzentrieren können, fand eine besondere Form von Trennung statt. Der Vater fuhr zu einer Jagdtour fort, etwas, was er seit sieben Jahren nicht mehr gemacht hatte. Während er weg war, hatten Mutter und Sohn eine störende Episode, die den Vater hätte zum Entschluß bringen können, keinen Urlaub mehr zu machen.

Diese Episode fand in der neunten Woche der Therapie statt, was ungefähr der Zeitpunkt ist, bei dem man bei diesem Therapieansatz meistens Ärger mit einem jungen Menschen hat. Es handelt sich hier um den Beginn der an früherer Stelle angeführten zweiten Phase. Der junge Mann drohte mit Gewaltanwendung, als die Mutter, der Sohn und die Tochter gerade beim Abendessen waren. Die Mutter sagte dem Sohn, er sollte mehr aus dem Haus gehen. Der Sohn wurde wütend, nahm sich ein Messer und bedrohte sie. An diesem Punkt griff die Schwester ein und schrie ihn wegen der Bedrohung der Mutter an. Daraufhin ging er zur Kammer, nahm einen Schläger heraus und bedrohte die Schwester damit. Es wurde kein tätlicher Angriff unternommen, aber Mutter und Schwester gerieten aus der Fassung. Die Mutter rief den Therapeuten an, der eine Sitzung ansetzte, bei der auch der Vater dabei sein wollte, da dieser gerade von seiner Tour zurückkam. Die Tochter kam trotz Aufforderung nicht.

Die wichtige Aufgabe in solch einer Situation, insbesondere bei einem chronischen Fall, liegt darin, das Problem dramatisch auszugestalten. Das bloße Reden über das Problemverhalten hat vielleicht keinen Einfluß auf dessen Wiederholung. Bei dieser Familie lag eine spezielle Situation vor: Der Sohn gestand nie ein, daß er je etwas Falsches täte. Er sagte, er nehme nie Drogen, stifte nie Unruhe und zöge außerdem in den nächsten Tagen in eine eigene Wohnung. Hätte man die obige Episode bloß diskutiert, so hätte er sie wahrscheinlich abgeleugnet, so wie er andere Phasen des Unruhestiftens abgeleugnet hatte, und wäre darüber hinweggegangen.

Das neunte Gespräch war in seinem Verlauf geplant; der erste Schritt war, ein Küchenmesser und einen Baseball-Schläger auf den Boden des Therapiezimmers zu legen. Als die Familie den Raum betrat, gingen die Mutter, der Problemsohn und der Neunjährige um Messer und Schläger herum und sahen sie an, als wüßten sie, warum sie dalagen. Der Vater war über die Episode nicht unterrichtet worden und maß den Dingen auf dem Fußboden keine Bedeutung bei. Als er hereinkam, sagte er fröhlich: »Eine Party?« Der Therapeut sagte: »Ja, eine Party«, und sie setzten sich zusammen hin.

Scott:	*(Zur Mutter) Nehmen Sie Ihren Mantel ab.*
Mutter:	*Nein, ich möchte mich aufwärmen.*
Scott:	*Okay.*
Mutter:	*Ich habe mir nicht die Mühe gemacht, mich umzuziehen.*
Scott:	*Sie sehen hübsch aus. (Er weist auf das Messer und den Schläger auf dem Fußboden und fängt an, sowohl in Zeichensprache als auch in Worten zu reden) Hören Sie, ich habe einen Schläger und ein Messer auf den Boden gelegt, aber ich möchte nicht, daß Sie (zum Vater) darüber sprechen, ich will nicht, daß Sie (zur Mutter) darüber sprechen und ich will nicht, daß du (zum Neunjährigen) darüber sprichst. Ich will mit Steve darüber sprechen. Was ist das Zeichen hierfür? (Er hält einen Baseball-Schläger in die Höhe (der Sohn gibt durch Zeichen Antwort) Es ist ein Schläger. Und was ist das Zeichen hierfür? (Er nimmt das Messer auf, und der Sohn gibt durch Zeichen die Antwort) Messer. Warum*

*glauben Sie, habe ich es hierhergelegt? Warum? Warum habe ich es da
hingelegt? Was? (Steve macht Zeichen, die offenbar sagen, daß die Dinge
zufällig da seien) Nein, ich habe es da hingelegt. Ich habe das Messer
hingelegt. Warum? Was glauben Sie? Nein, ich habe es hingelegt.
Warum? (Steve macht Zeichen) Es ist für Kinder? Nein. Warum habe
ich es da hingelegt? Der Grund? Nein. Ich habe sie mitgebracht, sie
gehören mir. Ich habe sie mitgebracht und da hingelegt. Warum? Was
glauben Sie? Was? (Der Sohn lächelt und gibt Zeichen) Schlagen? Damit?
Wer? Es jemanden auf den Kopf schlagen? Schlagen? Wen? Ja, ich habe
sie mitgebracht. (Der Sohn macht das Zeichen für einen Ball) Kein Ball.
Kein Ball. Der Schläger und das Messer. Warum? (Der Sohn gibt Zeichen
und der Therapeut übersetzt) »Als ich ein kleiner Junge war, Baseball.«
(Therapeut hält das Messer hoch) Und das? Was ist damit. Warum? Sie
wissen nicht?*

Der Therapeut setzt diese Art von Befragung über zwanzig Minuten lang
fort. Der Sohn gibt sich zunächst ungezwungen und scherzt, dann wird
er zunehmend wütend. Die Aufgabe des Therapeuten ist, hartnäckig
fortzufahren, bis der Sohn reagiert und zugibt, daß er weiß, daß das Messer
und der Schläger da liegen, weil er Mutter und Schwester damit bedroht
hat. Die Eltern und der jüngere Sohn sind aufgefordert, nur da zu sitzen
und zu beobachten. Die Mutter weiß offenbar, worum es in der Befragung
geht. Der Vater ist einfach verwirrt davon. Nach ungefähr zwanzig
Minuten behauptet der Sohn immer noch seine Unschuld, wird aber
langsam wütend.

Scott: *Was? (Sohn gibt Zeichen) Ich bin verrückt? Okay, gut, gut. Das ist ein
            Grund. Ein weiterer Grund? Nein, ich bin nicht verrückt. Überlegen Sie
            ein bißchen, überlegen Sie ein bißchen.*
*(An dieser Stelle stand der Therapeut auf und verließ den Raum, um sich mit dem
Supervisor zu beraten. Die Mutter wandte sich sofort um und sprach mit dem Vater.)*
Mutter: *Du weißt, warum er die Sachen auf den Boden gelegt hat, oder?*
Vater: *Ich kann's mir vorstellen.*
Mutter: *Diese Sachen benützt er, stimmt's? Er hat sie letzte Woche benützt,
            deswegen habe ich's ihm gesagt (dem Therapeuten).*
Vater: *Was benützt?*
Mutter: *Nun, er wurde richtig böse auf mich, weil ich ihm gesagt habe, er sollte
            mehr ausgehen.*
Vater: *Was hat er benützt?*
Mutter: *Nun, er hat ein Messer genommen, er hat's nicht benützt.*
Vater: *Während ich weg war?*
Mutter: *Und dann bedrohte er Bernice (die Tochter) mit dem Schläger – es ist
            kein Schläger, ein Stock, den du sonst in der Kammer aufbewahrst.*

Jüngerer Sohn: Ein Knüppel.

Mutter: Als dann Mr. Scott anrief, habe ich's ihm erzählt, und deswegen hat er die Sachen mitgebracht.

(Der Therapeut, der die Unterhaltung hinter dem Spiegel beobachtet hatte, kommt wieder herein und setzt sich.)

Scott: (Zum Vater) Was meinen Sie? Wissen Sie, warum ich sie mitgebracht habe?

Vater: Sie hat's mir gerade erzählt.

Scott: Dann besprechen Sie es mit Steve.

Vater: (Zu Steve) Was ist letzte Woche passiert, als ich auf der Jagd war? Was ist passiert? Ja? (Der Sohn macht auf dem Kopf das Zeichen eines Geweihs, um anzuzeigen, daß der Vater jagen ging.) Nein, nein, mit Mama.

Scott: (Übersetzt) Er sagt, Mama sei nie zum Jagen gegangen.

Vater: Ja, als ich weg war, was ist da zu Hause passiert?

Scott: (Übersetzt Steve) »Nichts ist passiert, ich bin mit meinem Freund ausgegangen.«

Vater: (Zur Mutter) Er ist mit seinem Freund ausgegangen?

Mutter: Er ist überhaupt nicht ausgegangen. Er geht nur Freitagabend und Samstagabend aus.

Scott: (Zum Vater) Nur zu.

Vater: Also was ist passiert? (Als Steve mit den Achseln zuckt, wendet er sich der Mutter zu) Was ist denn passiert? Wie kam es dazu?

Mutter: Wir waren gerade beim Essen.

Vater: Ja.

Mutter: Und ich habe ihm gesagt, er sollte ausgehen.

Vater: Mm-hmm.

Mutter: Und dann wurde er böse und sagte, er wüßte nicht, wo er hingehen sollte, und ich sagte ihm, Mr. Scott habe ihm gesagt, er sollte ausgehen, wenigstens ein paar Stunden am Tag, und er wurde richtig böse und drehte sich um und nahm sich eines der kleinen Messer.

Vater: Ja.

Mutter: Und ich habe ihm gesagt, er soll es zurücklegen. Dann hat ihn Bernice angebrüllt, daß er aufhören soll. Dann ging er in die Kammer und holte dieses schlägerähnliche Ding und befahl ihr, den Mund zu halten, sonst würde er sie schlagen.

Vater: Mm-hmm.

Mutter: Dann hat sie gesagt, er solle still sein.

Scott: (Reagiert auf den lässigen Ton der Mutter) Als Sie mir das nämlich am Telefon erzählten, bin ich in ziemliche Aufregung geraten. Ich hatte Angst, als Sie mich anriefen. Als ich am Telefon mit Ihnen sprach.

Mutter: Mm-hmm.

Scott: (Übersetzt für den Sohn in Zeichensprache, während er spricht) Sie sagten, zuerst hätte Ihnen Steve mit dem Messer Angst eingejagt, und

	dann hätte Steve Ihrer Tochter mit dem Schläger Angst eingejagt. Das

dann hätte Steve Ihrer Tochter mit dem Schläger Angst eingejagt. Das erschreckt mich. Sie erschreckt es nicht.

Mutter: *Es ist nicht das erste Mal.*

Scott: *Es erschreckt Sie nicht?*

Mutter: *Nun, ich glaube, ich gewöhne mich langsam daran. Wenn etwas passieren soll, dann passiert es auch.*

Obwohl man die Frage aufwerfen könnte, wer den Ärger zwischen Mutter und Sohn am Essenstisch verursachte, ist das hier nicht Thema. Der Sinn des Ganzen ist, daß der Sohn die Verantwortung für sein Handeln übernehmen muß. Der Familienzyklus wird aufrechterhalten durch die Gleichgültigkeit und vorgetäuschte Unschuld, die der Sohn in jedweder Situation zeigt. Selbst nachdem aufgedeckt wurde, daß er seine Mutter mit dem Messer und seine Schwester mit dem Knüppel bedrohte, tut er so, als seien die Handlungen unwichtig. Nachdem er sich danebenbenommen hat, gibt er entweder vor, daß nichts geschehen sei oder gibt jemand anderem die Schuld für sein schlechtes Benehmen und tut es als alte Geschichte ab. Die Reaktion des Vaters auf die Gewaltandrohung verweist auf eine von deren Funktionen: sie hält den Vater daheim, damit er seine Frau schützt.

Vater: *Sehen Sie, ich kann ja nicht das Haus verlassen.*

Scott: *Allerdings können Sie das.*

Vater: *Die Lösung ist, daß er raus muß.*

Scott: *Aber in gutem Einvernehmen. Das ist der Unterschied. Sie sollen ihn nicht hassen, wenn er auszieht. Er soll Sie nicht hassen, wenn er auszieht.*

Mutter: *Nein, denn er hält große Stücke auf dich. Glaub mir, das tut er. Deshalb habe ich dir's nicht erzählt, als du nach Hause kamst.*

Vater: *(Vater wendet sich Steve zu und zeigt auf den Schläger und das Messer auf dem Fußboden) Warum hast du das gemacht?*

Steve steht plötzlich auf, und nimmt den Baseball-Schläger vom Boden auf. Er steht, den Schläger über dem Therapeuten haltend, da und öffnet gleichzeitig die Tür. Seine Haltung gegenüber dem Therapeuten ist deutlich bedrohend, und er gibt wütende Töne von sich, die dem Therapeuten offenbar bedeuten, er solle das Zimmer verlassen. Schließlich nimmt ihm der Vater den Schläger aus der Hand und setzt ihn hin und schließt die Tür.

Therapie ist wirkungsvoller, wenn das Problem aktiv in den Raum hineingebracht werden kann, als wenn man nur darüber spricht. Ist das Kind ein Brandstifter, so ist es nützlich, es im Zimmer ein Feuer entzünden zu lassen. Schlägt es seinen Kopf gegen den Fußboden, so soll es das auch während der Therapiesitzung tun, statt bloß darüber zu sprechen. Dieser junge Mann droht Gewalt an, daher ist es das Beste, dies in die Therapie einzubringen. Es ist ganz besonders wichtig, daß der Therapeut, nachdem er sich von seiner Furcht in dieser Situation erholt hat, gegenüber dem jungen Mann fest bleibt. Er muß die Eltern davon überzeugen, Gewaltandrohungen nicht nachzugeben, indem er selbst nicht nachgibt.

(Steve gibt Geräusche von sich und macht Gesten, daß er den Kopf des Therapeuten spalten wird.)

Mutter: *Sehen Sie, jetzt haben Sie herausbekommen, wie er wirklich ist. Er mag das nicht.*

Scott: *(Zum Vater) Aber Sie werden mit ihm fertig?*

Vater: *Ich werde mit ihm fertig.*

Mutter: *Er meint nicht mit der Faust.*

Vater: *Ich will nicht, aber wenn ich muß . . .*

Mutter: *Mach lieber nicht, was er macht. Andersherum gesagt, wenn er sich eine Keule nimmt, dann bring ihm auch nicht bei, das zu machen. Er hat 'nen miesen Charakter.*

(Steve konzentriert sich immer noch auf den Therapeuten und zeigt an, daß er das Geld nicht will, das er bei der Wette gewann.)

Scott: *Zehn Dollar. Nein, nein, nein. Sie haben die Wette gewonnen. Sie haben gewonnen.*

Vater: *Ich habe das Geld (d. h. er verfügt über die Wetteinsätze).*

Scott: *Sie gewinnen.*

Mutter: *Er ist sauer auf Sie, er will Ihre fünf Dollar nicht.*

Scott: *Er kriegt die zehn Dollar, es ist da.*

Vater: *(Nach einer langen Pause) Wir treten also in eine neue Phase ein.*

Scott: *Das stimmt, eine neue Phase.*

Mutter: *Ich bin froh, daß das vor Ihren Augen passiert ist.*

Scott: *(Übersetzt in Zeichen) Froh, daß passiert. Ich sage okay, aber mir gefällt es nicht. Ich mag es nicht, wenn Sie rübergehen und diesen Schläger nehmen. Ich mag es nicht. (Übersetzt) »Ich mache Ihnen keine Scherereien mehr. Nichts mehr, er wird nicht mehr wiederkommen. Dies ist das letzte Mal.« Wollen Sie aufhören? Das ist gut, aber ich werde Mutter sagen, daß ich es nicht mag, wenn Sie Leute erschrecken. Ich mag es nicht. Was? (Übersetzt) »Mache keine Scherereien? Ich verstehe nicht. Großmaul?« (Zur Mutter) Ist es das?*

Mutter: *(Zum Sohn) Großmaul? Ich? Weil ich es ihm sage?*

Scott: *(Übersetzt) Er spricht über den Fernsehapparat. Ging es darum? Zum Teil?*

Mutter: *Nein, das war am Montagabend, als es regnete.*

Scott: *Was geschah?*

Mutter: *Er wollte sehen, was er wollte, und Dickie (der beim Gespräch anwesende neunjährige Bruder) darf nicht sehen, was er will.*

Scott:	(Zur Mutter) Ich will Ihnen mal was sagen. Wenn Sie ihn einfach mit einem Messer und einem Baseball-Schläger da stehen lassen und weggehen, verschafft ihm das einen Grund, das nächste Mal genauso zu reagieren. Das dürfen Sie nicht durchgehen lassen. Es muß schrecklich für Sie sein.
Mutter:	Nun, sagen wir's so: Er hat mehr Kraft als ich.
Scott:	Dann müssen Sie sich an ihn (Vater) wenden.
Mutter:	Ja, ich wußte wohl, daß Sie kommen und ihm alles erklären würden, Sehen Sie, warum ich es ihm nicht gesagt habe: weil ich wollte, daß er wußte, daß Sie (Therapeut) es wußten. Ich will nicht, daß er (Vater) denkt, ich würde etwas verbergen.

(Später im Gespräch)

Scott:	(Zu Steve) Nicht damit. (Verweist auf die Waffen) Als Sie wütend auf sie wurden, haben Sie diese Dinge genommen. Das ist schlecht. Das ist schlecht. Sie können nicht einfach zum Knüppel greifen. (Zum Vater) Sie müssen das mit ihm besprechen.
Vater:	Ja.
Scott:	Gut, nur zu.
Vater:	Sehen Sie, unsere Absichten sind, ihn bis nach den Ferien daheim zu behalten. Wir haben eine Wohnung für ihn gefunden.
Scott:	Haben Sie's ihm gesagt?
Vater:	Nein.
Scott:	Sagen Sie's ihm. Sie wissen, daß das dazu gehört, wir können nicht dauernd Geheimnisse haben. Sie müssen ihm erklären, was läuft.
Vater:	Wenn wir heute abend von hier weggehen, werden wir deine zukünftige Wohnung besichtigen.

Besteht das Ziel darin, den jungen Mann von seinen Eltern loszulösen, so darf der Auszug aus dem Elternhaus nur mit Erlaubnis der Eltern vor sich gehen, und es ist das beste, den Eltern die Verantwortung für den Umzug des Sohnes zu übertragen. Die Eltern sollten entscheiden, wo er leben soll, und dem Sohn sollte abverlangt werden, daß er regelmäßig nach Hause kommt, nachdem er erst einmal ausgezogen ist. Obwohl das den Sohn von den Eltern abhängiger zu machen scheint, hat es eigentlich den gegenteiligen Effekt. Wenn die Eltern die Verantwortung für den Auszug des Sohnes innehaben, werden sie ihn gehen lassen. Ist er erst einmal mit ihrer Billigung draußen, so hat er die Chance, ein unabhängiges Leben zu entwickeln.

Scott:	Okay, Sie haben ein Zimmer und das ist gut. Das ist gut, aber Steve wird immer noch nach Hause kommen. Er wird Sie besuchen, und Sie werden die gleiche Art von Problem haben. Okay. Und daran müssen wir zuerst arbeiten. Steve sagte, daß etwas mit dem Fernseher nicht funktionieren

	würde, und Sie und Dickie wollten fernsehen, und Sie haben zwischen den Kanälen hin und her geschaltet, Sie beide, Sie und Dickie, oder? Nun (zur Mutter) sagen Sie, daß es nicht darum ging, aber es dazu gehörte, weil es das Ganze steigerte. Steve sieht es als Nörgelei. Aber Mütter haben das Recht zu nörgeln. Sicher. Und er hat das Recht zu kritisieren, aber nicht in dieser Weise (zeigt auf Messer und Schläger) und Sie müssen ihm sagen, was passieren wird, wenn diese Dinger verwendet werden.
Vater:	*Nun, wenn wir dieses Zimmer da bekommen, dann ist das ausgebügelt.*
Scott:	*Nein, das ist nicht genug. Das ist nicht genug. Besorgen Sie das Zimmer, schön, er will für sich selbst sein, und das ist gut. Aber er wird immer noch nach Hause kommen. Und es ist in Ordnung, wenn Steve wütend auf Mama wird und kritisiert und einiges sagt, aber es ist nicht recht, diese Dinger zu benutzen (Messer und Schläger). Das ist falsch, und Sie müssen ihm das klarmachen, daß das was anderes ist, was ganz anderes. Streit, Handzeichen, Mund, aber nicht das. Sie müssen das also mit ihm bereden, und ich meine, sie sollten es jetzt gleich machen.*
Vater:	*(Zum Sohn) Im Haus, da benutzt du das nicht, du sprichst, du benützt das nicht, in Ordnung?*
Scott:	*Sonst passiert was?*
Vater:	*Oh, das weiß er.*
Scott:	*Weiß er das?*
Vater:	*Dann schlag ich ihn zusammen.*
Scott:	*Sagen Sie's ihm, sagen Sie's ihm.*
Vater:	*Wenn du das benützt, dann werde ich sauer, und ich will aber nicht sauer werden.*
Scott:	*Sie werden sauer, und was passiert dann, Sie müssen ihm sagen, was dann passiert. Sie müssen es ihm sehr deutlich machen.*
Vater:	*Er weiß es ja.*
Scott:	*Sagen Sie's ihm, sagen Sie's ihm.*
Vater:	*Sieh her, wenn du sauer wirst, dann benutz nicht das da, denn wenn du diese Dinger benutzt, werden wir uns schlagen, und das möchte ich nicht.*
Scott:	*Aber Sie werden's tun, sagen Sie ihm das.*
Vater:	*Aber ich werde es tun. Sei so gut, du kannst darüber reden.*
(Steve zeigt durch Nicken seine Zustimmung an.)	
Scott:	*Sie können streiten.*
Vater:	*Du kannst streiten, aber damit – nein. Ich nehm's auch nicht, nein. Ich streite, aber nicht damit. Baby das benützen. Du Baby?*

Der Therapeut entfernte das Messer und den Schläger aus der Mitte des Raumes, und das Gespräch wurde fortgesetzt. In der nächsten Woche zog der Sohn in eine eigene Wohnung. Er besuchte das Elternhaus regelmäßig. Die Eltern überlebten seine Abwesenheit und behandelten ihn mit mehr Respekt, wenn er in Schwierigkeiten geriet. So wurde der junge Mann z.

B. nicht lange, nachdem er ausgezogen war, in eine Drogengeschichte verwickelt, und die Eltern ließen ihn das Problem selbst lösen.

(Ein späteres Therapiegespräch)

Vater: *Diese Klinik rief an und man sagte uns, er stehe unter Drogen. »Er steht unter Drogen?« sagte ich. »Oh ja,« sagte die Frau: »Ich glaube, er steht unter Drogen.« Und sie wollten, daß ich hinfahre und ihn abhole.*

Scott: *Und Sie sagten . . .?*

Vater: *»Wie er da reingekommen ist, so lassen Sie ihn wieder rauskommen.«*

Scott: *Schön. (Zur Mutter) Was meinen Sie dazu?*

Mutter: *Ich war nicht daheim.*

Scott: *Nun, nehmen wir mal an, Sie wären daheim gewesen. Stellen wir uns einfach die ganze Sache vor: Sie haben den Anruf bekommen.*

Mutter: *Ich würde ihnen sagen, sie sollen ihn in sein Zimmer zurückschicken, er hat ein Zimmer, er wohnt nicht mehr hier.*

Das war das letztemal, daß der junge Mann mit Drogen in Schwierigkeiten geriet. Der Therapeut traf die Familie weiterhin, um sicherzustellen, daß sowohl Sohn als auch Eltern die Ablösung gut überstanden. Bei einer Nachuntersuchung nach drei Jahren lebte der junge Mann immer noch außerhalb des Elternhauses und war nicht rehospitalisiert worden.

Kapitel 11
Gelöste und ungelöste spezielle Fragen

Aus praktischen Gründen wird hier für die Familien gestörter Jungendlicher ein unkomplizierter, einfacher therapeutischer Ansatz empfohlen. Komplexe Techniken können zwar von Meistertherapeuten riskiert werden, aber der Durchschnittstherapeut wird mit einfachen Techniken am besten fahren. Das zwischenmenschliche Geschick, mit dem diese Familien die Stabilität aufrechterhalten, muß respektiert werden. Ruft der Therapeut eine beginnende Veränderung in solchen Familien hervor, so wird er einem Test unterzogen. Jedwede Schwächen, Heucheleien und wunde Punkte in seiner beruflichen Stellung, seiner Kompetenz und seinem Charakter werden auf unvorhergesehene Proben gestellt, und oft weiß er nicht so recht, was ihm eigentlich widerfahren ist. Dagegen wird der Therapeut mit einem unkomplizierten Ansatz in der Lage sein, seine Orientierung aufrechtzuerhalten und seine Verfahrensweisen zu verteidigen und zu verfolgen.

Komplexe Techniken, wie etwa der Einsatz von Paradoxen, sollen hier als mit Vorsicht zu benützende Variationen besprochen werden. Ich werde auch verschiedene Probleme in der Therapie diskutieren sowie Möglichkeiten, wie der Therapeut mit ihnen zu seinem Vorteil fertig werden kann. Die Verfahrensweisen und Phasen bei diesem Therapieansatz sind für den Umgang mit Leuten konstruiert, die nicht nur im zwischenmenschlichen Bereich sehr geschickt sind, sondern auch dazu neigen, in Extreme zu verfallen.

Paradoxe Interventionen

Familien, in denen ein Mitglied zu bizarrer und extrem abweichender Kommunikation fähig ist, haben größeres Geschick und mehr Erfahrung mit paradoxer Kommunikation als andere Leute. Die Familie ist an konfligierende Ebenen von Botschaften gewöhnt. Wenn ein junger Mensch seiner Mutter eine Muttertagskarte schickt, auf der steht: »Du warst immer wie eine Mutter zu mir«, so muß seinem Geschick in der Kommunikation Achtung gezollt werden[1]. Obwohl die Familie geschickter mit Paradoxen umgehen kann als der Durchschnittstherapeut, so ist sie doch für einfache unkomplizierte Überredung, so wie sie hier empfohlen wird, anfällig.

Paradoxe Interventionen sind bei einer großen Vielfalt therapeutischer Probleme äußerst nützlich; daher sollte es zur Ausbildung jedes Therapeuten gehören, daß er sich Fertigkeiten im Umgang mit Paradoxen erwirbt. Sogar bei den Familien Süchtiger und Depressiver könnte der durchschnittliche Therapeut Paradoxe verwenden. Der Einsatz von Paradoxen bei Verrückten ist ein besonderer Fall – nicht weil die Verrückten so verletzlich sind, sondern weil sie auf ein Verhaltensrepertoire zurückgreifen können, das außerhalb dem anderer Leute liegt.

Es soll hier kein Überblick über den Einsatz von Paradoxen in der Therapie gegeben werden, jedoch können ein paar für verrückte junge Leute relevante Bemerkungen angebracht werden. Es kommt fast immer zu einer extremen Reaktion auf eine paradoxe Intervention, ob nun ein Therapeut das Paradox selbst auferlegt oder die Familienmitglieder auffordert, sich gegenseitig Paradoxe aufzuerlegen[2]. Wenn ein Therapeut eine helfende Beziehung herstellt und innerhalb dieses Rahmens die Person oder die Familie ermutigt, im alten Zustand zu verharren oder ihn noch schlimmer zu machen, so trifft ihn meistens eine extreme Reaktion, auf die er gefaßt sein muß. Die Reaktion kann noch extremer sein, wenn der Therapeut die Familienmitglieder auffordert, sich gegeneinander paradox zu verhalten. So kann ein Ehepartner ein Symptom nicht fortsetzen, das der Kontrolle des anderen Partners diente, wenn dieser Partner dieses Verhalten fördert, und es muß mit sich rasch verändernden Beziehungen und unvorhersagbaren Reaktionen innerhalb des Familiensystems gerechnet werden. Ich habe Therapeuten empfohlen, Paradoxe nur mit Vorsicht zu benutzen und einer konsequenten Abfolge von Phasen zu folgen[3].

Der Einsatz von Paradoxen bei Verrückten hat eine lange Geschichte und funktioniert am besten, wenn der Therapeut besonders geschickt ist und Kontrolle über die Reaktion des Klienten hat. So forderte z. B. *John*

1 *J. Haley*, »The Family of the Schizophrenic: A Model System,« J. Nerv. Ment. Dis., 1959, 129, 357-374.

2 J. Haley, Gemeinsamer Nenner Interaktion, München: Pfeiffer, 1978.

3 *J. Haley*, Direktive Familientherapie. Strategien für die Lösung von Problemen, München: Pfeiffer, 1977.

Rosen einen genesenden Klienten auf, sein symptomatisches Verhalten an den Tag zu legen – er forderte einen halluzinierenden Patienten auf, zu halluzinieren[4]. Er berichtete, daß er im Zuge der Besserung des Patienten darauf bestand, daß dieser Stimmen hinter der Lampe hören solle, wie er das einmal gemacht hatte. Der Patient weigerte sich und hörte zu halluzinieren auf.

Man kann auch weniger das Symptom selbst als vielmehr ein symptomatisches Thema fördern. So hatte es zum Beispiel *Milton H. Erickson* mit einem Patienten zu tun, der sich in ein Bettlaken kleidete und darauf bestand, daß er Jesus Christus sei. *Dr. Erickson* sagte: »Ich verstehe, Sie haben also Erfahrung als Schreiner.« Der junge Mann mußte zustimmen und leistete bald darauf konstruktive Arbeit als Schreiner[5].

Paradoxe kann man für die Beziehung der Problemperson zu einer anderen Person, für jede beliebige Beziehung innerhalb der Familie, für systematisches Verhalten in der ganzen Familie einsetzen. Man kann zum Beispiel herausfiltern, daß der junge Mensch sich selbst opfert, indem er Unruhe stiftet, wann immer die Eltern Eheschwierigkeiten haben. Die gleiche Verhaltenssequenz kann man anders interpunktieren, wenn man die Eltern anweist, mit Trennung zu drohen, wenn der junge Mensch Fortschritte macht. Dann muß nämlich der junge Mensch scheitern, damit sie zusammenbleiben, um ihm zu helfen. Manchmal kann solches Verhalten im Therapiezimmer durchgespielt werden. Der Therapeut muß einen wohlmeinenden Grund dafür angeben, daß er solches Verhalten von der Familie fordert. Er muß es so formulieren, daß die Familienmitglieder einander damit helfen oder ihre Probleme besser verstehen würden. Er muß auch auf unerwartete Reaktionen gefaßt sein.

Die Mailänder Paradoxe

Eine Gruppe unter Leitung von *Mara Selvini* in Mailand hat sich auf den Einsatz von Paradoxen bei gestörten Familien spezialisiert[6]. Die Gruppe hat ein Buch herausgebracht, das ihre innovativen und erfindungsreichen Techniken beschreibt. Man könnte die Ansicht vertreten, daß ihr Theorieteil, der die Organisationstheorie nicht erwähnt, keinen adäquaten

---

4 *John N. Rosen*, Direct Analysis, New York: Grune & Stratton, 1952
5 *J. Haley*, Die Psychotherapie Milton H. Ericksons, München: Pfeiffer, 1978.
6 *M. Selvini-Palazzoli, L. Boscolo, G. Cecchin & G. Prata, Paradoxon* und Gegenparadoxon, Stuttgart: Klett, 1977.

Rahmen für ihre therapeutischen Verfahren liefert, die darauf abzuzielen scheinen, Veränderungen in der Organisation herbeizuführen. Doch ist die Therapie ungewöhnlich und gut beschrieben. Die Autoren untersuchen die Familiensituation mit großer Sorgfalt, bevor sie eine besondere Intervention wählen. Oft schreiben sie die Intervention nieder, damit die Familie sie liest und sie daher nicht vergessen oder verfälschen kann. Bei einem Beispiel geht es um eine zwanzigjährige Tochter, die ihre Familie mit Wahnvorstellungen und psychotischem Verhalten dominierte, wodurch sich eine in ihrem Funktionieren gestörte Familienhierarchie ergab. Die Therapeuten gelangten zu dem Schluß, daß sie einen tyrannischen Vater mimte, der sich von ihrem eigenen schwachen und kraftlosen Vater abhob. Daher konnte sie zur väterlichen Autorität in der Familie aufsteigen. Ein Schritt bei der Therapie war, daß sie aufgefordert wurde, die Verfügungsgewalt in der Familie zu übernehmen, und die Familie wurde angewiesen, bei allem erst um die Erlaubnis der Tochter zu bitten. Die Therapeuten erklärten, daß sie, obwohl sie den Vorstellungen der Tochter nicht zustimmten, ihre ehrliche Überzeugung und die Opferung ihrer Jugend und Weiblichkeit aufgrund dieser Überzeugung respektierten. Sie sagten auch, sie könnten sie nicht auffordern, die Verfügungsgewalt zu übernehmen, da sie diese ja schon innehätte (eine paradoxe Definition der Hierarchie, da sie ihr ja bereits die Verfügungsgewalt übertragen hatten). Die Familie reagierte auf diese paradoxe Intervention mit einer Besserung, und die Therapeuten förderten weiterhin das Verhalten, das sie zu ändern wünschten.

Therapeuten sollten die Arbeit der Mailänder Gruppe studieren und sorgfältig deren sozialen Kontext untersuchen, bevor sie versuchen, ihren Ansatz zu replizieren. Einige der Hauptpunkte können kurz zusammengefaßt werden:

1. Die Familien, die sie auswählt, sind nicht die zufällige Sammlung, die man in Therapiezentren oder Nervenkliniken antrifft, sondern vielmehr eine ausgelesene Gruppe. Nur wenige der Familien, die sie beschreibt, haben das Problem, daß der Auszug junger Menschen ansteht, daher liegt der Fokus nicht auf der Loslösung des jungen Menschen von der Familie.

2. Die Familien kommen meistens aus einiger Entfernung und unter einigen Opfern, um in die Therapie aufgenommen zu werden. Daher stoßen die therapeutischen Anweisungen auf hohe Investitionen seitens der Familie.

3. Meistens ist die Familie aufgefordert worden, sich von anderen Therapeuten und Quellen therapeutischer Unterstützung fernzuhalten. Daher ist es ihr nicht möglich, das Angebotene abzulehnen, indem sie sich anderen beteiligten Therapeuten zuwendet.

291

4. Die Familie präsentiert das Problem und erhält ein langes Interview und eine sorgfältige Beratung von mehreren Autoritäten. Die Direktive, die dieser Beratung entspringt, hat Durchschlagskraft. Die Experten haben die Situation sorgfältig untersucht und kommen zu einer einstimmigen Schlußfolgerung.

5. Die Familie sieht den Therapeuten einen Monat lang nicht mehr, und der Therapeut reagiert auf Krisen oder Notfälle nicht mit einer Therapiesitzung. Deswegen kann die Familie nicht mit einer unmittelbaren Reaktion auf die Direktive zurückkommen. Dies steht im Gegensatz zur Verfahrensweise, die Familie täglich oder wöchentlich zu sehen, wobei der Therapeut immer verfügbar und abrufbereit ist (und daher eher verwundbar).

Der Durchschnittstherapeut, der in einer Situation arbeitet, in der er es mit Vertretern sozialer Kontrolle zu tun hat, mit Kollegen, die Macht über seinen Fall haben, mit Verwaltern seiner Klinik, denen sich die Familienmitglieder über seinen Kopf weg zuwenden können, mit einem regelmäßigen Therapieplan, unerwünschten Medikamenten und Familien, die nur halbherzig beteiligt oder unengagiert sind – dieser Therapeut sollte solche paradoxen Interventionen nur mit Vorsicht angehen. Eine paradoxe Intervention ist nur so wirksam wie die Fähigkeit des Therapeuten, mit der Reaktion umzugehen: paradoxe Therapie ist nicht eine einzelne Intervention, sie ist eine Abfolge von Interventionen und Reaktionen.

Ein bewundernswerter Faktor beim Ansatz der Mailänder Gruppe ist die sorgfältige Beachtung, die sie der Familiensituation schenkt. Sie geht davon aus, daß das verrückte Verhalten funktional und veränderbar ist; sie geht davon aus, daß sie es verändern kann, wenn sie die richtige Intervention auswählt; und sie plant das Timing der Anweisung und die Art und Weise, wie sie gegeben werden soll, ebenso wie sie die Intervention selbst plant.

Beispiel einer paradoxen Intervention

Beim folgenden Beispiel wurde eine paradoxe Intervention angewandt, und zwar – wie es oft der Fall ist – nachdem eine Vielzahl einfacher Versuche, etwas zu verändern, vereitelt worden war. Ein zwanzigjähriger Mann war schon bei einer Vielzahl von Stellen in Therapie gewesen, darunter auch in Familientherapie. Die Familie trat bei *Dr. Gary Lande* in Therapie – und zwar im Rahmen einer Live-Supervision – und hatte an einer Reihe von Sitzungen teilgenommen. Das vorrangige Problem war die Apathie des jungen Mannes, der unlängst aus einer Nervenklinik entlassen worden war. Obwohl er ein gesunder, athletisch aussehender junger Mann war, wollte er einfach nicht arbeiten oder studieren. Es waren noch zwei jüngere Kinder da, die sich einigermaßen gut machten. Die Mutter war eine stille zurückhaltende Frau. Der Vater war ein rundlicher unbeholfener Mann, der außerstande war, irgend etwas vom Sohn zu verlangen, und ihm jedes Versagen nachsah. Der Vater war Inhaber eines Familienbetriebes, den er geerbt und nie gemocht hatte, und er wollte, daß der Sohn darin arbeitete. Der Sohn weigerte sich, indem er dort hinging und einschlief.

Die Familie hatte einen Termin gesetzt, von dem an der Sohn nach Arbeit suchen sollte, und es wurden ihm Konsequenzen angedroht, falls er das nicht machen würde. Aber als der Sohn sich weigerte, Arbeit zu suchen, brach der Vater zusammen und war außerstande, die Konsequenzen durchzuführen. Alle direkten Pläne der Eltern und des Therapeuten scheiterten infolge der Unfähigkeit des Vaters, gegenüber dem Sohn in irgendeiner Weise hart zu bleiben. Vom Sohn war verlangt worden, daß er im Haus ein paar vereinzelte Arbeiten erledigte, aber im Grunde tat er den ganzen Tag nichts. Nachdem man es mit einer Vielzahl von Verfahren versucht hatte, beschloß man, eine paradoxe Technik anzuwenden. Die erste Phase jenes Verfahrens bestand darin, das Wohlmeinen des Vaters zu akzeptieren und ihn zu fragen, ob er bereit sei, seinem Sohn zu helfen. Er antwortete, er sei bereit. Daraufhin bat ihn der Therapeut, sich damit einverstanden zu erklären, etwas zu tun, das garantieren würde, daß sich der Sohn Arbeit sucht. Dieses »etwas« sei gut für den Vater. Jedoch würde der Vater nicht wissen, worum es sich bei dem »etwas« handele, bevor er sich nicht damit einverstanden erkläre. Man gab ihm eine Woche Zeit, um es sich zu überlegen. Der Vater hatte Bedenken, sich mit einer »Katze im Sack« einverstanden zu erklären, aber stimmte schließlich wegen der Garantie, daß sein Sohn arbeiten gehen würde, zu. Diese Art von Anweisung wird öfter befolgt, wenn sie mit Verzögerung gegeben und im voraus ein Versprechen abverlangt wird. Die Betonung auf dem garantierten Erfolg ermutigt die Leute auch, ihr zu folgen, um dem Therapeuten nachzuweisen, daß er falsch liegt, da sie ja alles versucht haben und glauben, daß nichts das Problem lösen kann.

Der Therapeut brachte den Vater dazu, sich mit allem einverstanden zu erklären, was der Therapeut sagte, falls der Sohn sich in der Woche keinen Job besorgen würde. In der folgenden Woche kamen die Eltern mit dem Sohn herein und berichteten, er habe sich nicht nach einer Arbeit umgesehen.

Lande:	Das ist ja ganz außergewöhnlich.
Vater:	Was ist außergewöhnlich?
Lande:	Daß ein junger gesunder – (Zum Sohn) Stehen Sie doch mal einen Moment auf. (Der Sohn macht das. Er ist ein athletisch aussehender junger Mann.) Daß ein junger gesunder Football-Spieler (er hatte an der High School Football gespielt) zwei Wochen lang nicht imstande ist – ja, sich nicht mal nach einem Job umsieht, also das ist wirklich ein ganz außergewöhnliches Kunststück.
Vater:	Es ist nicht so, daß er zwei Wochen zugebracht hat, ohne sich nach einem Job umzusehen. Er hat's letzte Woche versucht.
Lande:	Wieviel Zeit hat er zugebracht, ohne sich umzusehen?
Mutter:	Eine Woche.
Vater:	Eine Woche.
Lande:	Eine Woche, ohne sich umzusehen?
Vater:	Ja.
Lande:	Das ist ja eine Investition.
Vater:	Stimmt. (Zum Sohn) Hast du dich in der ersten Woche, wo du dich umgesehen hast, entmutigen lassen?
Sohn:	Nein.
Vater:	Nein?
Sohn:	Nein. (Der Sohn unterstützt den Vater nie, wenn dieser versucht, Entschuldigungen für den Sohn zu finden. Er lehnt es einfach ab, sich nach einem Job umzusehen.)
Lande:	Das ist gut, Eric. Passen Sie auf, was Ihr Vater jetzt tun wird.
Vater:	Ihn entschuldigen?
Lande:	(Lacht mit der Mutter) Er ist zu schwach, und er ist zu klein, und er ist zu . . .
Sohn:	Er versucht mich zu verstehen, er versucht mich zu verstehen.
Lande:	Er versucht zu verstehen. Er ist ein netter Kerl.
Sohn:	(Lacht) Nun . . .
Lande:	Sie wollen nicht auf den einen möglichen Gedanken kommen.
Vater:	Was?
Mutter:	Was?
Sohn:	Oh nein, nein, nein, nein, das ist wahr. Ich bin faul.
Mutter:	Ja.
Sohn:	Das ist wahr.
Lande:	Aber das will er ja gerade nicht sagen, daß Sie vielleicht faul sind. Er wird sagen, Sie seien zu dies und zu das. Und Sie haben ja auch diese sehr komplexe psychiatrische Geschichte hinter sich.
Vater:	Stimmt.
Lande:	Gott bewahre, daß er sagt, Sie seien faul.

Es ist offenkundig, daß die Familie keine »Einsicht« in ihre Verhaltensweisen braucht. Sie hatte schon eine ganze Reihe von

294

Therapeuten, die ihr diese vermittelt hatten. Hier hat sie mühelos die Auffassung des Therapeuten vorweggenommen, nämlich daß der Vater den Sohn entschuldigen und nie sagen wird, er sei faul. Später im Gespräch wird die Anweisung gegeben.

Lande: Nun zu unserer Abmachung für letzte Woche, worauf Sie ja schon warten.

Vater: Ja.

Lande: Es ging um etwas, was Sie für sich selbst tun müßten, falls Eric nicht zu arbeiten anfängt, das ist etwas zwischen Ihnen und mir. Sie erinnern sich an unsere Abmachung?

Vater: Ja.

Lande: Ja. Und darüber wollen wir jetzt sprechen.

Vater: Gut.

Lande: Okay. Wann hatten Sie Ihre letzte ärztliche Untersuchung?

Das Gespräch dreht sich nun um die körperliche Gesundheit des Vaters. Er hat Übergewicht und raucht zwei oder drei Schachteln Zigaretten am Tag. Bei seiner letzten Untersuchung hatte ihn der Arzt aufgefordert, abzunehmen und weniger zu rauchen.

Lande: Zu unserer Abmachung für letzte Woche gehörte, daß Sie etwas machen müssen, das zwar machbar ist, aber schwer – falls Eric nicht arbeitet. Okay? Was ich von Ihnen will: Sie sollen etwas machen, damit Sie wieder in Form kommen.

Vater: Gut.

Lande: Ich bestätige also hier noch mal, was Ihr Arzt bei Ihrer letzten Untersuchung gesagt hat, daß Sie nämlich zu viel Übergewicht haben, als Ihrem Alter und Ihrer Gesundheit zuträglich ist.

Vater: Stimmt.

Lande: Ich bin auch Mediziner, und glaube, daß es dafür keinen Grund gibt.

Vater: Gut.

Lande: Ich will also aufgrund unserer Abmachung folgendes. Sie sollen morgen mit einem Programm anfangen, das ich Ihnen jetzt umreißen werde, mit Hilfe dessen Sie in bessere körperliche Verfassung kommen sollen. Fangen Sie an, besser auf Ihren Körper zu achten. Zum Teil dadurch, daß Sie abnehmen, und zum Teil dadurch, daß Sie auf Ihre Lunge aufpassen und Schwierigkeiten mit der Lunge vermeiden, indem Sie etwas gegen das Rauchen tun. Okay? Und zwar wird das ein Programm sein, das so lange dauert, bis Eric arbeitet. Wenn es dazu kommt, so ist dies das Ende unserer Abmachung.

Sohn: Das würde also bedeuten, falls ich nicht arbeite – (Pause) – je mehr ich mich zu arbeiten weigere, in eine umso bessere Verfassung kommt er. (Kratzt sich am Kopf) Nun, das ist – Okay – heißt das . . .?

Lande:	*Das ist eine Sache zwischen Ihrem Vater und mir. Wieviel Pfund Übergewicht haben Sie?*
Vater:	*Ich gehe auf die zweihundertdreißig Pfund zu.*
Lande:	*Und wieviel dürften Sie wiegen?*
Vater:	*Hundertfünfundachtzig, hundertneunzig. Ich habe gute vierzig Pfund Übergewicht, fünfundvierzig Pfund.*

Das war die Einführung der paradoxen Intervention. Man sollte registrieren, daß der verrückte Sohn sofort deren Bedeutung erkannte. Er sagte: »Je mehr ich mich zu arbeiten weigere, in eine um so bessere Verfassung kommt er.«

Es wurde angenommen, daß die Weigerung des Sohnes, arbeiten zu gehen, eine Methode sei, seinem Vater zu helfen und »ihn in Form zu halten«. Der Vater konnte dadurch, daß er sich auf den scheiternden Sohn konzentrierte, es vermeiden, sich mit Problemen in seinem Leben und seiner Ehe zu befassen. Geht man davon aus, daß der Sohn zum Wohle des Vaters nicht arbeitete, so stellt es eine paradoxe Anweisung dar, wenn man ihn auffordert, zum Wohle des Vaters nicht zu arbeiten.

Mit dieser Intervention hat der Therapeut Erfolg, ganz gleich, welche von mehreren Möglichkeiten eintritt. Geht der Sohn nicht arbeiten, so kommt der Vater in Form, indem er abnimmt und zu rauchen aufhört; von daher wird er profitieren und eher fähig sein, Autorität in der Familie auszuüben. Geht der Sohn unter dem Druck des Vaters, der essen und rauchen will, arbeiten, so profitiert der Sohn. Versucht der Vater, bei der Diät zu bleiben und nicht zu rauchen, scheitert aber, so wird seine Behauptung, sein Bestreben richte sich nur darauf, dem Sohn zu helfen, nicht mehr stichhaltig sein, da er nicht einmal diese einfache Aufgabe durchführt, um ihm zu helfen. Die unglückselige Nähe zwischen Vater und Sohn wird zerstört werden, und dem Sohn wird geholfen werden, sich von den Eltern loszulösen. Der Therapeut bemüht sich weiter, sicherzustellen, daß die Aufgabe auch durchgeführt wird.

Lande:	*Was er machen wird – und deshalb spreche ich jetzt mit Ihnen (der Ehefrau) – er wird verschiedene Gründe anführen, warum er das nicht machen kann. Weil er sich selbst nicht am wichtigsten ist. Okay? Aber er ist ein Gentleman und ein Mann, der sein Wort hält, und er hat eine Abmachung mit mir. Ich berate mich also mit Ihnen, weil – sähen Sie es gerne, wenn Ihr Mann, ich meine wenn er weiter so raucht, dann ist er in ein paar Jahren . . .*
Mutter:	*Alle machen sich Sorgen.*
Lande:	*Sie machen sich also Sorgen um ihn.*
Mutter:	*Ja.*

Lande: *Sie hätten also nichts dagegen, etwas dazu beizutragen, ihn ein bißchen*
              gesünder zu machen?
Mutter: *Nein, ich hätte nichts dagegen.*

Indem der Therapeut als Teil des Planes der Mutter eine Aufgabe überträgt, ermutigt er den Vater noch mehr, der Anweisung zu folgen.Je mehr Familienmitglieder an einer Aufgabe beteiligt sind, desto eher wird sie ausgeführt. Der Mutter wird die Aufsicht über die Diät des Mannes übertragen. Später kommt der Therapeut auf das Rauchen zu sprechen.

Lande: *Sie rauchen zwischen zwei und drei Schachteln Zigaretten am Tag?*
Vater: *Ja.*
Mutter: *Mm-hmm.*
Vater: *Drei Schachteln. Es gibt nur eine Möglichkeit, wie ich zu rauchen*
              aufhören kann, und damit ist Pustekuchen. Ich kann nicht aufhören –
              und reduzieren, das funktioniert nicht.Entweder ich höre auf, oder –
              wenn ich etwa sage, zehn oder fünf Zigaretten am Tag, das haut bei mir
              nicht hin.
Lande: *Was passiert dann?*
Vater: *Ich denke den ganzen Tag an eine Zigarette.*
(Nach der Diskussion formuliert der Therapeut die Aufgabe in bezug auf Zigaretten)
Lande: *Sie sind ein Mann, der sich selbst richtig beschreibt und dabei immer*
              ehrlich ist. Teil unserer Abmachung ist es – und das ist der letzte Teil –
              ich habe sonst nichts mehr auf Lager – daß sie ab Mitternacht keine
              Zigaretten mehr rauchen. Bis Ihr Sohn arbeiten geht. Es liegt also ganz
              bei Ihnen, was Sie unternehmen wollen.
Vater: *Er (der Problemsohn) weiß, daß ich ziemlich unausstehlich bin, wenn ich*
              nicht rauche und wenn ich Diät halte. Er weiß das, er weiß das. Mir
              brennt dann leicht die Sicherung durch. (Zum Sohn) Du verstehst das?
              Du besorgst dir besser eine Arbeit! (Alle lachen) Oder gehst mir aus dem
              Weg.

Mit dieser Instruktion ist die paradoxe Intervention vollständig. Der Sohn, der sonst seinem Vater hilft, indem er versagt, wird aufgefordert, zu versagen, um seinem Vater zu besserer Gesundheit zu verhelfen. Wie vorauszusehen, ist der Vater auf seinen Sohn wütend, weil dieser nicht arbeitet – jedesmal, wenn er eine Zigarette möchte, denkt er, daß der Sohn sie ihm vorenthält – , während er gleichzeitig einzugestehen gezwungen ist, daß es gut für ihn ist, wenn der Sohn nicht arbeitet, und zwar deshalb, weil er dadurch abnimmt und zu rauchen aufhört. Die Mutter, die will, daß der Sohn arbeiten geht, freut sich, daß der Vater abnimmt und nicht raucht, was enden wird, wenn der Sohn arbeiten geht.

Das Ergebnis war, daß der Vater die folgende Woche weiterhin Diät hielt und nur in verzweifelten Momenten ein paar Zigaretten rauchte. Der Sohn ging nicht arbeiten. In der darauffolgenden Woche besorgte sich der Sohn einen Job als Tellerwäscher in einem Restaurant. Der Vater ging von der Diät ab und begann zu rauchen.

Dieses Ergebnis erfüllte das Ziel, den jungen Mann zum Arbeiten zu bringen. In diesem Sinne war die paradoxe Intervention erfolgreich. Wenn man jedoch Paradoxe bei solchen Familien einsetzt, muß man ihre Geschicklichkeit im Auge behalten und sich die langfristigen Ergebnisse ansehen. Nur allzu oft fragt man sich später, ob man ausmanövriert wurde. In diesem Fall besorgte sich der Sohn einen Job und behielt ihn monatelang, aber der Job lag unter seinen Fähigkeiten. Er war ein Versager, und zwar in dem Sinne, als er keine Arbeit hatte, die dem Mittelschichtstatus der Familie entsprach. Daher wurde er von seiner Familie nicht als normal oder erfolgreich definiert, sondern als Behinderter, der einer Arbeit, die unter seinem Niveau lag, nachging. Die Tatsache, daß der Sohn eine Arbeit hatte, entfernte allerdings den Druck von der Familie, da diese weitgehend wegen ihres Bedürfnisses, einen Sohn außer Haus zu haben, der arbeitete, in die Therapie kam. Als der Sohn arbeitete, verlor die Familie allmählich das Interesse an der Therapie. Es war schwierig, sie weiterhin einzubeziehen, und wenige Wochen später sagte sie, sie habe ihr Ziel erreicht, und beendete die Therapie.

Bei einer Nachuntersuchung im darauffolgenden Jahr war zu erfahren, daß die Familie den Sohn zu einer Vitamintherapie brachte, weil er immer noch gestört war. Der Erfolg der Therapie war auf lange Sicht nicht befriedigend, trotz des kurzlebigen Erfolgs mit Hilfe der paradoxen Intervention.

Beschuldigung der Eltern

Da hier hervorgehoben wird, daß die Familien schwer gestörter junger Leute im interpersonalen Bereich sehr geschickt sind, könnte man fragen: »Wenn sie so gescheit sind, warum befinden sie sich dann in solchen Schwierigkeiten?« Man kann das Geschick solcher Familien respektieren und sich dennoch bewußt sein, daß sie im allgemeinen infolge therapeutischer Fehler schlecht gefahren sind. Die Feindseligkeit, die Therapeuten gegenüber solchen Eltern an den Tag legen, war bemerkenswert. Irgendwie gelangten diese Therapeuten zu der Ansicht, daß sie die Verantwortung für den Patienten hätten und daß die Familie einfach ein unglückseliges Handikap sei. In der Vergangenheit war es nicht ungewöhnlich, daß ein Therapeut nur mit der jungen Problemperson Therapie machte und die Eltern aufforderte, sich da herauszuhalten und bloß die Rechnung zu bezahlen. Die Beschuldigung der Eltern und der Versuch, eine »Entelterung« vorzunehmen, erzeugten sinnloses Elend und unnötige Verzweiflung. Bei einem solchen Ansatz scheiterte gewöhnlich die Therapie mit dem jungen Menschen, manchmal in tragischer Weise[7].

Dies bedeutet, daß Eltern, die bei einem Experten um Hilfe nachsuchten, oft beschuldigt und abgelehnt wurden und nach beträchtlichen finanziellen Aufwendungen immer noch mit ihrem Problemkind litten, bei dem keine Besserung eingetreten war. Oft suchten die Eltern wegen eines Kindes, das sich schlecht aufführte, um Hilfe nach und endeten mit einem irreversiblen neurologischen Problem, zu dem es infolge der von dem Experten angewandten antipsychotischen Medikamente kam, dessen Ausbildung ihm nichts anderes beibrachte, als Medikamente einzusetzen. Die Spätdyskinesie, der Tremor der Hände und die zwangartigen Bewegungen der Zunge waren zum Markenzeichen psychiatrischer Behandlung durch Medikamente geworden. Außerdem wurden die Eltern oft durch verschiedene Experten verwirrt, die zu unterschiedlichen Verfahren rieten und differierende Diagnosen und Prognosen anboten, so daß niemand zu wissen schien, was er eigentlich machte. Ich erinnere mich an eine Familie mit einer achtzehnjährigen Tochter, die nach Eintritt in die Universität depressiv und gestört wurde. An der High School war sie eine brillante Schülerin gewesen, und sie verfügte über eine Reihe von Stipendien. Die Eltern, die selbst Akademiker und Intellektuelle mit Erfahrung in psychodynamischer Therapie waren, folgten dem ärztlichen Rat und gaben das Mädchen in eine psychiatrische Klinik. Nachdem sie sie dort beobachtet hatten, gelangten sie zur Ansicht, daß es ihr dort immer schlechter gehe, und nahmen sie mutig gegen den ärztlichen Rat und inmitten von Warnungen des Personals über die Selbstmordgefahr aus der Klinik heraus. Man riet ihnen, sie sollten sie zu einem bestimmten Psychiater bringen, und das machten sie dann auch. Unglücklicherweise lag seine Praxis weit ab vom Elternhaus und von dem Ort, an dem die Tochter studierte. Sie brachten die Tochter daher im Haus ihrer Großeltern unter, von wo aus sie nur eine Stunde Fahrzeit zum Psychiater benötigte. Dort konnte das Mädchen keine Schule besuchen oder arbeiten und hatte

---

7 Zur tragischen Geschichte einer durch orthodoxe Verfahren mißhandelten Familie siehe *James A. Wechsler*, In a Darkness, New York: Ace Books, 1972.

keine sozialen Kontakte, und sie saß untätig im Haus herum. Zweimal in der Woche ging sie zum Psychiater und sprach darüber, wie depressiv sie sei. An den Wochenenden pflegte sie ihre Eltern zu besuchen und untätig in deren Haus herumzusitzen. Wie sie immer depressiver wurde, wurden die Medikamente erhöht und neue Arten von Medikamenten versuchsweise angewandt. Sie wurde noch mehr verstört und depressiv. Ihr Psychiater erwog, sie zu hospitalisieren, entschied sich dagegen, und riet dann den Eltern, betreffend der Hospitalisierung einen weiteren Psychiater beizuziehen. Es wurde ein Termin bei einem Gutachter vereinbart, und vor dem Arztbesuch besserte das Mädchen sich. Die Eltern holten trotz der Besserung Rat ein, und der zweite Psychiater riet ihnen, sie in einer privaten Nervenklinik unterzubringen. Der erste Psychiater hatte Bedenken, aber wollte nichts gegen den Gutachter sagen, den er selbst empfohlen hatte. Die Eltern wußten nicht, was sie machen sollten, da es dem Mädchen jetzt besser ging und sich ihr Zustand vorher in der Klinik verschlechtert hatte. Die Eltern waren auch intellegent genug und gingen nicht gleich auf eine Ärzte-Tour, was ihnen nur noch mehr widersprüchliche Ratschläge eingebracht hätte.

Die soziale Situation des Mädchens war deprimierend, wurde aber von den Eltern und den Psychiatern als sekundär und irrelevant angesehen. Die Theorie besagte, daß das Mädchen infolge innerer Konflikte depressiv sei. Nur die Großeltern sagten, man könne ja damit rechnen, daß ein achtzehnjähriges Mädchen depressiv wird, wenn es die ganze Woche untätig herumsitzt und keinerlei Pläne für irgend etwas hat. Doch sie konnte nicht an die Universität zurück, da sie außerstande gewesen wäre, zu ihrem Psychiater zu fahren, und so die Therapie aufs Spiel gesetzt hätte. Außerdem zögerten die Eltern, irgend etwas von ihrer Tochter zu verlangen, weil ihnen mehr als ein Psychiater, die sie beigezogen hatten, gesagt hatten, sie seien zu streng und rigide zu ihr gewesen und sie sei infolge innerer Konflikte, die entstanden, weil sie ihren früheren Forderungen nicht gerecht wurde, depressiv. Die Eltern dachten, sie seien zu permissiv gewesen; sie konnten sich nicht daran erinnern, rigide gewesen zu sein und zuviel von dem Mädchen erwartet zu haben; aber da sie depressiv war, und da die Experten sagten, die Strenge der Eltern sei die Ursache, forderten sie nichts mehr von ihr. Im Grunde ließen sie sie im Alter von achtzehn Jahren ohne Führung. Da sie wegen der Probleme der Tochter Schuldgefühle hatten, waren sie nur froh, sie den Großeltern übergeben zu können, in der Hoffnung, daß die Großeltern es besser machen könnten. Doch aus der Sicht des Mädchens sah das Ganze so aus, daß sie ihre Eltern anschuldigen würde, wenn sie sich bei den Großeltern besserte; denn sie würde damit sagen, daß die Mutter ihrer Mutter bei ihr größeren Erfolg habe als ihre Mutter selbst. Das Mädchen besserte sich nicht. Bei der Frage, was man mit ihr machen solle, spiegelte sich der Konflikt zwischen den Experten im Konflikt zwischen den Eltern wider wie auch in dem zwischen den Eltern und den Großeltern.

Der Therapeut, der Gutachter, das Mädchen, die Eltern und die Großeltern befanden sich alle in einer Situation, in der Depressionen angemessen waren, und keiner von ihnen vermochte etwas zu ändern. Eine Anzahl intelligenter Leute war in einer bestimmten Definition des Problems gefangen. In solch einer Situation wird das zwischenmenschliche Geschick der Familienmitglieder weniger dazu aufgewandt, Veränderungen herbeizuführen, als vielmehr dazu, diese zu verhindern. Der Therapeut, der den Kontext einbezieht und sowohl die mißliche Lage als auch einige praktische Möglichkeiten sieht, diese zu verändern, sollte nicht damit rechnen, daß ein vernünftiger Rat begrüßt und befolgt wird. Zu bestimmen, was zu tun ist, ist oft einfacher, als zu erreichen, daß es getan wird.

Wie man eine Familie zusammenfügt

Will man, daß eine Familie bestimmte Dinge tut, so ist es notwendig, sie zu überzeugen. Ein erster Schritt bei diesem Überzeugen besteht darin, daß man eine Sprache spricht, die sie verstehen wird. Man kann nicht Chinesisch mit einer Familie sprechen, die nur Englisch spricht und deren Kooperation bei einem gemeinsamen Unternehmen erwarten. Gleichermaßen kann eine Familie, die meint, das Problem liege bei einem »kranken« Sohn, nur verwirrt darüber sein, warum man sie wohl zu einem Gespräch mit ihm zusammen gebeten hat, es sei denn, der Therapeut formuliert das Vorhaben in einer Weise, aus der sie klug wird. (Vielen Familien widerstrebt es, der »Familientherapie« zuzustimmen, da das Zurschaustellung ihres Unglücks bedeuten könnte. Doch sie haben nichts dagegen, zu therapeutischen Gesprächen zu kommen, um ihrem Sohn wieder auf die Beine zu helfen. Es ist am besten, nicht zu versuchen, einer Familie »Familentherapie« zu verkaufen; vielmehr sollte man sie dazu überreden, für bestimmte Ziele zusammenzukommen.)

Jede Familie ist einzigartig und jede spricht ihre eigene Sprache. Je bewanderter der Therapeut in dieser Sprache ist, desto mehr Kooperation wird er erhalten. Er muß auf die Art und Weise, wie sie das Problem und ihre Situation formuliert, hören, und dann in der gleichen Sprache eine Lösung anbieten.

Was nun folgt, ist das Beispiel eines Therapeuten, der sich im Rahmen der Sprache der Familie bewegt. Der Therapeut, *Dan Merlis*, begann innerhalb eines Ausbildungsprogramms mit Live-Supervision in Baltimore mit der Therapie eines sechsundzwanzigjährigen Mannes, der gerade aus einem Militärkrankenhaus entlassen worden war. Der junge Mann war als manisch-depressiv diagnostiziert worden und hatte auf eine Vielzahl von Medikamenten – darunter auch Lithium – nicht angesprochen. Er ging seit sechs Jahren in Nervenkliniken ein und aus. Seine Episoden könnten mit Drogenerfahrungen begonnen haben, obwohl das nicht klar war. (In einem State Hospital nahm er LSD, weil er die Halluzinationen dem Anblick der anderen Patienten vorzog.)

Als er in Therapie trat, äußerten sein Vater, seine Mutter und sein Bruder ihre Hoffnungslosigkeit in bezug auf ihn. Der ältere Bruder arbeitete und lebte zu Hause. Der Vater ging einer Mittelschichtarbeit nach und die Mutter hatte bis vor sechs Jahren gearbeitet. Die Eltern hofften, sich in ein paar Jahren nach Florida zurückziehen zu können, wie sie in einem späteren Gespräch sagten, und erwarteten, daß die beiden Söhne mit ihnen zögen.

Im ersten Gespräch sagte der junge Mann, sein Ziel sei es, Indianer zu werden, um von der Regierung unterstützt zu werden. Er habe genug von den Weißen und meinte, ein Indianer zu sein wäre besser. Er bezog eine kleine Behindertenrente. Es war nicht genug, um davon leben zu können, aber er hatte vor, zu Hause zu leben und zusätzliches Geld von den Eltern zu bekommen. Er nahm an, seine Eltern würden ihn für immer unterstützen. Er wollte nicht in eine eigene Wohnung ziehen, obwohl er schon einmal über ein Jahr lang von zu Hause fort in einer Wohnung gelebt hatte. Er lehnte es auch ab, zu arbeiten oder sich auch nur nach einem Job umzusehen. Er hatte einen Buchhaltungskurs abgeschlossen, aber keine Arbeit bekommen. Die Eltern sagten, er schlafe den ganzen Tag, und falls er abends ausginge, so hinge er nur in Bars mit Frauen herum, die seine Mutter als zweifelhafte Personen betrachtete. Der Sohn sagte, er hätte nichts dagegen, eine ältere Frau zu finden, die ihn unterstützen würde. Er war ein nett aussehender junger Mann, gut gebaut, obwohl er allmählich etwas dick wurde. In seiner schwarzen Lederjacke sah er ganz wie ein Nichtstuer aus, der nicht arbeiten wollte und dem es nichts ausmachte, das zuzugeben. Während des letzten Jahres hatte er nichts getan. Er stand unter Medikamenten und seine Eltern hielten ihn für »krank«.

Im Erstinterview legten der Therapeut und die Eltern das Datum fest – den 3. Februar – an dem der Sohn in eine eigene Wohnung ziehen sollte. Die Eltern erklärten sich bereit, seine Behindertenrente bis zum 1. April aufzustocken. Aber dann sollte er arbeiten. Die Reaktion des jungen Mannes drei Sitzungen später war die folgende:

Merlis: *Was haben Sie unternommen, um sich bereit zu machen?*
John: *Nicht viel – äh – Ich will daheim bleiben, aber sie lassen mich einfach nicht. Ich finde, ich sollte nicht ausziehen müssen.*
Merlis: *Was haben Sie in bezug auf Arbeitssuche unternommen?*
John: *Nichts. Ich will nicht arbeiten gehen.*
Mutter: *Jetzt sind wir wieder bei der alten Gewohnheit, daß er abends ausgeht. Sobald nämlich die Sonne untergeht, ist John großartig. Aber er bleibt den ganzen Tag im Bett. Um ein Uhr steht er auf und kommt zum Frühstück runter. Dann zurück ins Bett, und wenn er mit dem Essen fertig ist, schläft er so auf dem Tisch (Kopf auf den Armen). Dann geht er nach oben und bleibt bis zum Abendessen und liegt nur herum. Wenn es dann zu dunkeln anfängt und ein Mädchen anruft, dann ist er zum Gehen bereit. Er geht jeden Abend aus.*
John: *Ich tu' nichts, als meine Sozialhilfe durchzubringen.*
Mutter: *Wir sind wieder bei der Situation angelangt, die wir vor ungefähr zwei Jahren hatten. Bevor er seine andere Wohnung bekommen hatte. Für mich ist es jedenfalls sehr deprimierend, mit anzusehen, wie jemand jeden Tag im Bett liegt – den ganzen Tag. Es ist so, als wäre man in einem Krankenhaus oder so was.*

Als der Sohn seine eigene Wohnung hatte, ging die Mutter jeden Tag dorthin, um sie sauberzumachen, kaufte seine Lebensmittel ein und kochte oft für ihn. Die Mutter hatte in ihrem Leben wenig Bedeutungsvolles erfahren außer der Sorge für den Sohn.

John: *Alles, was ich im Krankenhaus wollte, war herumzuliegen.*
Mutter: *Ja, aber daheim ist nicht das Krankenhaus, und dort bist du ja nicht.*
Merlis: *Ich stimme Ihnen zu, daß es Ihre Aufgabe als Eltern zu diesem Zeitpunkt ist, dafür zu sorgen, daß er einen guten Start hat.*
(Später im Gespräch bringt der Sohn wieder Einwände gegen den Auszug vor).
John: *Warum kann ich nicht einfach zu Hause leben?*
Mutter: *Weil ich nicht den ganzen Tag über dich stolpern möchte, John.*
John: *Ich sage euch, ihr wollt mich einfach nicht da haben. Warum kann ich nicht einfach daheim bleiben? Mein Bruder bleibt ja auch daheim.*
Merlis: *Sehen Sie, das Problem, das Sie ansprechen, ist sehr wichtig. Wie alles so organisiert zu sein scheint; wie er seine Zeit nutzt.*
Mutter: *Seine Zeit nutzt er nur abends.*

John:	*Wann komme ich von diesen Pillen weg?*
Vater:	*Seit kurzem hat er wieder so was wie soziale Kontakte.*
Mutter:	*Und dafür sind wir dankbar; er sollte wohl ein nettes Mädchen haben.*
Vater:	*Er geht mit seinen Freunden aus, und er hat dieses Mädchen kennengelernt, ein nettes kleines Mädchen.*

Der Sohn fährt mit seinen Einwänden fort und betont dabei meistens, er sei »geistig behindert«. Der Therapeut spricht mit den Eltern über deren Pläne, sich nach Florida zurückzuziehen. Nach dem Rückzug aus dem Berufsleben werden sie nicht imstande sein, dem Sohn das Geld zu geben, das sie ihm jetzt geben, daher muß er anfangen, sich selbst zu erhalten. Der Therapeut spricht mit den Eltern über ihre Enttäuschung über John und über die Hoffnungen, die sie hatten, als er klein war.

Mutter:	*Wir dachten, es gäbe nichts auf der Welt, was John nicht erreichen könnte, weil er während der ganzen High School so viel erreicht hatte. Ich dachte, er würde Wissenschaftler oder Arzt oder so etwas werden.*
Vater:	*Ich dachte auch, er würde etwas Naturwissenschaftliches machen.*

Sie beschreiben die Preise, die er für Aufsätze und für Naturstudien gewann, als er erst in der Unterstufe des Gymnasiums war.

Vater:	*Er kannte jede Muschel, er konnte einen jeden Dinosaurier nennen, der je gelebt hatte, als er erst sieben Jahre alt war. Und wir gingen oft ins Museum, um uns die Knochen anzusehen.*

Es stellt sich auch heraus, daß er im Alter von neun ein so bekannter Schmetterlingssammler war, daß in der Zeitung über ihn geschrieben wurde. Er gewann auf Ausstellungen Preise für seine Sammlungen von Schmetterlingen, Faltern, Steinen und Pflanzen.

Der angeblich unfähige Sohn, der ein Penner sein möchte, hat – wie sich herausstellt – eine bemerkenswerte Geschichte an Leistungen hinter sich. Man sollte immer annehmen, daß junge Leute, die im Alter, wo man von zu Hause weggeht versagen, nicht von Natur aus Versager sind. Sie erscheinen nur als Versager. In den meisten Fällen weisen sie Überdurchschnittliches an Intelligenz und manchmal an Leistungen auf.

Dieser junge Mann war nicht nur ein herausragender Schüler in den Naturwissenschaften an der High School, er war auch Athlet. Ja, er war so gut, daß er bei einer Leichtathletik-Veranstaltung vier erste Plätze an einem Tag gewann. Das für eine solch bravouröse Leistung erforderliche Maß an Selbstdisziplin ist außergewöhnlich, besonders bei einem jungen

Mann, der nun keinerlei Selbstdisziplin zu haben scheint und der nicht einmal morgens aufstehen kann.

Der Therapeut unternimmt es, die Eltern und den Sohn zu motivieren, noch einmal zu versuchen, den Sohn dazu zu bringen, daß er im Leben etwas leistet. Das Buchhaltungswesen war kein Gebiet, für das er Enthusiasmus entwickeln konnte, wahrscheinlich gab er es deswegen auf. Seine Interessen gehörten der Natur und der Leichtathletik. Das Problem des Therapeuten besteht darin, wie er die Eltern dazu bringt, den Sohn zu motivieren, in diesen Gebieten wieder etwas zu erreichen. Da die Mutter so depressiv erscheint wie der Sohn und unsicher, was sie mit dem Leben anfangen soll, muß der Therapeut die Mutter motivieren, etwas zu tun. Sie hat es aufgegeben, Arbeit zu suchen, an die Universität zurückzukehren oder irgendwelche eigenen Interessen zu verfolgen. Es wurde daher beschlossen, sie die Möglichkeiten auskundschaften zu lassen, die der Sohn beruflich auf dem Gebiet der freien Natur hatte. Sie sollte herausfinden, was für Jobs vorhanden waren, und dann den Sohn auf die Arbeitssuche mitnehmen. Der übergewichtige Vater sollte mit dem Sohn in der Gemeindeturnhalle Sport treiben und so sich mit der athletischen Seite des Sohnes beschäftigen.

Der Therapeut muß die hoffnungslose Familie zum Handeln motivieren. Er sieht sich einem Sohn gegenüber, der abgedankt hat. Der Sohn sagte: »Ich möchte zu Hause bleiben und von der Fürsorge leben. Denn ich glaube wirklich, daß ich jetzt aufgrund meiner Ansichten und Lebensphilosophie geistig behindert bin. Jeder ist darum besorgt, ob ich Arbeit finde, Geld bekomme oder Miete zahle. Lebt ruhig irgendwo und baut euch euer Leben auf, aber ich möchte das nicht machen. Ich möchte lieber so weitermachen, wie ich es jetzt gerade mache.«

Der massiv depressiven Position des jungen Mannes entspricht auf seiten der Eltern die fehlende Bereitschaft, etwas zu unternehmen, um ihn dazu zu bringen, etwas zu tun. Ihnen fällt nur ein, daß man ihn aus dem Elternhaus hinausbefördern könnte, damit er in seiner eigenen Wohnung statt zu Hause sitzt. Als der Therapeut die Frage einer Arbeit in der Natur anspricht, weist der Sohn die Idee von sich.

Merlis: *Sie sind ein Bursche, der sich für die freie Natur und dergleichen interessiert. Was halten Sie von der Idee, in Parks und Wäldern oder so etwas zu arbeiten?*
John: *Ja, das wäre gut, aber die brauchen einen nicht. Ich hab's schon versucht.*

Der Therapeut fängt an, mit dem jungen Mann und seinen Eltern in einer Sprache zu reden, die sie verstehen können, einer Sprache, die ihnen über die Jahre vertraut geworden ist. Zuallererst läßt er die Bezeichnungen »krank« und »manisch-depressiv« weg, welche sowohl Familie als auch Experten benutzt haben, und sagt statt dessen: »Nun, Sie befinden sich in einem Formtief. Ein Haufen Leute mußte sich schon einmal aus einem Formtief herausziehen. Ein Haufen guter Athleten.« Der Sohn antwortet: »Ja, das stimmt.«

Das Hübsche an der Analogie mit dem »Formtief« ist, daß es normal ist, es vorübergehend ist, und daß man in Form gewesen sein muß, um eines zu haben, da ein Formtief einen Abstieg von etwas Höherem bedeutet. Außerdem handelt es sich dabei um eine Analogie, die der Familie eines Athleten vertraut ist.

Der Therapeut beginnt über Spiele und ihre Regeln zu sprechen, und der Sohn reagiert vorhersagbar.

John:	*Haben Sie sich je so gefühlt? Daß Sie einfach keine Lust mehr haben, das Spiel zu spielen?*
Merlis:	*Ich glaube, es ist ganz natürlich, daß man meint, man wolle manche Regeln ändern. Eine der Regeln, die Sie jedem bewiesen und demonstriert haben, war, daß Sie mithalten konnten. Daß Sie genug Kraft haben, um mitzuhalten.*
John:	*Ich habe einen Haufen schwerer Schläge abgekriegt.*
Merlis:	*Und das ist eine der Regeln, die Sie nicht gerne ändern würden – daß Sie nämlich mithalten können.*
John:	*Ja, ich kann mithalten.*
Merlis:	*Und daß Sie ein tapferer Kerl sind. Daß Sie einen Haufen Mut haben.*
John:	*Ja, das habe ich. Aber es scheint so, als sei der zu nichts nutze, niemand scheint sich etwas daraus zu machen.*
Merlis:	*Nun, wir sind hier zusammen, weil wir uns wohl etwas daraus machen, weil wir gesehen haben, wie Sie in ein Formtief geraten sind.*
John:	*Jeder macht sich wohl um mich Sorgen, das ist es.*
Merlis:	*Ich weiß, daß früher Ihre Leute auch gesehen haben, wie Sie aus den Tiefs herausgekommen sind.*
John:	*Ja.*
Merlis:	*Jeder Athlet, der wirklich mithalten will, findet einen Weg heraus. Und damit ein Athlet aus einem Formtief herauskommt, braucht er im allgemeinen einen guten Trainer. Er braucht jemanden, der ihm dabei hilft, sich wieder aufzurappeln. Ein guter Baseball-Spieler, der in ein Formtief gerät, braucht einen Trainer.*
John:	*Einen Trainer.*
Merlis:	*Ein Football-Spieler, der nicht mehr gut genug spielt, braucht einen guten Trainer, der ihm hilft, wieder auf die Beine zu kommen.*
John:	*Sie scheinen selbst ein guter Trainer zu sein.*

Merlis: Das bin ich. Ihre Leute haben Sie lange, lange Zeit trainiert. Von den ersten Tagen an, wo Sie zu laufen begannen, auf die Füße kamen, sich an Dingen festhielten. Sie halfen Ihnen auf die Beine, als Sie wie alt waren?

Mutter: Als er lief? Noch bevor er ein Jahr war.

Merlis: Bevor er ein Jahr war. Und auf dem ganzen Weg, bei jedem Schritt, den er tat, als er ein bißchen Hilfe brauchte, ein bißchen Training, konnte er sich an Sie beide wenden.

John: Ich glaube, ich muß einfach eine Weile draußen sein.

Merlis: Es ist ein sehr glücklicher Umstand, daß er, wenn er Hilfe braucht, wenn er ein bißchen Training braucht, wenn er einen Weg finden muß, um mithalten zu können und wirklich bei der Konkurrenz groß rauszukommen, daß er sich dann an Sie wenden kann.

Mutter: Ja.

Merlis: Es gibt Möglichkeiten, wie Sie ihm jetzt helfen können. Wie Sie ihm helfen können, einen Job zu finden, den er wirklich mag. Der ihm sinnvoll erscheint. Und er hat so viele Interessen, an der Natur und an der frischen Luft. Den einfachen Dingen, den guten Dingen im Leben. Und es gibt sicherlich im Bereich Parks und Zoos noch andere Möglichkeiten, die Sie sich nicht einmal angesehen haben.

Mutter: Stimmt.

Merlis: Sachen, die er machen könnte, etwas Wertvolles, bei dem er das Gefühl hat, daß er mithält.

(Später im Gespräch)

Mutter: Ich glaube, wenn Sie in diese Stimmungen kommen, wo Ihnen so zumute ist, als möchten Sie sich nicht mehr von der Stelle rühren, dann brauchen Sie ein bißchen Hilfe, um wieder in die Bahn zurückzugelangen.

John: Ich bin aus der Bahn heraus, ich weiß das, ich muß ja wohl aus der Bahn sein, wenn ich mal in der Klapsmühle war.

Merlis: (Zu den Eltern) Es gibt Möglichkeiten, wie Sie es schaffen können, und Sie haben es jahrelang immer wieder geschafft. Sie haben es geschafft. Sie haben wiederholt mit seinen Stimmungen umgehen müssen. Und dann hatten Sie die Befriedigung, sich zurückzulehnen und ihn in den Wettkampf gehen und an der Spitze landen zu sehen. Und Sie haben Medaillen und Trophäen, die das kundtun.

John: Ja.

Merlis: Die das kundtun. Für immer.

John: Als ich Stabhochsprung gemacht habe, bin ich immer noch eine Stunde geblieben, eine Stunde, nachdem schon alle nach Hause gegangen waren, nachdem der ganze Rest des Teams besiegt und aus dem Feld geschlagen war, da bin ich noch eine Stunde geblieben und habe trainiert.

(Später im Gespräch)

Merlis: Es gibt da ein Problem, für das ich mich interessiert habe, als ich die Olympischen Spiele verfolgt habe – man trainiert jemanden für den

	Zehnkampf, und dabei ist eine ganze Reihe ganz unterschiedlicher Fertigkeiten im Spiel.
John:	Ja.
Merlis:	Ich habe mir überlegt, was für ein logistisches Problem das wohl ist – als Trainer immer auf der Höhe zu sein – zu sehen, daß jemand das Hammerwerfen zum Beispiel gut beherrscht, und dennoch zu bemerken, daß es mit dem Speerwerfen diese Woche etwas langsam läuft. Und wie hilft man – es muß sehr komplex sein – wieso weiß ein Trainer intuitiv, daß er seinen Athleten, wenn dieser gerade in einer Disziplin gut ist, in andere Richtungen bewegen muß, damit dieser beim Zehnkampf, bei dem es ja um viele Disziplinen geht, gut herauskommt. Und zweifellos gibt es Disziplinen, in denen er jetzt schon auf der Höhe ist.
John:	Haben Sie schon mal die Nachtfalter gesehen, die großen, die nachts im Sommer herumfliegen, haben Sie schon mal einen gesehen?
Merlis:	Nein, leider nicht.
John:	Mensch, Junge, das sind die schönsten Dinger.
Mutter:	Warum bringst du denn keinen hierher mit und zeigst ihn ihm?
Merlis:	Ja, bringen Sie einen mit.
John:	Was die Natur angeht, so gibt es nichts, was ich nicht kenne, ich bin da wie ein Indianer. Ich will natürlich nicht prahlen oder so was, aber Nachtfalter fliegen zu bestimmten Zeiten im Sommer. Man kann große grüne, große gelbe und alle möglichen verschiedenen zu verschiedenen Zeiten fangen. Und es gibt einen bestimmten Falter, der schwarz ist und kleiner, aber sehr selten. Tatsächlich, es ist die Wahrheit, daß ich der einzige Mensch bin in der ganzen vergangenen und gegenwärtigen Geschichte des Staates, der je einen gefangen hat. Jetzt haben sie ihn im Smithsonian Institute.
(Später im Gespräch)	
Merlis:	Was ich schon mal gesagt habe, ist dies, daß Sie sich nämlich in einem Mehrkampf befinden, und, bei einer Reihe von Disziplinen, da gibt's gar keine Frage, daß Sie an der Spitze liegen werden.
John:	Ja, ich bin in allem gut.
Merlis:	Deshalb fordere ich jetzt Ihre Eltern auf, einen Vorstoß für Sie zu machen und Ihnen zu helfen, auch bei den anderen Disziplinen groß rauszukommen. Also ich glaube, Sie können auch im Wettkampf um die guten Jobs an der Spitze liegen.
John:	Ja, das glaube ich auch.
Merlis:	Kann sein, daß Sie einige Zeit damit zubringen müssen, in Form zu kommen und Informationen über solche Jobs zu sammeln.

Der Therapeut überträgt der Mutter die Aufgabe, Informationen vom Arbeitsamt und aus Regierungsbroschüren über das Angebot an Jobs im Naturbereich zu sammeln. Wenn sich die Mutter diesem neuen Interesse widmet – so die Annahme –, dann wird der Sohn allmählich mehr leisten.

Wenn Mutter und Vater etwas leisten, wird auch er Erfolg zu haben beginnen. Der Einsatz dieser Art von Analogie durch den Therapeuten ist ein schlagkräftiges Überzeugungsvehikel, das die Eltern dazu bringen soll, einen Neuanfang zu versuchen und etwas zu unternehmen. Aber solch eine Analogie und die Überzeugungskraft reichen nicht aus. Der Therapeut muß die Eltern auch veranlassen, darauf zu bestehen, daß der junge Mann eine Serie von Taten unternimmt: zunächst soll er früh am Morgen aufstehen und sich nach einem Aktivitätenplan richten, bis er von alleine die Aktivitäten unternimmt.

Drei Wochen nach dem Gespräch riefen die Eltern den Therapeuten am Wochenende an, um ihm zu berichten, daß der Sohn verstört und ängstlich sei. Sie meinten, er müsse in die Klinik gebracht werden. Der Therapeut war anderer Meinung. Beim nächsten Gespräch, als die Mutter über die Woche berichtete, war offenkundig, daß sowohl die Festigkeit des Therapeuten und seine Analogie zur Leichtathletik die Eltern und den Sohn erfaßt hatten.

Merlis: *Ganz schön mieses Wetter, was?*
Mutter: *Ja, so war's. Er hat zu weinen angefangen. Ich hatte ein paar Morgen*
          hintereinander damit zu tun. Er hat mich angefleht, ihn in eine Klinik
          zu bringen. Ich habe gesagt:»John, ich glaube, die würden uns ganz
          schön schimpfen (sie meint den Therapeuten), wenn wir gehen, aber wenn
          du gehen willst, dann bringe ich dich hin.« Ich habe meinen Mann bei
          der Arbeit angerufen, und ich habe drei Anrufe machen müssen, um ihn
          ausfindig zu machen. Dann wollte John nicht mehr gehen. Dann ist also
          mein Mann heimgekommen, und ich habe gesagt:»John, du bist nicht
          krank, aber wir gehen.« Also hat Henry (der Ehemann) Dr. Fox (Michael
          Fox, M. D., der ärztliche Gutachter bei dem Fall) angerufen, und der
          hat mit uns beiden am Telefon gesprochen. Er sagte, das höre sich so an,
          als käme John an einen Wendepunkt. Daß seine heftige Reaktion zeigt,
          daß ihm klar ist, was wir machen, nämlich das, was getan werden muß,
          und unbewußt – er merkt es nicht – aber wir meinen es diesmal wirklich
          ernst. Deshalb haben wir John davon überzeugt, daß er eigentlich nicht
          krank ist. Und wir haben sogar die Psychiaterin im State Hospital
          angerufen, um ihr die Situation zu schildern. Und sie sagte:»Ich will ihn
          nicht hier zurück haben.« Und das habe ich John gesagt. Ich bin nämlich
          ehrlich zu ihm. Ich habe ihm gesagt, daß ich angerufen hätte und alles.
          Sie sagte:»Lassen Sie ihn nicht hierher zurückkommen.« Also habe ich
          ihm gesagt:»Die wollen dich nicht haben. Die wollen dich nicht wieder
          reinlassen. Weil du nicht krank bist.«

Einer der wichtigen Faktoren bei diesem Wendepunkt war, daß die Ärzte und Therapeuten zusammenhielten: der Therapeut, der ärztliche

Gutachter und die Psychiaterin am State Hospital lehnten alle die Hospitalisierung ab. Die Mutter beschrieb die schwierige Woche und die Nervosität des Sohnes.

Mutter: *Heute morgen habe ich gesagt: »John, als du Stabhochsprung gemacht hast, mußt du ja ganz schön zäh gewesen sein.« Er sagte »nein«. Ich sagte: »Und du weißt warum? Weil du dich auf alles vorbereitet hast, das du durchgemacht hast. Durch diese Spaziergänge, durch alles, was wir machen, bereitest du dich auf's Leben vor. Und du bist vorbereitet.« Er sagte: »Ich kann nicht arbeiten.« Da habe ich gesagt: »Heute nicht, da geb' ich dir recht, aber du weißt, wir werden's immer wieder versuchen.«*

Merlis: *Alles verändert sich, und wenn er seine Depressionen überwindet, wird er erstmal für eine Weile ein Nervenbündel sein.*

Mutter: *Ja, er hat sich heute nicht übergeben. Heute ißt er. Er hat nämlich nicht gegessen. Er hat wirklich ganz schön abgenommen. Aber ich glaube, das Wichtigste – er hat gesagt: »Warum müssen wir denn hierherkommen (zur Therapie)?« Ich sagte: »Mir gefällt's. Weil sie nicht an Geisteskrankheiten glauben. Die geben nicht gleich klein bei. Ihre Aufgabe ist, jeden aus der Klinik zu bringen und draußen zu behalten. Deswegen hab' ich das Vertrauen. Du bist nicht krank, du bist nicht geisteskrank. Du bist nervös und du hast Ängste, aber ich hab' sie auch und ich kann mich in dich einfühlen. Ich kann mich mit dir identifizieren. Denn es ist verdammt schmerzhaft. Das ist etwa so, als müßte ich das Auto durch den Verkehr steuern (wovor die Mutter Angst hat).« Die ganze Therapie mit John hindurch dämmert's mir allmählich, was Sie zu erreichen versuchen. Mein Mann ist meine Mutter, und ich muß mich allmählich ein bißchen loslösen. Er nimmt zu viel Platz in meinem Leben ein.*

Merlis: *Sie hatten einen Haufen Arbeit mit John diese Woche, wie hat Ihnen denn Ihr Mann geholfen?*

Mutter: *Nun, er hat John jeden Morgen zum Aufstehen gebracht.*

Der Therapeut lobt die Mutter und den Vater dafür, wie gut sie mit dem Problem des Sohnes zurechtgekommen sind, und fragt sogar die Mutter, ob sie etwas dagegen hätte, anderen Müttern Ratschläge zu erteilen, die ähnliche Probleme mit ihren Söhnen haben.

Eine der Theorien über die Ursache von Depressionen bei jungen Leuten besagt, daß deren Eltern zuviel von ihnen erwartet hätten. Obwohl die Nachweise für diese Behauptung dürftig sind, so haben sie doch zur Kritik an Eltern geführt. Therapeuten haben Eltern gesagt, sie hätten Schuld an der Depression ihres Sprößlings, weil sie zu hohe Maßstäbe gesetzt und zuviel erwartet hätten. Eltern reagierten auf diese Interpretation normalerweise mit Schuldgefühlen. Außerdem verlangten sie aufgrund dessen von ihrem Kind nichts, aus Furcht, sie würden zuviel fordern und

310

die Depression steigern. Die Folge davon kann ein Kind sein, das herumsitzt und dahinvegetiert.

Der Therapeut in diesem Fall schlug die entgegengesetzte Richtung ein. Statt die Eltern dafür zu tadeln, daß sie zuviel erwarteten, baute er die Leistungen des Sohnes auf, so daß diese jedwede Erwartung der Eltern erfüllten. Er definierte das Interesse an einer Arbeit im Bereich der Natur als von größter Wichtigkeit für die heutige Welt, in der die Umwelt und die Ökologie ein Hauptkulminationspunkt für deren Erhaltung sind. Das Interesse des Sohnes sei kein triviales im Vergleich mit anderen Berufen, sondern ein wichtiger Beitrag zur Naturwissenschaft und zur Erhaltung der menschlichen Umwelt. Indem er die Interessen des Sohnes in dieser Weise darstellte, konnte der Therapeut weiterhin die Eltern veranlassen, den Sohn zu drängen, jeden Tag aus dem Haus zu gehen und Maßnahmen zu ergreifen, um autonom zu werden und nicht mehr dahinzuvegetieren. Auf diese Weise erfüllte er die therapeutische Aufgabe, die nicht nur darin besteht, den Sohn wieder zum Leben zu motivieren, sondern auch Vater und Mutter zu motivieren, diese Schritte zu unternehmen, die ihnen letztlich ihren Sohn kosten könnten; denn hätte er im Leben Erfolg, wären sie sich selbst überlassen.

Wie man eine Mutter von Zwillingen motiviert

Eltern können sich wirkungsvoll mit ihrem verrückten Sprößling auseinandersetzen, wenn ihnen nicht die Schuld an dem Problem gegeben wird und wenn sie zum Handeln überredet werden können. Beim folgenden Beispiel wurde eine Mutter aufgefordert, ihre als paranoide Schizophrene diagnostizierten Zwillingssöhne in die Kälte hinauszustoßen. Sie hatte die Vorstellung, daß man von einem kranken Kind nichts verlangen dürfe.

Die Familie wohnte in einem Vorort von Philadelphia. Die zweiundzwanzigjährigen Zwillingssöhne waren apathisch und saßen untätig daheim herum. Sie hatten drei Jahre lang wenig oder gar nichts getan, besonders in den letzten paar Monaten. Zwilling A war hospitalisiert und als paranoider Schizophrener diagnostiziert worden. Er kam aus der Klinik heim und war das deklarierte Problem, als die Therapie mit *John Barnett* als Therapeuten begann. Zwilling B kehrte nach Hause zurück, nachdem die Therapie angefangen hatte, und brach dann auch zusammen. Sie schienen miteinander zu konkurrieren, geisteskrank zu sein (wie die genetischen Zwillingsstudien gezeigt zu haben scheinen). Keiner ging aus dem Haus. Zwilling A sagte, »Blackjack« – vermutlich eine imaginäre Person – und andere geheimnisvolle Feinde seien hinter ihm her. Zwilling B sagte, Feinde würden Strahlen einsetzen, um ihn zu bekommen, und sein Leben sei auf der Straße gefährdet. Infolgedessen saßen sie beide den ganzen Tag zu Hause und sahen fern, während Vater und Mutter arbeiteten. Eine jüngere Tochter war an der Universität und eine weitere in der High School und beide machten sich gut.

Die Therapie konzentrierte sich darauf, die Zwillinge aus dem Haus und zur Arbeit zu bringen. Der Therapeut überzeugte die Eltern, eine Frist zu setzen, nach der sie sich jeden Tag aus dem Haus begeben und nach Arbeit umsehen sollten. Die Frist umfate einen Monat und lief am 1. Februar ab. Die Söhne reklamierten, daß ihr Leben gefährdet sei. Als die Wochen vergingen und die Frist sich näherte, wurde Zwilling A immer nervöser und ängstlicher; Zwilling B unterhielt sich noch heftiger mit dem Fernsehen und sorgte für einen Besuch beim Psychiater. Auch er erhielt eine auf paranoide Schizophrenie lautende Diagnose. Der Therapeut hatte dem Besuch beim Psychiater zugestimmt, in der Annahme, es handele sich weniger um eine Behandlung als vielmehr um eine Beratung. Der Psychiater jedoch setzte Zwilling B unter Medikamente und empfahl, ihn zu hospitalisieren. Er weigerte sich auch, auf die Telefonanrufe des Familientherapeuten einzugehen, die als Versuch gemeint waren, eine berufliche Zusammenarbeit zu organisieren, um diese komplexen Probleme anzugehen.

Die medikamentöse Situation der Zwillinge wurde recht ungewöhnlich. Zwilling A war der erste Patient, und ein ärztlicher Berater setzte schrittweise die von der Klinik verordneten Medikamente ab. Als Zwilling B zum Psychiater ging, gab man ihm die ungewöhnliche Kombination aus Melaril mit Cogentin für die Nebenwirkungen. Zwilling B hörte auf, Melaril zu nehmen, nahm aber weiterhin Cogentin. Da sich Zwilling B anscheinend besser – ja sogar etwas high fühlte, begann auch Zwilling A das Cogentin seines Bruders zu nehmen. Also nahmen beide jungen Männer ein Medikament für die Nebenwirkungen eines anderen Medikaments, das sie nicht nahmen, und beide waren mit den Ergebnissen zufrieden.

Als die Frist – der 1. Februar – nur noch zwei Wochen entfernt war, begann die Mutter, Bedenken zu äußern. In dieser Familie war die Mutter der »weiche« Elternteil und der Vater der »harte«, was die Söhne betraf. Der Vater sagte, man müsse den Plan einhalten, und die Mutter sagte: »Wenn es funktionieren würde, wäre das großartig, aber wie soll es denn funktionieren? Wirklich, der Gedanke, sie um das Haus herumhängen zu lassen in dem kalten Wetter entsetzt mich einfach.« Der Vater sagte: »Warum denn, ich kann sie an der Bowling-Bahn oder dem Busbahnhof absetzen. Da können sie den ganzen Tag sitzen, bis sie zu dem Schluß kommen, daß es vielleicht ebensoviel Spaß macht, in einem schönen warmen Büro irgendwo zu arbeiten.« Daraufhin protestierten die Zwillinge, sie würden sich »den Arsch abfrieren«, und Zwilling A sagte: »Du setzt mich nirgends ab, ich ziehe aus.« Dies ist die übliche Drohung eines Sprößlings, wenn die Eltern unnachgiebig werden. Der Vater fragte, wie er denn die Miete bezahlen wolle, und der Sohn entgegnete: »Ich weiß nicht.«

Der Vater sollte seiner Frau versichern, daß mit den Zwillingen alles in Ordnung sein würde, aber sie gab zu bedenken, es sei kalt (während Zwilling A zu bedenken gab, er sei psychisch krank). Die Mutter sprach die Tatsache an, daß Zwilling A sich für die berufliche Rehabilitation beworben hätte und seine Prüfung ablegen sollte. Sie sagte, sie wolle die Frist um ein »paar weitere Wochen« hinausschieben, bis er Näheres wüßte. Der Therapeut sagte: »Okay, wir haben vor ein paar Wochen eine Abmachung getroffen, und ich finde, wenn man eine Abmachung trifft und eine Frist setzt, dann deswegen, weil man damit etwas erreichen will. Wenn Sie anfangen, diese Frist zu verändern und sie ein bißchen mehr hinauszuschieben, so erzeugt das die Erwartung, daß sie wieder verändert und hinausgeschoben werden kann. Ich finde, es funktioniert sehr viel besser, wenn wir uns an die ursprüngliche Frist halten.« Es kam zu einer Diskussion, ob eine Verzögerung für beide Zwillinge gelten sollte, da ja nur einer sich für die Rehabilitation beworben hatte. Die Familie verhielt sich typisch. Der Vater brüllte und nannte die Söhne Penner. Die Mutter verwahrte sich dagegen und wollte das Ganze lieber verschleppen, als irgend etwas von ihnen zu fordern. Die Zwillinge sagten, sie in die Kälte hinauszusetzen sei ein ungeheuerlicher und unfairer Plan. Als der Vater sagte: »Wir schicken sie ja nicht ins Gefängnis«, unterbrach Zwilling A und sagte, sie aus dem Haus zu stoßen »im kältesten Monat des Jahres« sei »schlimmer als Gefängnis«. Gefangene würden nicht so schlecht behandelt. Die Eltern, die jeden Tag in die Kälte hinausgingen, um zu arbeiten, kamen überein, die Frage in der folgenden Woche weiter zu diskutieren. Die Mutter sagte, sie wünsche den privaten Psychiater, den Zwilling A besucht hatte, zu konsultieren und seine Meinung einzuholen.

Die folgende Woche sah der Therapeut die Eltern alleine, und die Mutter berichtete über das Gespräch mit dem Psychiater.

Mutter: *Ich habe heute morgen doch mit Dr. Wise gesprochen. Zuerst bat ich um eine Diagnose. »Schizophrenie paranoid.« Klingt schrecklich. Ich habe gefragt: »Kann er arbeiten?« »Eigentlich nicht, es sei denn, er bekommt den idealen Job irgendwo in einem Lagerraum.« Seine Konzentration sei nicht so, wie sie sein sollte. Was den Verkehr mit Leuten betrifft, so meinte er, das könne er nicht schaffen. Es geht rauf und runter mit ihm. Ich sagte: »Wir piesacken ihn zu Tode, daß er sich einen Job besorgt.« Er sagte: »Nun ja, wenn er den idealen Job bekommt, ist es okay. Wenn er was bekommt, das ihn nicht überfordert.« Ich fragte, ob es sich um etwas Zyklisches handele. Er sagte: »Könnte sein, ja.« Auf jeden Fall, er ist kein gesunder Mensch, oder?*

Der Psychiater präsentierte eine Sichtweite in bezug auf den Sohn, die im Grunde hoffnungslos ist: er ist krank und kann nur ganz bestimmte Arbeiten verrichten. Die Implikation ist, daß er immer so sein wird. Jede Besserung ist nur Teil eines Zyklus; sein Zustand wird sich wieder verschlechtern. Diese Auffassung behindert sowohl den Therapeuten und die Eltern total und führt bei allen zu hilfloser Apathie.

(Der Therapeut legt den Eltern die Situation offen dar.)
Barnett: *Wir sind in einer schwierigen Lage, denn Dr. Wise sagt Ihnen das eine und wir sagen Ihnen etwas anderes. Sie sind in einer Lage gefangen, wo Sie entscheiden müssen, wem Sie glauben und folgen wollen. Unser Ansatz ist in mancherlei Hinsicht ein neuer Ansatz, aber es ist auch ein weitläufig akzeptierter Ansatz bei der modernen Behandlung dieser Art von Problemen.*

Der Therapeut erklärt, daß es nicht um die Frage »Krankheit oder Gesundheit« bzw. »Verrücktheit oder Simulation« gehe, denn die Therapie müsse die gleiche sein, was auch die Diagnose sein mag. Einen jungen Menschen als krank zu betrachten und in einer Klinik medikamentös zu behandeln, das würde nur dazu führen, daß er so apathisch heimkäme, wie er vorher gewesen ist. Behandeln die Eltern ihn wie einen Invaliden, so würde er untätig zu Hause herumsitzen und zunehmend demoralisiert werden. Was auch die Ursache für seine hilflose Apathie sein möge, er müsse in normales Verhalten gedrängt werden. Wie der Therapeut es ausdrückt: »Was auf jeden Fall wichtig ist: daß sie beide sich in die Gesellschaft einfügen und versuchen, so normal zu funktionieren wie möglich.«

Die Mutter sagt, Zwilling B spreche mit sich selbst.

Barnett:	*Macht er das neuerdings häufiger?*
Mutter:	*Sie sind akzeptabler, es sind keine wilden, verrückten Sachen wie das FBI, der CIA oder die Strahlen. Diese Sachen liegen nämlich wirklich ...*
Barnett:	*Im Bereich des Möglichen.*
Mutter:	*Richtig.*
Vater:	*Ich glaube, er macht es jetzt mit Absicht. Sein Bruder ist genauso, er hat früher das Gleiche gemacht, und dann hat er angefangen den Mund zu halten. Aber ich glaube, er – er hört immer noch die Stimmen.*
Barnett:	*Warum, meinen Sie, haben sie mit diesem Theater aufgehört?*
Vater:	*Weil wir ihnen sagen, daß wir es nicht mögen, sie wissen, daß wir es nicht mögen.*
Mutter:	*Ja: »Wenn du im Zimmer bleiben und fernsehen willst, dann halt den Mund. Ich will was von diesem Spiel oder dieser Sendung haben.«*
Barnett:	*Ich sehe das Ganze so: je mehr Erwartungen Sie an sie stellen, und je einfühlsamer Sie diese Erwartungen an sie stellen, desto mehr – scheint es – richten sie sich auf und fangen an, sich normal zu benehmen. Und das ist der Kurs, dem ich im Moment zu folgen versuche – es liegt an Ihnen beiden, von ihnen zu erwarten, daß sie sich in einer bestimmten Weise verhalten, und es liegt an ihnen, Ihre Erwartungen zu erfüllen.*

Die Mutter sagt, sie werde wütend auf sie, aber gerate dann aus der Fassung, weil »Ich so wütend auf einen kranken Menschen bin«. Der Vater sagt: »Ja, man weiß nämlich nicht, ob man Schuldgefühle oder Mitleid mit ihnen haben oder ihnen einen gewaltigen Tritt in den Hintern geben soll.«

Der Therapeut erklärt, je mehr sie erwartet hätten, desto mehr hätten sich die Söhne gebessert. »Ich habe die Besserung gesehen. Ich kann sie heute sehen und ich konnte sie letzte Woche sehen.«

Die Mutter sagt, wenn Zwilling A nicht durch die Prüfung für die berufliche Rehabilitation komme, werde er Rückschritte machen. Sie wolle ihm eine Chance geben. Sie sagt, er habe nicht einmal zur Sitzung kommen wollen, aber sie habe darauf bestanden. Als der Therapeut sie dafür belobigt, daß sie den Sohn dazu bringt, zu tun, was sie will, sagt sie: »Mir gelingt es einmal, mir gelingt es zweimal. Dann werde ich schwach und gebe auf. Meinem Mann gelingt es ein- oder zweimal, dann gerät er aus der Fassung.«

Als diskutiert wird, daß man die Zwillinge als getrennte Individuen behandeln sollte, sagt die Mutter: »Eigentlich waren sie letztes Jahr die meiste Zeit getrennt, selbst über den Sommer.« Der Vater sagt: »Ja, der eine war Alkoholiker, der andere manisch-depressiv.« Die Mutter fügt hinzu, sie seien Rauschköpfe. Der Therapeut erklärt, sie seien als Schizophrene, Manisch-Depressive, Rauschköpfe und Alkoholiker etikettiert worden und wüßten sich wahrscheinlich einfach nicht zu benehmen. Die Mutter fügt hinzu, sie benähmen sich jetzt nicht wie einer der Obengenannten; sie säßen einfach wie Kohlköpfe herum.

Aus der Diskussion entwickelt sich ein Kompromiß. Die Eltern erklären sich bereit, die Söhne am Tag nach der Prüfung von Zwilling A aus dem Haus zu setzen. Sie werden sie von 9 bis 17 Uhr drei Tage lang hinaussetzen und dann zu einer Therapiesitzung kommen, um den nächsten Schritt zu diskutieren. Wie in so vielen Situationen kann eine Weigerung, etwas zu tun, durch einen Kompromiß behoben werden. Der Therapeut sagt, er wolle, daß die Eltern den Zwillingen diesen Plan präsentieren, wenn er sie zurück ins Zimmer bringt. Er fügt hinzu, daß er etwas anderes tun wolle.

Barnett: *Ich will, daß Sie sehen, ob Sie das tun können. Ich bin mir nicht sicher,*
           ob Sie es können. Ich will, daß Sie (die Mutter) die Unnachgiebige, und
           ich will, daß Sie (der Vater) der nette Junge sind.
Vater: *Das wird ganz schön schwer werden.*
Mutter: *(Lacht) Okay.*

Die Söhne werden hereingebracht, und die Mutter tritt – gemessen an den Bedenken, die sie am Anfang des Interviews äußerte – gebieterisch auf. In einer Stunde hat sie sich auf eine unnachgiebige Position verlegt. Sie sagt ihnen, sie müßten am 6., 7. und 8. des Monats aus dem Haus und sollten sich in der Zwischenzeit beide nach einem Job umsehen. Der eine, der sich einer Prüfung unterziehen wolle, könne seine Prüfung haben, solle sich aber einen Job besorgen, obwohl er die Prüfung ablegt. Dann fordert sie die Söhne auf, zu wiederholen, was sie gesagt hat. Der Vater, trotz der Ermutigung durch den Therapeuten, ist außerstande, gegenüber den Söhnen weich zu sein. Er ist so hart wie die Mutter, was beide Eltern unnachgiebig die Erwartung vertreten läßt, daß sich die Söhne normal verhalten.

Länge und Regelmäßigkeit der Therapie

Will der Therapeut bei einer schwierigen Familie Veränderungen bewirken, so muß er sich vorhersagbar genug verhalten, damit sich die Familie auf ihn verlassen kann, aber nicht so vorhersagbar, daß sie sein Verhalten ohne weiteres voraussehen kann. Man muß sich vorhersagbar und konsequent für die Lösung des Familienproblems engagieren, aber unvorhersagbar und inkonsequent bei von Moment zu Moment stattfindenden Manövern sein.

316

Früher war es üblich, eine Familie mit der Regelmäßigkeit einer Uhr zu sehen – ein Terminplan, der oft zum Scheitern führte. Man führte zu einem bestimmten Zeitpunkt Gespräche mit der Familie, mit bestimmten Familienmitgliedern, an einem bestimmten Tag, Woche um Woche, Monat um Monat. Die Familie lernte diesen Uhrwerk-Ansatz zu gebrauchen, um sich zu stabilisieren, wenn sie auch schnell lernte, zum richtigen Zeitpunkt die der Theorie des Therapeuten gemäßen richtigen Geräusche von sich zu geben. Sich regelmäßig in fixierter Weise für eine unbestimmte Zeit zu treffen und zu fragen »Wie ist es denn diese Woche gegangen?« führte weniger zu Veränderungen als vielmehr zu Wiederholung und Stabilität.

Obwohl ich für den Anfang ein standardisiertes Erstinterview empfohlen habe, kann der Therapeut von da an alles, was er an einem bestimmten Tag macht, variieren. Er kann die ganze Familie sehen, die Mutter oder den Vater alleine, die beiden zusammen, nur die Geschwister, oder die Kombination, die zu diesem Zeitpunkt gerade relevant sein mag. Die Familie, die darauf gefaßt ist, in einer bestimmten Kombination interviewt zu werden, wird durch unerwartete Zusammenstellungen aus der Balance gebracht. Wenn Familienmitglieder überrascht werden, werden ganz andere Informationen geliefert und neue Allianzen gebildet.

Der Therapeut dringt in eine fest strukturierte Organisation ein, in eine, die ihre Sequenzen wiederholt. Um diese Sequenzen zu verändern und aufzubrechen, ist es hilfreich, die Art und Weise, wie der Therapeut eindringt, zu verändern. Die Familie an zwei Tagen hintereinander zu interviewen kann besser sein als eine Woche zu warten; die Zeit und den Tag zu verändern kann ebenso hilfreich sein. Natürlich sind solche Veränderungen manchmal wegen zeitlicher Beanspruchung der an der Therapie Beteiligten schwierig, aber administrative Terminpläne sind gegenüber der Veränderung der Familie sekundär.

Wenn der Therapeut mit jungen Leuten zu tun hat, die schwere Probleme darstellen, sollte er zum Zeitpunkt der Entlassung aus der Verwahrung immer verfügbar sein. Diese Art zeitlicher Verpflichtung braucht jedoch nach der ersten oder zweiten Woche der Therapie nicht mehr fortzudauern. Regelmäßig und fest vereinbarte Termine sind gewöhnlich ausreichend. Wenn nach ein paar Wochen zu Hause Schwierigkeiten auftreten und die Rehospitalisierung droht, so sollte der Therapeut jederzeit verfügbar sein, um der Familie über diese Phase zu helfen.

Der allgemeine Ansatz bei dieser Therapie ist intensive Verstrickung und schnelle Loslösung, wann immer diese möglich ist. Sind Veränderungen im Gange, so kann der Therapeut mit der Familie seltener zusammentreffen, etwa nur ein- oder zweimal im Monat. Das bedeutet nicht, daß die Familie dabei im Stich gelassen wird, es bedeutet, daß die Veränderungen sich ohne solche häufigen Zusammenkünfte fortsetzen können. Tatsächlich scheinen Veränderungen nachhaltiger stattzufinden, wenn der Therapeut es unterläßt, das Tempo hierfür zu bestimmen. Wenn die Beziehung mit dem Therapeuten dergestalt ist, daß die Familie auf ihn zurückkommen kann, wenn sie sich in Schwierigkeiten befindet, so hilft die Unregelmäßigkeit der Sitzungen Therapeut und Familie, sich voneinander zu lösen. Falls jedoch die Familie auf den Therapeuten zurückkommt, wenn sie sich in Schwierigkeiten befindet, so kann es passieren, daß der Therapeut Teil des Familienzyklus wird. Familienprobleme können nicht ohne ihn gelöst werden: er wird in das System eingebaut. Eine Möglichkeit, dies zu vermeiden, besteht darin, Termine anzuberaumen, wenn sich die Familie gerade gut macht. Diese Sitzungen sind insofern nicht Teil eines selbstregulierenden Zyklus, als sie keinen Bezug zu den Schwierigkeiten haben. Es kann für den Therapeuten auch von Nutzen sein, die Sitzung mit der sich in Schwierigkeiten befindlichen Familie hinauszuzögern. Er riskiert die Möglichkeit, daß die Krise zu einer Rehospitalisierung führt, aber er gewinnt auch die Chance, daß die Familie die Probleme ohne ihn löst, und er läßt sie kommen, wenn sie eine Lösung ausgearbeitet hat. Dann ist er weniger Teil des Familienproblems und dessen Lösung als vielmehr ein interessierter Zuschauer.

Die Ziele der Therapie sind, dem jungen Menschen zu helfen, normal zu leben und die Eltern zu stabilisieren, nachdem der junge Mensch sich aus dem Familiendreieck gelöst hat. Typischerweise verschiebt sich der Fokus von der jungen Problemperson am Anfang der Therapie auf die Probleme der Eltern in einem späteren Stadium. Oft findet diese Verschiebung leicht statt, aber zuweilen ist sie schwierig. Den Eltern muß versichert werden, daß der Therapeut mit ihrem Problem umgehen kann, sonst werden sie sich nämlich weiterhin auf das Kind konzentrieren. Der richtige Zeitpunkt für diese Verlagerung ist normalerweise, wenn es beim Problemkind zu einer Veränderung kommt. Sobald Schwierigkeiten zwischen den Eltern auftreten, kann der Therapeut ausdrücklich sagen, es sei notwendig, die Streitigkeiten unter ihnen auszuhandeln; oder man kann sich auf diese Streitigkeiten konzentrieren, ohne daß es zu einer explizit formulierten Verlagerung kommt.

In diesem Buch wurde nicht empfohlen, die analoge oder metaphorische Kommunikation in diesen Familien zu fördern. Doch zu dieser Zeit, wenn sich der Fokus vom Problemkind auf die Eheschwierigkeiten hin verlagert, ist es manchmal hilfreich, wenn der Therapeut analoge Kommunikation fördert. Wenn etwa in dieser Phase die Mutter sagt, der Sohn drohe das Haus zu verlassen, falls die Vorschriften durchgesetzt würden, sollte der Therapeut dies auch so verstehen, als würde auch der Vater drohen, die Familie zu verlassen, falls sie darauf bestünde, daß er tut, was sie sagt. D. h., ein Element in der Klasse der Botschaften ist »Sohn droht«, aber die Klasse der Drohungen ist »Leute in dieser Familie drohen zu gehen«. Wenn ein Vater in ähnlicher Weise sagt, die Tochter würde nie etwas fertig bringen, so könnte man das auch so verstehen, als beziehe er sich auf das Verhalten der Mutter. Legt der Therapeut nicht die Bedeutung dessen dar, was die Familienmitglieder sagen, sondern reagiert so, daß er ähnliche Kommunikation fördert, so können die Eltern ihren Methoden, über ihre Beziehungen zu kommunizieren, freien Lauf lassen. Manchmal ist es für den Therapeuten hilfreich, einem Familienmitglied zu vermitteln, ohne es ausdrücklich zu sagen, daß er versteht, daß es sich nicht nur auf das Problemkind bezieht. Sagt eine Mutter etwa, der Sohn sei stur und weigere sich, ihren Anweisungen zu folgen, so könnte der Therapeut antworten, daß »Männer manchmal auf Frauen so reagieren«. Der Therapeut betont dadurch die Klasse der Botschaften – Männer – und so wird der Vater ebenso wie der Sohn als Element eingeschlossen. Die Mutter wird verstehen, daß der Therapeut versteht, was sie sagt, und wird – falls der Therapeut höflich ist und den Streitpunkt nicht explizit macht – mehr Informationen über das Problem mit ihrem Mann geben, während sie über ihren Sohn spricht. Ein anderes Beispiel: Der Vater kann über die Einstellung der Tochter gegenüber Männern im allgemeinen sprechen und sich dabei so ausdrücken, daß er auch die Art und Weise einschließt, wie die Mutter mit dem Vater umgeht (die ihm nicht gefällt). Das Element in der Klasse ist die Tochter, aber auf einer allgemeineren Ebene kann es sich auch auf die Mutter beziehen. Obwohl diese Art der analogen Kommunikation für die Anfangsphase der Therapie nicht zu empfehlen ist, hilft sie in dieser späteren Phase beim Übergang vom Problem des Kindes zu anderen Familienproblemen.

Wenn der Therapeut sich mit den Ehestreitigkeiten der Eltern eines verrückten Kindes befaßt, sollte er im Auge behalten, daß das Ziel der Therapie nicht unbedingt darin besteht, die Ehe der Eltern glücklicher zu machen. Ein neuer Vertrag zur ehelichen Beziehung kann aufgestellt werden; war aber das Kind das deklarierte Problem, dann ist eine unglückliche Ehe und ein Kind, das sich selbst erhalten kann, ein befriedigender Erfolg. Oft wird der Therapeut in eine Ehetherapie verstrickt, die endlos zu werden droht. Der Therapeut muß sicherstellen, daß der junge Mensch nicht mehr in die Ehe einbezogen wird, wenn die

Eltern instabil werden. Der Therapeut kann an die Stelle des jungen Menschen im Familendreieck treten, und die Familie wird so lange stabil bleiben, wie die Ehetherapie fortdauert. Erst nachdem der Therapeut sich herauslöst, kann er sicher sein, daß die Eltern die Problemperson nicht mehr in das Dreieck einbeziehen werden. Daher hat der Therapeut die Pflicht, Nachuntersuchungen durchzuführen und über Monate Stichproben bei der Familie zu machen, um sicher zu sein, daß der junge Mensch nach Beendigung der Therapie außerhalb des Dreiecks geblieben ist.

Es gibt auch Probleme mit dem jungen Menschen, die spezielle Entscheidungen erfordern. Eines davon tritt auf, wenn die Problemperson sich erholt und normal verhält, aber bei den Eltern wohnen bleibt. Da er einer Arbeit oder einem Studium nachgeht und ein normales Leben führt, scheint der junge Mensch die Ziele der Therapie erreicht zu haben. Doch lebt er oder sie immer noch zu Hause. Es kann sein, daß der junge Mensch sich immer noch nicht aus dem Dreieck mit den Eltern gelöst hat. Wenn die Zeit des physischen Auszuges aus dem Elternhaus kommt, so kann es passieren, daß sich die Familie destabilisiert, wie schon einmal, als das Kind das Problem entwickelte.

Der Therapeut könnte die Therapie bis zum Auszug zeitweilig unterbrechen. Wenn der Therapeut jedoch die Familie nicht sieht, so kann in ein paar Monaten ein Rückfall zur Reinstitutionalisierung der jungen Person ohne Wissen des Therapeuten führen. Dann muß die Therapie von neuem beginnen.

Eine Alternative ist, durchgehend Therapie durchzuführen und den jungen Menschen zu ermutigen, aus dem Elternhaus auszuziehen. Will man diesen Auszug forcieren, so erheben sich jedoch Probleme. Zuweilen haben Loslösungen stattgefunden, obwohl der junge Mensch noch daheim wohnt, und der Auszug wäre bloß eine Unannehmlichkeit. Dies trifft vor allem dann zu, wenn die Person weiterhin das College besucht oder sich in Berufsausbildung befindet und die Mittel für einen getrennten Haushalt gering sind. Außerdem betrachten es manche Subkulturen für ein Kind als unangemessen, wenn es in jungen Jahren auszieht. In vielen Subkulturen ziehen Frauen nicht aus dem Familienheim aus, bevor sie nicht verheiratet sind, und es wäre für ein unverheiratetes achtzehn- oder zwanzigjähriges Mädchen recht ungewöhnlich, wenn sie in eine eigene Wohnung zöge. Daher würde ein solcher Auszug eine anormale Situation schaffen.

Es gibt keine einfache Antwort auf dieses Dilemma; jeder Fall muß individuell behandelt werden. Ein männlicher Spätzwanziger kann durchaus ermutigt werden, auszuziehen; ebenso eine Frau mit einer Geschichte vielfacher Hospitalisierungen und Konflikte mit den Eltern.

Manchmal läßt sich nicht bestimmen, ob der Widerwille des jungen Menschen und der Familie, sich physisch zu trennen, auf den Widerstand gegen den Auszug zurückzuführen ist oder in der jeweiligen Situation vernünftig ist. Bei diesem Ansatz ist es im allgemeinen besser, den jungen Menschen nicht viel öfter als die Eltern einzeln zu sehen, außer wenn die Eltern das klar erwarten. Gegen Ende der Therapie befassen sich die Eltern weniger mit dem jungen Menschen und mehr miteinander. An diesem Punkt muß der junge Mensch imstande sein, sich ein Leben unabhängig von der Familie einzurichten. Das schließt ein, daß er arbeitet, sich Freunde schafft, das andere (oder das gleiche) Geschlecht umwirbt und sich an die Regeln der Gesellschaft hält. Manchmal hat der junge Mensch so viele Jahre für das Ringen mit der Familie geopfert, daß es ihm an sozialen Fertigkeiten mangelt, wenn er auszieht. Es ist verführerisch, Therapie anzubieten, um den jungen Menschen in das neue Leben zu helfen. Aber hierbei müssen einige Punkte beachtet werden. Erstens muß man sich bewußt sein, daß diese jungen Leute im zwischenmenschlichen Bereich geschickt sind. Daß sie dieses Geschick eingesetzt haben, um zu scheitern, bedeutet nicht, daß sie es nicht einsetzen werden, um Erfolg zu haben, falls das angebracht ist. Ich war schon immer davon beeindruckt, wie sozial zurückgezogene junge Leute plötzlich wußten, wie man Kontakte knüpft, als sie das ungehindert tun konnten. Ich habe anscheinend stumpfe und dumpfe junge Leute gesehen, die sich in kürzester Zeit zum Gegenteil entwickelten. Trotz dieser Fertigkeiten haben junge Leute, die jahrelang in Institutionen ein- und ausgegangen sind, Defizite. Sie sind in vielerlei Hinsicht hinter ihren Altersgenossen zurück. So beginnen sie etwa mit der ernsthaften Werbung um einen Partner um Jahre später als die Leute, um die sie werben. In Arbeitsverhältnissen sind sie unerfahrener als ihre Kollegen. Die Scheu und die Zweifel, die für junge Leute typisch sind, steigern sich bei diesen Problempersonen oft, weil ihre Geschichte sie in den Augen anderer schädigt, ob nun potientieller Kollegen oder Arbeitgeber.

Die Gesellschaft hat für solche jungen Leute Nachsorge-Einrichtungen, die ihnen helfen sollen, wieder Fuß zu fassen. Das sind Übergangs- und Gruppenheime, Berufsausbildungsprogramme und Selbsthilfegruppen mit Expatienten. Das Problem besteht darin, wie man diese Einrichtungen benützt, ohne den jungen Menschen in einer abnormen Kultur der Behinderten einzuschließen. In manchen Staaten muß die Person, um eine Berufsausbildung zu erhalten, rechtlich als behindert definiert und daher stigmatisiert werden. (Es ist unklug, wenn der Therapeut eine Bestätigung unterschreibt, daß der junge Mensch behindert ist, wenn ihm körperlich nichts fehlt. Dadurch tut man nur sein Versagen als Therapeut kund und ermutigt die Problemperson, die Karriere eines Behinderten zu verfolgen.) Was man machen muß, ist, den jungen Menschen zu einem normalen Leben und zu normaler Arbeit zu ermutigen, wann immer das möglich ist. Berufsausbildung ist die nützlichste Nachsorge, da sie zum Selbstunterhalt führt.

In diesem Stadium brauchen junge Leute oft die Ermutigung eines Therapeuten, der bereit ist, sich dafür zu engagieren, daß sie in der Gemeinschaft Fuß fassen und arbeiten. Es kann jedoch sein, daß bis dahin der Therapeut vom Fall erschöpft ist, insbesondere, wenn es sich um einen chronischen Fall handelte, der erhebliche Anstrengungen erforderte, den jungen Menschen und die Eltern zu lösen. Hier ist es manchmal nützlich, einen neuen Therapeuten beizuziehen, der die Endphasen der Therapie mit mehr Energie und Enthusiasmus angehen kann. Der ursprüngliche Therapeut hat eine Verpflichtung, dafür zu sorgen, daß sowohl Eltern als auch Kind durch diese schwierige Zeit hindurchgeholfen wird. Aber falls er ermüdet und daher in stereotyper Weise auf neue Situationen reagiert, werden die Bedürfnisse des jungen Menschen manchmal am besten von einem neuen Therapeuten erfüllt.

Wenn man überlegt, ob man mit dem jungen Menschen, wenn er in die Gesellschaft eintritt und sich von der Familie loslöst, Einzelgespräche führen sollte, so ist es am besten, dabei zu beachten, ob die Schwierigkeiten des jungen Menschen etwas sind, was ein Therapeut beheben kann. Obwohl Ermutigung und Beruhigung natürlich für einen solchen Menschen hilfreich sind, so können doch regelmäßige therapeutische Gespräche, die ihm zum »Wachstum« verhelfen sollen, unklug sein. Ein Grundproblem dabei ist, daß jedes therapeutische Gespräch den jungen Menschen so definiert, als sei er immer noch unfähig, es alleine zu schaffen. Das sicherste Verfahren ist, den jungen Menschen nur dann in den Endphasen der Therapie zu sehen, wenn das Problem klar genug formuliert ist, so daß der Therapeut es zu lösen helfen kann. Dies gilt für Verhaltensprobleme bei der Arbeit, im Studium oder bei den sozialen Kontakten. Sobald die spezifischen Probleme beseitigt sind, endet die Therapie.

Die Haltung eines Therapeuten

Zum Schluß dieses Buches mag es hilfreich sein, den Unterschied zwischen einem Therapeuten und anderen Berufsgruppen abzuklären. Ein Sozialarbeiter, Psychiater oder Psychologe braucht kein Therapeut zu sein. Bei diesen Berufen gibt es viele Sparten, die nichts mit Therapie zu tun haben. Was Therapeuten gemein haben, ist unabhängig von einem bestimmten Beruf. Ausbildungsinstitute hätten schon lange spezielle Trainingsprogramme für Therapeuten einrichten sollen – unabhängig von anderen akademischen Sparten –, um Fertigkeiten für die Veränderung von Problempersonen zu entwickeln.

Die Fertigkeiten, deren ein kompetenter Therapeut bedarf, sind zu zahlreich, als daß sie hier aufgelistet werden könnten, aber es lassen sich gewisse Verallgemeinerungen treffen. Ein Therapeut muß einen Weg, den Regeln seines klinischen Berufes zu folgen, finden und gleichzeitig Therapeut sein, und zuweilen ist beides unvereinbar. Ebenso ist es manchmal eine schwierige Aufgabe für manche Therapeuten, gleichzeitig Experten in menschlichen wie auch fachlichen Dingen zu sein. Weil die Situationen, auf die ein Therapeut stößt, so vielfältig sind, braucht er ein weitgefächertes Verhaltensrepertoire. Manchmal muß er die Initiative ergreifen; manchmal muß er hilflos sein, damit andere die Initiative ergreifen. Er muß ernsthaft sein und doch zu gewissen Zeiten Humor einbringen, in einem Moment muß er kokettieren, im anderen sich distanzieren. Eine der Aufgaben des Therapeuten besteht darin, im einen Moment in einer Situation stark beteiligt zu sein, im nächsten an der Peripherie zu sitzen. Manchmal muß der Therapeut repetitiv sein und immer wieder auf dem gleichen Verhalten beharren; andere Male wieder muß er flexibel sein und darf nicht zweimal die gleiche Direktive geben.

Unter den vielen Problemen, auf die man beim Lehren von Therapie stößt, sind zwei von besonderer Wichtigkeit. Eines besteht darin, den Therapeuten zu lehren, was in einer Situation wesentlich und was zweitrangig ist. Ich habe dieses Thema in diesem Buch akzentuiert, indem ich die Entwicklung bezüglich der Frage, was als »wesentlich« zu betrachten sei, über die letzten fünfundzwanzig Jahre geschildert habe. Man hielt es einstmals für vorrangig, die Bedeutung der verrückten Gedanken des jungen Menschen zu explorieren, und zwar aufgrund der Annahme, sie verursachten das verrückte Verhalten. Später betrachtete man verrückte Gedanken als Produkt einer kommunikativen Situation zwischen engen Bezugspersonen. Das wesentliche Thema waren nicht die Gedanken selbst, sondern deren Ursache – das Verhalten innerhalb des Systems, das sie hervorrief. Ein Fokus auf dem kommunikativen Verhalten in Familie und Institution wurde vorrangig, und Therapeuten mußten ihre Neugier in bezug auf die wundervolle Welt der verrückten Gedanken im Zaum halten. Dieses Buch vertritt die Ansicht, daß eine weitere Verlagerung stattgefunden hat: was heute als wesentlich betrachtet wird, ist eine Art der Organisation, welche dieses kommunikative Verhalten erzeugt, das wiederum die verrückten Gedanken verursacht.

Das systematische Verhalten, welches eine funktionsgestörte Hierarchie schafft, zu verstehen und Möglichkeiten zur Veränderung dieser Hierarchie zu planen – das sind die wesentlichen Aufgaben der Therapie; alles andere ist peripher.

Außer dem Problem, wie man lehrt, was wesentlich und was peripher ist, gibt es ein noch entscheidenderes Problem bei der Vermittlung von Therapie. Man kann einem guten Schüler beibringen, was man weiß. Aber die wesentliche Aufgabe besteht darin, einem Schüler beizubringen, wie man Neuerungen einführt und neue Ideen und Ansätze kreiert, die man nicht kennt. Indem man zwischen dem Wesentlichen und dem Peripheren zu unterscheiden lernt, verändert sich die Welt, und es werden neue Themen zum Wesentlichen. Wie man Schüler dafür ausbildet, sich Veränderungen anzupassen und neue Wege für den Umgang mit Problemen zu erschließen – das ist die Aufgabe des Lehrens wie auch die Aufgabe der Therapie.

Jay Haley

Die Psychotherapie des Milton H. Erickson

Vorwort von Karl Herbert Mandel

Aus dem Amerikanischen übersetzt von Annemarie Bänziger

320 Seiten, Paperback 34,– DM
ISBN 3-7904-0266-4
(Reihe Leben lernen Nr. 36)

Standardwerk der Erickson-Psychotherapie.

Erickson, der keiner Psychotherapieschule anzurechnen ist, kreierte seine eigene Methode, die auf kreativen Ideen basierend sich flexibel dem jeweiligen Problemkreis anpaßt. Das Buch bringt Fallbeispiele Ericksons, gegliedert nach typischen Problemen des Lebenszyklus: beginnend mit Schwierigkeiten bei der Partnersuche, über Eheprobleme, bis hin zur Entwöhnung der Eltern von ihren Kindern und zu den Leiden des Alters. Die originellen behandlungstechnischen Schritte dürften breiteres Fachinteresse beanspruchen.

ekz-Informationsdienst

VERLAG J. PFEIFFER · MÜNCHEN